아동복지론

윤매자 · 권정미 · 김동욱 · 박민지 · 정정란 · 이화명

KNOWLEDGE COMMUNITY 공동체

머리말

현대사회에서의 아동복지는 아동이 건강하게 출생하여 행복하고 안전하게 자랄 수 있도록 아동의 복지를 보장한다고 아동복지법(제1조)에 명시되어 있습니다. 그러나 아동 성장과 발달에 가장 중요한 요인인 부모는 아이들이 마음대로 선택해서 태어날 수 없습니다. 아동복지는 아동에게 필요한 신체 · 건강, 인지 · 언어, 정서 · 행동, 부모 · 가족 지원 등을 통해 아동의 출발선을 같게 하고, 그들의 권리를 존중하며, 아동에 대한 국가의 지원체계도 개별 또는 맞춤형으로 변화하려는 사회적 노력이 계속되고 있습니다.

하지만 빈부격차에 대한 사회현상과 더불어 한부모가정, 재혼가정, 조손가정 등 취약계층이 늘어나고, 가정폭력, 아동학대와 방임, 정신병리, 아동빈곤, 차별, 편견 등은 아동이 적절한 보호와 보살핌을 받지 못하는 방해 요소가 되어, 아동에게 여러 가지 물질적 · 심리적 고통과 위협을 느끼게 할 수 있습니다. 아동복지는 아동에게 있어서 최소한의 방어책입니다. 따라서 아동을 보살펴야 하는 부모나 교사들은 아동복지와 아동 전반에 관한 폭넓은 지식을 가지고 있어야 하며, 적극적으로 아동문제에 대처하고, 전문적이고 책임감 있게 지도할 필요가 있습니다.

이에 저자들은 아동복지를 전공하는 학생들과 사회복지사 자격증을 취득할 학생들에게 아동복지의 개념, 역사, 현황, 실천 방법 등에 대한 이해를 높이고, 다양한 아동복지 대상자에게 지지와 지원대책, 서비스 등에 관해 자세히 소개하고자 노력하였습니다.

이 책은 총 3부 15장으로 구성되어 있습니다. 제1부에서는 아동복지의 이해를 중심으로 살펴보았으며, 제2부에서는 아동복지의 제 접근에 관한 내용을, 제3부에서는 아동복지의 실천분야를 심도 있게 다루었습니다.

제1장에서는 '아동과 아동복지의 기초에 대한 이해'로서 아동과 사회복지, 아동복지의 개념과 이념, 가치 등에 대해 살펴보았습니다. 제2장에서는 '아동의 욕구와 환경의 역할'로 아동발달의 개념, 아동발달이론, 생애주기 관점, 생태체계 관점

과 아동의 주요 환경 등을, 제3장에서는 '아동의 권리'로 아동의 권리와 복지, 유엔 아동권리협약, 우리나라 아동 인권 등을, 제4장에서는 '아동복지의 역사'로 아동복지의 발달, 외국 아동복지의 발달과정, 우리나라 아동복지의 발달과정 등에 대해 살펴보았습니다. 제5장에서는 '아동복지 실천원리'로 아동복지와 사회복지실천, 아동복지의 기본 요소, 아동복지의 실천원칙, 아동복지서비스의 유형 등을, 제6장에서는 '아동복지 실천 방법과 기술'로 통합사례관리, 아동상담, 아동상담의 기법, 부모상담, 아동 대상의 집단활동, 아동복지 실천의 평가 등을, 제7장에서는 '아동복지 정책과 전달체계'로 아동복지 관련법, 아동복지 정책과 제도, 아동복지서비스의 전달체계 등을, 제8장에서는 '아동건강과 안전'으로 아동건강, 아동안전, 실종아동의 보호 등에 대해 살펴보았습니다. 제9장에서는 '아동보육'으로 영유아 보육서비스, 보육정책의 발달과 현황, 방과 후 아동보호 등을, 제10장에서는 '다양한 가정의 아동보호'로 빈곤가정의 아동, 한부모가정의 아동, 다문화가정의 아동에 대해 각각 개념, 현황, 특성, 아동보호 제도와 서비스 등을 다루었으며, 제11장에서는 '아동학대와 아동보호'로 아동학대의 개념 및 유형, 아동학대의 현황 및 원인, 학대아동의 주요 문제, 학대아동을 위한 보호서비스, 아동학대 예방 대책 등을 다루었고, 제12장에서는 '가정보호'로서 가정위탁보호서비스, 입양서비스에 대해 개념과 목적, 필요성, 현황, 관련법, 실천원칙, 서비스지원 등을 다루었으며, 제13장에서는 '시설보호'로서 아동양육시설, 공동생활가정, 청소년 쉼터, 미혼모자 가족복지시설, 보호 대상 아동의 보호종료 후 자립 지원 등에 대해 다루었고, 제14장에서는 '소년사법과 아동복지'로 아동·청소년의 비행, 비행의 원인, 소년범죄의 현황과 보호처분, 보호관찰 및 교정시설 등에 대해 살펴보았습니다. 마지막 제15장에서는 '아동복지의 과제와 발전 방향'으로 아동복지의 과제, 아동복지의 발전 방향에 대해 살펴보았습니다.

이 책은 아동이 건강하고 안전한 삶을 영위할 수 있도록 아동복지의 본질에 충실하면서 예비사회복지사들에게 배우기 쉽고, 반면에 교수님들에게는 가르치기 쉬우면서 현장 적응력이 높은 현장 실천중심으로 집필하였으나 미진한 부분이 있음을 부인할 수가 없습니다.

앞으로 아동복지에 관심을 두고 지속적인 연구를 통해 계속 보완할 계획이며, 또한 독자 분들의 많은 지적과 검토를 기다립니다.

끝으로 이 책이 만들어지기까지 도움을 주신 분들에게 감사함을 전합니다. 또한 이 책의 출판을 격려하고 멋진 책으로 만들어 주신 공동체 가족 여러분께도 감사를 드립니다.

2023년 2월

저자 일동

CONTENTS

차 례

CONTENTS

아동복지의 이해

PART 01

CHAPTER 01

아동과 아동복지의 기초에 대한 이해

아동에 대한 정의는 시대적 · 문화적 배경과 관련 학문 분야에 따라 다르다. 현재는 아동을 정의할 때 아동의 발달적 특성이 중요한 준거로 작용하고 있으며, 이러한 발달적 관점은 법적 정의에도 그 바탕이 되고 있어 아동복지에 대한 사회적 책임과 역할을 설정해 주므로 이에 대한 이해가 필요하다(윤매자 외, 2017). 아동복지는 아동의 생존을 보장하기 위한 필수적인 조치이며, 아동의 건전한 발달과 양육을 지향하여 행복하고 안전하게 자랄 수 있도록 국가적 서비스를 제공하는 것이다. 1장에서는 아동복지와 사회복지와의 관계성을 알아보고, 아동과 아동복지의 개념을 설명하고 아동복지의 이념과 가치에 대해 구체적으로 살펴보고자 한다.

1. 아동복지와 사회복지

아동복지는 '아동(child)'과 '복지(welfare)'의 합성어로, 복지를 뜻하는 'welfare'는 'well'과 'fare'의 합성어다. 사회복지는 '사회(social)'와 '복지(welfare)'의 합성어로, 복지를 뜻하는 'welfare'는 아동복지와 동일하다. 사전적으로 well은 만족스럽게(satisfactorily), 성공적으로(successfully), 합리적으로(reasonably) 등의 뜻이 있고, fare는 state of thing으로 welfare는 '불만이 없는 상태', '만족할 만한 상태'를 의미한다(서강훈, 2013).

복지대상에 있어서 사회복지는 사회구성원의 전체를 대상으로 하는데, 아동복지는 그 대상 중 한 분야에 속한다. 아동복지는 아동 개인의 문제를 해결하고자 사회제도와 정책으로 아동과 가족을 지원하는 제도로서, 아동복지란 아동을 대상으로 한 주관적인 행복한 삶의 상태가 아니라 그러한 상태로 향하는 실천적인 행동까지도 포함된다.

핵심은 부모가 아동양육의 책임을 충족시킬 수 없거나, 또는 그 지역사회가 아동과 가족이 요구하는 보호와 자원을 제공할 수 없을 때, 가족의 기능을 지지하고, 보충하고, 대리하는 데 정책과 복지서비스를 제공한다는 것이다. 또한 현존의 복지제도를 수정하거나 사회변화에 따라 새로운 제도를 조직함으로써 아동과 그 가족의 조건을 향상시키는 것을 목표로 한다. 아동복지서비스의 기능이 작동되고 있을 경우 보호가 필요한 아동이 그의 본래의 환경에서 계속 보호를 받게 된다. 가능하다면 최선을 다하여 원가정으로 복원하도록 돕는 것이다. 아동을 위한, 아동들에 대한 성인의 노력으로서의 아동복지는 가족을 비롯하여 지역사회와 국가에 이르기까지 체계적으로 이루어지는 활동 과정을 말한다.

카두신(Kadushin, 1980)에 의하면, 아동복지란 잔여적 의미의 사회적 서비스의 한 형태로 정의하고 있다. 아동복지란 단지 빈곤, 방치, 유기, 질병, 장애 등을 지닌 요보호아동뿐만 아니라, 모든 아동이 신체적, 지적, 정서적, 사회적 발달에 있어서 안전하고 행복할 수 있도록 위험으로부터 지키고 보호하는 체계적인 활동의 모든 과정이라고 하였다.

따라서 아동복지와 사회복지는 서로 연계성을 가지고 보호가 필요한 요보호아동을 비롯하여 모든 아동에게 사회복지서비스 제공과 활동을 포함하여 제도적, 보편적 서비스로서 수용되고 있음을 알 수 있다.

2. 아동과 아동복지의 개념

아동의 개념은 크게 특정 연령군의 인구 집단의 보편적 특성과 욕구, 그리고 한 사회가 해당 사회의 아동에게 부여하는 독특한 일련의 역할과 기대를 중심으로 정의되는 발달적 관점에서의 정의와 사회적 책임과 의무, 그리고 권리와 제도적 지원을 중심으로 내려지는 법적 관점에서의 정의로 구분할 수 있다(윤매자 외, 2017). 비록 아동에 대한 발달적 관점에서의 정의와 법적 관점에서의 정의가 다소 상이할지라도, 아동을 연구의 대상으로 삼는 학문 분야에서 아동을 정의할 때 발달적 관점은 매우 중요한 준거로 여겨진다. 이러한 관점은 아동복지에 대한 사회적 책임의 실체로서 작용하는 법적 정의로 그 근간이 된다.

1) 아동의 개념

(1) 발달적 관점에서의 정의

인간발달은 출생에서부터 생을 마감하기까지 일생을 통한 성장, 성숙, 학습으로 이루어지는 일련의 발달과정을 말한다. 발달심리학은 인간의 전 생애에 걸쳐 일어나는 모든 발달적 변화의 양상과 과정을 연구하는 학문이다.

인간발달의 연구는 연령이 증가함에 따라 발달적 변화가 일어나는 양상을 있는 그대로 기술해 주는 현상학적 기술(phenomenological description) 연구와 그러한 발달적 변화가 일어나는 원인과 과정을 추론하고 이론화하려는 발달 기제(developmental mechanism) 연구에 관심을 두어왔다(윤매자 외, 2017). 그 결과 발달심리학에서는 아동의 개념을 모든 아동에게 공통되는 보편적 욕구와 특성 중심으로 정의를 내린다. 즉, 각기 다른 연령군의 인구 집단과는 신체적·인지적·정서적·사회적으로 뚜렷하게 구분되는 보편적 특성과 욕구를 지닌 시기로 가정하고 있다.

인간 발달상의 구분은 학자에 따라 조금씩 다르지만, 일반적으로 적용되고 있는 아동기까지의 발달단계별 연령 구분과 발달양상 및 과업은 다음 〈표 1-1〉과 같다.

〈표 1-1〉 발달단계별 연령

발달단계	시 기	발달양상과 과업
태내기	수정~출생	• 신체의 주요 기관과 신경 조직을 형성한다. • 신체 성장이 일생 중 가장 빠른 속도로 이루어진다. • 유전과 태내 환경으로부터 크게 영향을 받는다.
신생아기	출생~2주	• 태내환경과는 상이한 새로운 환경에 적응한다. • 신체적, 생리적 특성에 의해 발달한다. • 생존 반사와 비생존 반사 행동이 나타난다.
영아기	2주~2세	• 주변을 탐색하고 느낀 것을 무의식적으로 표현한다. • 오감각을 통해 전인 발달을 도모한다. • 8개월경 부모나 양육자에 대한 애착이 형성된다. • 몇 개의 단어를 말하고, 걸을 수 있어 이동 능력이 발달한다. • 호기심과 신체적 활동의 증가로 운동기술이 발달한다.
유아기	3~5세	• 신체 · 운동 능력이 영아기보다 현저히 발달한다. • 대근육 · 소근육의 조절 능력이 발달한다. • 정신적 표상 능력으로 기억력이 발달한다. • 또래와의 놀이를 즐기고 모방 행동이 나타난다. • 자율성과 자기 통제력이 크게 증가한다. • 쓰고, 읽기에 관심을 가지고 문장력이 발달한다. • 자기중심적, 직관적 사고로, 추상적, 논리적 사고가 미숙하다. • 놀이가 다양하고 정교하며 놀이의 시간이 증가한다.
아동기	6~12세	• 신체적 성장 속도가 이전 시기에 비해 느려지고, 지적 호기심이 발달한다. • 또래와의 활동 증가로 체력과 운동 기능이 더욱 정교해진다. • 기억력과 언어 기능의 발달로 사회성이 발달한다. • 호기심, 성취감 등에 의해 자아 개념이 발달한다. • 자기중심적 사고가 사라지고 조망 수용 능력이 발달한다. • 자율적 도덕성이 발달한다. • 친구, 또래와의 관계가 생활 중심으로 옮겨간다.
청년기	13~21세	• 이차 성징이 나타난다. • 신체적 능력이 최고조에 달한다. • 신장과 체중이 급격히 성장하고 성적 성숙이 이루어진다. • 추상적, 논리적 사고가 가능하다. • 부모로부터 경제적, 사회적 분리 과정에서 양가감정이 생긴다. • 자아 정체감의 확립 또는 실패는 심각한 문제로 대두된다. • 또래 집단이 형성되고 그 영향력이 커진다.

(2) 법적 관점에서의 정의

우리나라의 아동 개념은 성인이라는 개념과 대비되는 용어로 아동 관련 법에 따라 대상 명칭은 다양하다. 〈표 1-2〉에 제시된 바와 같이 법의 성격에 따라 아동의 개념을 규정하고 있는데, 그 용어에 있어 영유아, 유아, 아동, 청소년, 미성년자, 연소자 등의 유사 개념으로 사용되고 있을 뿐만 아니라 각각의 법에서 규정하고 있는 아동의 연령이 다소 상이하게 규정되어 있어 아동복지 정책을 통합적으로 실시하는 데 어려움이 따르고 있다(윤매자 외, 2017). 국제법인 '유엔아동권리협약'에서는 아동을 18세 미만으로 명확하게 규정하고 있지만, 국내의 경우 법에 따라 명칭과 연령의 차이가 있어 그들의 권리와 의무에 차이가 있다고 볼 수 있다. 〈표 1-2〉는 국내법에서의 아동 관련 법과 용어, 연령을 구분한 것으로, 각각의 법률에 따라 용어와 연령의 차이가 있다.

〈표 1-2〉 아동 관련 법 및 연령

아동 관련 법	용 어	연령 구분
영유아보육법	영유아	6세 미만의 취학 전 아동(제2조)
모자보건법	영유아	출생 후 6세 미만의 사람(제2조)
도로교통법	영유아	6세 미만인 사람(제11조)
유아교육법	유아	만 3세부터 초등학교 취학 전까지 어린이(제2조)
아동복지법	아동	18세 미만인 사람(제3조)
입양특례법	아동	18세 미만인 사람(제2조)
한부모가족지원법	아동	• 18세 미만의 자 • 다만, 취학 중인 경우 22세 미만을 말함 • 병역법에 따른 병역의무를 이행하고 취학 중인 경우 병역의무를 가산한 연령 미만인 자(제4조)
실종아동 등의 보호 및 지원에 관한 법률	실종아동	실종신고 당시 18세 미만인 아동(제2조)
청소년기본법	청소년	9세 이상 24세 이하인 사람(제3조)
청소년보호법	청소년	• 만 19세 미만인 사람 • 다만, 만 19세가 되는 해의 1월 1일을 맞이한 사람은 제외(제2조)

청소년복지지원법	청소년	• 9세 이상 24세 이하인 사람(제3조) • 청소년기본법과 동일
소년법	소년	19세 미만인 자(제2조)
민 법	미성년자	• 만 19세 미만인 사람 • 다만, 만 19세가 되는 해의 1월 1일을 맞이한 사람은 제외(제4조) • 청소년보호법과 동일
형 법	형사미성년자	14세 미만의 자(제9조)
근로기준법	연소자	• 18세 미만의 사람 • 다만, 연소자 증명서 : 가족관계 증명서, 친권자 또는 후견인의 동의(제66조)

출처 : 국가법령정보센터(https://www.law.go.kr).

2) 아동복지의 개념

아동복지는 특정 사회복지 분야를 지적하는 용어로서 사회복지의 한 실천분야이다. 아동복지의 정의나 개념은 카두신(Kadushin)에 의한 1967년의 것이 가장 오랫동안 사용되어 왔지만(Kadushin, 1980), 그 배경에는 전통적이며 잔여적인 서비스가 거의 대부분을 차지하고 있었다. 그러나 1988년에 개정되면서 그 정의는 광범위하게 서비스 체계, 정책, 제도, 가족, 아동복지의 영역 등을 포함하고 있다(문선화 외, 2009).

일반적으로 아동복지란 모든 아동의 복지와 안녕에 관여하는 것으로서 좁게는 가족에서, 넓게는 지역사회와 국가에서 이루어지는 체계적인 활동의 모든 과정을 말한다(윤매자 외, 2017). 다시 말하면, 좁은 의미의 아동복지는 보호가 필요한 요보호아동을 중심으로 비교적 개인이나 민간단체를 중심으로 이루어지는 선별적 서비스의 활동이며, 넓은 의미의 아동복지란 모든 아동이 건전하게 성장하고 발달할 수 있도록 아동과 관련된 경제, 교육, 보건, 노동 등의 여러 분야에 걸쳐 다양한 복지 주체들이 서로 유기적인 관련하에 체계적으로 행하는 입법, 프로그램, 서비스 등을 포함한 보편적 서비스를 말한다(윤매자, 2020). 오늘날 아동을 포함한 모든 국민의 복지 보장은 하나의 권리로 인식되고 있으며, 복지의 주체를 국가로 간주하고 있기 때문에 대부분의 국가에서는 넓은 의미의 아동복지 정의를 수용하고 있다(윤매자, 2020).

3. 아동복지의 이념과 가치

아동복지는 아동이 건강하게 출생하여 행복하고 안전하게 자라도록 생활을 보장하는 것을 말한다. 특히 불우한 환경에 처한 아동뿐만 아니라 장애아동과 비장애아동을 포함한 모든 아동을 대상으로 그들의 인권과 권리를 존중하고 행복한 삶을 보장하는 것을 의미한다. 이러한 의미가 담겨있는 아동복지의 이념은 대한민국 어린이헌장(1957년), 국제연합이 만장일치로 선포한 아동권리선언(1959년)과 유엔아동권리협약(1989년) 등에서 그 이념과 가치가 잘 나타나 있다.

1) 아동복지의 이념

아동이 고유한 존재임을 인식하게 된 것은 각 시대에 처해진 아동들의 생활상태에 대하여 비판하고 개선을 강조해 온 많은 사상가의 철학과 교육사상에서 찾아볼 수 있다. 아동을 어떻게 보고, 어떻게 이해하느냐 하는 그 시대의 아동을 바라보는 가치관과 아동관 등과 밀접한 관계가 있다. 과거 중세기에는 아동을 성인의 축소물로 보았고, 또한 로크(Locke)는 인간이 태어날 때 모든 것이 백지 같다고 하여 백지설(theory of tabula rasa)을 주장하였다.

근대에 와서는 루소(Rousseau), 페스탈로치(Pestalozzi), 케이(Key) 등에 의해 비롯된 아동 존중 사상에서 그 뿌리를 찾을 수 있었다. 그들은 아동 중심 교육, 독자적인 인격체, 잠재력을 지닌 존재, 자발성 등 아동이 권리의 주체임을 강조하였다. 이러한 아동 존중 사상으로부터 아동을 이해하면서 아동을 심리적 욕구, 인격과 존엄성을 지닌 독립된 개체로 인식하게 되었다. 또한 우리나라는 대한민국 어린이헌장(1957년)에 인간의 존엄성 존중, 건전한 가정에서의 보호, 영양, 질병으로부터의 예방과 치료, 평등한 교육, 문화, 놀이와 오락에 대한 권리, 유해 환경 및 학대로부터의 보호, 장애아동에 관한 보호 등이 포함되어 아동복지의 이념을 나타내고 있다. 또한 국제연합은 아동권리헌장(1959년)에 아동에 대해 최적의 신체적 · 정신적 발달, 빈곤으로부터 보호, 특별한 욕구를 지닌 아동에 대한 특별 지원, 위험으로부터 우선 보호, 착취로부터의 보호, 의무교육 등에 관해서 규정하였다. 이러한 내용은 모든 아동을 존중하는 아동복지적 차원에서 접근해야 한다는 이해가 내포되어 있다.

길(Gil, 1971)은 아동복지 차원에서 아동이 일상생활을 제대로 하기 위하여 첫째, 물질적 · 정서적 서비스가 필요한 존재이며, 둘째, 자신이 긍정적 인간이라는 개념을 가지기 위하여 자신을 보호하고 지도해 줄 인간관계가 필요하며, 셋째, 사회적으로 용납되는 생산과정에 참여함으로써 자신을 발견할 수 있어야 하며, 넷째, 아동이 어디에 있든지 간에 안전하다는 느낌을 받아야 하며, 다섯째, 자아를 실현하고자 하는 요구가 필요하다고 하였다. 이 다섯 가지 기본 요소가 제대로 충족되어야만 아동의 성장과 발달을 도모할 수 있다고 보았다. 이것은 아동복지의 기본 전제로 아동복지의 이념을 담고 있다.

한편 우리나라 국내법에서는 헌법과 아동복지법에서 아동복지 이념을 규정하고 있다. 헌법 제10조에서는 “모든 국민은 인간으로서의 존엄과 가치를 가지며, 행복을 추구할 권리를 가진다. 국가는 개인이 가지는 불가침의 기본적 인권을 확인하고 이를 보장할 의무를 진다”라고 명시되어 있다. 헌법 제34조 제1항에서는 “모든 국민은 인간다운 생활을 할 권리를 가진다”라고 규정하고 있다. 이처럼 모든 국민이 행복을 추구할 권리와 인간다운 생활을 할 권리를 가지고 있음이 헌법에 명시되어 있으므로, 아동도 자신의 행복 추구와 인간다운 삶을 누릴 권리가 있다. 아동복지법 제1조에서 아동복지의 목적은 “아동이 건강하게 출생하여 행복하고 안전하게 자랄 수 있도록 그 복지를 보장함을 목적으로 한다”라고 명시되어 있다(윤매자 외, 2017, 윤매자, 2020 재인용). 또한 아동복지의 이념을 유엔아동권리협약에서 찾아볼 수 있으며 그 내용은 다음과 같다.

- 아동은 자신 또는 부모의 성별, 연령, 종교, 사회적 신분, 재산, 장애 유무, 출생지역, 인종 등에 따른 어떠한 종류의 차별도 받지 아니하고 자라나야 한다.
- 아동은 안전하고 조화로운 인격 발달을 위하여 안정된 가정환경에서 행복하게 성장할 권리가 있다.
- 아동에 관한 모든 활동에서 아동의 이익이 최우선으로 고려되어야 한다.

다양한 아동복지의 이념을 국가-가족-아동의 관계 속에서 설명했던 하딩(Harding, 1911)의 관점에 따라 대표적인 아동복지의 이념을 살펴보고자 한다(최순옥 외, 2011 재구성).

(1) 자유방임주의

19세기에 들어와 미국, 영국, 독일 등 대부분 나라의 아동복지는 빈민법 중심의 접근에서 벗어나지 못했다. 빈민의 자녀들은 부모와 떨어져 하인이 되거나 도제로 보내지고 부모가 없는 아동은 민간시설에 성인과 구별 없이 수용되었다. 이러한 조치는 19세기 말까지 계속되었고 도덕의 이름으로 정당화되었으며 동시에 사회통제 도구로 사용되기도 하였다. 그러나 이런 상황에서 점차 아동을 구해야 한다는 사회적 자각이 생겨나기 시작하였다. 즉, 자유방임주의(laissez-faire)의 아동복지는 국가의 관여로 개인의 자유를 억압하고, 국가에 의한 조치도 구속이나 통제라고 가정하므로, 아동복지에 대한 국가의 역할을 최소화하는 것이 핵심이었다. 국가는 아동의 부모가 아니기 때문에, 부모가 자신의 자녀에 대해 우선적 책임과 권리를 중시하였고, 아동과 가정에 대한 불간섭주의 입장을 취하였다. 또한 국가의 역할은 아동의 보호 조건이 성립되지 않는 경우에만 선별적으로 최소한의 개입을 하였다.

(2) 국가부권주의

국가가 부모보다 아동의 권리와 복지에 관심을 가지고 개입하는 국가 개입주의적 입장이다. 즉, 국가부권주의(state paternalism)는 아동 보호에 관한 국가의 책임을 인정하고, 부모-자녀 간에 생물학적 유대보다도 양육자와 아동 간의 심리적 유대를 강조하였으며, 아동 보호에 대한 광범위한 국가 개입을 핵심으로 하였다(최순옥 외, 2011). 따라서 부모가 아동 보호에 부적절한 역할이나 가족의 기능을 하지 못하는 경우, 국가가 가족과 아동에게 언제든지 개입하여 아동을 보다 나은 양육환경으로 옮길 수 있다는 국가의 공권력을 강조하였다. 또한 국가의 역할은 아동의 복지를 증진하고 위험을 최소화하는 것으로 본다. 그러나 국가부권주의를 취하는 국가들은 막대한 예산, 개입의 적절성 문제, 부모와 아동의 사생활 보호, 인권침해 등의 발생 우려가 있다.

(3) 가족중심주의

부모가 자녀에 대해 친권을 보호한다는 입장이다. 즉, 가족중심주의(Pro-family/Defence of the Birth Family)는 생물학적 가족이 중요하다고 보고, 가능하다면 부모와 가족에 의해 보호되고 유지되어야 함을 강조하므로 생물학적 부모-자녀 관계의 유지를 핵심으로 한다. 따라서 이 이념에서 아동 최선의 이익은 친부모로부터 양육받는 것이며, 국가가 아동에게 대리 보호를 제공하기보다는 아동에게 대리 보호가 필요하지 않도록 가족에게 지지적 서비스를 제공할 것을 강조하였다. 또한 국가의 역할은 가족 유지를 위한 다양한 서비스를 제공하는 것이다. 그러나 모든 가족이 아동을 보호하고 양육하는 데 최선을 다하는가에 의문점을 가질 수 있다. 이상 발달이나 아동학대 등이 발생할 경우, 아동의 생존 자체를 위협하는 요인이 될 수 있다.

(4) 아동권리주의

아동을 성인과 동일한 인권과 권리를 가진 독립된 존재로 보는 입장이다. 즉, 아동권리주의(Children's Right)는 아동의 생존권, 보호권, 발달권, 참여권 등의 네 가지 기본 권리를 강조하고 아동을 성인과 같은 자율성을 지닌 고유한 존재로 보며, 아동의 자기 결정권과 참여권의 극대화를 핵심으로 한다. 이 관점은 부모나 성인이 단순히 아동이라는 이유로 통제하는 것을 억압으로 보았다. 따라서 국가의 역할은 아동권리를 존중하고 아동이 성인으로부터 자유를 얻을 수 있도록 보장하는 것이다. 하지만 아동권리 존중을 핑계로 부모나 가족들이 아동을 방임할 수 있는 구실이 될 수 있다.

아동복지의 이념을 종합하면, 한 국가가 아동에 대해 어떻게 생각하고 있는가와 관련된 포괄적인 내용이다. 즉, 책임의 문제에 있어 부모와 가족, 국가의 책임 소재는 한 국가가 어떠한 아동복지 이념을 추구하느냐에 따라 아동복지 대상과 그 가족에 대한 개입내용과 수준을 결정해 왔다고 할 수 있다.

2) 아동복지의 가치

아동복지는 세 가지 관점에서 그 가치를 찾아볼 수 있다. 첫째, 아동 개인의 입장에서 한 인간으로서의 기본적인 생활에 대한 보장, 둘째, 사회적인 입장에서 국가 발전을 위한 미래인력의 보호와 육성, 셋째, 앞으로 발생할 수 있는 사회문제에 대한 예방이다. 구체적으로 살펴보면 다음과 같다(공계순 외, 2010; 성영혜·김연진, 2001; 윤매자 외, 2017).

(1) 아동의 기본생활 보장

인간이 자립하여 사회적 인간으로서 생활하기까지는 장기간에 걸친 보호와 양육이 필요하다. 출생에서 만 2세까지의 영아기는 가장 기본적인 발달과 생존에 필요한 욕구를 혼자 힘으로 충족하기 어려워 부모 또는 양육자의 도움이 필요하다. 유아기와 학령기는 기본적인 생활은 가능하지만, 외부의 위험에 안전할 수 없고, 의식주 전부를 해결할 수 있는 능력 부족으로 성인에 비해 의존적일 수밖에 없다. 청년기는 신체적 · 지적 발달은 성인과 비슷해지나 심리적 · 정서적으로 불안정하고 사회적으로 책임 있는 역할을 기대하기에는 아직 미숙하여 여전히 부모와 사회의 보호와 지도가 필요하다.

오늘날 가족의 기능이 약화되면서 아동 양육과 보호의 책임은 부모와 사회가 맡게 되었다. 다양한 가족구조와 가치관의 변화로 부모나 가족이 아동을 제대로 양육하지 못하는 경우가 늘고 있고, 부모나 가족이 어떤 사유로 아동의 보호와 양육의 책임을 다하지 못할 때 사회가 그 부모와 가족을 도와서 아동이 기본적인 생활을 영위할 수 있도록 보장하는 것이 아동복지가 가지는 가치이다.

(2) 미래인력의 보호와 육성

아동기의 발달은 전 생애를 걸쳐서 기초가 되는 매우 중요한 시기로서 이 시기를 놓치면 성인기에 회복할 수 없는 부분이 있다. 아동은 미래사회의 주역으로 이들을 어떻게 보호하고 양육하는가는 우리 사회의 장래와 밀접한 관련이 있다(공계순 외, 2010). 국가 인력의 보호와 육성을 위해서 아동의 심신이 건강하고 지식과 인격을 갖춘 성인으로 성장하도록 하는 것은 미래사회를 이끌어 갈 훌륭한 인적 자원을 확보하는 것이다(윤매자 외, 2017). 그러기 위해서는 빈곤으로부터 교육, 의료, 문화 등에서 박탈을 경험하는 아동은 국가의 적절한 아동복지 정책을 통해 지원해 나가야 한다.

예를 들면, 위스타트, 드림스타트와 같은 사업을 통해 취약계층 아동에게 맞춤형 통합서비스를 제공하여, 가난의 대물림에서 벗어날 수 있게 교육, 의료, 복지, 문화의 기회를 제공함으로써 공평한 출발의 기회를 보장할 수 있다. 그러므로 아동은 건강하고 행복한 사회구성원으로서 성장할 수 있다.

(3) 사회 문제 예방

아동의 욕구는 성인과 같으나 자립할 수 있는 능력 부족으로, 가정과 사회가 아동의 기본적인 욕구를 충족해 주어야만 한다. 아동이 성장하는 환경의 결함 때문에 욕구가 제대로 충족되지 못하면 신체적으로 이상이 생기거나 정서적인 불안으로 인해 대인관계의 어려움, 또래와의 갈등을 겪거나 폭력을 행사할 수 있고, 가출이나 반사회적 행동의 문제가 나타날 수 있다. 또한 빈곤으로 인한 욕구좌절과 물리적 박탈감, 문화적 결핍 등 다양한 사회 문제를 일으킬 가능성이 높다. 아동의 욕구가 적절히 충족되지 않으면 건전한 성장과 발달이 어려울 뿐만 아니라 부정적인 행동이 반복되어 사회에 적응할 수 있는 기회를 제한한다.

02 CHAPTER

아동의 욕구와 환경의 역할

아동의 욕구와 환경의 역할을 아동복지 측면에서 어떻게 지원해야 하는지를 이해하기 위해서는 아동발달에 대한 총체적인 이해가 필요하다. 아동 욕구와 관련된 사건이나 행동이 어떤 연령에서는 문제가 되지만 다른 연령에서는 보편적인 발달 특성일 수 있다. 따라서 연령별 아동발달에 대한 특성과 기준을 알아야만 무엇이 정상적인 발달인지, 아닌지를 판단할 수 있다. 또한 아동이 처해있는 환경적 요인에 따라 아동의 발달을 돕거나 문제행동으로 나타날 수 있다. 2장에서는 발달의 개념, 각 아동발달이론의 주요 특성과 시사점, 생애주기 관점과 아동발달의 특성, 생태체계 관점과 아동의 주요 환경에 대해 구체적으로 살펴보고자 한다.

1. 발달의 개념

발달이란 무엇인가? 발달이란 앞서 말한 인간의 내면 혹은 외면에서 일어나는 변화를 일컫는다. 발달의 기간을 정의할 때 과거에는 주로 청년기까지로 제한하였다. 그 이유는 인간의 성장과 성숙이 청년기까지는 긍정적인 양상을 보이다가 그 이후엔 퇴보한다는 생각이 지배적이었기 때문이다(강순희 외, 2020). 하지만 일반적으로 아동발달은 시간이 경과함에 따라 아동이 양적 또는 질적으로 변화하는 과정을 말한다. 발달과 관련된 개념으로는 성장(growth), 성숙(maturation), 학습(learning)이라는 용어가 있다.

성장은 신체의 크기나 능력이 증가하는 것으로, 환경적 경험과 주로 눈에 보이는 신장, 체중, 골격, 신체적, 생리적, 어휘력에서 보이는 변화와 같이 양적인 변화를 의미한다.

성숙은 유전적 요인에 기인하여 발달적 변화들이 통제되는 생물학적 과정을 말한다. 즉, 영아기의 빠른 성장과 사춘기의 2차 성징과 같은 질적인 변화를 의미한다. 질적인 변화는 지능의 본질이나 정신작용에서의 변화와 같이 본질, 구조, 조직상의 변화를 의미한다(정옥분, 2013). 예를 들면, 사고력, 뇌 기능의 분화, 사춘기의 발모나 변성, 이차적인 성 특징 등과 같이 유전적인 요인에 기인한다.

학습은 직접 또는 간접 경험에 의해 훈련이나 연습에 기인한 발달적 변화를 의미한다. 즉, 부모, 친구, 교육, 대중매체 등 아동이 접하는 모든 환경조건이 학습에 영향을 준다.

2. 아동발달이론

인간의 발달은 오랜 역사를 걸쳐 철학자, 교육학자, 심리학자들의 많은 관심의 대상이었다. 어느 한 분야의 이론만이 인간발달의 모든 측면을 설명할 수 없지만, 다양한 발달이론은 아동발달을 이해하는 데 매우 중요하다. 많은 발달이론가들은 일반적인 발달의 양상에는 동의하는 편이나 발달의 원인과 그 과정에 있어서는 각자의 관점에 따라 제각기 다르게 해석하고 있다. 그러나 각 이론들은 서로 상반된 의견을 제시하는 것이 아니라 오히려 상호보완적이라 할 수 있으므로, 우리는 다양한 발달이론들을 통해 복잡한 발달과정과 그 현상을 구체적으로 잘 이해할 수 있게 된다(강순희 외, 2020). 다음은 성숙이론, 정신분석이론, 학습이론, 인지발달이론을 중심으로 각 이론의 주요 개념, 발달단계, 아동발달에 미치는 시사점에 대해 살펴보고자 한다(강순희 외, 2020; 공계순 외, 2010/2019; 윤매자 외, 2012/2017).

1) 성숙이론

성숙이론은 인간의 발달과정에서 방향을 결정짓는 가장 중요한 요인을 '성숙'이라고 보는 관점에서 유래하였다. 성숙(maturation)이라는 용어 자체가 유전자에 의한 변화를 의미한다. 성숙이론의 핵심은 발달에 있어서 인간 내부에 잠재된 발달예정표가 있다는 것이다. 발달예정표는 출생해서 연령이 증가함에 따라 성장할 수 있는 자질과 능력을 의미한다. 그러나 환경을 중요시하는 학습이론은 인간 발달에 주도적인 영향을 미치지 못하기 때문에 아동이 지닌 능력 이상을 강요하지 말아야 한다고 주장하였다.

(1) 성숙이론의 핵심

소아과 의사였던 게젤(Gesell)은 출생에서 아동기에 이르기까지 관찰을 통하여 행동자료를 수집하였다. 그는 발달규준표(developmental norms)를 제시하였는데, 영유아기부터 아동기에 이르기까지 최적의 성장을 위한 상대적 위치를 알려주는 것을 목적으로, 아동을 지도하는 교사나 부모가 발달의 정보를 얻을 수 있도록 하였다.

영유아 발달에 관한 게젤의 주장은 다음과 같다(윤매자 외, 2012).

① 신체 발달과 같이 행동 발달도 계획된 방식으로 발달하며 상당 부분은 예측이 가능하다.
② 행동은 신체 구조와 어느 정도의 함수관계를 가진다.
③ 환경은 행동 발달에 중요한 요인이나 그 작용은 개별적이다.

그가 주장하는 핵심은 아무리 좋은 환경이라 해도 모든 아동에게 바람직하게 작용하지 않을 수도 있다는 것이다.

(2) 성숙이론에 대한 시사점

① 인간발달과 행동에 있어 유전적인 영향력이나 생물학적인 힘의 중요성을 강조하였다.

② 아동 내부에 작용하는 내적인 힘에 주의를 기울이는 성인의 수용적인 태도가 필요하다.

③ 학습에 대한 준비도 개념을 제시하였고, 아동이 학습할 수 있는 발달 준비가 되었을 때, 최적의 학습이 일어날 수 있다.

④ 조기교육에 대한 반성의 기회를 제공하였다.

⑤ 정서적 발달 영역과 양육환경의 중요성을 언급하지 않았다.

⑥ 발달에 있어 아동 스스로가 할 수 있는 능동적인 입장을 간과하였다.

2) 정신분석이론

정신분석이론의 창시자인 프로이트(Freud)는 정신과 의사로 많은 히스테리 환자들을 접하면서 현재 고통받고 있는 문제의 원인은 대부분 과거의 경험이나 기억으로부터 비롯된다는 것을 발견하고 '무의식'이라는 개념을 제시하였다(윤매자 외, 2012). 프로이트의 정신분석적 체계는 성격 발달 모형인 동시에, 인간에 대한 철학이며 심리치료의 방법이다. 기본 가정은 인간에 대한 결정론과 무의식의 세계로, 인간의 행동은 우연히 일어나는 것이 아니고 내적인 충동에 의해서 일어나는 것이며, 마음의 대부분은 의식할 수 없는 무의식 속에 잠재되어 있다고 보았다(윤매자 외, 2017).

(1) 프로이트의 심리성적 이론

프로이트는 인간의 행동은 생후 5년 동안의 경험에 의해 결정되며, 외부의 환경조건이 아니라 내부에 있는 심리적 원인에 의해 결정된다고 하였다. 즉, 전혀 원인을 알 수 없고 우연처럼 보이는 것이라도 의식하지 못하는 무의식 속에서

인과관계를 거쳐서 형성되고 표현된다는 것을 정신적 결정론(psychic determinism)이라고 하였다. 이 이론은 인간은 타고난 성 본능과 공격 본능에 따라 움직이며 이 본능은 통제되어야만 한다고 설명하고 있다. 프로이트의 심리성적 이론을 의식구조, 성격 구조, 발달단계로 나누어 설명하면 다음과 같다(강순희 외, 2020; 공계순 외, 2010; 윤매자 외, 2017).

① **의식구조**

프로이트는 의식을 무의식, 전의식, 의식으로 나누었으며, 그는 의식구조를 바다에 떠있는 빙산에 비유하였다. 우리 눈에 보이는 부분, 즉 자각할 수 있는 부분을 의식, 물 위에 떠있는 부분보다 훨씬 더 크고 의식을 떠받치고 있는 부분을 무의식으로 구분하였다. 또한 바로 물 밑에서 파도가 칠 때마다 보였다 안 보였다 하는 부분으로, 어떤 힌트나 암시에 의해 의식 세계로 떠올릴 수 있는 부분을 전의식으로 구분하였다(윤매자 외, 2012).

② **성격 구조**

프로이트는 인간의 의식수준을 의식, 전의식, 무의식의 세 가지 수준으로 구분하고, 인간의 성격 구조를 원초아, 자아, 초자아로 구분하였다. 그는 이를 빙산에 비유하였다.

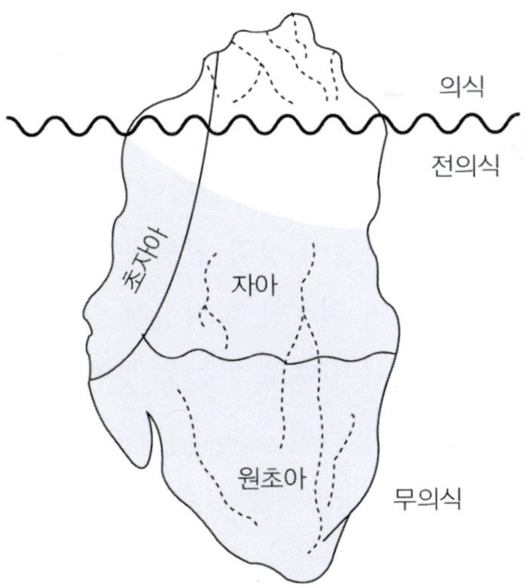

그림 2-1 프로이트의 의식구조와 성격 구조

㉠ **원초아**

원초아(id)는 무의식적이며, 본능과 충동의 원천으로 정신에너지의 원천이다. 프로이트에 의하면, 신생아는 정신에너지의 근원인 원초적이고 학습되지 않은 힘으로 구성된 단순하고 미발달된 성격을 가지는데 이것을 원초아라고 하였다. 예를 들어, 신체적 긴장을 경감시키기 위해 필요한 대상의 기억 표상을 만들어 대리 만족하는 일차적 사고과정을 일으키고, 고통을 최소화시키고 쾌락을 최대화하려는 속성으로 참을성이 없고, 즉각적인 만족을 구하는 '쾌락의 원리'에 의해 지배되는 것이다. 그는 원초아의 충동을 주로 성적 본능과 공격성으로 보았다(오정수 · 류진석, 2022).

㉡ 자아

자아(ego)는 원초아의 충동을 지연시키고 현실을 고려하도록 하며, 본능을 지배하여 통제하는 역할을 수행한다. 자아는 생후 1년경에 발달하기 시작하며 생애 초기부터 본능을 통제하여 원초아와 갈등 관계에 놓이게 된다. 즉, 자아는 '현실의 원리'에 의해 이성적인 자아로 발달하며 충동적인 욕구를 참을 수 있게 만들며 의식의 대부분을 차지한다.

㉢ 초자아

초자아(superego)는 생후 4~5세에 발달하며, 어떤 행위의 선과 악을 구분하는 개인의 양심을 말한다. 부모의 사회적 가치와 이상을 동일시함으로써 발달한다. 즉, 초자아란 부모와 다른 사람들이 아동에게 가르쳐 준 사회적 가치와 도덕의 내면화된 표상으로, 도덕적인 목표를 추구하도록 한다.

③ 발달단계별 특성

프로이트는 인간발달에 관하여 두 가지 주장을 하였다. 첫째는 인생의 초기 발달과정이 성격 형성에 가장 중요한 영향을 미친다는 것이고, 둘째는 인간발달이 일정한 심리성적 발달단계를 따른다는 것이다(윤매자 외, 2017). 그는 무의식이 주로 본능을 뜻한다고 하며 식욕과 성욕을 강조하였는데, 성적 에너지인 리비도(libido)의 이동에 따라서 성격 발달이 이루어지고, 이 리비도가 모이는 곳을 성감대라고 하였다. 단계별로 분포하는 성감대를 중심으로 성적 만족을 느끼는 행위를 하게 된다. 이 성적 만족을 느끼는 행위를 어떻게 조절하느냐에 따라서 너무 과하거나 부족했을 때 '고착유형'이 나타나고

(양돈규, 2013), 연령에 따라 성적 에너지의 만족을 얻는 신체 부위가 단계마다 변화한다고 하였다. 성적 에너지인 리비도가 집중된 부위에 따라 구강기(출생~18개월까지), 항문기(18개월~3세까지), 남근기(3~6세까지), 잠복기(6~12세까지), 생식기(12세 이후) 등 5단계로 구분하였다. 프로이트의 심리성적 발달단계와 특징을 살펴보면, 〈표 2-1〉과 같다.

〈표 2-1〉 프로이트의 심리성적 발달단계

단 계	특 징
구강기 (출생~18개월)	• 원초아가 강함 • 빨고, 깨물고, 삼키는 만족을 느낌 • 욕구 충족이 부족하거나 과도(고착) : 비판적이고 논쟁적인 성격 (손가락 빨기, 과식, 과음, 과흡연, 수다 떨기, 타인에 대한 의존성, 분노 등이 생김)
항문기 (18개월~3세)	• 원초아와 자아가 작동하지만, 원초아가 우세함 • 대·소변의 배설 행위에 만족을 느낌 • 배변 훈련 시 조급하거나 억압(고착) : 강박적이고, 고집스러운 성격 (정리정돈을 못하거나 낭비와 고집이 세며, 반대로 완고하거나 인색한 성향을 보임)
남근기 (3~6세)	• 원초아, 자아, 초자아가 작동함 • 자신의 성기를 만짐으로써 쾌감을 느낌 • 성 정체감을 갖는 시기 • 남아는 오이디푸스 콤플렉스, 여아는 엘렉트라 콤플렉스가 나타남 • 동성의 부모 동일시를 통해 성역할과 초자아를 학습함 • 콤플렉스 극복하지 못함(고착) : 부적절한 성격 (남아는 경솔하고, 과시적, 공격적이며, 여아는 방종하고 유혹적이며 경박한 행동의 특징을 나타냄)
잠복기 (6~12세)	• 원초아, 자아, 초자아가 작동함 • 성 에너지가 약해지고, 성적으로 평온해지는 시기 • 지적 호기심이 왕성하고 침착성과 자기 통제력이 발달됨 • 동성의 친구와 어울려 놀이와 게임을 즐김 • 또래 관계가 원만하지 못함(고착) : 소극적인 성격 (열등감이 생기거나 회피적이며, 이성 친구에 대한 친밀감을 갖지 못함)
생식기 (12세 이후)	• 사춘기에 해당되며 성숙한 성욕의 시기 • 성적 본능과 에너지를 다른 생산적인 사회활동에 전환하는 방법을 배우는 시기 • 이 시기의 (고착) : 자기애적 성격 (나르시시즘의 문제로 부적응, 권위에 반항하고 비행 행동이 나타남)

출처 : 강순희·손수민·윤매자·한서연·황현숙(2020). 영유아발달(제2판). 창지사, pp. 42-43 재구성.

(2) 에릭슨의 심리사회적 이론

에릭슨(Erikson)은 프로이트와 달리 아동의 생활과 성격에 영향을 미치는 상이한 사회적 · 문화적 요인을 중요시하였다. 아동이 처한 사회적 · 문화적 요인의 중요성 때문에 그의 이론을 심리사회적 이론(psychosocial theory)이라고 하였다. 에릭슨은 전 생애에 걸쳐 성격 발달이 이루어지며, 단계마다 위기상황에서 발달과업을 잘 획득하지 못하면 문제행동이나 부정적 성격형성을 갖게 된다고 하였다(윤매자 외, 2012). 인간이 태어나면서부터 노년기에 이르기까지의 단계마다 특정의 발달과업을 성취하느냐 못하느냐에 따라서 발달 위기를 극복하느냐 못하느냐가 결정되지만, 건강한 위기 해결이 반드시 완벽하게 긍정적인 것만은 아니라고 하였다(강순희 외, 2020). 부정적인 것보다 긍정적인 부분의 비율이 더 높으면 그것으로 심리사회적 위기를 건강하게 해결한다고 보았다.

① 발달단계별 특성

에릭슨은 전 생애가 8단계에 걸쳐 발달한다고 하였으며, 각 단계마다 극복해야 할 심리사회적 위기를 제시하고 있다. 그는 문화적 다양성의 영향을 인정하면서 위기를 해결하고 지지하는 방식이 다를 수 있다고 보았다(강순희 외, 2020; 윤매자 외, 2017). 에릭슨의 발달단계와 특징을 살펴보면, 〈표 2-2〉와 같다.

〈표 2-2〉 에릭슨의 심리사회적 발달단계

단 계		연 령	특 징
1단계	신뢰감 대 불신감	0~1세 (신생아기 · 영아기)	• 부모와 양육자와의 애착을 통한 신뢰감이 발달함 • 인생의 가장 중요한 시기이며, 타인에게 의존적임 • 부모와 양육자의 일관성 없고 불안한 양육경험은 영아에게 불신감을 갖게 함 • 부모와 양육자와의 관계가 이후 사회적 관계에 영향을 미침
2단계	자율성 대 수치심	1~3세 (영아기)	• 괄약근 통제와 기본습관 형성을 통한 자율성 획득 • 근육과 신체조절을 통해 감정조절의 기초를 배움 • 목표지향적 행동과 의사소통 시작 • 너무 빠른 배변훈련과 실패의 경험을 반복하면 수치심 • 사회적 기대에 대해 실수 또는 실패하면 수치심과 회의감

3단계	주도성 대 죄책감	3~6세 (유아기)	• 주도권을 스스로 갖고자 하며, 자기주장이 강해지는 시기 • 활동을 제한하고 질문에 대한 억압적인 태도를 취하면 죄책감을 가짐 • 언어와 신체 조절을 통한 탐색으로 주도적 활동과 싫고 좋은 것을 뚜렷하게 표현함 • 자발적인 탐색 기회를 부여하지 않고 금지와 통제가 많아지면 자신의 행동에 대한 죄책감을 갖는 시기
4단계	근면성 대 열등감	6~12세 (학령기)	• 학령기에 해당하며 자아 성장의 결정적 시기 • 인지적 호기심과 사회적 기술의 습득으로 근면성과 성취감이 발달함 • 또래에 비하여 잘 따라가지 못하면 무능력함과 자신이 중요하지 않음을 지각하면서 열등감을 형성함 • 또래와의 상호작용을 통해 사회성이 발달하는 시기
5단계	자아정체감 대 역할 혼미	청소년기	• 진학문제, 이성문제 등 사회적 역할의 선택과 결정에 고민과 갈등이 생김 • 다른 사람 눈에 어떻게 보이는지에 대해 동일한 사람으로 지각될 경우 자아정체감이 형성됨 • 자신의 무가치감에 의한 성역할에 혼란을 가져오고, 직업 선택에서 안정성을 확립하지 못하면 역할 혼미를 경험함
6단계	친밀감 대 고립감	성인초기	• 성, 가정, 사회적 관계를 통해 친밀감 형성 • 부모로부터 독립하고자 하며, 직업을 선택하고 배우자를 찾는 시기 • 타인과의 이해와 친밀감을 형성하지 못하면 소외감과 낮은 자존감이 생김 • 공감 능력 미숙으로 대인관계가 위축되고, 형식적이면서 자신에게만 몰두함으로써 고립감 형성
7단계	생산성 대 침체성	성인기	• 자신이 속한 사회, 직장에서의 승진과 업적 달성을 이뤄내는 생산성 • 동료, 친구와의 여가활동에 참여함으로써 얻는 창조성 • 가정에서는 자녀를 낳고 양육하는 시기로 사회 존속과 유지를 위한 생산성 • 생산성을 획득하지 못하면, 성격이 침체되어 자신의 에너지와 기술을 오로지 자기만족을 위해 사용 • 목표 달성을 하지 못하면, 무능력감과 사회에 의미 있는 기여를 못했다는 회의로 인해 침체성을 느낌
8단계	자아통합감 대 절망감	노인기	• 자신의 과거를 돌아보며 지금까지 살아온 인생을 별다른 후회 없이 그대로 받아들이게 되면 자아통합감을 느낌 • 인생의 허무감과 잘못 살았다는 원망과 실수에 대해 용납하지 못하면 자아통합감이 결손되어 절망감에 빠짐

출처 : 강순희 · 손수민 · 윤매자 · 한서연 · 황현숙(2020). 영유아발달(제2판). 창지사, pp. 44-45 재구성.

(3) 정신분석이론에 대한 시사점

① 심리성적 이론에 따르면 아동의 성장과정에서 적절한 만족과 좌절을 경험하면서 자아와 초자아가 조화를 이루면서 발달하면 정신적으로 건강한 사람이 된다.

② 만족과 좌절, 갈등 등이 어느 쪽으로든지 지나치게 편중되면 정상적 발달은 장애를 받게 되고 문제행동이나 부적응 행동이 유발된다.

③ 심리사회적 이론은 전 생애를 거치면서 각 단계에서 경험하는 발달과업의 성공과 위기를 어떻게 이루어 내는지에 대한 성격 특징이나 행동, 자아발달에 대한 포괄적 통찰을 갖게 한다.

④ 심리성적 이론은 인간의 성적 본능을 지나치게 강조하였고, 심리사회적 이론은 발달이 무엇인지 명확한 개념 정의와 설명이 부족하였다.

3) 학습이론

학습이론은 생물학적 요인보다는 환경적 요인을 더 강조하고 환경을 재구성하여 새로운 학습경험을 하게 되면 발달에 변화를 가져올 수 있다고 주장한다. 즉, 인간의 행동은 학습에 의해 수정된다는 기본 가정을 하고 있어 '행동주의 이론'이라고도 한다. 대부분의 사람들은 학습을 공부라고 생각하며, 배워서 익히는 것, 또는 기술이나 지식을 의식적으로 습득하는 행동이라 여긴다. 학습은 전 생애에 걸쳐 계속되고, 그래서 성격이 어떤 연령에 완성되는 것이라고 보지 않는다(강순희 외, 2020; 윤매자 외, 2017). 아동기의 문제행동이나 장애도 다른 행동이 학습되는 것과 같이 같은 방법으로 학습되는 것이라고 보았다(공계순 외, 2019).

(1) 파블로프의 고전적 조건형성이론

파블로프(Pavlov)는 포유류의 소화과정을 연구해서 1904년에 노벨 의학상을 수상하였다(정옥분, 2013). 그는 개의 소화액 분비를 연구하는 과정에서 개에게 먹이를 주면 타액이 분비되는 반응을 보았는데, 여러 번 반복하여 먹이를 주는 실험을 하는 동안 그 개는 음식을 맛보기도 전에 음식만 보아도 타액을 분비하였고, 나중에는 음식을 가져오는 사람의 발소리만 들어도 타액을 분비한다는 사실을 알게 되었다(강순희 외, 2020). 이러한 학습과정을 고전적 조건형성이라고 불렀다.

고전적 조건형성은 조건화 전 단계, 조건화 단계, 조건화 후 단계로 분류한다. 조건형성의 단계를 살펴보면, ❙그림 2-2❙와 같다.

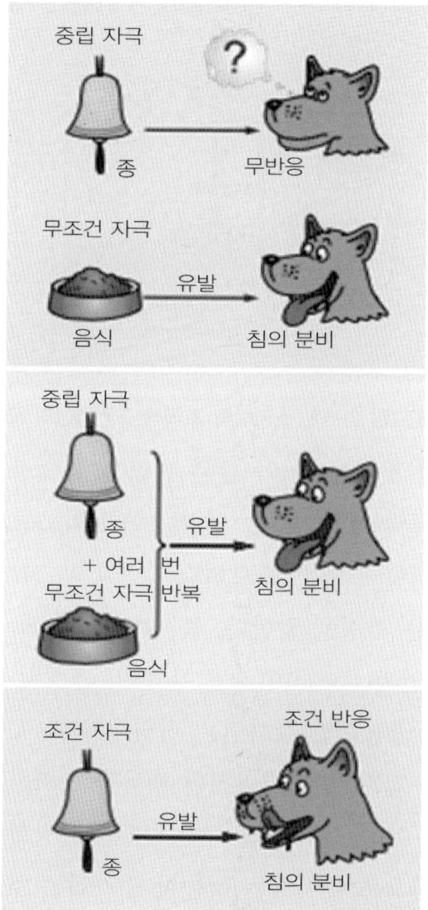

1. **조건화 전 단계**
   조건화가 되기 전 단계에서 종이라는 자극은 개에게 어떤 반응도 이끌어 내지 않는 중립자극이다. 개의 밥, 즉 음식은 개에게 침의 분비를 유발해 내는 무조건 자극이다.

2. **조건화 단계**
   조건화 단계에서는 중립 자극인 종과 무조건 자극인 음식을 연합하여 제시하는 것이다. 종을 땡땡 치고, 밥을 주고 종을 땡땡 치고, 밥을 주는 행동을 반복해서 제시하는 것이다.

3. **조건화 후 단계**
   조건화 후 단계는 조건화 단계를 통해 중립 자극이었던 종이 개의 침을 유발해 내는 무조건적 자극으로 학습화되는 것이다.

❙그림 2-2❙ 파블로프의 고전적 조건형성의 모형

출처 : 강순희 · 손수민 · 윤매자 · 한서연 · 황현숙(2020). 영유아발달(제2판). 창지사, p. 47.

(2) 스키너의 조작적 조건형성이론

스키너(Skinner)는 인간의 행동을 결정하는 것은 인간의 내적 영향에 의한 것이 아니라 자기 주변 환경에 반응하는 것으로, 오랜 경험을 통해서 비롯된 보상과 처벌에 의해서 정해진다고 보았기 때문에 보상을 받은 행동은 지속될 것이고, 보상받지 못한 행동이나 처벌받은 행동은 사라지게 된다고 보았다(강순희 외, 2020). 스키너의 이러한 입장을 뒷받침해 주는 실험이 바로 흰쥐를 이용한 '스키너 상자(Skinner box)'이다. 스키너 상자에 대한 실험 내용을 살펴보면, **| 그림 2-3 |** 과 같다.

| 그림 2-3 | 스키너의 조작적 조건형성의 모형

스키너는 스키너 상자라는 실험 장치를 통해 쥐가 돌아다니다가 지렛대를 누르면 쥐가 좋아하는 치즈가 떨어지게 장치하였다(강순희 외, 2020). 즉, 쥐가 지렛대를 누르는 반응을 먼저 보일 때 자극(보상)을 준 것이다. 지렛대를 누를 수도 누르지 않을 수도 있는 선택에서 환경을 조작할 수 있는 선택권을 학습자가 갖게 한 것이다. 이와 같은 관점은 학습자를 보다 능동적인 입장에서 파악하고 있는 이론이라고 할 수 있다(윤매자 외, 2012).

조작적 조건형성에서는 강화와 처벌의 역할이 매우 중요하다(강순희 외, 2020). 강화는 어떤 행동을 다시 발생하도록 만드는 과정을 말한다. 즉, 어떤 행동의 강도와 발생 빈도를 증가시키는 자극을 강화인(reinforcer)이라고 부르며, 긍정적 강화인과 부정적 강화인이 있다(정옥분, 2013). 긍정적인 강화인은 정적 강화라고 하며, 정적 강화는 칭찬이나 보상 등 강화물을 얻기 위해 바람직한 행동을 증가하는 것이다(강순희 외, 2020). 부정적인 강화인은 부적 강화라고 하며, 이 부적 강화는 싫어하는 것을 제거하기 위해 바람직한 방향으로 나아가는 행동이 증가되는 것을 의미한다(윤매자 외, 2017).

한편 처벌은 강화와 반대의 개념으로 행동을 감소시키는 것이며, 싫어하는 것을 가하는 처벌과 좋아하는 것을 못하게 하는 처벌이 있다.

(3) 반두라의 사회학습이론

반두라(Bandura)는 조건형성과 강화원리를 통해 전통적인 학습이론을 더욱 확장시켰다. 즉, 그는 아동이 보상과 강화에 의해서만 학습이 일어나는 것이 아니라 다른 사람들이 행동을 단순히 관찰하기만 해도 그 행동을 학습하게 된다는 관찰학습과 모델링을 주장하였다(윤매자 외, 2012). 즉, 직접적인 강화나 벌이 없어도 다른 사람의 행동을 관찰함으로써 학습할 수 있다(강순희 외, 2020; 윤매자 외, 2017). 모방학습이 일어나는 사례는 ❙그림 2-4❙와 같다.

❙그림 2-4❙ 모방학습(18개월)

출처 : 강순희 · 손수민 · 윤매자 · 한서연 · 황현숙(2020). 영유아발달(제2판). 창지사, p. 50.

반두라의 사회학습이론의 관찰학습은 네 단계의 과정을 거친다. 관찰학습의 단계를 살펴보면, 다음과 같다(강순희 외, 2020).

① 관찰학습의 단계

㉠ **주의집중 단계** : 노출된 모델의 행동에 집중, 정확하게 지각하고 관찰하는 단계이다. 이때 주의집중만 잘해도 잘할 수 있다는 말을 듣는다.

㉡ **파지 단계** : 관찰된 모델의 행동을 기억하는 단계이다. 이것은 어떤 사건이나 문제를 기억해 내는 회상이 될 수 있고, 부호화를 통해 기억을 내면화시키고 재생하도록 도와준다.

㉢ **운동재생 단계** : 기억한 모델의 행동을 새로운 반응 유형으로 수행하는 단계이다. 상징적인 표상을 적절한 행위로 변화시키는 과정이며, 이상적인 모델의 행동과 아동 자신의 행동에 차이가 있음을 알아차리고 수정하거나 연습하여 모델의 행동과 일치하려고 노력한다.

㉣ **강화와 동기 단계** : 강화와 동기적 과정으로 직접강화와 대리강화의 형태를 취한다. 직접강화는 강화가 주어지게 되면 모델의 행동을 계속적으로 수행한다. 대리강화는 잠재적인 학습자가 다른 사람이 강화받은 행동을 관찰하고 자신도 그러한 행동을 하는 현상을 말한다.

주의집중		파지		운동재생		강화와 동기
관찰하고자 하는 행동에 집중하는 과정	⇨	주의 깊게 관찰한 행동에 대한 기억(심상)의 과정	⇨	기억한 행동에 대한 실제 연습과 훈련, 구체적인 수행과정	⇨	관찰한 행동에 대한 강화나 동기 유발의 과정

| 그림 2-5 | 관찰학습의 단계

출처 : 강순희 · 손수민 · 윤매자 · 한서연 · 황현숙(2020). 영유아발달(제2판). 창지사, p. 51.

(4) 학습이론에 대한 시사점

① 파블로프의 고전적 조건형성은 인간행동에 관한 자극과 반응에 대하여 경험적인 실험을 통해 학습이 이루어지는 연합의 원리를 과학적으로 이끌어 학습이론의 초석을 마련하였다(강순희 외, 2020). 그러나 그 대상이 선천적인 반응을 유발하는 자극에 국한된다는 점에 한계가 있다.

② 스키너의 조작적 조건형성은 아동의 문제행동을 수정하여 바람직한 행동을 학습시키는 데 효과적으로 활용되었다. 그러나 환경만을 강조했으며 생물학적 영향력은 무시하였고 동물실험을 인간에게 적용하는 데 한계가 있었다.

③ 반두라의 사회학습이론은 관찰학습과 상징적 표상을 통해 인간의 사고가 어떻게 구체화되는지를 밝혔고, 아동의 행동은 환경적 자극에 의해서 조정된 것이기 때문에 환경의 변화를 통해 행동 수정이 가능하다고 보았다(강순희 외, 2020).

4) 인지발달이론

인지발달이론은 인간의 의지와 사고과정에 연구의 초점을 두고 인지구조(cognitive structure)가 형성되는 과정을 설명하는 이론이다(강순희 외, 2020). 피아제(Piaget)는 인지란 기억하고 생각하고 이해하는 정신적 활동으로, 유전과 환경의 끊임없는 상호작용으로 여러 단계를 거치는 가운데 구성되는 것으로 보았다(도미향 외, 2011).

(1) 피아제의 인지발달이론

인지발달이론은 학문적 배경에서 볼 수 있듯이 생물학적 배경을 바탕으로 하고 있으며, 인간의 사고와 학습능력을 적응의 일종이라고 생각하였다(강순희 외, 2020). 또한 지능은 처음부터 추상적인 모습으로 나타나는 것이 아니라 출생 직후 최초의 생물학적인 단순한 움직임에서부터 이미 태동되고 있으며, 그러한 움직임에 심리적인 의도와 경험들이 결합됨으로써 여러 형태로 구성되어 감을 보여주고 있다(윤매자 외, 2017).

① 주요 개념

인지발달이론에서 기본이 되는 주요 개념은 도식, 동화, 조절, 평형이다. 영유아의 인지발달은 적응 능력의 발달과정이며, 적응은 동화와 조절이라는 두 가지의 작용에 의해 평형을 이루어 나간다. 인지발달이론의 주요 개념을 살펴보면, 〈표 2-3〉과 같다.

〈표 2-3〉 인지발달이론의 주요 개념

주요 개념	내 용
도식 (schema)	• 유기체가 가지고 있는 '이해의 틀'을 말한다. • 사물이나 사건 또는 사실에 대한 전체적인 윤곽이나 개념을 말한다.
동화 (assimilation)	• 들어오는 새로운 정보를 이미 가지고 있는 인지 도식과의 혼란을 경험한다. • 새로운 대상이나 사건을 이해하고 해석하는 것으로, 기존의 도식에 새로운 자극이나 경험을 변형시켜 동일시하려는 과정을 말한다.
조절 (accommodation)	• 새로운 상황이 기존의 도식에 맞지 않거나 받아들일 수 없는 경우에 기존의 인지구조를 변경시키는 과정을 말한다.
평형 (equilibration)	• 동화와 조절, 두 기능의 통합과정으로 균형을 이루고 있는 상태를 말한다. • 인지구조가 항상성과 안정성을 유지하여 상위 단계로 발달하려는 원동력이 된다. • 새로운 것에 대한 도식이 충분히 이해되면, 아동은 적응을 통해 개인의 내적 인지구조와 환경 간의 조화로 평형상태를 이루게 된다.

출처 : 강순희 · 손수민 · 윤매자 · 한서연 · 황현숙(2020). 영유아발달(제2판). 창지사, p. 53 재구성.

② 인지발달 단계

피아제는 아동이 인지적으로 성장하면서 인지적인 내용은 변할 수 있으나 인지구조의 기능은 언제든지 똑같이 작용한다고 보았고, 아동 개인의 인지발달 단계를 감각운동기, 전조작기, 구체적 조작기, 형식적 조작기로 구분하였다(강순희 외, 2020). 또한 적응과정을 통해 새롭게 생기는 인지구조가 기존의 구조와 질적으로 다르다고 가정하고, 동화와 조절을 통해 적응할 수 있다고 보았다(강순희 외, 2020). 피아제의 인지발달 단계의 특징을 구체적으로 살펴보면, 〈표 2-4〉와 같다.

〈표 2-4〉 피아제의 인지발달 단계와 특징

단 계	연 령	특 징
감각운동기	0～2세	• 감각과 신체적 운동경험에 기초함 • 정신적 표상능력이 생김 • 지연모방이 일어남 • 대상영속성이 발달함 • 단순한 반사기능이 점차 복잡화되어 눈과 손의 협응된 동작적인 행동으로 변화함 • 주로 사물을 만져보고, 그것들을 조작해 보고, 환경과 상호작용하여 세상을 이해함
전조작기	2～7세	• 언어를 습득하며 자기중심적임 • 보존개념이 없음 • 물활론적 사고 • 논리적 사고가 어려움 • 비언어적 상징놀이가 증가하며 가상놀이를 즐김 • 직관적 사고로 눈에 보이는 것만을 보고 판단함
구체적 조작기	7～11세	• 탈중심화 능력을 획득함 • 가역적 사고가 가능함 • 자아중심성이 사라짐 • 타인을 이해할 수 있는 조망수용능력이 생김 • 논리적 사고능력이 가능하여 유목화, 서열화, 보존개념을 획득 • 추상적인 사고는 하지 못함
형식적 조작기	12세 이후	• 추상적 사고가 가능함 • 추론을 통해 가설을 세워 검증함 • 논리적인 문제 해결 능력

출처 : 강순희 · 손수민 · 윤매자 · 한서연 · 황현숙(2020). 영유아발달(제2판). 창지사, pp. 54-55.

(2) 비고츠키의 인지발달이론(사회문화적 이론)

비고츠키(Vygotsky)는 '학습'에 있어 사회적 상호작용이 중요한 역할을 한다고 보았으며, 아동의 인지발달에서 발달이 이루어지는 문화적 맥락(context)을 강조하였다(강순희 외, 2020).

비고츠키의 사회문화적 이론에서 근접발달영역과 비계설정의 개념은 인지발달을 설명하는 핵심이 된다. 근접발달영역(ZPD : Zone of Proximal Development)이란 아동이 혼자서 문제를 해결할 수 있는 실제 발달 수준과 부모나 성인의 지도, 혹은 유능한 또래와의 협동을 통해 문제를 해결하는 잠재적 발달 수준과의 사이에 있는 영역을 말한다. 또한 아동이 근접발달영역의 더 높은 수준에서 활동할 수 있도록 돕는 것을 비계설정(Scaffolding)이라고 한다. 스캐폴딩은 건축학에서 유래된 단어로서, 아동이 현재 발달 수준에서 잠재적 발달 수준으로 넘어갈 수 있도록 다리 역할을 해주는 것을 의미한다.

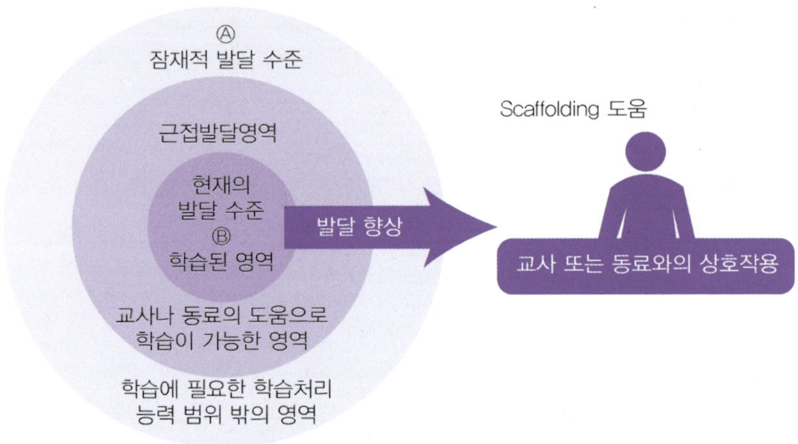

| 그림 2-6 | 비고츠키의 근접발달영역

출처 : 강순희 · 손수민 · 윤매자 · 한서연 · 황현숙(2020). 영유아발달(제2판). 창지사, p. 56.

(3) 인지발달이론에 대한 시사점

① 피아제는 아동발달을 촉진하기 위해서는 외부와의 상호작용을 통한 내적 성숙이나 외적 교육에 의해 좌우되는 것이 아니라, 아동 스스로 행동을 통해 능동적 인지구조를 구성할 수 있도록 자율적 활동이 중요하다고 하였다(윤매자 외, 2017).

② 그는 인지발달의 주요 개념을 제시하여 단계별 정해진 순서대로 발달한다고 강조하였고, 아동이 스스로 학습할 수 있도록 다양한 경험과 자료를 제공해주어야 한다고 하였다.

③ 비고츠키는 사람과의 상호작용이 아동의 인지발달을 촉진시킨다고 보았고, 사회문화적 맥락을 중요시하였다.

④ 그는 주변에 교사나 부모, 성인의 지도와 유능한 또래 간의 사회적 상호작용을 통해 인지발달에 있어 실제 발달 수준보다 잠재적 발달 수준까지 끌어올릴 수 있다고 하였다(강순희 외, 2020).

⑤ 그러나 인지발달이 한 단계에서 다음 단계로 변화하는 기제가 불분명하고, 아동의 개인차를 고려하지 않았으며, 문화 · 사회적 경험을 지나치게 강조함으로써, 생물학적인 측면을 간과하였다.

3. 생애주기 관점과 아동의 발달적 특성

생애주기란 시간의 흐름에 따라 변화해 나가는 개인 생애의 일정한 단계별 과정이다. 또한 생애주기는 일반적으로 생물학적 연령을 기준으로 구분되지만, 인간이 삶을 살아가면서 거쳐가는 생활 상태와 단계들을 연속선상에서 설명하는 것으로 태내기부터 신생아기, 영아기, 유아기, 아동기, 청년기, 성인기, 노인기로 진행되는 단계들과 그 과정에서 이루어지는 성장과 발달, 죽음이 서로 긴밀하게 연결되어 영향을 미친다는 의미를 가진다(최 선, 2013).

생애주기 관점에서 인간의 생애주기는 한 인간이 생명체로 시작하는 태아에서부터 죽음에 이르는 전 생애의 기간을 발달단계에 따라 몇 개의 단계로 나눌 수 있다. 발달이란 개인의 유전적 요인과 환경적 요인, 그리고 사회적 정보가 상호작용하는 과정에서 발생하는 신체와 심리적 변화를 의미한다(최 선, 2013).

1) 생애주기 관점

생애주기 이론에서는 인간의 발달을 전 생애적 관점에서 연구한 에릭슨의 심리

사회적 발달 모델(Erikson's psychosocial development model)과 레빈슨(Levinson)의 연령 단계 모델(Levinson's age-graded model)이 가장 많이 언급되고 있다.

레빈슨의 연령 단계 모델은 사람의 실제 연령과 연관되는 삶의 구조는 안정과 전환적 기간으로 이루어지는 일련의 연속에 따라 발달한다고 보았다. 한 사람의 삶의 구조(life structure)는 안정기 동안 구축되고 유지되는 경향이 있으며, 전환기에는 의문을 가지고 변화하게 된다. 이때 삶을 변화시키는 요소는 가족, 직업, 친구관계, 종교, 결혼, 민족성, 지역사회 등이 될 수 있다고 하였다(Levinson, 1986).

에릭슨의 심리사회적 이론은 인간의 발달을 8단계로 구분하고 있으며, 각각의 단계는 한 개인의 삶에서 일어나는 위기와 발달을 설명하는 가장 큰 영향력 있는 생애주기 이론으로 볼 수 있다. 또한 각각의 단계에서 일어나는 위기를 극복하고 성공하느냐, 실패하느냐에 따라 발달의 양상은 다르다.

2) 아동의 발달적 특성

발달은 개인적인 특징이나 환경과 같은 다양한 요소에 의해 개인차가 나타날 수 있으며 성장 과정은 매우 복잡한 것이지만 일반적인 발달의 원칙이 있다(강순희 외, 2020, 이숙재 외, 2008 재인용; 윤매자 외, 2017; 정옥분, 2013).

(1) 발달의 원칙

① 발달은 유전과 환경의 상호작용이다

발달은 개체가 선천적으로 갖고 있는 유전적 요인과 환경과의 상호작용을 통해 이루어진다. 예를 들어, 유전적으로 키가 작은 소양을 지니고 태어났다 하더라도 충분히 영양분을 공급하고 운동할 기회를 제공하면 본래의 유전인자보다 키가 더 클 가능성이 있다.

② 발달은 일정한 순서와 방향으로 진행된다

신체, 인지, 언어를 포함한 모든 발달은 일정한 순서와 방향에 의해 진행되며, 모든 영유아는 목을 가누고 나서, 뒤집고, 기고 난 다음에 앉을 수 있고, 앉을 수 있게 된 다음에 설 수 있으며, 설 수 있게 된 다음에 걸을 수 있고, 또 뛸 수 있다. 특히 신체 · 운동 발달영역에서 찾아볼 수 있는 발달 원칙은 다음과 같다.

㉠ 두미 발달의 원칙

머리 부분이 먼저 발달하고 발 방향으로 발달이 진행된다. 즉, 머리 부분이 몸통이나 사지보다 일찍 발달한다.

㉡ 근원발달의 원칙

안에서 바깥쪽으로 발달이 진행된다. 즉, 심장인 중심에서부터 말초 방향인 손과 발끝으로 발달한다.

㉢ 세분화 발달의 원칙

단순한 것에서부터 복잡한 것으로, 혹은 일반적인 것에서 특수한 것으로 발달이 진행된다.

③ 발달은 계속적인 과정이지만 그 속도는 일정하지 않다

발달은 상승과 하강 과정을 거치면서 일생 동안 끊임없이 변화하지만 발달해 가는 속도는 개인의 신체적, 심리적 특성에 따라 또는 각 발달영역에 따라 일정하지 않다.

④ 발달에는 개인차가 있다

발달은 계속적으로 변화해 나간다. 그러나 발달의 속도와 결과는 인종, 연령, 성별, 양육환경, 유전자 등에 따라 개인차가 있다. 예를 들면, 언어발달은 평균적으로 여아가 남아보다 빠르고, 신체발달은 남아가 여아보다 더 빠른 경향을 보인다.

⑤ 발달의 각 영역은 상호 밀접한 연관이 있다

발달은 각각 독립적으로 이루어지는 것이 아니라, 상호작용을 통해 영향을 주고받는다. 인지발달 과정은 사회정서 발달과정에 영향을 미치며, 신체발달 과정은 인지발달 과정에 영향을 미친다.

⑥ 발달에는 결정적 시기가 있다

인간의 여러 발달과업은 가장 적절하게 획득되는 최적의 시기가 있다. 이 시기를 결정적 시기(critical period)라고 한다. 이 결정적 시기를 놓치면 발달과업을 획득하는 데 어려움이 있다. 발달은 신체, 인지, 언어, 정서, 사회성, 그리고 성격 발달을 막론하고 최적의 시기가 있다.

(2) 아동발달의 영역별 특성

발달은 다양한 영역에서 동시적으로 이루어진다. 각 영역은 연령에 따라 특성이 다르며 또한 발달이 다른 영역에 영향을 미친다. 따라서 아동기의 주요 발달 특성과 이상 발달을 이해하는 것은 아동발달의 총체적 이해에 도움이 된다(공계순 외, 2010; 정옥분, 2013).

① 신체 운동 발달

신체 운동 발달은 부모로부터 물려받은 유전인자, 뇌와 감각기관의 발달, 신장과 체중의 증가, 운동기능 발달, 사춘기에 나타나는 호르몬의 변화 등은 모두 아동발달에 있어서 생물학적 과정이 반영된 것이다. 신체의 각 부위는 일생을 통해 서로 다른 속도로 발달하는데 골격과 근육, 내장기관은 영유아기에 급속하게 발달하며, 학령기에는 점차 느려지다가 청소년기에 다시 급성장한다.

운동 발달도 마찬가지로 두미 발달, 근원발달, 세분화 발달의 원칙에 따른다. 생후 1~2개월이 지나면 영아는 자신의 몸을 어느 정도 가눌 수 있게 되며, 2~6개월이 되면 척추를 회전하여 몸을 뒤집을 수 있다. 11개월이 되면 일어서고 12개월에는 걸을 수 있게 된다. 만 3세가 되어야 균형을 잡고 발을 바꾸어 가면서 걸을 수 있고, 3~4세가 되어야 옷을 벗고 입을 수 있으며 자조능력이 발달한다. 소근육을 사용하여 신을 신거나 신발의 끈을 맬 수 있는 경우는 5~6세가 되어야 가능하다.

한편 신체 및 운동 발달의 이상 조짐은 개인에 따라 발달이 속도가 다르기 때문에 앉고, 기고, 걷는 것이 일반적이지 않다고 해서 발육이 '늦다' 혹은 '빠르다'고 판단하는 경우가 있지만, 주의가 필요하다. 그럼에도 불구하고 포괄적 신체 발육기준표에 의해 아동의 장애를 조기에 발견할 수 있다는 점에서 여전히 유효하다.

② 인지발달

인지발달은 개인의 사고, 지능, 언어, 추론, 지각, 기억 등 인지적인 여러 기능을 포함하는 정신 과정이다. 피아제는 아동의 인지발달에 관해 아동이 성숙해 감에 따라 사고와 추론들의 인지능력이 인지발달 단계에 따라 정해진 순서대로 진행되고 단계가 높아질수록 복잡성이 증가한다고 하였다(Piaget, 1954). 피아제의 인지발달 단계는 앞에서 언급하였듯이 감각운동기(0~2세), 전조작기(2~7세), 구체적 조작기(7~12세), 형식적 조작기(12세 이후)로 구분하여 단계별 시기에 따른 발달적 특징이 있다(정옥분, 2013).

또한 기억의 발달로 외부로부터 받아들인 정보를 기억 속에 저장했다가 필요할 때 회상하는 과정을 되풀이하게 된다. 기억은 복잡하고 많은 기억을 쉽게 저장하고 꺼내어 쓰는 능력뿐만 아니라 학습의 효과를 높이기 위해 부호화, 저장, 인출이라는 세 가지 과정을 거치게 된다(강순희 외, 2020). 따라서 인간의 기억과정은 우선 필요한 정보에 주의를 기울이고 이를 선택적으로 부호화하여, 어떻게 해서든지 받아들여서 저장하고, 필요할 때 인출하여 문제를 해결하려고 한다.

지능지수(IQ)는 선천적 사고 및 문제해결 능력을 측정하는 것이 아니라, 지적 수행 능력을 측정하는 것임을 시사한다. 환경이 안정적이고 지적 자극을 적절히 받으면서 성장한 아동과 빈곤층과 같이 열악한 환경에서 성장한 아동들은 지능지수에서 누적적인 결손이 보이기도 한다(공계순 외, 2010).

한편 인지발달의 이상 조짐은 지능이나 학습수행 정도가 평균에 미치지 못하여, 학습과 생활에 있어 부적응을 보이거나 학습문제를 보이는 경우가 있다. 지능이 평균에 미치지 못하는 경우를 지적장애라고 하며, 학습수행의 이상 조짐을 보이는 경우는 학습장애라고 할 수 있다.

③ 언어발달

언어발달과정은 영아기부터 시작되어 음성 언어, 문자 언어의 발달로 구분할 수 있다. 아직 언어라고 볼 수 없는 전 언어기는 성인이 알아들을 수 있는 체계적인 말소리를 사용하기 이전이다(강순희 외, 2020). 생후 1~2개월부터 분화된 울음(differentiated crying)이 나타난다. 즉, 울음소리의 음조와 강도에 따라 배고픔, 불편함, 고통스러움 등을 나타내고 졸리거나 관심이 필요한지 같은 것을 표현하기 시작한다. 그리고 미소와 웃음, 쿠잉, 옹알이 등으로 이후 의사소통의 기초가 된다. 언어기는 영아가 한 개의 단어를 사용하여 다양한 의사를 전달하는데 이것을 일문어 시기라고 한다. 생후 8개월경이 되면 다른 사람의 소리를 식별하기 시작하면서 모방하기 시작하는데 완전하지는 않지만 '맘마', '빠바' 등의 간단한 어휘를 말할 수 있다. 9~15개월쯤 되면 단순문장 시기로 두 단어를 합쳐서 사용하게 되는데 '엄마 빵', '엄마 와' 등의 다양한 의미로 표현한다. 문법의 발달은 영아가 두 단어를 결합하여 말하기 시작할 때 일정한 어순에 의한 언어발달이 이루어진다. 또한 학령 전기(3~5세) 아동의 언어는 문법의 형태소도 갖추기 시작하며 성인의 언어와 유사해지는 방향으로 발달한다. 나름의 문법적 규칙을 적용하여 의문문, 부정문, 명령문, 복합문, 관계문 등으로 변화시킬 수 있게 된다.

한편 언어발달의 이상 조짐은 언어습득에 개인차가 있지만 3세 이후에도 언어발달의 문제가 계속된다면 듣기, 말하기, 읽기, 쓰기에 영향을 미칠 수 있다. 옹알이를 할 시기에 하지 않거나 이름을 불러도 반응이 없거나 말을 시작해도 음소를 정확하게 발음하지 못하거나 알아듣기 힘든 말을 할 때 문제가 되고 언어발달에 이상 신호가 왔음을 의미한다. 언어손상은 또래관계의 문제, 학업문제, 사회적 상호작용의 문제 등으로 사회적 고립감과 자아존중감 저하를 초래할 수 있다. 언어장애에는 음성학적 장애, 수용성 언어장애, 표현성 언어장애 등이 있다.

④ 정서발달

정서란 인간이 갖게 되는 공포, 애정, 기쁨, 분노, 질투 등과 같은 감정으로 아동이 경험하는 모든 심리적 상태와 함께 나타나는 욕구, 신체적, 생리적 반응 등을 포함한다. 생애 초기부터 비교적 단순한 정서가 발달하기 시작하여 유아기를 지나면서 다양한 정서의 대부분이 발달되고, 영아기에는 자신을 돌보아 주는 사람의 정서 표현에 적절하게 반응한다. 영유아기의 정서 반응의 특성은 정서 상태의 지속시간이 짧고, 강렬하고 폭발적이며 빈도가 잦다(공계순 외, 2010).

㉠ 공포

정서발달 과정은 생후 1년이 지나면서 자신이 보지 못했던 물건이나 낯선 사람이나 상황에 대해 공포를 느끼며, 2세가 되면 더 심해져서 큰 소리, 낯선 소리, 어두운 곳을 무서워하게 된다. 3~4세가 되면 무섭게 생긴 남자나 동물들을 보면 공포를 표현한다. 5세가 되면 더 이상 겁을 내지 않고 공포가 없어지는 듯하다가 상상력이 발달하는 6세가 되면 상상 속의 도깨비, 유령, 귀신, 괴물 등을 무서워하는 경향이 있다.

㉡ 분노

분노는 자기가 하고 싶은 일을 방해받거나 자신의 욕구가 충족되지 않았을 때 나타난다. 분노의 표출은 3개월 정도는 성난 울음소리로, 4~5개월경이 되면 사람이 옆에 없거나 장난감을 빼앗기거나 했을 때 분노를 표현한다. 12개월이 되면 투덜대기, 토라지기, 발버둥질, 떼쓰고 울기, 반항 등 강하게 분노를 터뜨린다(강순희 외, 2020). 18~36개월 사이에는 울부짖고, 발을 동동 구르고, 땅바닥에 나뒹구는 행동을 자주한다. 5세 이후가 되면 점차 언어능력이 발달함에 따라 공격적인 행동보다도 언어폭력으로 화를 내게 된다.

ⓒ 기쁨

기쁨은 기분이 좋은 신체적 편안함이나 수면, 배설, 배고픔 등의 기본 욕구가 충족되었을 때, 웃음과 미소를 나타낸다. 출생 직후 신생아의 웃음은 배냇짓이라고 하는데 정서의 의미가 담겨있는 것이 아니라 반사적인 근육 활동일 뿐이다(공계순 외, 2010). 그러다가 눈을 맞추고 기쁨의 의미로 미소를 짓게 된다.

ⓓ 기질과 정서발달

기질은 타고난 행동 성향을 가리키는 용어로 성격에 대한 생물학적 접근에서 주로 사용하는 개념이다. 또한 부모의 양육 태도나 환경의 영향을 받아 달라지는 반응 행동 중 정서적인 특성도 가진다. 최근에는 기질을 정서성, 활동 수준, 사회성에서의 개인의 차이로 보는 관점도 있다(공계순, 2010 재인용). 일반적으로 기질은 순한 기질, 까다로운 기질, 느린 기질로 구분된다. 순한 기질은 차분하고 긍정적인 감정을 보이며 수면, 음식 섭취, 배설 등의 일상생활 습관이 대체로 규칙적이며, 환경의 변화에 적응력이 높다. 반면에 까다로운 기질은 적극적이고 민감하며 불규칙적이다. 일상에서 사소한 변화에 강하게 반응하고 새로운 환경에 적응력이 떨어진다. 느린 기질은 상황 변화에 대한 적응이 느리고 새로운 자극에 대해 부정적인 반응을 보이는 점에서 까다로운 기질과 비슷한 회피적인 반응을 보이다가 접촉이 반복된 후에 서서히 적응해 나간다.

한편 정서발달의 이상 조짐은 아동의 정서에 있어서 가벼운 우울부터 정상적인 관계 형성에 심각한 문제를 초래할 수 있다. 아동기에 나타날 수 있는 대표적인 정서장애로는 주의력결핍 과잉행동장애(Attention Deficit Hyperactivity Disorder), 우울증 등이 있다.

⑤ 사회성 발달

출생 후 초기에 주 양육자와의 안정적 애착은 이후의 사회적 관계의 토대가 되기 때문에 아동의 사회성 발달을 이해하기 위해서는 애착 발달과정과 애착에 미치는 영향에 대해 살펴볼 필요가 있다.

애착 발달과정은 생애 첫해 동안 영아는 자신을 양육해 주는 가장 가까운 사람과의 정서적 유대관계를 가지고 친밀한 애정적 결속을 형성한다. 애착은 영아의 정서적 유대관계로 사회적 발달을 위해서 생존적으로 형성하는 것이다. 볼비(Bowlby)의 애착형성 단계를 살펴보면 다음과 같다(강순희 외, 2020).

㉠ **전 애착 단계**(preattachment phase) : 출생 후 6주까지로 애착이 형성되지 않은 단계이며 영아가 양육자를 제한적으로 구분한다. 얼굴을 쳐다보거나 울음, 미소 등을 통해 성인의 행동을 유도하게 된다.

㉡ **애착 형성 단계**(attachment in the making) : 6주에서 8개월까지로 주 양육자와 다른 사람을 구분하기 시작하면서 사회적 반응이 선택적으로 변한다. 친숙한 사람에게 민감한 반응을 보이며 애착이 형성되기 시작한다. 그러나 주 양육자와 분리되는 것에 대한 불안은 보이지 않는다.

㉢ **애착 단계**(clear-cut attachment) : 6~8개월에서 18개월까지로 낯선 사람에 대한 불안과 애착 대상자인 주 양육자와 떨어지면 분리불안을 보이기 시작한다. 이때 반응은 경계하기, 울기 등으로 다양하다. 분리불안은 영아가 애착 대상과 격리되는 상황이 되면 불안해서 울거나 공포를 느끼는 것이다.

㉣ **상호관계의 형성 단계**(formation of reciprocal relationship) : 18개월에서 2세까지로, 영아가 언어발달과 함께 의사소통 능력이 발달하면서 주 양육자가 떨어져 있어도 돌아온다는 것을 이해하기 시작한다. 목표지향적인 협조 관계를 유지하기 위해 영아는 협상하고 행동을 수정한다.

또한 낯선 상황에서 유아와 어머니 간의 상호작용과 분리 과정을 관찰한 에인스워스(Ainsworth)는 안정애착, 불안-회피애착, 불안-저항애착, 불안-혼란애착(양가적 애착)이라는 네 가지 유형을 발견하였다.

㉠ **안정애착**(secure attachment) : 낯선 상황에서 주의를 탐색하기 위해 쉽게 어머니에게서 떨어지고, 엄마가 나갔다 돌아왔을 때 반갑게 맞이하며 쉽

게 안정된다.

㉡ **불안-회피애착**(avoidant attachment) : 엄마가 방을 떠나도 울거나 당황하지 않고, 엄마가 돌아왔을 때에도 무시하거나 회피한다.

㉢ **불안-저항애착**(resistant attachment) : 엄마가 방을 떠나기 전부터 불안해하고 탐색을 하지 않고, 엄마가 다시 돌아와서 아기를 달래는 것이 어렵다.

㉣ **불안-혼란애착**(disorganized attachment) : 회피애착과 저항애착이 결합된 형태이며, 엄마가 떠날 때 혼란스러워하고 엄마가 돌아왔을 때 무슨 일이 일어났는지 정말로 이해하지 못하는 것처럼 보인다(강순희 외, 2020).

이 밖에도 아동의 사회성 발달을 촉진시키기 위해 자신과 타인에 대한 이해가 필요하다. 그러기 위해 아동 자신의 자아개념이 발달해야 하며, 타인에 대한 이해로 탈중심성, 조망수용능력, 공감능력 등이 사회성 발달에 중요하게 영향을 미친다고 보고되고 있다.

한편 사회성 발달의 이상 조심은 초기 양육자 간의 애착 문제나 기질적 문제로 인해 장애가 나타날 수 있고, 학령기에는 친구들로부터 따돌림과 같이 또래 관계의 문제로 나타나기도 한다. 아동기 사회성 발달의 문제는 반응성 애착 장애, 불안장애, 자폐증 등으로 나타난다(공계순 외, 2010).

4. 생태체계 관점과 아동의 주요 환경

아동의 건전한 성장과 발달을 돕기 위해 생태체계이론과 아동의 주요 환경을 살펴보고, 이를 아동복지 실천현장에서 적용하여 아동문제를 사전에 예방할 수 있어야 한다. 구체적인 내용을 살펴보면 다음과 같다(강순희 외, 2020: 윤매자 외, 2017; 정옥분, 2013).

1) 생태체계이론

생태체계이론은 체계이론(system theory)과 생태학(ecology)을 합친 용어로, 이 이론은 아동복지 실천 현장에서 개입 시 광범위하고 유연하게 접근할 수 있게 해준다. 체계이론은 모든 유기체는 체계이며, 하위체계로 구성되는 동시에 상위 체계의 부분 생물체계뿐만 아니라 사회 체계의 전체(wholes)를 다룬다. 생태학은 인간과 환경 사이의 관계에 초점을 두고, 생물과 환경 간의 상호호혜적인 관계가 인간의 성장을 촉진시키며, 능력을 발휘하고 사회에 공헌할 수 있도록 적응하는 과정을 강조하였다. 또한 생태체계이론은 개인 혹은 인간이 속한 가족, 가정환경 등이 직접적인 영향을 주는 미시체계가 있고, 부모와 교사 간의 관계, 학교, 병원 등 두 가지 이상의 미시체계 간의 관계와 상호작용인 중간체계가 있으며, 문화적 환경, 법이나 관습 등 사회제도가 개인에게 미치는 환경요소를 포함하여 사회적 맥락인 거시체계가 있다.

2) 아동의 주요 환경

인간의 발달에 영향을 미치는 사회환경 가운데 가장 기본적이며 일차적인 환경이 가족이며, 가족은 아동의 발달과 성장 과정에서 지속적인 영향을 미치는 요인이며, 가족을 제외한 사회관계에서 또래 관계, 학교생활에서의 집단, 지역사회, 국가 등으로부터 지대한 영향을 받게 된다. 이러한 이론에 영향을 미치는 아동의 주요 환경요소를 살펴보면 다음과 같다(강순희 외, 2020; 최옥채 외, 2010).

(1) 가족

가족은 역사적·문화적으로 전체 사회의 기본 단위로서 가장 오래된 집단체계이며, 인간이 태어나서 가장 먼저 접하게 되는 사회집단이다. 우리 사회는 산업화를 거치면서 사회적 변화와 함께 가족의 형태와 기능 또한 변화되었다. 앞으로는 더 많은 가족의 형태와 기능들이 어떻게 변화될지 예측하기 어렵다. 가족들은 각기 다른 전통과 가치관을 가지고, 가족이라는 범주 밖에서 상호작용할 때 기준을 제시하고 있다. 아동이 어떤 경험을 해야 할지, 어떤 경험에서 보호되어야 하는지, 또한 그러한 경험들이 가족구성원의 욕구를 충족하는지 등을 결정하게 된다.

(2) 또래

또래는 부모, 형제, 가족을 제외한 가장 큰 영향력을 미치는 사회관계로서 연령이 증가할수록 또래와 함께하는 시간이 많아지고, 아동기로 갈수록 또래에 대한 비중이 높아지며 영향력도 커진다. 아동은 또래나 친구 관계를 통해서 규칙을 준수하고 협동심을 기르며 친사회적 행동을 배운다. 또한 이러한 또래 관계에서 아동은 조망수용능력을 넓히며 자기중심성에서 벗어나 사회구성원으로서 사회성을 발달하게 된다. 그러나 아동기에 잘못된 또래 관계를 형성하면 초기 사회성 발달을 저해하는 행동을 하게 된다. 즉, 반항, 거짓말, 무단결석 등으로 나타나며, 이후 불복종, 폭력, 절도, 규범에 어긋나는 행동을 하게 되며 반사회적 행동이 증가한다. 이러한 아동의 행동은 '청소년 비행'으로 알려졌으나 오늘날 정신병리학이나 이상심리학에서는 '품행장애'의 범주로 명칭이 변경되었다.

(3) 학교

학교는 '교육'을 하는 하나의 장소이며 사회제도를 실행하는 곳이다. 또한 학교는 교육적 목적을 가지고 계획된 내용에 따라 일정한 기간 동안 학생들을 가르치는 곳이기도 하다. 현대사회는 이웃의 공동체 의식보다 개인주의적 성향으로 인간관계가 소원해지면서 아동의 인간관계는 학교를 중심으로 형성되게 되었다. 교육은 본질적으로 심리적인 상호작용을 통해 이루어지기 때문에, 학교생활만족도와 같은 학생들의 주관적 평가를 통해 학교 교육의 질을 가늠할 필요가 있다.

'학교생활만족도'는 2008년 51.0%를 기점으로 상승하다가 이후 차츰 낮아졌고, 2018년 58.0%, 2020년 59.3%로 다시 개선되는 추세이다(통계청, 2020).

(4) 지역사회

지역사회는 주민들이 행복하게 살기 위해서 서로 의지하고 교류하는 생활공간이다. 지역주민들은 특정한 문화적 토대를 바탕으로 개인적 경험이나 관심의 정도에 따라 다양한 사고를 형성하고 있다(박석돈 외, 2012). 예전에는 여러 가지 이유로 어려움에 직면한 가족을 지역사회가 원조하는 상부상조의 전통이 있었지만, 사회가 발달하면서 사회시스템 안에서 국가나 지방자치단체가 공적으로 지원하도록 하고 있다. 이러한 변화는 지역사회 안에서 아동의 성장과 발달을 돕는 인간관계를 어렵게 하고 있으며, 지역사회의 공동체가 사라지고, 공동성이 붕괴하고 있다(박정란 외, 2016). 이러한 상황에서 아동의 발달을 촉진하기 위해 지역사회의 특징을 살려 다양한 문화체험이나 경험을 통해 건전한 발달을 도모하고자 한다.

(5) 국가

국가는 그 나라의 질서와 안전을 확립하고 법규범으로 유지하며 영토와 주권을 보유한다는 점에서 다른 사회조직과 구별된다. 생태체계 관점에서 국가는 거시체계에 속하므로, 문화, 법, 관습 등으로 아동이 속한 사회문화적 배경이 아동에게 영향을 주는 것을 의미한다. 아동이 건강하고 권리의 주체로 살아가기 위해서는 국가는 법과 사회제도, 사회보험으로 아동을 보호하고, 아동의 권리를 존중하고 독립된 존재로 인식하여야 한다.

CHAPTER 03

아동의 권리

20세기 들어와 아동복지에 대한 국가책임이 강조되었다. 종종 20세기를 '아동의 세기'로 부르기도 할 만큼 아동에 관한 관심과 인식들이 달라졌다. 아동을 고유한 인격체로 받아들이고, 이들을 위한 다양한 사회적 제도와 아동권리 운동이 등장하였기 때문이다(윤매자 외, 2022). 아동권리는 독립된 인간으로서 최소한의 기본 생활과 인간다운 생활을 영위할 수 있는 아동의 기본 인권을 말한다(노혜련 외, 2015). 모든 아동에게 단순한 생존의 차원을 넘어서 인간으로서 누려야 할 천부적인 권리를 의미한다. 3장에서는 아동권리의 개념과 특성, 유엔아동권리협약, 우리나라 아동의 권리와 인권에 대해 구체적으로 살펴보고자 한다.

1. 아동의 권리와 아동복지

아동권리(child rights)란 아동이 인간으로서 누려야 할 기본적인 제반 권리를 총칭하는 것으로써(若井翊一, 1992), 성인의 권리와 많은 공통성을 가지고 있지만, 아동은 발달 특성상 성인의 권리라는 개념과 차이가 있다(김정래, 2002; 윤매자, 2010 재인용). 아동의 권리를 이야기할 때, 두 가지 상반된 개념을 염두에 두어야 한다. 하나는 아동의 '보호'로서, 아동의 생리적 욕구를 충족시킬 의무를 강조하는 개념이며(윤매자, 2010), 또 하나는 아동의 '자율성'을 보장하는 개념이다. 이 두 가지 개념에서 아동은 건강하게 출생하여 행복하고 안전하게 자라나도록 그 복지를 보장받아야 하며, 모든 유해한 사회적 환경으로부터 아동은 보호받아야 함을 아동복지법에 명시하고 있다. 이는 아동이 누릴 수 있는 복지권이다.

권리의 개념적 속성은 인간의 존엄성 사상을 전제로 한다. 이는 아동복지 이념에서 모든 아동은 다른 모든 조건을 떠나서 차별받지 않고 존중받아야 한다는 인간의 존엄성에 기초한다는 점에서 일치한다. 인간의 존엄성이란 인간의 가치가 어떠한 윤리적 가치나 이념 체제보다도 우선되며 개인이 그 생존과 기본적 자유에 있어서 중심적 주체가 된다는 것을 의미한다(김정래, 2002). 이처럼 아동권리와 아동복지는 모두 인간의 존엄성에서 나온 것이기 때문에, 인간으로서 누려야 하는 절대적 권리이다.

아동복지법(제2조)에는 아동은 자신 또는 부모의 성별, 연령, 종교, 사회적 신분, 재산, 장애 유무, 출생지역, 인종 등에 따른 어떠한 종류의 차별도 받지 않고 자라야 함을 명시하고 있다.

이상의 내용을 요약하면, 아동권리란 아동이 인간으로서 누려야 할 모든 권리를 총칭하는 것으로서, 아동에게 최선의 이익을 보장해 주고, 차별금지, 의사 표현 및 실질적 참여가 권리존중의 기본이 된다. 또한 아동복지는 아동복지법의 법령에 의해 건강하게 출생하여 행복하고 안전하게 자랄 수 있도록 기본적인 여건을 조성하고 조화롭게 성장 · 발달할 수 있도록 하기 위한 경제적 · 사회적 · 정서적 지원을 보장받는 것이다. 이 두 가지는 아동에게 권리보장과 복지증진을 위한 보호와 지원을 받을 수 있다는 것을 의미한다.

1) 아동권리의 특성

아동이 향유 · 행사하는 권리는 '세계인권선언'에 천명된 모든 사람이 향유 · 행사하는 권리와는 다른 맥락에서 이해할 필요가 있으며, 아동권리는 '아동권리협약'이 연령적으로 정의하는 만 18세 미만의 자가 향유 · 행사하는 권리를 가리킨다(김정래, 2002). 권리의 속성은 일반권은 모든 사람이 차별 없이 누릴 수 있는 천부성을 띤 자연법에서 나온 보편적 권리이며, 특정권은 계약이나 특정한 인간 관계에 의해서 성립되는 권리를 말한다. 일반권은 차별금지(제2조), 아동 최선의 이익(제3조), 아동의 생명 · 생존과 발달의 권리(제6조), 아동 의견 존중(제12조)은 실질적 참여의 권리로 아동의 일반권 중에서 가장 근본이 되는 권리이다(김정래, 2002). 반면에 특정권은 일차적으로 양육할 책임과 의무가 있는 부모 또는 친권자와의 관계에서 성립된다. 또한 특별한 치료가 필요한 아동에게 의사와의 관계에서 성립되며, 학교에서 교육을 받는 동안 교사와의 관계에서 성립될 수 있다.

2) 아동권리의 내용

아동이 갖는 권리의 내용은 제공, 보호, 참여의 개념으로 이해될 수 있다. 3P(provision-protection-participation)의 내용을 구체적으로 살펴보면 다음과 같다(공계순 외, 2010; 장인협 · 오정수, 1993).

(1) 제공(provision)

제공의 개념은 아동의 생존에 필요한 인적 · 물적 자원을 제공받고, 이것을 사용할 수 있는 권리를 말한다. 예를 들면, 국적과 이름을 가질 권리, 교육과 보건(의료) 서비스를 받을 권리, 여가 및 문화생활을 누릴 수 있는 권리, 장애아동과 난민아동이 보호받을 수 있는 권리, 이 밖에 보호를 필요로 하는 아동이 대상이 된다.

(2) 보호(protection)

보호의 개념은 아동이 열악하고 유해한 환경으로부터 보호받아야 하며, 이를 향유할 권리를 말한다. 예를 들면, 성적 · 노동 착취, 육체적 · 정신적 학대, 방임으로부터 보호받을 권리, 문제를 지닌 부모로부터 분리되거나 격리가 가능한 권리에 해당한다.

(3) 참여(participation)

참여의 개념은 아동이 자신의 인생에 중요한 영향을 미치는 결정에 대해 알 권리와 사회활동에 간섭을 받지 않고 참여할 수 있는 권리를 말한다. 예를 들면, 사회단체에 가입하고 활동할 수 있으며, 두발이나 의상 등 개인의 성향에 따라 의사를 결정할 수 있고, 생활양식이나 가족의 일에 대해 아동 자신의 의사를 반영하고 참여할 수 있다.

3) 아동권리의 종류

아동의 권리를 보다 현실적으로 이해하는 데에는 아동이 실질적으로 향유하고 행사하는 권리가 무엇인지를 알아야 한다. 즉, 권리의 종류를 이해하는 것이 요구되며, 아동의 소극적인 자유권, 적극적 자유권, 평등권, 복지권, 자기결정권 및 참여권의 문제를 중심으로 살펴보고자 한다(윤매자, 2020 재인용).[1)]

(1) 소극적 자유권

소극적 자유권이란 자신이 하고자 하는 바를 자의적으로 행함에 있어서 타인으로부터 방해 또는 침해받지 않을 권리를 의미한다. 소극적인 자유권이 존중되어야 하는 이유는 소극적인 자유권이 모든 권리를 향유하고 행사하는 초석이 되기 때문이다.

(2) 적극적 자유권

아동이 소극적 자유권이 수동적으로 보호되는 권리라고 한다면, 적극적 자유권은 아동이 능동적으로 행사하는 권리이다. 예를 들어, 적극적인 행동의 자유, 학문의 자유, 의사표현의 자유, 집회 및 결사의 자유, 표현의 자유로 간주되는 두발(頭髮)과 복장의 자유 등이 포함된다.

---

1) 김정래(2002). 아동권리향연. 교육과학사, pp. 46-57 요약; 윤매자(2020). 아동권리와 복지. 양성원, pp. 17-19 재인용.

(3) 평등권

아동의 평등권은 두 가지 차원에서 이해할 수 있는데, 하나는 적극적인 의미에서 모든 아동은 평등하게 대우해야 한다는 의미이며, 다른 하나는 아동에 있어 평등권을 저해하는 일체의 차별로부터 보호해야 한다는 의미이다.

(4) 복지권

기본적 생계를 유지할 수 없는 결핍으로부터 보장을 받을 수 있는 복지권은 아동의 생존에 필요한 결핍으로부터 벗어날 수 있는 권리를 말한다. 아동의 평등권과 마찬가지로, 아동에게 결핍상태가 야기되는 상황이 다양하게 제기되는 한 아동의 복지권도 생활보호 대상 아동의 문제, 위탁 아동의 문제 등을 포함하여 매우 포괄적으로 요구되는 권리이다.

(5) 자기결정권과 참여권

자기결정권(the right to self-determination)은 적극적인 자유권에 속한다. 그러나 이 권리는 아동권리협약의 4대 기본권인 '참여권'을 포함할 뿐만 아니라 '행복추구권'과 관련된 중요한 권리이다. 다시 말하면, '행복추구권'의 단초는 '자기결정권'에 있다고 해석할 수 있다. 또한 아동의 '자기결정권'을 가장 잘 표현한 것이 '참여권'이며, 아동의 '자기결정권'을 보장하는 결정적인 요인은 아동의 '참여권'을 보장하는 것이다.

2. 유엔아동권리협약

국제사회는 1989년 '유엔아동권리협약(United Nations Convention on the Rights of the Child)'을 채택하였다. 아동의 권리 보호만을 목적으로 한 이 협약은 아동의 권리에 관하여 대단히 포괄적인 내용을 갖고 있다. 통상 기존의 각국 법률이 성인의 시각에서 아동을 단순히 수혜자로만 취급하는 데 비해, 아동을 적극적인 권리 향유의 주체이자 권리행사의 주체로 보고 있다는 것이 특징이다(윤매자, 2010 재인용). 따라서 '유엔아동권리협약'은 아동을 성인으로부터 보호의 대상이면서, 적극적 권리의 주체로 천명함과 동시에 아동의 권리 실현을 위한 법적 구속력을 갖게 한 국제협약이다.

1) 협약 제정의 역사적 배경

20세기에 들어와서 아동권리 사상은 1923년 우리나라 소파 방정환 선생의 '아동권리옹호운동'에서 시작되었다. 또한 1922년 영국의 에글렌타인 젭(Eglantyne Jebb) 여사가 세계 1차대전 기간 동안 기아 문제에 관여하면서 아동 기금을 출범시키고 식량 부족 사태를 막기 위해 노력하였다. 아동의 빈곤과 기아, 영양실조 등의 문제를 아동기금으로 해결하고자 하였으나 전쟁으로 인해 기금을 모금하는 데 상당한 어려움이 있었다(정옥분 외, 2016). 이에 에글렌타인 젭은 아동의 권리에 대한 인식이 필요함을 역설하는 '아동권리선언문'을 작성하여 제출하였고, 1922년 영국의 국제아동기금단체연합은 '세계아동헌장'을 발표하였다. 내용은 모든 아동은 신체적, 심리적, 정신적 행복을 위해 필요한 요소를 보장받아야 한다고 명시하고 있다.

이를 기초로 하여 1924년 국제연맹(현 국제연합)이 '아동권리에 대한 제네바 선언(Geneva Declaration on the Rights of the Child)'의 5개 조항을 채택하였다. 내용은 아동의 빈곤, 기아, 질병, 착취와 같은 당시의 제1차 세계대전의 시대적 상황에 따라 아동의 기본적인 생존권에 초점을 맞추었고, 아동의 교육권과 복지권은 제외되었다.

1945년 6월, 미국 샌프란시스코에서 '유엔헌장 또는 국제연합헌장(UN Charter, Charter of the United Nations)'이 국제기구인 유엔에 의해 근본조약이 채택되었다.

유엔헌장은 서문과 19장 111조로 구성되어 있으며, 중요 내용은 평화유지, 국제안보, 인권 존중에 대한 전반적인 요청을 포함하고 있다.

1948년 12월 '세계인권선언(The Universal Declaration of Human Rights)'은 제2차 세계대전에서의 인권침해에 대한 반성과 인간의 기본적인 권리 존중을 위해 국제연합에서 채택된 최초 인권선언이다.

그러나 '세계인권선언'으로 인간의 존엄성을 강조하였지만, 전쟁으로 또다시 수많은 아동들이 겪는 고통에 대하여 국제사회는 아동권리에 대한 국가적 책임을 명시할 필요성을 느끼게 되었고, 이에 국제연합은 '아동권리에 대한 제네바 선언'에 기초하여, 1959년 11월 제14차 유엔 총회에서 '유엔아동권리선언(UN Declaration on the Rights of the Child)'을 채택하게 되었다. '유엔아동권리선언'은 모든 아동이 누려야 하는 권리와 자유를 전문(前文)과 10개의 조항으로 제시하였다. 아동은 건강한 성장과 발달을 위해 '애정과 안정된 환경 속에서 성장할 권리가 있으며, 부모와 사회는 그 책임을 진다'라고 규정하였다(아동권리보장원, 2022a).

'유엔아동권리선언'이 제정된 20주년을 기념하기 위하여 제31차 유엔총회에서 1979년을 '세계 아동의 해'로 선포하였고, 유니세프(국제연합 아동기금) 내에 전담 사무국을 설치하고 각국이 자국의 실정에 맞는 아동복지 정책을 수행하도록 하였다. 나아가 아동의 권리를 단순히 선언문이 아닌 법적 구속력을 가진 국제협약의 형태로 발전시킬 필요성을 인식하게 되면서, 1989년 11월 20일 유엔총회에서 아동의 권리보장을 위한 '유엔아동권리협약'이 참가국의 만장일치로 채택되었다(아동권리보장원, 2022a). 이듬해 1990년 10월 2일부터 '유엔아동권리협약'은 국제법으로서 그 효력을 발생하게 되었으며, 협약에 비준한 국가들은 국내법과 동일한 법적 구속력을 갖는다. 다음은 '유엔아동권리협약'이 채택되기까지의 과정이다.

- 1922년 : 세계아동헌장(국제아동기금단체연합)
- 1923년 : 어린이날 선언, '어린이선언문' 공표(방정환)
- 1923년 : 최초의 아동권리선언문 작성(Eglantyne Jebb)

- 1924년 : 아동권리에 대한 제네바 선언(국제연맹)
- 1945년 : 유엔헌장 또는 국제연합헌장(국제연합)
- 1948년 : 세계인권선언(국제연합)
- 1959년 : 유엔아동권리선언(유엔총회)
- 1979년 : 세계아동의 해(유엔총회)
- 1989년 : 유엔아동권리협약(유엔총회)

2) 협약의 구성 및 내용

'유엔아동권리협약'은 아동의 권리를 보호하고 실천하기 위한 국제적인 약속으로 아동의 권리 보호를 위해 세계 최초로 만든 국제협약이다. 또한 아동의 권리 보장을 위한 기본권과 원칙에 관하여 가장 권위 있는 국제 기준을 제시해 주고 있다.

(1) 협약의 구성

'유엔아동권리협약'의 전문과 3부 54개 조항의 본문으로 구성되어 있다. 구체적으로 전문(前文, Preamble), 제1부 실질적 규정(Substantive Provisions)에 관한 내용은 제1조에서 제40조까지이며, 제41조는 협약의 법적 효력을 설명하고 있다. 제2부 이행(Implementation and Monitoring)에 관한 내용은 협약의 홍보와 이행으로 제42조에서 제45조까지이며, 제3부는 협약의 비준에 관한 조항에 해당되며 제46조에서 제54조까지로 구성되어 있다(윤매자 외, 2022). 국가인권위원회 인권교육센터(2022)에서 제시한 구체적인 협약의 전문과 54개 조항, 선택의정서의 내용은 다음과 같다.

① 전문

전문은 '유엔아동권리협약'의 권리 조항들의 전제가 되는 인권, 아동권리, 그 외 중요한 가치 등에 대해 언급하고 있으며, '세계인권선언'에서는 모든 사람이 성별, 언어, 피부색, 종교, 재산과 신분 등의 차별 없이 모든 권리와 자유를 누릴 권리가 있다고 선언하였다. '아동권리에 관한 제네바 선언', '세계인권선언', '아동권리선언'에서는 아동기에는 특별한 보호와 도움이 필요함을 명시하였고, 협약의 당사국들은 이러한 인권과 아동의 특별한 보호에 대해 동의한다는 전제하에 협약을 지키기로 약속한 점을 언급하였다.

② 54개 조항

제1조에서 제40조는 실제적인 아동의 권리로 생명권, 국적권, 신분보존권, 의사표시권, 사상 · 양심 · 종교 · 집회 · 결사의 자유, 사생활의 권리 등의 시민적 권리, 가족동거권, 양육받을 권리, 건강 · 의료에 대한 권리, 사회보장, 교육권, 장애아동의 보호, 문화활동권 등의 사회적 · 경제적 · 문화적 권리를 담고 있으며, 마약, 인신매매, 무력 분쟁으로부터의 보호도 규정하고 있다. 제41조는 협약의 법적인 효력을 설명하고 있다. 제42~45조는 협약의 홍보와 이행, 제46~54조는 협약의 비준에 관한 조항들이다.

③ 선택의정서

'유엔아동권리협약'의 3개 선택의정서는 '아동매매 · 아동성매매 · 아동포르노그라피에 관한 선택의정서', '아동의 무력분쟁 관여에 관한 선택의정서', '아동의 개인청원권에 관한 선택의정서'가 있다.

'아동매매 · 아동성매매 · 아동포르노그라피에 관한 선택의정서'는 2002년 1월 18일부터 국제법으로 효력이 발생했으며, 협약당사국은 아동의 인신매매, 성매매, 아동성착취물을 금지해야 하며, 이러한 행위를 하는 사람을 처벌할 것과 피해 아동을 보호하기 위해 적절한 조치를 해야 한다고 명시되어 있다.

'아동의 무력분쟁 관여에 관한 선택의정서'는 2002년 2월 12일부터 국제법으로 효력이 발생했으며, 협약당사국은 18세 미만의 아동이 전쟁이나 군사 무력분쟁에 참여하지 못하도록 보호해야 한다고 명시하고 있다.

'아동의 개인청원권에 관한 선택의정서'는 2014년 4월 14일부터 국제법으로 효력이 발생했으며, 아동이 심각한 권리 침해를 받았을 때, 협약당사국은 국내법에 따라 권리를 보호받지 못하는 경우 아동이 직접 유엔아동권리위원회에 자신의 권리보호를 요청할 수 있는 제도이다.

(2) 협약 조항에 따른 내용

'유엔아동권리협약'의 각 조항에 따른 내용 분석을 살펴보면, 〈표 3-1〉과 같다.

〈표 3-1〉 '유엔아동권리협약'의 구성 및 내용

구 성	내 용
협약의 이행 방법	당사국의 이행 의무(제4조), 협약의 홍보(제42조), 정책조정 및 협약이행 모니터링(제44조)
아동의 정의	18세 미만(제1조)
일반원칙	차별금지(제2조), 아동 최선의 이익(제3조), 아동의 생명·생존과 발달의 권리(제6조), 아동 의견 존중(제12조)
시민적 권리와 자유	이름과 국적(제7조), 신분 유지(제8조), 표현 자유(제13조), 사상·양심·종교의 자유(제14조), 결사 및 집회의 자유(제15조), 사생활 보호(제16조), 정보접근권(제17조), 고문 및 기타 비인도적 취급을 받지 않을 권리(제37조 제1항)
가정환경 및 대안 양육	부모의 지도와 책임(제5조, 제18조), 부모로부터 분리(제9조), 가족의 재결합(제10조), 아동을 위한 양육비 회수(제27조), 가정의 보호를 받지 못하는 아동(제20조), 입양(제21조), 불법 해외 이송 및 미귀환(제11조), 아동학대, 유기 및 신체적·심리적 회복과 사회 복귀(제9조, 제39조), 양육 및 보호기관에 대한 심사(제25조)
기초보건 및 복지	생존 및 발달(제6조), 장애아동(제23조), 보건 서비스(제24조), 사회보장 및 아동보호시설(제26조, 제18조), 생활 수준(제27조)
교육, 여가 및 문화적 활동	교육권(제28조), 교육의 목표(제29조), 여가, 오락 활동 및 문화적 활동(제31조)
특별 보호 조치	• 법적 분쟁상의 아동 : 난민 아동(제22조), 무력 분쟁하의 아동(제38조), 소년사법(제40조), 자유가 박탈된 아동(제37조), 아동에 대한 사형 및 종신형 금지(제37조), 사회 복귀 지원(제39조) • 착취 상황하의 아동 : 경제적 착취(제32조), 마약(제33조), 성적 착취와 학대(제34조), 기타 학대(제36조)

출처 : 경기도 보육교사연합회(2021). 보육교사 장기미종사자 교재. 양성원, pp. 49-50.

3) 협약의 기본권

'유엔아동권리협약'이 담고 있는 권리들은 크게 네 가지 기본권으로 나누어 볼 수 있다. 즉 생존의 권리, 발달의 권리, 보호의 권리, 참여의 권리이다. 어느 기본권이 다른 기본권보다 더 중요하다고 할 수 없으며, 생존권, 발달권, 보호권, 참여권 모두가 중요하다. 구체적인 내용을 살펴보면, 〈표 3-2〉와 같다.

〈표 3-2〉 아동권리의 4대 기본권

구 분	내 용
생존권	• 안전한 주거지를 포함하여, 기본적인 삶을 누리는 데 필요한 권리를 말한다. • 아동이 생명과 건강을 유지할 수 있도록 충분한 영양 섭취와 의료 혜택을 받고, 적절한 생활 수준을 누릴 수 있는 권리이다. • 무력 분쟁에서의 아동보호, 군사력 동원 금지, 난민 아동의 보호, 아동과 청소년의 살인·유아 살인·아동 사망 예방 등을 포함한 권리이다.
발달권	• 아동이 가진 재능과 잠재 능력을 최대한 발휘하도록 보장하는 권리를 말한다. • 신체적, 정신적 발달뿐만 아니라 도덕적, 사회적 발달을 위해 필요한 양육과 교육을 받을 권리이다. • 교육을 받을 권리, 문화생활을 할 권리, 여가를 즐길 권리, 놀이와 예술 활동을 할 권리, 정보와 자료를 얻을 권리, 생각과 양심, 종교의 자유를 누릴 수 있는 권리 등이다.
보호권	• 모든 형태의 학대와 방임, 폭력으로부터 아동이 안전하게 보호받을 수 있는 권리이다. • 과도한 노동, 약물과 성폭력 등 아동에게 유해한 것으로부터 보호받을 권리를 말한다. • 아동의 위기상황과 응급상황에 관련된 보호로, 전쟁, 난민 아동에 대한 특별 보호와 고문, 부당한 형사처벌, 재활 혜택, 가족과의 인위적인 분리 등으로부터 보호받을 권리 등이다.
참여권	• 자신의 생활에 영향을 주는 일에 대해 의견을 말하고 존중받을 권리를 말한다. • 표현의 자유, 양심과 종교의 자유, 평화로운 방법으로 모임을 자유롭게 열 수 있는 권리, 사생활을 보호받을 권리, 유익한 정보를 얻을 권리 등이다.

출처 : 유니세프한국위원회(2021). 유엔아동권리협약 재구성.

4) 협약의 원칙

'유엔아동권리협약'에서 아동의 권리보장을 위한 기본이 되는 가치를 일반원칙이라고 한다. 일반원칙에는 차별금지(제2조), 아동 최선의 이익(제3조), 아동의 생명 · 생존과 발달 보장(제6조), 아동 의견 존중(제12조) 등 네 가지가 있다. 구체적인 내용은 〈표 3-3〉과 같다(아동권리보장원, 2022a).

(1) 차별금지의 원칙

'유엔아동권리협약'의 가장 기본 원칙으로, 아동에 대한 차별을 금지하는 원칙이다. 이 원칙은 자신 또는 부모나 법적후견인의 신분에 따라 아동이 어떠한 종류의 차별을 받지 않아야 한다는 원칙이다.

(2) 아동 최선의 이익 원칙

모든 아동 관련 활동에서 정부나 사회복지기관, 법원, 입법기관 등은 아동의 최선의 이익이 무엇인지를 가장 먼저 고려해야 한다는 원칙이다. 협약당사국은 아동의 복지를 위해 필요한 보호와 보살핌을 아동이 받을 수 있도록 보장하고, 이를 위한 적절한 입법적, 행정적 조처를 해야 한다(제2항).

(3) 아동의 생명 · 생존과 발달 보장의 원칙

아동의 생명 · 생존과 발달의 권리는 모든 아동은 생명에 관한 고유의 권리를 가지며(제1항), 협약당사국은 아동의 생존과 발달을 최대한 보장해야 한다는 것이다(제2항). 생명의 권리는 '세계인권선언'(제3조)에서 기본적인 인권으로서 '사람은 누구나 생명과 자유와 안전에 대한 권리가 있다'라고 명시되어 있다.

(4) 아동 의견 존중의 원칙

자신의 의견을 형성할 수 있는 능력이 있는 아동은 자신에게 영향을 미치는 모든 문제들에서 자신의 의견을 표현할 권리를 가지며, 협약당사국은 아동이 자신의 의견을 자유롭게 표현할 수 있도록 보장해야 한다(제1항).

〈표 3-3〉 '유엔아동권리협약'의 원칙과 내용

원 칙	내 용
차별금지의 원칙 (제2조)	아동과 그의 부모 또는 법적후견인의 인종, 피부색, 성별, 언어, 종교, 정치적 또는 다른 의견, 국적, 민족, 사회적 출신, 재산, 장애, 출생 혹은 기타의 지위에 따른 차별을 금지하고, 아동의 부모나 후견인 또는 가족구성원의 신분, 활동, 견해 및 신념을 이유로 모든 형태의 차별과 처벌로부터 아동을 보호한다는 원칙이다.
아동 최선의 이익 원칙 (제3조)	공공 또는 민간 사회복지기관, 법원, 행정당국 또는 입법기관 등에 의해 실시하는 아동에 관한 모든 활동에서 아동 최상의 이익을 최우선적으로 고려하고, 아동에 대해 법적 책임이 있는 사람의 권리와 의무를 고려하여 아동복지에 필요한 보호와 배려를 보장하며, 이를 위하여 입법적, 행정적 조치를 비롯한 모든 적절한 조치를 취하여야 한다는 원칙이다.
아동의 생명 · 생존과 발달 보장의 원칙 (제6조)	모든 아동이 고유한 생명권을 가지고 있음을 인정하고 가능한 한 최대로 아동의 생존과 발달을 보장하여야 한다는 원칙이다.
아동 의견 존중의 원칙 (제12조)	자신의 견해를 형성할 능력이 있는 아동의 경우 자신에게 영향을 미치는 모든 문제에 있어서 자신의 견해를 자유롭게 표현할 권리를 보장하며, 아동의 견해에 대하여 아동의 연령과 성숙도에 따라 정당한 비중이 부여되어야 한다는 원칙이다.

출처 : 공계순 · 박현선 · 오승환 · 이상균 · 이현주(2010). 아동복지론. 학지사. pp. 26-27. 재구성.

3. 우리나라의 아동 인권

인권은 기존의 제도와 권위에 대한 도전으로 해석할 수 있다. 즉, 인권은 인간답게 살 권리라는 규범적인 의미와 인간의 권리를 총칭하는 말이지만, 이 말은 기존의 제도와 질서에 의하여 권리가 침해당한 상황을 전제로 하기 때문에 저항적인 의미가 포함되어 있다(김정래, 2002).

인권은 인류가 추구해야 할 보편적 가치의 기준이며, 한 사회의 정의로움을 평가하는 척도가 될 수 있다(양유진 외, 2021). 인간의 삶에 대한 행동의 기준이 되는 가치의 문제에서 인권 의식은 사회 전반에 걸쳐 상당한 영향력을 미치고 있으며, 인권의 중요성에 대한 논쟁 또한 지속되고 있다(박근주 외, 2019).

1) 인권과 권리

우리나라 아동의 인권에 대해 알아보기 위해서는 우선 인권과 권리의 개념을 알고, 각각의 속성에 있어 차이점을 살펴보고자 한다.

(1) 인권

인권이란 사람이 사람답게 살아가기 위해 가장 필요한 기본적인 권리이며, 이 세상에 살고 있는 모든 사람이 누구나 똑같이 가지고 있는 권리이다. 성인과 아동, 피부색, 종교, 정치, 문화적 배경, 사는 곳에 상관없이 사람이라면 누구나 행복하고 건강하게 살 기본적인 인간으로서의 권리가 있다(국가인권위원회 인권교육센터, 2022). 즉, 인권은 인간으로서 태어난 사람에게 주어지는 천부적인 권리로서, 국가가 없는 사람에게도 인간으로서 최소한 인간답게 살아갈 권리를 보장받고 누릴 수 있는 권리를 말한다(윤매자 외, 2022 재인용).

(2) 권리

권리란 사전상의 의미는 어떤 일을 주체적으로 자유롭게 처리하거나 타인에 대하여 당연히 주장하고 요구할 수 있는 자격이나 힘으로, 특정의 이익을 주장하거나 누리기 위해 그의 의사를 관철할 수 있는 법률상의 능력이라고 하였다(국어사전, 2022). 그러나 아동의 권리는 만 18세 미만에게 부여되는 권리로서 성인의 권리와 다른 특수성을 가지고 있다(윤매자 외, 2020). 따라서 '유엔아동권리협약'에서 아동권리는 아동이 성인과 마찬가지로 사람으로서 가지는 기본적인 권리를 가지고 있으며, 이에 더하여 아동은 아직 신체적, 정신적으로 발달하는 단계에 있기 때문에 성인이 될 때까지 건강하게 자랄 수 있도록 특별한 보호와 보살핌을 받을 권리를 가지고 있다(윤매자 외, 2020). 또한 국가는 국민의 권리를 보장해야 할 의무를 지니고 있다.

(3) 인권과 권리

앞에서 언급했듯이 인권과 권리는 그 형태를 막론하고 인간의 존엄성 사상을 전제로 한다. 인간의 존엄성이란 인간의 가치가 어떠한 윤리적 가치나 이념체계보다 우선되며, 개인이 그 생존과 기본적 자유에 있어서 중심적 주체가 된다는 것을 의미한다. 권리를 향유하고 행사하는 주체가 인간이라는 것을 전제하기 때문에, 이 점에서 '권리'와 '인권'은 동일하다고 본다(김정래, 2002).

2) 인권의 특성

인권은 권리가 침해당한 상황을 전제로 하기 때문에 기존의 제도와 권리에 도전하는 것으로 해석될 수 있어, 인권이라 함에 있어 애매성을 내포하고 있다. 김정래(2002)는 다음과 같이 인권의 애매성에 대해 분석하였다.

첫째, 인권은 인간이 지니는 권리라는 총체적인 의미를 갖는다. 즉, '인권'과 '아동의 권리'는 동의어이다.

둘째, 인권은 인간답게 살아갈 권리라는 규범적인 의미를 갖는다.

셋째, 인권은 인간의 권리를 총칭하는 말이지만, 권리가 침해당한 상황을 전제로 주로 사용하는 경우가 많으므로 저항적인 의미도 포함된다.

넷째, 최근 동물이나 환경 문제에 관심이 집중되면서 동물도 인간과 같은 모종의 권리를 갖는다는 의식이 형성되었다.

(1) 인권의 내재적 특성

① 천부성

인권은 태어나면서부터 부여받는 당연한 권리로 '기본적 권리'를 의미한다. 기본적 권리란 인간의 존엄성을 유지하기 위해 요구되는 권리라고 할 수 있다. 인권은 인간의 삶에 기본적이고 필수적인 것이다(양유진 외, 2021).

② 항구성

인권은 일정 기간에만 한정되는 것이 아니라, 영구히 보장되는 권리이며 국가가 없어도 인권은 보장받는다.

③ 불가침성

인권은 자유와 평등을 핵심 가치로 추구하며, 국가 권력 또는 타인에 의하여 함부로 침해할 수 없다.

④ 불가양도성

인권은 타인에게 양도할 수 없는 권리이다.

(2) 인권의 관계적 특성

① 보편성

인권은 어떠한 상황이나 언제 어디서나 인종, 성별, 종교, 장애 여부, 피부색, 사회적 지위, 정치적 의견이나 사상, 재산 유무에 상관없이 어떠한 차별도 받지 않는 동등하게 누리는 권리이다. 따라서 인권의 보편성은 인권 실현을 위해 가장 중요한 원칙이다(양유진 외, 2021).

② 상호불가분성

인권은 인위적으로 자유권, 사회권, 개인의 권리와 집단의 권리로 나누거나 분리할 수 없다.

③ 상호의존성

인권은 상호의존적인 성격을 지니고 있다. 인권의 침해는 필연적으로 다른 쪽의 인권침해로 이어지기 때문에, 개개인의 인권을 증진하기 위해서는 총체적으로 자유권과 사회권을 동시에 보장해야 한다(김정래, 2002).

3) 세계인권선언 및 유엔아동권리선언

세계인권선언과 유엔아동권리선언은 아동의 권리를 체계적으로 명시하고, 아동을 권리의 주체로 인정하여 아동의 복지권을 강조하였다. 이 선언들은 법적 구속력은 가지고 있지 않지만, 아동의 권리와 인권을 지속적으로 보장하기 위한 '유엔아동권리협약'의 발판이 되었다.

(1) 세계인권선언

인권은 인권유린의 참혹한 역사 속에서 발전을 거듭해 왔다. 제1~2차 세계대전을 겪으면서, 인간의 존엄성을 인정하고 인권존중 사상에 의해 시대적, 사회적 조건을 반영하면서 발전해 왔다. 인권과 관련된 국제적 관심으로 사람으로서 가진 기본적인 권리가 존중받아야 함을 세계 최초로 인정한 것은 1948년 유엔에서 채택한 '세계인권선언(Universal Declaration of Human Rights)'이다. '세계인권선언'(제1조)에 모든 사람은 태어날 때부터 자유롭고 동등한 존엄성과 권리를 가진다고 명시하고 있다.

① 세계인권선언의 탄생

전쟁의 만행과 비극이 다시 반복되는 것을 막기 위해 국적을 막론하고 모두가 함께 지켜야 할 하나의 윤리기준을 세우기 위한 선언으로, 1948년 국제연합 인권위원회에 의해 몇 차례의 수정을 거쳐, 1948년 12월 파리에서 개최된 제3회 국제연합 총회에서 채택된 선언이다.

② 세계인권선언의 내용

세계인권선언은 천부인권 또는 자연권을 근거로 인권을 보장한다. 천부인권이란 '하늘로부터 부여받은 권리'라는 의미이다(김정래, 2002). 이러한 의미는 아무런 전제조건이 없으며, 모든 사람은 평등하게 인권을 지닌다고 볼 수 있다.

세계인권선언은 전문과 30개 조항으로 되어있다. 전문은 인류가 겪는 참혹한 전쟁의 비극을 반성하고 다시는 이러한 참상이 일어나지 않아야 한다는 다짐을 담고 있다. 생명권, 자유권, 평등권, 사회권 등이 보장되어야 하며, 이 선언의 특성은 보편성, 불가침성, 상호의존성으로 인권은 박탈할 수 없는 것은 물론, 스스로 양도하거나 포기할 수 없다는 것을 명시하고 있다. 다만, 특수한 상황에서 제한될 수 있을 뿐이라고 하였다.

(2) 유엔아동권리선언

1959년 '유엔아동권리선언'은 아동의 특수성을 강조하여 1924년 '아동권리에 대한 제네바 선언'의 내용을 확대 · 보완하여 구체적으로 구성하여 공포된 아동권리선언이다. '세계인권선언'은 인권의 보편성을 천명한 것이며, 내용은 모든 아동의 차별금지(제1조), 아동 최선의 이익(제2조), 이름과 국적을 가질 권리(제3조), 사회보장 혜택을 받을 권리(제4조), 장애아동의 특별한 치료, 교육, 보호(제5조), 가정보호와 가정이 없는 아동의 특별 보호(제6조), 교육을 받을 권리(제7조), 보호와 구제를 우선적으로 받을 권리(제8조), 모든 형태의 아동학대 방지와 연소자 고용의 금지(제9조), 모든 형태의 차별적 관행으로부터 아동의 보호(제10조) 등이다.

4) 우리나라 아동의 권리와 인권

우리나라는 전통적으로 아동을 존중하는 문화였다. 1920년대 초반 유럽에서 아동권리에 관한 관심이 집중되는 비슷한 시기에, 우리나라는 소파 방정환의 '아동권리옹호운동'에서 그 출발점을 찾을 수 있다. '아동권리에 대한 제네바 선언'보다 1년 앞선 1923년「어린이」신문과 '어린이 권리공약 3장'이 방정환에 의해 발표되었다. 이것은 아동에게 권리를 주자는 아동의 권리를 옹호하기 위한 운동이었으며, 일본에게 주권을 빼앗긴 민족의 희망인 어린이를 사랑하고 씩씩하게 키우자는 의지의 표명이었다(윤매자 외, 2022).

(1) 어린이날 제정

어린이날은 일제 강점기 시대의 암울한 현실을 극복해 나갈 수 있는 유일한 희망이었으며, 소파 방정환에 의해 제정되었다. 그러나 5월 1일 노동절 행사가 일제로부터 심한 탄압을 받게되자 1928년부터 어린이날을 5월 첫째 일요일로 변경하였으며, 1937년을 마지막으로 중단된 어린이날은 해방 후 1946년부터 다시 행사를 갖게 되었다(정옥분 외, 2016). 그러나 해마다 날짜가 달라지는 불편을 덜기 위해서 5월 5일을 어린이날로 확정했으며, 1961년 '아동복리법'에서도 어린이날을 5월 5일로 하였고, 1973년 이날을 기념일로 지정했다가 1975년부터 정부는 어린이날을 법정 공휴일로 변경하였다.

(2) 어린이 권리공약 3장

'어린이 권리공약 3장'은 1923년 어린이날 기념식장에서 낭독된 우리나라 최초의 '아동권리선언(1923)'으로 '어린이 권리공약 3장'이 발표되었고, 내용은 다음과 같다(한국방정환재단, 2022).

어린이 권리공약 3장
• 어린이를 재래의 윤리적 압박으로부터 해방하여 그들에 대한 완전한 인격적 예우를 허(許)하라. • 어린이를 재래의 경제적 압박으로부터 해방하여 만 14세 이하의 그들에 대한 무상 또는 유상의 노동을 폐(廢)하라. • 어린이에게 그들이 고요히 배우고 즐거이 놀 수 있도록 각양의 가정 또는 사회적 시설을 행(行)하라.

세계적으로 앞선 우리나라의 '어린이 권리공약 3장'(1923년)은 아동권리 제네바 선언(1924년)보다 더 포괄적으로 담고 있으며, 아동의 인격적 독립과 노동 금지, 가정이나 사회에서 아동이 배우고 놀 권리를 보장해 줄 것을 선언한 것이다(윤매자 외, 2022).

(3) 대한민국 어린이헌장의 제정과 개정

'대한민국 어린이헌장'은 1957년 5월 5일 어린이날에 발표되었으며 전문과 9개 조항으로 이루어졌으나, 1988년 5월 5일 개정하였고, 2개 조항을 더하여 현재는 전문과 11개 조항으로 구성되어 있다. 내용으로는 아동이 차별받지 않고 존엄한 인간으로서 권리를 보장받으면서 건강하게 성장해 나가는 데 필요한 여러 가지 요건들을 명시하고 있다(정옥분 외, 2016).

(4) 유엔아동권리협약의 비준

우리나라 아동의 권리와 인권이 어떻게 어느 정도 실현되고 있는가는 국내법과 동일한 효력을 가지고 있는 '유엔아동권리협약'의 실행 정도에 대한 평가를 통해서 알아볼 수가 있다.

'유엔아동권리협약'은 아동을 보호 대상이 아니라 적극적인 권리의 주체로 천명함과 동시에 아동의 권리 실현을 위한 국제법으로서의 구속력을 갖게 한 국제협약이다. 우리나라는 1990년 9월 25일 이 협약에 서명하고, 1991년 11월 20일 비준서에 기탁하여, 1991년 12월 30일 실행 당사국이 되었다. 그러나 우리나라가 비준서를 기탁할 때 협약의 3개 조항을 유보하였다.

3개 조항은 부모와의 면접교섭권 보장(제9조 제3항), 입양에 있어서 관계 당국의 허가 규정(제21조(a)항), 그리고 아동 재판에 관한 상소권 보장(제40조 제2항 중(b)의 (v)) 등이다. 실행 당사국이 이렇게 유보 조항을 두는 것은 국제협약이 국회의 비준 절차 등을 거쳐 국내법과 동일한 효력을 지니고 있기 때문에 국내법과 상치

(相馳)하는 경우가 발생하기 때문이다(김정래, 2002).

협약의 비준한 당사국은 비준 후 2년 이내에, 그 이후부터는 5년마다 협약이행에 대한 보고서를 유엔아동권리위원회에 제출하여 심의를 받는다는 협약 제44조의 규정에 따라, 우리 정부는 1994년, 1999년 제1차, 제2차 국가보고서를 제출하였고, 2008년 그 이행사항에 관한 제3차 · 제4차 통합국가보고서를 유엔아동권리위원회에 제출하였다.

유엔아동권리위원회의 권고사항에 대한 우리 정부의 이행 성과는 다음과 같다.

- 유보 조항의 개선을 통해 2007년 12월 21일 개정된 '민법'에서 면접교섭권을 인정하였다.
- 아동권리 모니터링을 위한 상설기구를 발족하였다. 2008년 보건복지부는 옴부즈퍼슨(OmbudsPersons) 16명과 옴부즈키드(OmbudsKids) 9명을 위촉하였다.
- 차별문제를 개선하였다. 2006년 '아동복지법'(제3조)에 인종에 따른 차별을 금지하는 규정을 명시하였다. 2007년 '장애인차별금지법'을 제정하였다.
- 2001년 아동보호전문기관을 설립하고, 2014년 「아동학대범죄의 처벌 등에 관한 특례법」을 제정하여, 폭력과 학대 방지대책을 강화하였다.
- 2011년 「아동의 빈곤예방 및 지원 등에 관한 법률」을 제정하여 빈곤아동에 대한 사회복지 지원체계를 강화하였다.
- 2012년 '학교체육진흥법'을 개정하여, 학교체육 활성화를 통해 아동 · 청소년의 건강한 발달을 보장하였다.
- 2012년 '난민법'을 아시아 최초 독립법으로 제정하여 난민 아동의 권리를 보장하였다.
- 2014년 「양육비 이행확보 및 지원에 관한 법률」을 제정하여, 이혼가정을 지원하게 되었다.
- 2014년 「학교 밖 청소년 지원에 관한 법률」을 제정하여, 학교 밖 청소년을 지원하게 되었다.

- 2014년 「공교육 정상화 촉진 및 선행교육 규제에 관한 특별법」을 제정하여 선행교육 규제로 학교의 교육과정을 정상화하여, 아동의 교육권을 확보하였다.
- 2017년 '입양특례법'을 제정하여 입양허가제를 도입하였다.

우리나라는 유엔아동권리협약을 위한 조치로 많은 관련 법률을 제정 · 개정하고 새로운 제도나 정책들을 다수 도입하였다. 그러나 제5 · 6차 유엔아동권리협약 국가보고서를 통하여, 아동을 독립된 인격체로 존중하는 사회적 인식이 부족하고, 아동 지원 보호 인프라의 지역 간 격차, 경쟁적 입시문화로 인한 스트레스, 놀이와 여가의 부족 등은 아동권리 실현의 장애요인으로 지적되고 있다고 하였으며, 또한 포괄적 차별금지법 제정, 보편적 출생등록제 마련, 협약의 국내 법규 반영 및 확산, '개인청원권에 대한 제3선택의정서' 논의 필요성도 지속적으로 제기되고 있다고 밝혔다(대한민국정부, 2017).

(5) 아동권리 옹호와 모니터링

권리 옹호란 자신의 권리를 인식, 주장하고 더불어 타인의 권리를 존중, 보호하는 의식적 행동을 의미한다. 이때 자신의 권리를 주장하는 행동은 자신의 권리가 침해당했을 때 이를 인식할 뿐만 아니라 권리를 보장받기 위해 행동으로 옮기는 것을 뜻한다(유지민, 2003).

아동권리를 옹호하기 위하여 국가 차원의 모니터링뿐만 아니라 모든 국민이 아동권리에 대한 옹호 활동을 함께하는 것이 필요하다. 아동의 권리를 옹호하기 위한 활동으로 아동의 권리가 존중받고 있는지, 아동권리를 침해하는 사례가 있는지 감시하는 활동을 아동권리 모니터링이라 한다(윤매자 외, 2022). 아동권리 모니터링은 현실의 아동이 처한 권리 침해 상황을 토대로 아동과 관련한 정책 및 제도를 모니터링하고, 필요한 입법 조치 및 개선안을 마련하여 실행하는 작업이라 할 수 있다(김승권 · 고은주, 2009).

2008년 12월까지 유엔아동권리협약의 국내 이행 상황을 모니터링하고 홍보를 강화하기 위해 교육, 법조, 의료 등 사회 각 분야의 전문가로 구성된 16명의 옴부즈퍼슨(OmbudsPersons)과 9명의 옴부즈키드(OmbudsKids)를 위촉하였다. 옴부즈퍼슨은 국내 아동 정책에 대한 모니터링과 아동권리 홍보, 아동권리 침해 사례 조사 및 정책 제언 등의 활동을, 옴부즈키드는 아동권리에 대한 사회적 인식 확대와 아동이 참여하는 아동 친화적 정책개발 등의 활동을 하고 있다(김승권 · 고은주, 2009).

CHAPTER 04

아동복지의 역사

아동복지는 특정 사회복지 분야를 지적하는 용어로서 그 대상은 만 18세 미만의 자로, 아동이 건강하게 출생하여 행복하고 안전하게 자랄 수 있도록 아동의 권리를 보장하는 안녕한 상태를 말한다(윤매자 외, 2022). 각국의 아동복지와 관련된 제도와 정책들은 그 시대의 아동관과 사회변화에 따라 아동복지 제도에 많은 영향을 미친다. 21세기는 과거에 비해 사회변화에 따른 불확실한 상황은 많아졌고, 부모의 직업이 다양해졌으며, 잦은 주거지 이동과 이웃과의 관계 단절로 아동기의 불안정성은 높아지고 살아가는 데 어려움이 있다. 4장에서는 아동복지의 발달에 대해 알아보고, 외국의 아동복지 발달과정과 우리나라의 아동복지 발달과정에 대해 시대별로 살펴보고자 한다.

1. 아동복지의 발달

아동복지는 시대적 상황에 맞추어 인간존중 사상이 발달하면서 함께 발달하기 시작하였다.

아동기는 인간의 성장과 발달에 있어 가장 중요한 시기이며, 동시에 아동 개인의 욕구와 잠재능력을 최대한 발달시킬 수 있는 시기이다. 그럼에도 불구하고, 산업화 이전 사회에서는 신분에 따라 일부 아동들의 권리만 인정되었고 대부분의 아동들은 성인의 소유물로 취급받았으며, 산업혁명 시기에는 값싼 노동력의 착취를 위해 이용되었다(공계순 외, 2010). 이러한 아동문제를 해결하기 위한 대안으로 아동복지에 관심을 가지게 되었고, 이는 20세기 전후의 사회적 변화와 밀접하게 연관되어 있다.

1) 아동복지의 발달 배경

아동복지의 발달 배경에는 시대적 사상과 이념, 가치, 권리, 법, 지위, 과학, 상황 등의 계기가 있었다(Kadushin & Martin, 1988, 윤매자 외, 2017 재인용).

첫째, 인본주의 이념과 함께 발전하였다. 기존의 요보호아동에 대한 아동문제를 해결하는 방법에 대해 사회적으로 거부하는 움직임이 증가하였으며, 기독교의 생명존중사상과 18세기 이후의 계몽주의는 아동의 복지를 개인적 의무에서 종교적 또는 시민적 의무로 인식하는 원동력이 되었다.

둘째, 인도주의적 이념이 강화되고 사회적 책임이 강화되었다. 요보호아동을 지원할 수 있는 사회의 경제적인 발전과 정치적 상황의 변화가 있었다. 즉, 산업혁명을 토대로 경제적인 발전과 아동문제를 사전에 예방해야만 미래의 사회적 짐을 줄일 수 있다는 인식이 높아졌다.

셋째, 아동기가 인간의 성장 과정에서 중요한 시기이다. 아동을 특수한 기질, 독특한 욕구와 능력을 가진 집단으로 인식하기 시작하였다. 평균 수명의 연장이나 경제 발전에 힘입어 아동에 대한 관심의 증가로, 부모들에게 아동기가 중요한 시기로 인식되면서 아동의 다양한 욕구를 충족시키기 위해 아동복지서비스에 대한 필요성이 크게 증가하였다.

넷째, 가족과 이웃의 기능 쇠퇴와 사회제도의 전문화가 요구되었다. 즉, 과거에는 부모가 감당하지 못하는 아동복지 문제를 이웃이나 친인척, 지역사회구성원들이 상호원조를 통해서 해결해 왔으나 산업화와 도시화는 전통적 가족 기능을 상실하게 하였고, 아동복지에 관한 문제만을 전담할 수 있는 제도와 법이 필요하게 되었다.

다섯째, 사회 내에서 가족과 아동이 차지하는 지위가 향상되었다. 과거에는 가족보다도 사회, 국가, 교회, 동료집단 조합, 직업 등에 일차적인 관심과 충성심을 보여야 했지만, 현대에 와서는 가족이 그 무엇보다 중요한 삶의 중심이 되었고, 그 결과 가족구성원인 아동의 중요성도 함께 증가하여 아동복지의 발전에 기여하게 되었다.

여섯째, 사회가 저출산과 고령화로 변화하면서 부모와 자녀의 정서적 애착관계가 보다 강화되었다. 또한 과거에 비해 의료기술의 발달로 자녀의 사망에 대한 두려움이 없어지고, 아동과 깊은 정서적 애착관계를 형성할 수 있도록 보다 신중하고 계획된 출산을 하게 되었다. 이에 따라 아동의 가치를 더 존중하게 되었다.

일곱째, 과학적 지식의 진보는 아동복지 학문과 전문직을 탄생시켰다. 프로이트 이후, 여러 학자들은 아동기를 연구의 대상으로 주목하기 시작했고, 궁극적으로는 아동발달과 아동복지와 관련된 새로운 학문과 전문직이 개발되기에 이르렀다.

여덟째, 아동의 법적 지위가 향상되었다. 즉, 과거에는 자녀를 성인의 소유물로 여겼으나 다양한 사회변화에 따라 아동이 특별한 관심을 받게 되면서, 유엔아동권리협약(1989년)이 유엔총회에서 만장일치로 채택되어, 아동을 단순히 보호를 필요로 하는 대상이 아니라 권리의 주체로서 인정하고, 아동 최선의 이익이 일차적인 기준이 되어야 함을 법적으로 명시하여 아동의 법적 지위를 높였다.

2) 아동복지의 발달사

아동에 대한 사회적 관심과 아동문제에 대한 개입은 오랜 역사를 가지고 있으며, 그 형태는 시대에 따라 다양하게 발전되어 왔다. 근대사회 이전에는 사회에서 아동은 빈곤으로 인한 유기, 방임 등의 대상이었고, 질병이나 장애아동들은 생존권이 박탈되는 경우도 종종 일어났다.

아동에 대한 인식과 복지 대책은 각 시대의 지배적인 사회적 가치와 사상, 사회·경제적 환경 등과 밀접한 관계가 있다(도미향 외, 2011). 시대별 아동복지 발달사의 내용을 살펴보면, 〈표 4-1〉과 같다.

〈표 4-1〉 시대별 아동복지 발달사

고대시대	• 가족이나 씨족에 의해 형성된 원시 공동사회로 절박한 생존을 위한 투쟁 속에서 의식주를 해결함 • 인간의 존엄성과 가치를 인정받지 못하고 아동의 존재는 종족의 보존 수단에 불가함 • 아동 양육은 모계 중심이지만, 아동의 생존 여부는 아버지에게 있음 • 병약하거나 장애가 있는 영아 살해, 유기, 낙태로 이어짐 • 아동 매매는 부족한 자원과 인구 간의 평형을 유지하기 위한 수단임 • 아동 양육을 포기한 부모는 아기를 바구니에 담아서 강이나 광장에 유기하고 자녀가 없는 사람이 데려와 키우는 포팅(portting)이라는 관습이 있음 • 유스티니아(Justinia) 법전 : '가난한 아버지는 자식을 출생과 동시에 팔 권리를 가진다'는 조항을 명시하여 아동 매매가 합법화됨 • 기독교 정신 : 유아 살해, 기아, 아동 매매, 낙태가 죄악시되었음 • 콘스탄틴(Constantine) 법전 : 콘스탄틴 황제는 '아동을 살해할 수 없다'고 명시함 • 영아 살해와 기아는 쉽게 사라지지 않고 성행함 • 아동에게 영혼이 있다고 생각하지 않았으며, 아동은 어른에게 부담을 주는 성가신 존재로 여겼음
중세사회	• 신분적 계층을 중시한 봉건사회로 아동은 장원(莊園)을 위한 군사력, 경제력 확보를 위한 수단에 불과함 • 아동은 공동체에서 상호부조적인 양육으로 지식이 없는 농노나 빈집에서 양육되어 아동을 노동력으로 활용함 • 장애아동은 교회나 수도원에서 양육하였고, 아동복지는 종교적 동기에 의한 교구의 자선기관(사원숙박소, 구빈원)을 통해 이루어짐 • 엄격한 신분계급사회로 아동의 지위도 신분이 높은 가정의 아동은 가계의 계승자로 존중되었지만, 신분이 낮은 가정의 아동은 무가치한 생명으로 취급함 • 종교적 영향으로 인간의 생명을 빼앗은 행위를 죄악으로 금지하였음 • 가난하고 의지할 곳이 없는 아동을 보호하기 위한 시설보호가 시도됨
근대사회	• 상공업 발달과 산업혁명으로 자본주의 제도가 탄생함 • 자본가 계급과 노동자 계급의 출현으로, 아동과 사회적 약자에 대한 보호 등이 사회 문제로 대두됨 • 농토가 양모생산을 위한 목장으로 전환됨에 따라 농민들은 농토를 잃고 도시에서 떠돌아다니는 노동자로 전락함 • 수도원 해체로 교회로부터 구제받지 못하는 다수의 빈곤자에게는 빈곤 문제가 더욱 심각해짐 • 엘리자베스 구빈법 : 1601년 엘리자베스 여왕에 의해 제정됨 - 빈민을 세 가지 범주로 구분 : 노동 가능한 빈민, 노동 불가능한 빈민, 요보호아동 - 도제 제도 : 부모 또는 조부모의 보호를 받지 못하는 아동은 도제로 양육됨(남자 : 24세, 여자 : 21세) - 성인뿐만 아니라 보호가 필요한 아동에 대한 국가적 개입을 규정한 것으로 아동복지 제도의 시발점이 된 법임

	• 빈민, 노인, 장애인, 아동 등 대상을 구분하지 않고, 노동능력이 없는 자는 구빈원에 혼합 수용함으로써 아동에 대한 보호 수준이 매우 낮았음 • 도제 제도는 아동복지 차원이 아니라 노동력 부족 현상을 해소하기 위한 수단으로 이용됨 • 자본가들은 임금이 싼 아동을 고용하여, 아동의 노동을 착취하는 등 아동의 생존권과 복지권을 박탈함 • 집단수용시설에서 발생하는 높은 아동 사망률에 대한 비판과 집단 수용이 아동의 건강과 복지에 나쁜 영향을 미친다는 사회적 인식을 하게 됨 • 아동을 집단수용으로부터 보호하려는 민간단체의 운동이 전개됨 • 오웬(Owen) : 성격형성학교 설립. 아동의 성격 형성에 있어 생활환경의 중요성을 강조하고, 아동보호를 위한 입법 운동을 시작함 • 토머스 존 버나드(Thomas John Barnard) : 버나드 홈(Barnard's Home) 설립 - 부랑아와 빈곤아동을 보호하는 시설 - 혼합 수용, 분류 수용, 소숙사, 위탁모 등의 서비스를 실시함
현대사회	• 프로이트(Freud), 에릭슨(Erikson), 피아제(Piaget), 콜버그(Kohlberg) : 각 이론에 의해 아동기의 중요성 강조 • 어른의 축소판, 성인의 종속물이 아닌 독립된 인격을 지닌 존재로 인정 • 아동관 : 고유한 인격체, 독자적인 존재, 잠재능력을 지닌 존재 • 1차 백악관회의 : 1909년 루스벨트 대통령. 아동복지에 대한 국가책임 강조 - 아동은 가난을 이유로 가정 또는 부모와 분리될 수 없고, 부득이한 사정으로 분리되어야 한다면, 가정과 같은 위탁가정이 바람직하며, 필요에 따라 시설을 이용하는 경우 소숙사형(cottage system)이어야 하며, 시대와 사회변화에 따라 10년마다 백악관회의를 통해 법 개정을 추구함 • 2차 백악관회의 : 1919년 윌슨 대통령. 아동복지의 최저기준, 모자보건, 요보호아동의 보호 대책 • 1959년 유엔아동권리선언 : 아동을 권리의 주체로 인정. 요보호아동뿐만 아니라 모든 아동을 대상으로 보편적 아동복지 실시 • 1979년 '세계아동의 날'(유엔총회) : 20세기는 '아동의 세기'라고 불림 • 1989년 '유엔아동권리협약'(유엔총회) : 아동권리를 포괄적으로 규정하고 법제화하였음. 국제법으로서 국내법과 동일한 효력이 발생함 • 카두신(Kadushin) : 지지적 서비스, 보완적 서비스, 대리적 서비스 등으로 구분하여 개입한 아동복지서비스를 실시함

출처 : 도미향 · 남연희 · 이무영 · 변미희(2011). 아동복지론. 공동체, pp. 75-81 재구성.

2. 외국의 아동복지 발달과정[1)]

외국에서의 아동복지제도와 아동복지서비스에 대한 발전과정을 살펴보는 것은 우리나라보다 앞서 아동복지에 관심을 가지고 법률, 서비스, 실천 경험을 한 국가들의 제도와 정책이 우리나라의 아동복지를 발전시켜 나가는 데 유익한 참고자료가 될 수 있다는 점에서 의미가 있다. 따라서 외국에서 가장 진보된 복지국가의 형태를 띠고 있는 영국을 비롯하여 미국, 스웨덴, 일본의 아동복지의 발달사를 살펴보고자 한다.

1) 영 국

영국의 아동복지가 제도적으로 확립된 것은 1948년 아동법의 제정부터라고 볼 수 있으며, 1601년 엘리자베스 구빈법의 제정으로, 아동보호의 원칙이 세워졌다. 그러나 엘리자베스 구빈법의 표면적 의미는 아동보호였으나, 그 이면에는 아동의 노동력을 확보하고자 하는 의도가 있었다(도미향 외, 2011). 구빈법에는 요보호아동을 양육할 의사가 있는 사람에게 무료나 유료로 아동을 위탁시킬 수 있다는 조치가 마련되었으며, 일할 수 있는 아동 · 청소년은 도제(apprentice)로 보내 기술을 연마하든지 가사를 돕게 하였다. 이 법이 갖고 있는 아동복지의 의의는 아동복지에 대한 국가의 책임을 최초로 규정하였고, 빈곤아동을 위한 위탁보호제도와 도제 제도를 마련하였다는 점이다(표갑수, 2000 재인용).

현대에 들어와서는 1945년에는 가족수당법을 제정하여 경제적, 사회적 지위에 관계없이 한 가정에서 자녀가 둘 이상인 경우 16세 미만의 아동에 대해 수당을 지급하였다(도미향 외, 2011). 1974년에는 아동수당법을 제정하여 모든 아동을 대상으로 아동수당을 지급하였다.

---

1) 윤매자 · 신혜경 · 주정현(2017). 아동복지론(제3판). 양서원, pp. 89-106; 윤매자(2020). 아동권리와 복지. 양성원, pp. 69-88 인용 및 재구성.

영국은 아동보호와 양육에 관련된 법이 분산되어 있었으나, 1989년에 입법화되고 1991년 10월에 효력을 발생한 아동법(The Children Act) 개정은 부모의 이혼에 의한 아동의 보호, 요보호아동과 가정에 대한 지원 등을 포함한 아동복지와 관련된 법을 한곳에 모은 법이다. 아동법에서 부모는 자녀 양육의 책임을 지며, 또한 법원이나 지방정부에서 아동보호를 담당하게 될 경우 아동의 최선의 이익이 우선적으로 고려되어야 하며, 아동의 의견이 존중되고 미래에 대한 의사결정에 참여할 수 있어야 한다고 명시되어 있다. 구체적인 내용을 살펴보면 다음과 같다.

(1) 아동복지제도

아동복지제도는 1948년 아동법에서 시작되었으며, 1989년 모든 아동 관련 법들을 집대성한 아동법 개정은 지금까지 아동복지제도의 근간이 되고 있다. 아동복지제도는 크게 맞벌이부부 자녀들을 위한 양육서비스, 아동학대나 비행 등의 지지적 또는 보완적 서비스와 요보호아동을 위한 시설보호, 가정위탁 보호 등의 대리적 서비스로 구분한다. 지방사회복지국이 담당하고 있는 보호 프로그램은 부모나 아동후견인이 아동을 적절하게 보호할 수 없다고 판단될 경우, 지방자치당국에서 아동을 보호하는 임의적 보호와 소년재판소의 보호수속 절차 및 형사수속 절차와 같은 강제적 보호제도가 있다. 또한 예방사회복지국의 예방 프로그램은 빈곤, 아동학대, 맞벌이부부에 의한 아동방임 등의 이유로 위험에 처한 아동 및 빈곤가정에 대한 현금 및 현물급여 등의 사회보장급여를 통하여 요보호아동이 되지 않도록 예방한다.

(2) 아동복지서비스

① 아동수당

아동이 있는 가정에 대한 가장 보편적이고 일반적인 경제적 지원으로 아동급여(child benefit)가 있다. 아동수당은 가정의 경제적 수준에 관계없이 모든 아동에게 주어지는 소득보장제도로서, 1991년부터 첫 번째 자녀에게는 보다 더 많은 혜택이 주어지며, 한부모의 경우에는 급여액이 추가된다(이재완 외, 2006).

1997년에는 슈어스타트(Sure Start)라는 아동보육 프로젝트를 실시하여 가난하고 소외된 아동을 지원하였다. 슈어스타트 발달지원센터를 설립하여, 0~14세의 아동에게 보육 및 교육서비스, 정서발달을 지원하는 프로그램을 제공하고, 부모에게는 취업을 알선하여 빈곤가정의 아동과 가족의 건강 · 교육을 지원하는 서비스를 제공하고 있다.

이외에 자녀가 있는 가정에 대한 영국의 독특한 재정적 지원에는 1988년부터 실시되고 있는 가족신용대부(family credits)제도가 있다. 이 제도는 주당 16시간 이상의 봉급생활자와 자영업자를 대상으로, 임금과 급여를 합하여 생활수준을 향상시키기 위한 재정지원정책이다. 지급액은 아동의 수와 연령, 가족의 소득에 따라 차등 지급된다. 부모들은 병원 진료, 치과, 안과 치료, 안경 구입을 위한 금액을 가족신용대부를 청구할 수 있으며, 아동들은 학교 급식비를 면제받고, 영아의 경우에는 우유와 비타민이 제공된다.

기타 아동과 관련된 재정적 지원에는 법정 출산 수당(statutory maternity pay)이 있다. 이는 출산에 따른 소득상실을 고용주가 보상해 주는 제도로, 동일 직장에서 6개월 이상 근무한 저임금 근로여성으로 4개월 이내에 출산이 예상되는 경우에 해당된다. 법정 출산 보상의 기간은 18주로서 지급액은 근무기간과 정규직, 임시직에 따라 차이가 있다(이배근, 2006 재인용).

② 요보호아동을 위한 아동복지서비스

요보호아동을 위한 아동복지서비스는 가정에서 적절한 보호를 받지 못하거나 학대 또는 방임, 유기된 아동은 지방자치당국에 의해 우선적으로, 위탁가정이나 아동 양육시설에서 보호를 받게 된다. 그러나 가정으로부터의 아동 분리는 가능한 한 일시적이어야 하며, 따라서 신속한 가정복귀를 위한 노력이 필요하다.

요보호아동의 약 60%가 위탁가정에서 보호되며, 나머지 아동은 지역사회시설, 자원봉사자 가정, 민간기관에서 운영하는 사립 위탁가정 등에 배치된다. 지역사회시설인 아동보육원에 배치되는 아동의 보호기간은 비교적 길며, 아동보육원은 아동법에 따라 1991년에 제정된 아동복지시설 시행세칙(Children's Homes Regulations)에 의해 운영된다(오정수, 2006; 이배근, 2006 재인용).

- **탁아서비스** : 5세 이하의 도움을 필요로 하는 아동의 어머니는 41%가 임금을 받는 취업 여성이며, 5세 이상의 아동들도 대부분 탁아소에서 보호를 받게 된다. 공립탁아소는 지방자치당국에 의해 운영되며 비용은 무료이다.

  대표적인 프로그램은 놀이 집단(play-group) 프로그램으로 유료이고, 3~5세의 유아들을 위해 놀이 기회를 통한 학습 경험을 제공할 목적으로 운영되며, 민간단체인 유아학교 놀이집단협의회(Preschool Playgroups Association)에 가입되어 있다.

- **대리보호서비스** : 가정을 상실했거나 부모로부터 분리된 아동들은 위탁보호시행령(Foster Placement Regulations) 규칙에 따라 지방자치당국이 위탁보호를 알선하며, 요보호아동의 약 60%가 위탁가정에 배치된다. 위탁가정은 지방자치당국의 승인을 받아 아동을 보호 · 양육하며, 아동보호에 관해서 지방자치당국에 서약서를 제출해야 한다.

  또한 공 · 사립 보육시설은 시설 운영기준의 적합성 여부를 2년마다 지방사회봉사국(Social Service Department)의 감사를 받아야 하며, 특히 민간단체가 운영하는 보육시설은 보건국 또는 웰시사무소(Welsh Office)에 등록하고, 2년마다 감사를 받게 되어있다. 또한 친부모와 결합할 희망이 없는 아동에게는 입양을 알선하며, 입양 관련법으로는 1976년의 입양법(Adoption Act), 1983년 입양기관 시행령(Adoption Agencies Regulation), 1984년 입양 세칙(Adoption Rules), 그리고 1989년의 아동법 등이 있다. 영국 입양 양자회(British Agency for Adoption and Fostering)는 대표적인 전문 입양 알선기관이며, 특별한 욕구를 가지고 있는 아동들에게 가정을 찾아주는 '부모 맺기(be my parents)' 운동을 전개하고 있다.

- **아동학대와 방임에 대한 법적 근거** : 아동법에 규정된 아동학대의 위험에 처한 아동의 보호는 지방자치당국의 사회복지국에서 담당한다. 다른 관계 부서인 보건국, 보호관찰국, 교육국, 경찰 및 민간단체 등을 포함한다. 또한 지역아동보호위원회(Area Child Protection Committee)는 아동보호에 관련된 정책을 개발하고, 관련 기관에 대한 아동학대로부터 아동을 보호하기 위한 상호협력을 담당한다. 아동법에는 전국아동학대예방협회(National Society for the Prevention of Cruelty to Children)와 경찰도 함께 학대받는 아동의 보호에 관한 법적 책임을 지고 있음을 명시하고 있다.

이상에서 살펴본 영국의 아동복지는 아동양육시설 및 보호시설에서 아동을 담당하는 교사의 수가 늘어나고 있고, 웨일스에서도 보육서비스는 증가 추세이며, 특히 3~5세 유아들을 위한 놀이 집단인 계절 탁아소가 증가하고 있다. 또한 아동학대를 예방하기 위해 부모교육을 강화하고 부모헌장(Parent's Charter)을 제정하여 아동 양육에 대한 부모의 명백한 권리와 의무, 선택, 책임 등을 강조하고 있다.
영국 아동학대예방협회(NSPCC : National Society for the Prevention of Cruelty to Children)에서는 아동보호전화(Child Protection Help Line)를 운영하여 24시간 서비스를 제공하고 있다. 또한 아동의 신체적, 정서적 학대, 방임에 이르기까지 가정 내에서 일어나는 다양한 문제들을 처리하고 있다.

2) 미 국

미국의 초기 아동복지는 종교단체에 의해 시작되었으나 1850년 이후 시설보호가 아동의 건전한 발달에 도움을 주지 못한다는 '정상화 이념'에 영향을 받아 가정에서의 아동보호를 모색하기 시작하였고, 시설보호인 구빈원으로부터 아동을 구출하는 운동의 하나로 위탁가정운동이 전개되었다. 1853년 뉴욕에 설립된 아동구호협회는 위탁가정서비스를 실시한 최초의 기관으로서 위탁가정 프로그램의 모델이 되었고, 뉴욕의 노숙아동과 요보호아동을 중서부 지역의 농가로 위탁하는 활동을 전개하였다(도미향 외, 2011). 위탁가정운동은 구빈원의 혼합 수용 보호와 대규모 수용 보호의 폐단에 대한 인도주의적 비판에서 출발하였다(공계순 외, 2010). 그러나 이 운동은 아동의 의식주와 자립의 기회를 제공해 줄 가정을 찾아 연결해 주는 것에만 초점을 두었다.

1895년 아동노동법이 제정되어, 14세 이하의 아동에 대해 근로를 금지하는 등 아동의 근로 연령을 상향 조정하고, 노동시간과 아동의 노동을 제한하는 직업의 종류를 규정하기 시작하였다. 이후 아동복지에 대한 국가의 책임이 강조되기 시작했는데, 대표적인 것이 1909년 미국에서 열린 제1차 백악관회의(White House Conference)이다. 이 회의에서 당시 대통령이었던 루즈벨트(Roosevelt)는 아동을 위한 부모 역할의 중요성과 가정생활의 중요성을 언급하였다. 이 회의는 아동복지 정책의 수립과 서비스 프로그램의 중요성을 가져다준 계기가 되었다(김성경 외, 2009 재인용). 즉, 아동을 위한 조치로 첫째, 가난하다는 이유로 아동을 가정과 부모로부터 분리할 수 없으며, 둘째, 부득이하게 가정과 분리할 경우 최소한 가정과 비슷한 위탁가정으로 해야 하고, 셋째, 시설보호를 해야 하는 경우에는 소규모의 시설, 다시 말하면 소숙사형의 시설이어야 한다. 따라서 제1회 백악관회의를 통해 아동 문제의 인식이 높아졌으며, 특히 부모 역할과 가정의 중요성을 강조하여 부모교육의 필요성을 제시하였다.

한편 1935년 사회보장법의 제정으로 아동복지체계가 전국적으로 확산되었다. 광의의 아동복지는 모든 아동들을 대상으로 지역사회의 욕구에 일치하는 아동의 신체적, 정신적, 사회적 잠재력의 계발을 증진시키는 모든 조치로 이해되고 있다. 구체적인 내용을 살펴보면 다음과 같다.

(1) 아동복지제도

미국의 아동복지제도는 각종 범죄, 악습과 빈곤으로부터 아동을 보호하기 위해 아동구제(child saving)의 운동으로부터 시작되었다. 이는 각종 범죄와 빈곤 등과 같이 유해한 환경으로부터 아동들을 보호하자는 운동이다. 무료위탁가정서비스가 그 주요한 대안이었으며, 1853년 찰스 로링 브레이스(Charles Loring Brace) 목사에 의해 설립된 뉴욕시 아동보호협회(Children's Aid Society of New York City)가 있으며, 일리노이주 아동시설 및 보호협회(Children's Home and Aid Society of Illinois)가 창설되었다. 그 후 학대받는 아동에 대한 보호 운동으로 그 첫 번째 시도로 1875년 설립된 뉴욕아동학대예방협회(New York Society for the Prevention of Cruelty to Children)는 가혹하게 비인간적으로 취급되는 아동들을 보호하며, 이들을 위한 관계법의 보완과 제정이 될 수 있도록 노력하였다.

이후 도시빈민층 자녀들을 위한 헤드스타트(Head Start) 프로그램과 저소득층을 위한 푸드스탬프(Food Stamp) 프로그램과 같은 다양한 프로그램이 실시되기에 이르렀다. 헤드스타트 프로그램은 유아교육의 기회를 확대하기 위한 노력이 본격화되었으며, 빈곤 계층이나 소수민족의 아동과 가족을 위한 종합서비스를 제공함으로써 아동의 학업 성취도를 향상시키고 청소년 문제 발생률을 감소시키는 효과를 가져왔다.

따라서 미국은 보편적 아동복지제도의 확대보다는 아동학대와 같은 예외적 문제와 밀접하게 연관되어 실천하였다. 1963년을 기점으로 미국의 50개 주에서 아동학대신고법이 통과됨에 따라 전국적으로 아동보호서비스제도의 확대와 위탁보호아동의 수가 증가하였다. 그러나 이러한 노력에도 불구하고 대다수의 아동들이 위탁가정을 전전하는 위탁보호제도의 문제점이 드러나면서 미국 사회는 아동을 위한 영구적인 계획의 중요성을 인식하였다.

1980년 입양 원조와 아동복지법의 제정, 1993년 가족 보존과 가족지원법의 제정으로, 아동복지서비스의 초점이 아동의 보호에서 가족 지원으로 전환되는 계기를 마련하였다. 최근에는 시민권 운동에 자극받아 '아동권리' 운동이 등장하였고, 이와 관련해 아동보호재단(Children's Defense Foundation)과 같은 아동 관련 단체들이 결성되었다.

(2) 아동복지서비스

① 아동수당

미국의 아동수당은 요부양아동가족부조(AFDC : Aid to Families with Dependent Children)에 포함되어 실시되고 있으며, AFDC는 사회보장법(제4장)에 규정된 바에 따라 부모의 부재, 장애, 실업 등에 의해 양육이 결여된 만 18세 미만의 빈곤아동을 지원하기 위한 세대 단위의 현금부조제도를 실시하였다. AFDC의 수혜 자격은 만 18세 미만의 아동을 가진 가정으로서 재산과 소득조사를 거쳐 확정된다. AFDC 수급자 가운데 취업가능자는 주가 실시하는 근로유인 프로그램(WIN : Work Incentive Program)의 적용을 받는 것을 원칙으로 하고 있다(이배근, 2006; 이재완 외, 2006 재인용).

② 아동복지서비스 기관

아동복지서비스는 사회복지기관에 의해 제공된다. 아동과 가정을 대상으로 하는 사회복지기관은 아동복지기관(Child Welfare Agency), 가정봉사기관(Family Service Agency) 또는 아동 · 가정국과 같이 아동과 가정을 복합적으로 사용하는 기관들이 있다.

대부분의 아동복지기관과 가정복지기관은 기관의 목적, 조직, 정책, 재원, 실무 등에 있어 많은 차이를 보여왔다. 아동과 가정복지기관을 대표하는 두 개의 전국 협의체에는 미국아동복지연맹(Child Welfare League of America)과 미국가정봉사협회(Family Service Association of America)가 있다.

자조단체로서는 정신건강상담소(Mental Health Clinics), 근린센터(Neighborhood Center), 긴급방문상담센터(Drop-in Crisis Counseling Center), 핫라인(Hot-Line) 전화상담, 아동학대 부모들을 돕기 위한 페어런츠 아노니머스(Parents Anonymous)

등이 있다. 이와 같은 다양한 아동 관련 기관은 공공기관과 민간기관 또는 관민협력기관으로 구분되어 있다.

③ 아동복지서비스의 유형

아동복지서비스는 크게 공적아동복지서비스, 민간아동복지서비스, 관민협력아동복지서비스, 영리적 아동복지서비스로 구분할 수 있다(이배근, 2006 재인용).

- **공적아동복지서비스**(public child welfare services)

  관계법에 의해 설립되며 기본적인 아동복지서비스의 제공은 미국 정부의 책임으로 인정되고 있다. 1935년에 제정된 사회보장법은 아동과 가정을 지지하기 위한 사회서비스를 확대시켰고, 특히 Title IV로 알려진 요보호아동 부조 프로그램(ADCP)은 사회보장법에 포함된다. 이 프로그램은 보호가 필요한 아동이 자신의 가정 또는 친척 집에 머무를 수 있도록 경제적 보호를 하기 위해 주 정부에 주어지는 보조금 지원제도이다.

- **민간아동복지서비스**(voluntary child welfare services)

  지역사회 또는 지역사회의 어떤 하나의 집단을 위해서만 서비스를 제공하며, 대체로 지역별 또는 연합체의 성격을 갖는 모금단체와 연결하여 운영하고 있다. 가정으로부터 분리된 아동을 보호하는 서비스를 수행하는 민간아동복지기관은 주 당국의 인가를 받게 되어있다.

- **관민협력아동복지서비스**(government and people joint child welfare services)

  민간복지기관은 시민들로부터 자발적인 기부금에 의해 재원이 충당되어야 하나, 실제로는 1800년대부터 이미 미국 정부의 민간복지기관에 대한 재정지원이 시작되었다. 정부의 재정지원 형태는 정기적인 보조금 지원, 운영비 보조를 위한 일시금 지원 등이 있다.

- **영리적 아동복지서비스**(proprietary child welfare services)

  공립기관과 영리를 추구하는 개인 간의 계약에 의해 주로 맞벌이부부 자녀들에게 제공되는 프로그램이다. 아동보호센터나 가정 탁아의 일부가 이 형태에 속하는 경우가 있는데, 어떤 가정이 위기에 처하거나 일시적으로 어머니의 역할이 부재되는 경우, 가정 스스로 홈메이커(home-maker)를 초빙하기도 하며 스스로 위탁가정을 찾아내어 그들의 자녀를 맡기는 경우도 있다.

이상에서 살펴본 바와 같이, 미국은 세계 경제 대국임에도 불구하고 아동과 가족정책에 매우 소극적인 태도를 보여왔다. 1996년에 제정된 「개인 책임과 직업기회조정법」은 많은 한부모들이 직업을 가진 후 원조를 받을 때보다 더 어려운 상황에 처하게 하여 아동복지의 모습이 낙관적이지는 않은 실정이다. 그 요인은 다음과 같다(이배근, 2006 재인용). 첫째, 정부 예산의 삭감이다. 1980년대에 들어오면서 연방정부의 대폭적인 사회복지 예산의 삭감은 아동, 청소년, 가정에 심각한 영향을 미쳤다. 둘째, 아동복지 전반에 걸친 유형별 서비스의 내용과 전체 수혜아동에 대한 통계가 없다는 것이다. 지난 10년간 이에 대한 어떤 종합적인 조사나 연구에 따른 포괄적인 자료가 나오지 않았다. 셋째, 아동, 청소년, 가정에 관련된 연방정부의 1974년 「아동학대 방지 및 치료법(공법 100~294)」과 1980년 「입양보조 및 아동복지법(공법 96~272)」의 모호성에 있다. 전자는 아동학대와 방임을 발견하고 치료하는 서비스에 대한 연방정부의 지원인 데 반해, 후자는 아동학대와 방임을 예방한다는 점에서는 일치하나 심각한 상태의 피학대아동에게 영구적 대리 보호인 입양을 조장시킴으로써 학대와 방임 아동에 대한 신고는 급증하고 있는 반면에, 피학대아동을 위해 치료의 목적으로 선택되어 온 위탁 보호 프로그램은 오히려 축소되는 결과를 가져왔다(오정수, 2006; 이배근, 2006 재인용).

3) 스웨덴

스웨덴의 아동복지 시초는 1763년에 제정된 구빈법에 의해 보호가 필요한 사람들을 구빈원에 수용·보호하였던 것에서 그 유래를 찾아볼 수 있다. 이 법에서 원칙적인 구빈 대상은 15세 이하의 아동과 병자, 폐질자인 노동 무능력자로 규정하였다. 체계적인 구빈 제도가 성립된 것은 국가의 책임을 입법화한 1853년 구빈법 개정이다. 스웨덴의 구빈법은 그 발달과정이나 형태 면에서 영국의 구빈법과 유사하며 영국으로부터 많은 영향을 받았다.

그러나 산업화와 공업화에 따른 사회구조의 변화, 노동조건의 악화 등에 따른 노동자 문제, 여성과 연소 노동자의 증가, 도시 인구의 급증, 청소년 비행 등 사회문제가 발생하자, 1881년 노동금지법을 제정하여 아동을 값싼 노동과 장기간의 노동시간으로부터 보호하였다.

또한 1902년에 제정된 아동복지법은 1934년 제정된 청소년보호법과 함께 근대적 의미의 사회복지를 여는 시초가 되었을 뿐만 아니라 아동 · 청소년복지의 기초가 되었다.

1930년에는 세계 경제 대공황을 전후하여 출산율이 급격히 저하됨에 따라 아동, 임산부, 학교급식을 국가가 지원하게 되었다. 1938년 이후 모자보건 대책이 수립되고, 1955년부터 모든 임산부에게 출산 수당이 지급되었다(도미향 외, 2011).

장애아동을 위한 조치는 1952년 장애아학교법(the school act of handicapped)의 규정에 따라 7~16세의 모든 아동에게 교육권을 보장하였다. 또한 1956년 종래의 구빈법을 공공부조법으로 개정하여 요보호자를 위한 생활보호를 실시하였으며, 출산 후 9개월 휴가제도와 재학 중인 아동이 방과 후에 지낼 수 있는 여가 선용의 집, 자신의 집에서 아동을 돌봐주는 가정보육시설, 아동간호사 제도 등이 추가 도입되었다. 기타 아동복지에 관한 사항이나 공공부조는 1960년에 개정된 아동복지법에 의하여 시행되고 있으며, 국가는 이러한 분야의 전문인력을 육성하는 데 역점을 두고 있다(도미향 외, 2011).

1963년 국민보험법의 제정에 따라 16세 이상의 모든 국민이 보험의 혜택을 받게 되었다(이배근, 2006 재인용).

오늘날 스웨덴의 아동복지와 더불어 사회복지는 1981년에 입법화된 사회사업법(social service act)을 근간으로 시행하고 있다(김석준 외, 2018).

1995년부터 어린이집에서는 6세 이하의 아동을 대상으로 보육서비스를 제공하고 있으며, 보육비는 아동의 보육시간, 부모의 소득, 가정의 자녀 수에 따라 차등하여 지불하게 된다. 일반적으로 전체 보육비에 약 15% 정도만 부모가 부담한다. 그 외 가정위탁(family day care) 서비스, 파트타임그룹(part-time group) 서비스, 프로그램 제공 시간이 다양한 개방유아학교(open preschool), 학령기 아동을 위한 방과 후 보호(care services for school children) 등의 보육서비스가 제공되고 있다(김석준 외, 2018).

(1) 아동복지제도

스웨덴의 아동복지제도는 아동의 부모와 가족에게 아동양육을 위하여 직접·간접적으로 지원하고 있다. 즉, 재정적 지원, 의료보험, 주택 수당, 보육서비스, 출산휴가와 아동 양육을 위한 유급 휴가제도 등은 간접적 재정지원 방식이며, 아동·청소년에게 아동수당, 부모보험보조, 부양 대출, 아동 연금, 장애아 보호 수당 등의 직접적 재정지원을 취하고 있다. 이를 통해 아동 문제를 사전에 예방하려는 보편주의적 접근을 취하는 방향으로 발전되어 왔다.

(2) 아동복지서비스

① 아동수당과 아동 연금

아동·청소년을 위한 직접적 재정지원은 아동수당, 부모보험보조, 부양 대출, 아동 연금, 장애아 보호 수당 등이 있다. 아동수당(child allowance)은 16세 이하의 모든 아동에게 지급되며, 아동 연금(child pension)은 부 또는 모 혹은 양친이 모두 사망한 경우 아동에게 지급되는 재정지원으로 아동이 재학 중이거나 기타 기본적인 교육을 이수 중에 있는 경우에는 18세 이상의 학생에게도 연장 지급이 가능하다(이배근, 2006 재인용). 출산이나 아동의 입양으로 부모보험계약이 이루어진다. 부모보험(parental insurance)은 출산 후 360일간 부모가 아동보호를 위해 가정에 머무르는 기간의 수입 손실을 보장해 주고,

부모가 교대로 가정에 머무는 경우도 해당되며, 정해진 기간을 아동이 8세에 이르기까지 분할 지급 받을 수 있다. 부의 경우에는 아동 출생 후 10일까지의 부모보험금을 지급받는다(이배근, 2006 재인용).

② 요보호아동을 위한 아동복지서비스

요보호아동을 가정으로부터 분리시키는 결정은 부모 또는 후견인과 아동(15세 이상의 경우)의 합의를 기반으로 한다. 그러나 합의가 성립되지 않을 경우 청소년특별보호법(Care of Young Persons Special Provisions Act)에 따라 법원의 명령으로 사회복지기관이 개입하게 된다. 따라서 사회봉사법(Social Service Act)에 의거하여, 시(市)사회복지위원회는 가정을 상실한 요보호아동을 영구적인 보호 양육을 책임지게 될 패밀리 홈(Family Home) 또는 아동보육시설이나 치료시설에 배치한다(이배근, 2006 재인용). 또한 19세 이하의 장애아 대부분을 '정상화 원리'에 따라 가정 내에서 보호하기 위해 장애아동을 보호하는 가정에게 장애아동 수당을 지급하고 있다. 청소년특별보호법에 따라 가정 밖에 배치된 아동을 정기적으로 심사한다. 최소한 6개월마다 심사를 하고, 아동을 계속해서 특별 보호를 해야 할 필요가 있는지 여부에 대해 심의하고 있다.

③ 영유아를 위한 보육 지원

스웨덴은 1995년부터 모든 시 당국이 1~6세의 아동들을 위해 가정탁아서비스를 제공할 것과 6~12세 아동들을 위한 방과 후 아동보육서비스를 제공할 것을 의무화하였다(이배근, 2006 재인용). 6세 이하의 맞벌이부부 자녀를 대상으로 영유아보육시설에서 교육활동과 함께 하루 2~3회 급식을 포함한 아동보호서비스가 제공된다. 보육 시간은 종일반 또는 반일반, 야간보육 등으로 다양하며, 야간보육은 매우 드물기는 하나 그 욕구는 증가하고 있다. 보육비는 아동의 보육시간, 부모의 소득, 가정의 자녀 수에 따라 다르다. 부모는 대체로 전체 비용의 15%만을 부담한다(이배근, 2006 재인용).

보육지원시설은 가정탁아(family day care), 개방유아학교(open-preschool), 방과 후 보호서비스(care services for school children) 등이 있다.

- **가정탁아** : 가정탁아모에 의해 12세까지의 맞벌이부부 자녀들이 탁아가정에서 보호되는 것으로, 특별한 보호를 필요로 하는 아동은 가정탁아서비스를 제공받게 되고(이배근, 2006 재인용), 10명 이내로 구성된다.
- **개방유아학교** : 낮 동안 돌봐줄 부모나 탁아모가 그 자녀들의 교육적 · 사회적 활동에 자녀들과 함께 참여하는 프로그램으로, 1972년 처음 시작되었다. 도시에 따라서는 사회복지 담당 공무원이 부모들에게 사회복지 분야의 도움을 주기 위해 근무하는 곳도 있다(이배근, 2006 재인용). 운영비는 국가 예산으로 충당된다.
- **방과 후 보호서비스** : 방과 후 아동을 돌볼 수 없는 가정을 대상으로, 6~12세의 학교에 다니는 아동들이 이용한다. 방과 후나 휴일에도 여가활동센터에서 레크리에이션이나 다양한 프로그램을 이용하고 있으며, 간식이 제공되고 부모가 운영비를 부담하며 최근에는 여가활동센터가 학교에 통합됨으로써 이용자 수가 늘어나고 있다.

④ 아동학대와 방임에 대한 예방 지원

스웨덴은 아동학대와 방임의 문제에 관해서 예방적 접근을 취하고 있다. 우선 거주지역의 유아학교를 통해 어린 자녀를 가진 부모들을 대상으로 아동학대와 방임에 관한 다양한 예방교육을 실시하고 있다. 부모나 후견인에게 어떤 형태의 아동 체벌이나 정신적 벌이 허용되지 않으며, 아동에게 신체적 손상이나 고통을 주었을 경우, 최고 2년의 구금형과 벌금형을 받게 된다(이배근, 2006 재인용). 학대 행위가 보다 심각할 경우 최고 10년의 구금형에 처할 수 있으며, 아동이 적절한 보호를 받지 못하고 건강 및 발달이 위험한 상태에 처해있다고 간주될 때에는 아동보호를 위해 시(市)사회복지위원회의 개입을 의무화하고 있다(이배근, 2006 재인용).

이상에서 살펴본 바와 같이 스웨덴의 아동복지제도는 1960년대에는 매우 제한된 아동만을 그 대상으로 하였으나, 오늘날은 다양한 아동복지서비스를 제공받고 있는 아동 수가 증가했으며, 투입되는 예산도 GDP에의 2.4%에 달하고 있다(이배근, 2006 재인용). 초기에는 아동보호서비스가 중앙집권적이었고 예산의 책정, 감독, 지침서 작성 등이 모두 보건복지청 소관이었으나 현재는 시 당국이 아동보호서비스 계획에 따라 책임을 지고 운영하고 있다(이배근, 2006 재인용). 2000년 중반의 경기 침체에도 불구하고 아동과 가족을 위한 정책과 프로그램은 거의 대부분 보존하고 있어 아동과 가족복지에 대한 지속적인 투자와 의지를 보여주고 있다.

4) 일 본

일본의 아동복지는 당시의 불교 신도나 왕가, 귀족에 의해 자선사업으로 이루어졌다. 국가 차원에서 계획적인 아동복지사업은 19세기 말 메이지시대(1868~1912) 유신으로 시작되었다. 13세 미만의 빈곤아동을 대상으로 1874년 휼구규칙(恤救規則)에 의해 공공부조의 혜택을 받게 되었고, 1887년 고아원이 설립되었으며, 1900년 선교사들에 의해 현대의 보육소인 후다바 유아원이 최초로 설립되었으며, 1918년 공립보육소가 설립되었다(김석준 외, 2018).

제2차 세계대전으로 고아와 미아가 급증하자 이들을 위한 주거보호에 노력하였으며, 1945년 전쟁고아 보호대책 요강이 발표되었다. 1947년 일본 정부는 요보호아동뿐만 아니라 일본의 모든 아동의 건전한 성장 발달을 위한 아동복지법을 제정하였다. 1948년 소년법을 비롯하여, 1951년에는 어린이헌장을 제정 선포하였다. 어린이헌장은 전문, 3대 원칙, 그리고 12개 조항으로 되어있다. 또한 오랜 전통에 따라 아동들을 위한 축제일로 지켜오던 5월 5일이 1941년에 이르러 어린이날로 제정되어 국경일로 지켜지고 있다(이배근, 2006 재인용).

일본은 경제적 성장기에 진입한 1960년대 이후 아동복지에 관련된 조치들이 크게 향상되었고, 일본의 고도 경제성장이 둔화되기 시작한 1973년 이후 총체적인 복지 조치들이 난관에 부딪혔으나 저출산으로 인한 아동복지 조치의 점진적인 향상은 지금까지 거듭해 오고 있다.

(1) 아동복지제도

아동을 포함한 요보호자 보호 및 육성에 관한 법으로서 1937년 모자보호법, 1947년 아동복지법 등이 제정되어 1949년 일본 정부는 보육소 조치비를 지급하였다. 1961년 아동부양수당법, 1964년 특별아동부양수당의 지급에 관한 법률, 1965년 모자보건법, 1965년에는 정신박약아동복지법을 제정하여 정신박약아를 위한 조기교육에 노력하였다. 1971년 모자 및 과부복지법, 아동수당법을 제정하여 아동복지의 내실을 추진하였다.

후생노동성은 아동복지의 주관 부서로, 아동가정국과 사회국을 두고 업무를 추진하고 있다. 아동가정국은 아동, 임산부, 모자가정, 정신박약아의 보호와 지원 실무를 수행하고 있으며, 사회국은 요보호가정, 저소득 계층, 장애인의 보호와 지원, 민간복지사업 등을 관장한다. 특히 아동가정국은 아동복지의 기획, 구상, 예산의 할당, 지방자치행정의 감독과 지도업무를 담당하며, 중앙아동복지심의회는 법률의 개정과 같은 중요한 사항에 관한 건의를 하며 약 50명의 위원으로 구성되어 있다(吉澤英子, 2006 재인용).

아동복지법(제15조)에 의해 설치된 아동상담소의 주요 기능은 첫째, 정신의학적 · 심리학적 · 사회학적 관점에 기반을 둔 조언과 상담을 통한 아동과 부모를 위한 상담서비스, 둘째, 아동을 적절한 시설이나 위탁가정 등에 배치, 셋째, 부설 일시보호시설을 통한 요보호아동의 관찰과 일시보호 등이다(이배근, 2006 재인용). 아동상담소에는 아동복지사, 상담원, 심리판정원, 정신과의를 포함한 의사, 아동지도원(방과후 교사), 보육사(보육교사) 등의 직원이 있으며, 부설 일시보호소를 운영하고 있다.

(2) 아동복지서비스

① 아동수당

아동수당 제도는 1971년 5월 아동수당법이 제정되었고, 연금보험, 공적 부조와 함께 소득보장에 포함된다. 아동수당의 지급 내용은 1986년 6월 대폭 개정되어 지급대상을 종래의 제3자에서 제2자(차남, 차녀)도 포함시키는 등 확대시켰다. 일본의 아동수당 지급대상과 지급액의 변천과정을 살펴보면, 〈표 4-2〉와 같다.

〈표 4-2〉 일본 아동수당 지급대상과 지급액

(단위 : 1인당 금액, 엔)

구분	1992	2004	2006	2012~2018				2019			2022		
지급 범위	첫째 자녀	첫째 자녀	첫째 자녀	3세 미만	3세 이상	중학생 자녀	소득 제한 이상 자녀	3세 미만	3세 이상	중학생 자녀	3세 미만	3세 이상	중학생 자녀
대상 기간	3세 미만	초등 학교 3학년 까지	초등 학교 6학년 까지		초등학교 졸업까지				초등 학교 졸업 까지			초등 학교 졸업 까지	
월 수령액	첫째, 둘째 자녀 5,000엔 셋째 자녀부터 10,000엔			일괄 15,000엔	첫째, 둘째 자녀 10,000엔 셋째 자녀부터 15,000엔	일괄 10,000엔	일괄 5,000엔	일괄 15,000엔	일괄 10,000엔 셋째 자녀 부터 15,000엔	일괄 10,000엔	일괄 15,000엔	일괄 10,000엔 셋째 자녀 부터 15,000엔	일괄 10,000엔

출처 : 후생노동성(2022) : 아동수당(www.mhlw.go.jp).

② 요보호아동을 위한 아동복지

요보호아동을 위한 시설에는 우리나라의 보육원에 해당하는 양호시설과 교호원(教護院), 정서장애아시설 등이 있다(이배근, 2006 재인용). 복지사무소가 운영하는 가정아동상담실과 아동후생시설로서의 아동관과 아동유원(어린이놀이터)이 있다. 그중에서 양호시설은 유아를 제외하고 보호자가 없는 아동, 학대받는 아동, 기타 가정 환경상 가정 내에서 양육받을 수 없는 아동을 입소시켜 양호하는 시설을 말한다.

아동복지시설 가운데 아동관, 아동유원(어린이놀이터), 모자휴양시설, 모자복지센터, 모자건강센터 등은 무료이용시설이다(이배근, 2006 재인용). 아동복지시설의 수탁료는 보호자의 수입에 의해 결정된다. 저소득층의 시설이용료는 무료이며, 모든 시설은 중앙정부와 지방정부의 지원을 받으며, 후생노동성은 아동복지시설 운영기준과 가이드라인을 제시한다.

일반아동을 대상으로 하는 보육소(어린이집) 외에 영아를 대상으로 하는 영아보육, 특수아동을 대상으로 하는 장애아보육, 근로여성의 자녀들을 대상으로 저녁 7시까지 보호하는 연장보육, 저녁 10시까지 보호하는 야간보육, 아픈 자녀들을 위한 병가보육, 계절과 자연재해에 따른 일시 보육과 벽지 보육소 등 다양한 보육유형이 설치 · 운영되고 있다.

③ 건전아동육성 대책과 아동복지서비스

건전아동육성 대책으로서의 아동복지서비스는 복지사무소가 운영하는 가정아동상담실과 아동후생시설로서의 아동관과 아동유원(어린이놀이터)이 있다. 전국의 복지사무소 내에 가정아동상담실이 설치되어 있으며, 상담 내용은 주로 학교생활 문제, 환경 문제, 심신장애 문제, 지능 · 언어 문제, 성격 및 생활습관 문제, 가족관계 순으로 많았다(이배근, 2006 재인용).

일반아동들을 위한 실내 후생시설로서의 아동관(兒童館)과 옥외시설인 아동유원이 설치되어 있다. 기타 아동건전육성 대책으로 지역조직 활동으로서의 어머니 클럽이 있다.

이상에서 살펴본 바와 같이 일본은 아동의 건전한 성장과 발달을 돕기 위한 부처 간 협의체를 구성하여 보육 · 교육 등 요보호아동뿐만 아니라 건전아동육성을 위한 포괄적인 서비스를 강구하고 있다. 1994년 '엔젤플랜'(문부성, 후생성, 노동성, 건설성) 등 4개 부처 장관이 합의하에 자녀양육을 지원하는 종합적인 계획을 수립하였다. 또한 긴급보육대책 5개년 사업(1995~1999년)을 추진하여 보육 대책을 제시하였다. 그 내용은 첫째, 다양한 보육서비스의 충실, 둘째, 보육소의 다기능화를 위한 정비, 셋째, 자녀양육지원을 위한 기반 정비 등이 있었다. 또한 최근에는 '아동육성계획'을 제시하여 보육소에 다니는 아동뿐만 아니라 자치체 내에 거주하는 모든 아동과 자녀들의 양육을 지원하는 '자녀양육지원'사업으로 확대하여 실시하고 있다(후생노동성, 2022).

3. 우리나라의 아동복지 발달과정[2]

우리나라는 각 시대별 정치 · 사회적 변화를 겪으면서 아동복지의 이념, 대상, 내용, 서비스의 형태 등에 많은 변화를 가져왔다. 즉, 아동의 문제를 부모의 일차적 책임에서 점차적으로 국가개입의 필요성으로 인식변화가 부각되었고, 현재는 아동뿐만 아니라 가족 차원의 지원과 지지로 추진되고 있다.

1) 전통사회의 아동보호

동양적인 애호사상을 가지고 있는 우리나라는 가족제도를 중심으로 제사 상속은 조상숭배로 이어지고 이를 중단하지 않는 것이 부모에 대한 의무라고 여겨져 왔다. 자손이 없을 때에는 양자를 삼아서라도 가계를 잇는 엄격한 가계주의를 취해왔다. 그래서 아동 문제는 고아나 기아 등으로 그 대상이 제한적이었다. 고아는 홀아비, 과부, 독거노인과 함께 궁핍한 백성(환과고독[3])으로 구제의 대상이었다. 대상에 대한 구제를 시행하였으나, 고아들은 흉년이 들면 구걸하며 부랑아가 되었고 생존까지 위협을 받았다.

(1) 삼국시대

『삼국사기』에 의하면, 신라 제2대 남해왕(서기 24년) 시기에 백성들이 기근으로 인한 굶주림을 당할 때 국고를 열어 이들을 구휼했다는 기록이 있으며, 신라 제3대 유리왕(서기 28년) 때에는 환과고독노병[4] 등을 조사하여 요보호대상자에게 무료로 급식과 양육을 왕명으로 시행하였다. 백제에서는 온조왕 33년(서기 15년)에,

---

2) 윤매자 · 신혜경 · 주정현(2017). 아동복지론(제3판). 양서원, pp. 106-110; 윤매자(2020). 아동권리와 복지. 양성원, pp. 88-92 인용 및 재구성.

3) 환과고독(鰥寡孤獨) : 고아, 홀아비, 과부, 늙어서 자식이 없는 사람 혹은 의지할 곳 없이 외로운 처지에 있는 사람을 말함

4) 환과고독노병(鰥寡孤獨老病) : 늙고 아내가 없는 사람, 늙고 남편이 없는 사람, 어리고 부모가 없는 아이, 늙고 자식이 없는 사람을 말함

고구려는 태조왕 56년(서기 198년)에 아동을 포함하여 재해를 당한 사람들에게 관곡을 배급하였다(김석준 외, 2018).

(2) 고려시대

고려시대에는 불교의 자비 사상에 의해 흉년으로 인한 기아, 고아, 빈곤아동 등을 사찰에서 수용하여 돌보거나 민간으로 위탁하였으며, 사찰에서 양육한 아동들은 승려 또는 사역승으로 양성하는 일이 성행하였다. 제6대 성종 13년(서기 994년)에는 왕명에 의해 돌봐줄 친족이 없고 나이 어린 고아는 10세까지는 관가에서 수용하되, 10세가 지나면 본인의 희망에 따라 거주하도록 하였는데, 이것이 우리나라에 있어서 고아를 대상으로 한 수용보호사업의 시초라고 볼 수 있다(주정일 · 이소희, 2003).

(3) 조선시대

조선시대는 기아, 고아, 빈곤아동에 관한 법령을 제정하였는데, 제18대 현종 2년(1661년) 이후로 한성 각부의 유기 아동에 대한 관부의 허가제에 따라 민간수양시설이 설치되고, 이들에 대해서 옷값도 관부에서 지급하였다. 제19대 숙종 22년(1696년)에는 수양임시사목(收養臨時事目)을 제정하여 흉년에는 아동을 일시 보호하도록 하였다. 이후 제22대 정조 7년(1783)에 자휼전칙(字恤典則)이라는 법령을 제정하고, 유기 및 부랑 걸식아동 보호법을 공포하였다. 이 법령의 내용은 흉년이 들어 기근이 심한 해에 유기되어 보호될 곳이 없는 아동, 특히 의식주를 스스로 해결할 수 없는 아동, 사방을 떠돌아다니는 부랑아동을 관가에 유양(留養) 또는 민가에 수양(收養)하도록 허가하는 법을 실시하였다(구자헌, 1969 재인용).

2) 근대의 아동복지

근대의 아동복지는 조선 말부터 일제 강점기를 거쳐 광복 이전까지로 추정할 수 있다. 근대적 아동복지사업은 고종 25년(1888년) 프랑스의 신부에 의해 명동 천주교회 내에 최초의 고아원을 설립하여 고아를 돌보는 것에서 시작되었다. 고종 32년(1895년)에는 인천 천주교회 부속 고아원이 설립되었고, 1905년에는 이필화에 의해 경성고아원이 세워지는 등 근대적 성격을 띤 아동복지사업이 시작되었다.

1921년 미국 감리교 마이어스(Myers) 선교사에 의해 명동 '태화여자관'으로 설립되어, 아동과 노동여성을 위한 위탁보육과 문맹 퇴치 등의 프로그램을 실시한 최초의 아동보육사업이 실시되었다(태화기독교사회복지관, 2022). 이후 1933년 태화사회관, 1953년 태화기독교사회관, 1980년부터는 태화기독교사회복지관으로 불리고 있다.

1944년 '조선구호령'이 제정되어, 생활이 어려운 임산부와 13세 이하의 아동을 대상으로 가택구호(家宅救護)를 원칙으로 규정하였다. 가택구호가 불가능하거나 부적당하다고 인정되는 경우 개인 가정에 위탁하거나 구호시설에 수용하도록 조치하였다.

3) 현대의 아동복지

현대의 아동복지는 전통사회나 근대사회에 비해 아동복지에 대한 사회적 인식이 높아졌으며, 아동의 복지권이 보장됨은 물론, 국가와 사회적 책임이 더욱 확고해짐으로써 비교적 조직적이고 체계적으로 실시되었다(도미향 외, 2011).

(1) 사회구호적 차원의 아동복지사업

1945년부터 1960년까지는 사회구호적 아동복지사업이 전개되었다. 아동수용시설은 1946년에 제정된 후생국보 3호를 시작으로 이재민, 피난민, 고아 등에 관한 응급 처치와 임시 구호가 본격화되었다. 한국전쟁으로 가족을 잃은 요보호아동들을 대상으로 최소한의 생활을 할 수 있도록, 국가 및 민간단체는 많은 아동보호시설을 설립하여 응급구호를 실시하였다. 이 시기의 아동보호는 국가책임보다도 민간자원의 동원과 시설의 재정적 자립을 강조하였다(김석준 외, 2018). 따라서 1950년의 후생시설 설치 구호령을 통하여 아동복지시설의 최소 기준을 마련하였다. 전쟁고아에 대한 국외 입양사업이 아동복지의 주요 사업이 되었고, 아동복지사업은 종교단체와 외국의 원조기관에 의해 추진되었으며, 전문화된 서비스가 아닌 민간과 해외원조에 의존하여 빈곤 계층의 아동을 대상으로 사회구호적 형태로 운영되었다. 1947년 과도정부령 제14호에서도 미성년자노동보호법을 제정하여, 12세 미만 아동의 노동을 절대 금지하고 18세 미만 아동의 위험한 직종의 노동을 금지하였다(도미향 외, 2011).

(2) 잔여적 아동복지정책기

1961년부터 1980년까지는 요보호아동을 위한 선별주의적 아동복지사업이 추진되었다. 각종 아동복지 관련의 법률은 1961년 생활보호법, 아동복리법, 고아입양특례법, 아동복지법 시행규칙, 보호시설에 있는 고아의 후견직무에 관한 법률 시행령, 1967년 고아입양특례법 시행령 등을 제정하여, 아동에 대한 국가책임의 원칙을 법제화하고 아동복지사업이 실시되었다. 그러나 이러한 법률의 제정 배경에는 당시 군사쿠데타로 집권한 정부의 정당성을 인정받으려는 의도가 담겨있어 복지 자체가 목적이기보다는 정권의 유지를 위한 수단이었다(송주미, 2006 재인용). 또한 이 시기의 대부분의 아동복지제도는 사후조치적이고 잔여적이며 요보호아동을 대상으로 함을 명시하고 있다.

(3) 보편적 아동복지

1980년대부터 1990년대 중반까지 우리나라는 산업과 경제가 급성장하면서 모든 아동을 대상으로 보편주의적 아동복지사업이 추진되기 시작하였다. 이러한 경제 호황기를 거치면서 산업화, 도시화, 핵가족화 등으로 가치관의 변화와 가족 기능의 약화로 가출 아동 및 청소년, 비행 아동, 방임된 아동, 학대아동 등 다양한 아동문제가 발생하였고, 여성의 사회참여가 늘어나면서 아동문제는 더 가속화되는 양상을 보였다.

또한 5월 광주민주화운동을 무력으로 진압한 군사쿠데타는 정권의 정통성 수립에 열을 올리게 되었는데, 이에 이 시기의 정권의 정당성 확보를 위한 수단으로 사회복지 관련법들의 제정과 개정이 활발하게 이루어졌다. 예를 들면, 1981년 아동복지법 제정, 1982년 유아교육진흥법 제정, 생활보호법 개정, 1987년 청소년육성법, 남・녀고용평등법 제정, 1989년 장애인복지법 전면 개정 등이다.

1991년 영유아보육법 제정, 1994년 영유아보육법 개정과 아동복지법 시행령 개정으로 급변하는 아동보육의 문제를 해결하려 노력하였다. 따라서 1990년대는 우리나라가 경제선진국으로 도입을 갖춘 시기일 뿐만 아니라 아동복지 측면에서는 1990년 국제연합에서 천명한 아동의 기본적인 권리를 충족시켜 주기 위한 '유엔아동권리협약'에 가입하고 비준함으로써 우리나라 아동복지의 내용과 기준이 국제협약의 규약을 충족시켜 주기 위한 준비를 갖추게 되었다(송주미, 1998). 그러나 1997년 IMF 경제 위기로 인한 부모의 실직과 어려움으로 많은 가정이 해체되었고, 아동이 시설에 맡겨지는 상황이 증가하였으며 결식아동들이 늘어났다. 2000년 경기회복으로, 아동복지법이 개정되어 학대아동에 관한 법적 조치가 강구되어 2001년에는 아동보호전문기관 17개소가 설치되고 처벌조항이 강화되었으며, 전국 규모의 아동보호서비스체계가 구축되었다. 2004년에는 민간 주도의 빈곤아동지원사업인 위스타트(We Start)가 시작되었다.

2004년 영유아보육법이 전면 개정되어 보육서비스의 질적 향상 및 다양화, 공적 책임을 인식하고, 2012년 3월부터 5세아 누리과정 무상보육과 교육이 실시되었다. 2013년 3월부터는 3세, 4세 누리과정도 시행되었으며, 2013년부터 0~5세 모든 영유아를 대상으로 무상보육이 실시되었다.

2008년 다문화가족지원법이 제정되어, 다문화가족에 대한 정서 및 학습 지원,

부모 역할 지원, 이중 언어의 역량 개발 등을 지원하고 있다. 또한 아동수당법을 제정하여, 2018년 9월부터 시행하고 있다. 이유는 아동을 양육하는 데 드는 경제적인 부담을 나누고, 건강하게 성장할 수 있는 환경을 조성하여 아동의 기존 권리와 복지를 증진하기 위함이다. 아동수당제도에 대해서는 9장 아동보육에서 상세하게 다루도록 한다.

이상에서 살펴본 바와 같이 우리나라의 아동복지사업은 민간과 해외원조에 의존한 빈곤아동보호와 응급구호 수준이었으나, 1961년 아동복리법을 비롯하여, 다양한 법안의 제정으로 요보호아동문제에 대한 국가책임을 법제화하였고, 1981년 아동복지법 제정으로 보편주의에 입각한 아동복지서비스의 전문화와 다양한 지원사업으로 전환되었다. 아동복지법, 영유아보육법 등의 제정과 개정을 통해 영유아의 보육 및 아동보육에 노력하고 있으나, 복합적이고 동시 발생적인 아동문제에 대응하고 해결하기 위해서는 다각적으로 전문적인 아동복지 통합서비스의 개발이 요구되고 있다.

아동복지의 제 접근

PART 02

05 CHAPTER

아동복지의 실천원리

아동복지가 실현되기 위해서는 아동의 건전한 성장과 발달에 필요한 욕구가 충족되어야 하며 아동이 지닌 잠재능력을 최대한으로 발휘할 수 있도록 하는 기본 요소가 갖추어져야 한다. 아동복지의 기본 요소는 아동의 권리, 욕구, 흥미와 관심에 따라 그들의 복지안녕의 질이 달라지기 때문에 실천원칙이 필요하다. 5장에서는 아동복지와 사회복지실천과의 관계성을 살펴보고, 아동복지의 기본 요소, 실천원칙, 아동복지서비스의 유형에 대해 구체적으로 살펴보고자 한다.

1. 아동복지와 사회복지실천

아동은 인간의 존엄성을 바탕으로 존엄한 존재임을 인식하고 고유의 권리를 가진다. 그러나 아동기를 삶의 과정에서 즐거움과 행복을 누리고 향유하는 시기로 인식하지 않고, 부모를 비롯하여 사회 · 국가가 미래의 어른인 아동에게 필요하다고 생각하는 것을 훈련시키는 시기로 규정함으로써, 아동이 현재 누려야 할 즐거움과 관심은 간과되고 무시되고 있다(오미영 · 정기원, 1994; 박석돈 외, 2016 재인용). 또한 아동은 신체적, 정신적으로 발달과정에 있기 때문에 성인의 보호 없이는 생존할 수 없을 뿐 아니라 전인적인 발달을 도모할 수 없다. 이에 아동기에 성인의 보호를 필요로 하는 이유를 살펴보면, 다음과 같다.

첫째, 성인으로부터 의식주를 제공받아야 성장 · 발달할 수 있다.

둘째, 사회적으로 약한 존재이기 때문에 쉽게 압박당하고, 대항할 자위 수단을 갖고 있지 않다.

셋째, 심신이 미발달된 상태이기 때문에 외부로부터 나쁜 영향을 받게 될 가능성이 있다.

아동기는 자율성을 키우고 자신의 역량을 개발할 수 있는 시기이므로, 부모나 주변 사람으로부터 좋은 영향을 받으면, 장래 성인이 되어서도 본인뿐만 아니라 사회에 좋은 영향력을 미치는 사람으로 성장할 수 있다.

사회적으로 도움 없이 생존에 위협을 받는 아동들이 확대됨에 따라 보육, 위탁, 입양, 시설보호 등이 필요하다. 이러한 서비스는 아동복지 제도 안에서 이루어지지만, 사회복지 측면에서는 아동 개개인의 보호 측면과 가족의 유지 측면을 조화시키는 것을 목적으로 한다. 이러한 맥락에서 자신의 욕구를 집단적으로 표현하고 주장하지 못하는 아동을 대상으로 하는 아동복지는 아동의 개별적 욕구를 고려하기보다는 가족 전체를 유지하는 것을 우선으로 하는 경향이 크다(박석돈 외, 2016).

2. 아동복지의 기본 요소

아동복지는 아동의 다양한 욕구를 충족시킬 수 있도록 지원하는 것이다. 따라서 모든 아동의 욕구에 관심을 가지며, 특히 최적의 아동발달을 방해받는 상황에 처한 아동에게 우선 관심을 두는 것이다. 즉, 아동복지사업을 전개할 때는 기본적으로 고려할 요인들이 있다. 그 기본 요소를 아동복지사업을 계획하고 고려할 때 기준으로 삼아야 한다.

장인협과 오정수(2001)는 아동복지의 기본 전제로 안정된 가정생활, 경제적 안정, 보건과 의료 보호, 교육, 노동으로부터의 보호, 놀이와 오락, 특수 보호 등을 제안하였다. 따라서 아동복지의 기본 전제를 종합하면, 건강한 가정과 부모, 경제적 안정, 교육을 받을 권리, 건강과 안전, 놀이와 여가활동, 아동의 노동 보호, 특수한 욕구를 가진 아동의 보호 등으로 구분할 수 있다. 구체적으로 살펴보면 다음과 같다(윤매자 외, 2017).[1]

1) 건강한 가정과 부모

가정은 아동의 건전한 성장을 위한 최적의 장소로서, 아동은 일차적으로 부모와 가족으로부터 생존에 필요한 생리적 욕구를 충족하며, 정서적인 인간관계를 경험하고, 사회화의 기초를 형성한다. 따라서 긴급하거나 부득이한 경우가 아니면 아동은 가정에서 이탈되어서는 안 되며, 가정이 없는 아동에게는 가정을 만들어 주어야 한다. 국가와 사회는 다양한 가족 복지서비스를 통해 건강한 가정의 육성과 바람직한 부모 역할 수행을 지원하여 아동의 건강한 성장과 발달을 도모해야 한다.

2) 경제적 안정

아동의 성장과 발달은 가정생활의 경제적 여건에 따라 좌우될 수 있다. 경제적 불안정으로 가족이 해체되고, 부모의 아동 양육방식에 부정적인 영향을 끼치며, 아동의 기본적 욕구인 의식주도 해결하기 어려울 수 있다. 또한 부모의 교육에 관한 관심 부족과 교육 기회의 박탈로, 지능 발달이나 학업 성취도가 저조할 수 있고, 욕구 충족의 좌절로, 우울한 증상이나 반사회적인 행동이 나타나기도 한다. 따라서 국가와 사회는 다양한 사회보장제도인 공적부조, 사회보험, 아동수당제도 등을 통하여 경제적 안정에 도움이 되도록 지원해야 하며, 부모에게 취업 훈련과 알선을 통하여 고용의 기회를 확대해야 한다.

---

1) 윤매자 · 신혜경 · 주정현(2017). 아동복지론(제3판). 양서원. pp. 30-33 재인용.

3) 교육을 받을 권리

우리나라 헌법(제31조)에는 "모든 국민은 능력에 따라 균등하게 교육을 받을 권리를 가진다"라고 명시하고 있다. 따라서 모든 아동은 타고난 잠재력을 최대한 계발하여 능력을 발휘할 수 있도록 사회적 기회가 주어져야 한다. 교육은 아동의 성장과 발달을 돕는 다양한 지식과 자원을 제공하며, 올바르게 성장하도록 이끌어 준다(김명희, 2008). 아동기 발달에 맞는 교육 기회가 박탈될 경우, 아동의 욕구충족이 이루어지지 않을 뿐만 아니라 사회적으로도 능력 있고 자질을 갖춘 인적자원이 부족해진다. 따라서 국가와 사회는 모든 아동에게 적절한 공교육서비스를 지원하여 아동의 능력과 잠재력의 계발과 성장을 도모해야 한다.

4) 건강과 안전

아동이 건강하게 출생하여 행복하고 안전하게 자라도록 지원하는 것은 아동 개개인의 생존과 직결될 뿐만 아니라 인류와 한 국가의 존속과 관련되어 있다는 점에서 아동복지의 기반이 되는 요인이다. 또한 아동의 건강은 어머니의 건강과 밀접한 관련이 있으며, 이로 인해 모체의 영양, 질병, 심리 상태에 따라 영향을 받으므로 건강한 아동의 출생을 위해서는 태내기 때부터 모자보건을 위한 대책이 필요하다.

5) 놀이와 여가활동

아동은 즐겁게 뛰어노는 가운데 건강해지며 각 신체 기관이 조화롭게 발달하고, 놀이를 통해서 실제 사물에서 벗어나 추상적이고 자유롭게 사고할 수 있는 능력과 창의력, 잠재력을 키운다. 또한 놀이를 통해 신체적·인지적·사회적·정서적 관심을 추구할 기회를 일찍부터 주어야 하고, 아동이 지닌 가능성과 잠재능력을 발달시킬 수 있도록 기회를 제공해야 한다. 따라서 국가와 사회는 모든 아동에게 다양한 놀이와 문화 활동을 지원하여 아동의 건전한 성장을 도모해야 한다.

6) 아동의 노동 보호

어린 아동의 노동은 건강과 신체적 · 정신적 · 도덕적 발달에 나쁜 영향을 끼치므로 유해노동으로부터 보호되어야 한다. 아동의 노동은 교육권과 여가와 문화 활동의 권리를 침해하며, 인지 발달에 문제를 초래하므로, 세계 각국은 물론 우리나라에서도 아동복지법과 근로기준법에 의하면, 15세 미만인 자와 중학교에 재학중인 18세 미만인 자는 원칙적으로 취업을 할 수 없다고 명시하여 교육을 우선시하였다. 아동을 노동 착취로부터 보호하기 위해서는 일하는 아동, 아동의 가족, 지역사회뿐만 아니라 국가적인 차원, 더 나아가 국제적인 차원에서 경제적 · 사회적 · 문화적 접근이 필요하다.

7) 특수한 욕구를 가진 아동의 보호

아동복지가 모든 아동의 복지를 실현하기 위한 것이므로, 특수한 욕구를 가진 아동에 대해서는 사회적으로 특별한 보호가 필요하다. 신체적 · 정신적 · 심리적으로 행동장애를 가진 아동에 대해서는 조기 진단과 함께 특수 보호와 치료의 기회가 있어야 하고, 저소득층의 아동에 대해서는 교육이나 보건 면에서 특별한 조치가 필요하다. 국가와 사회는 특수한 욕구를 가진 아동에게 편견과 고정관념을 없애고, 사랑과 관심을 확대해야 하며, 다양한 아동복지서비스를 제공하여 특수한 욕구를 가진 아동들의 사회 적응을 도모해야 한다.

3. 아동복지의 실천원칙

아동복지 정책과 서비스를 실천하기 위해서는 실천원칙이 필요하다. 이 원칙은 다양한 아동 문제를 해결하기 위한 방향을 제시하는 데 근간이 될 수 있다. 이 원칙에 근거하여 계획적이고 체계적으로 실천될 때 아동복지를 효과적으로 실행할 수 있고 이를 통해 아동이 건강하고 행복하게 성장할 수 있기 때문이다(김석준 외, 2018). 또한 아동의 복지를 구현하기 위한 정책을 마련하고 서비스를 실천하기 위해서는 아동복지의 기본 원칙에 근거하여, 아동이 당면한 문제를 해결하고, 건전한 성장과 발달을 도모하여야 한다.

이에 대해 장인협과 오정수(2001)는 권리와 책임의 원칙, 보편성과 선별성의 원칙, 개발적 기능의 원칙, 포괄성의 원칙, 전문성의 원칙을 제시하였으며, 여기에 예방성과 치료성을 추가하여 제시한 바가 있다(김성경 외, 2009). 이에 장인협과 오정수(2001)의 원칙을 근간으로 하여, 김성경 외(2009)가 제안한 원칙을 합쳐 아동복지의 제 원칙을 설명하고자 한다(윤매자 외, 2017).[2]

1) 권리와 책임의 원칙

아동복지의 주체는 모든 국민이며, 아동을 위한 기본 원칙은 아동, 부모(보호자), 국가와 지방자치단체 등의 사회인데, 아동복지는 이들이 가지고 있는 각각의 권리와 책임 확립에 기반을 두어야 한다. 아동은 생존하고 발달하기 위해 의식주를 제공받고, 건강하고 위생적인 삶을 누리며 교육적이고 문화적인 생활을 할 권리를 가진다. 부모에게는 자녀에게 건강한 성장과 보호, 경제적 지원, 정서적 안정, 기타 광범위한 부모의 책임과 권리를 감당하게 하고, 국가와 사회는 사회질서를 유지하고 상호협력 속에서, 아동복지를 증진시키기 위해 아동복지 정책의 개발을 위한 입법 권한과 실제적인 대책을 수행할 권리와 책임을 가진다.

---

2) 윤매자 · 신혜경 · 주정현(2017). 아동복지론(제3판). 양서원. pp. 33-36 인용 및 재구성.

2) 보편성과 선별성의 원칙

아동복지는 아동보호와 육성을 도모하기 위해 보편성과 선별성의 원칙이 동시에 적용될 수 있다. 보편성의 원칙이란 모든 아동을 대상으로 급여나 복지서비스를 제공하는 것을 말한다. 즉, 인종, 성별, 계층, 민족, 장애 및 부모 여부, 부모의 재산 및 사회적 직위 등의 아동을 구분하는 어떤 조건에도 상관없이 모든 아동에 동등하게 복지서비스를 제공하는 것이다.

보편적 아동복지서비스는 모든 아동을 대상으로 한다. 우리나라에서는 영유아 건강검진, 아동수당, 무상의무교육 등이 있으며, 영국은 아동수당(Child Benefit), 국민보건서비스(National Health Service), 기타 여러 국가에서 실시하고 있는 아동수당, 가족수당, 무상의무교육 등을 들 수 있다.

반면 선별성의 원칙은 빈곤 계층의 아동이나 가장 욕구가 크고 시급하게 요구되는 아동들에게 급여나 복지서비스를 제공하는 것을 말한다. 즉, 빈곤가정의 자녀 질병이나 장애아동, 학대의 위협 등과 같은 다양한 범주화(categorization)에 기초하여 특수한 욕구나 문제를 가진 아동에게 우선으로 복지서비스를 제공한다. 이 원칙은 문제의 원인이 자발적이든 비자발적이든 간에 개인의 결함에 있다는 전제하에 문제를 보완하거나 해소하려는 최소한의 보호로서, 서비스의 성격은 시혜적이고, 범주적(categorical)이며, 열등 처우(less eligibility)의 원칙이 불가피하며, 낙인 효과에 의한 수치심과 열등감을 초래할 수 있다(공계순 외, 2019).

3) 개발적 기능의 원칙

아동복지의 대상인 아동의 바람직한 변화를 유도하고, 아동이 지닌 잠재력을 최대한으로 개발하기 위한 원칙이다. 보통 요보호아동의 경우 잠재능력이 개발될 가능성이 낮기 때문에 이 원칙을 적용한다. 하지만 이 원칙은 잠재능력이 낮거나 뛰어난 모든 아동에게 적용된다. 또한 개발적 기능의 원칙은 많은 사회

문제들이 사회구조나 사회경제적 변천 과정에서 일어난다는 인식에 기인하고 있다.

4) 포괄성의 원칙

포괄성의 원칙이란 아동복지를 달성하기 위해서 경제 · 교육 · 보건 · 안전 · 노동 · 주택 등 여러 분야의 포괄적 대책이 수반되어야 한다는 원칙이다. 또한 아동이 하나의 인격을 가진 전인적인 존재인 만큼 이들이 건전하고 건강하게 성장과 발달을 도모하기 위해 아동의 신체적, 인지적, 사회적, 정서적 발달을 도모하여 전인적 발달을 할 수 있도록 아동의 욕구에 대해 통합적으로 다룰 필요가 있다. 장애아동에게 교육, 심리상담 및 치료, 의료 및 재활 등 다양한 프로그램을 제공하고, 그들의 부모와 가족에게 지원 프로그램을 제공하며, 빈곤가정의 아동에게는 교육, 복지, 방과후 안전하게 쉴 곳과 문화적 지원 등 포괄적 서비스를 제공하여, 아동문제를 조기에 확인하고 예방할 수 있는 아동복지 실천체계의 구축이 필요하다.

5) 전문성의 원칙

전문성의 원칙은 아동복지의 성과를 좌우하는 중요한 원칙이다. 아동복지사업은 산업화 · 국제화 · 정보화 시대에 점차 높아지는 아동의 욕구를 충족시키기 위해서 전문적 지식, 기술, 태도를 갖춘 전문인력이 필요하다. 특히 급격한 사회변화와 가족 기능의 약화로 심각한 사회 문제는 매우 다양한 문제들이 복잡하게 얽혀있는 만큼, 아동복지를 실천하는 데 있어 전문가와 전문기관에 의해 이루어져야 한다.

6) 예방성과 치료성의 원칙

예방성의 원칙은 아동복지를 추구하는 데 있어 가장 바람직한 것은 가능한 한 아동의 문제가 발생하지 않도록 예방하는 것을 최우선으로 한다는 원칙이다. 또한 치료성의 원칙은 아동문제가 발생할 경우 문제해결이 가능하다는 전제 속에서 확인된 문제해결을 위해 최선의 조치를 실시해야 한다는 원칙이다. 따라서 문제를 조기에 발견하고 치료할 수 있다는 신념으로 문제를 조기에 확인하고 진단하여 치료할 수 있는 아동복지 실천체계를 구축하는 것이 필요하다.

4. 아동복지서비스의 유형[3)]

아동복지서비스는 아동의 욕구가 무엇인지 파악하여 그 욕구를 충족시킬 수 있는 서비스를 제공하는 것이라고 할 수 있다. 아동과 아동을 포함한 가족의 욕구를 충족시키기 위한 아동복지서비스는 대상, 장소, 그 기능에 따라 다양하게 분류할 수 있으며, 대상에 의한 분류는 요보호아동과 일반아동으로 나눈다. 아동복지서비스의 장소에 따른 분류는 아동이 가정에 머물면서 필요한 서비스를 제공받는 재가서비스와 가정을 떠나 다른 가정이나 시설에 머물면서 서비스를 제공받는 가정외서비스로 분류된다. 아동복지서비스의 기능에 따른 분류는 아동복지서비스가 가정의 역할 수행에 어떤 기능을 하는가에 따라 카두신(Kadushin)은 지지적 서비스, 보충적 서비스, 대리적 서비스로 분류하였다.

1) 장소에 따른 분류

아동복지서비스를 직접적으로 제공받는 아동이 어떠한 장소에서 생활하고 있

---

3) 윤매자(2020). 아동권리와 복지. 양성원, pp. 41-45 재구성.

는가에 따라 분류하는 방법으로 아동이 원가정에서 생활하면서 제공받는 서비스인 재가서비스(in-home service)와 원가정을 떠나 아동복지시설이나 위탁가정에서 생활하면서 받는 가정외서비스(out of service)로 분류할 수 있다(장인협 · 오정수, 2001).

(1) 재가서비스

재가서비스는 가족의 구조적 결손은 없지만, 가족이 심각한 스트레스나 역기능의 위험 요소를 가지고 있을 때 제공하는 서비스이다. 한부모가정이나 조손가정과 같이 구조적 부재를 경험하면서 가족 기능의 원활한 수행이 어려운 경우에 제공한다. 또한 아동의 양육과 발달에 가정이 일차적인 책임임을 감안할 때, 원가정의 기능 중 부족한 부분을 지지하거나 보충적 서비스를 제공함으로써 원가정의 해체나 붕괴를 막아주는 기능을 수행한다.

(2) 가정외서비스

아동이 원가정을 떠나 일정한 기간 동안 아동보호시설 또는 위탁가정 등에서 생활하면서 제공받는 양육 및 보호서비스를 의미한다. 또는 원가정에서 생활하지만, 특정 시간 동안만 가정 밖의 기관에서 양육과 보호를 받는 경우로서 취업모가정의 경우, 어머니가 직장에 있는 동안 어린이집 또는 유치원, 학원 등에서 아동이 보호와 교육서비스를 제공받는 것을 말한다.

2) 기능에 따른 분류

아동이 속해있는 원가정에 대해 서비스가 수행하는 기능이 분류의 기준이 된다. 이에 카두신(Kadushin, 1998)은 아동복지의 기능을 지지적 서비스, 보충적 서비스, 대리적 서비스로 분류하였다. 이는 아동 양육의 일차적인 책임은 부모와 가정에 있다는 것을 전제로 하고 있다. 아동 양육을 하는 데 부모가 역할을 할 수 있도록 국가와 아동복지 관련 기관과 전문가들이 지지하고, 이를 수행하기 어려울 때 부모의 역할을 보충하는 것은 원가정에서 아동이 생활하기 위함이다. 원가정을 떠나 입양이나 가정위탁인 경우 대리하는 기능을 가지고 있다. 구체적으로 살펴보면 다음과 같다.

(1) 지지적 서비스

부모와 아동관계의 긴장 해소를 위한 지지적 서비스(supportive service)는 가족과 부모-자녀 관계 체계가 구조적으로 손상되지 않았지만, 스트레스에 노출될 경우 초기문제를 다루는 1차 방어선 역할을 한다. 즉, 지지적 서비스는 아동이 속해있는 원가정의 구조를 침해하지 않으면서 그 가정을 원활하게 수행할 수 있도록 부모의 능력을 지원하고 강화하기 위한 것이다. 즉, 가정이 아동의 기본적인 욕구를 충족시키지 못하여 위험에 처하거나 부모와 자녀의 역할 관계에 장애가 있을 경우 가정의 사회적 기능을 회복 · 유지 · 강화하는 서비스로, 예방과 치료의 효과를 동시에 볼 있다. 예를 들면, 부모교육, 아동상담과 교육서비스, 미혼 부모 상담, 한부모를 위한 서비스, 지역사회 중심의 아동복지사업 등 대부분의 아동복지사업은 이에 속한다고 할 수 있다.

(2) 보충적 서비스

부모의 역할을 보완해 주는 보충적 서비스(supplementary service)는 부모의 보호와 양육의 질이 부적절하거나 제약되어 있을 때, 이를 보충할 수 있도록 가정 내 역할의 일부를 대행하는 서비스이다. 형태는 공적부조, 사회보험, 가정봉사서비스, 보육서비스, 학대 및 방임을 방지하기 위한 아동보호서비스 등이 있다. 구체적으로는 소득보충서비스(공적부조, 사회보험), 가정봉사원 파견서비스(아동 보호, 가사 유지와 관련), 장애아동이나 비행아동을 위한 복지서비스 등이다(공계순 외, 2010). 이 서비스는 부모의 역할이 영구적으로 수행되기 어렵거나 일시적으로

부모의 역할 수행이 힘들 때 제공된다. 아동이 가정과 부모로부터 분리되지 않고 가정에서 부모와 생활할 수 있도록 보완하는 서비스이다.

(3) 대리적 서비스

부모의 역할을 대리해 주는 대리적 서비스(substitutive service)는 부모이혼, 사망, 유기 등으로 부모의 역할 전부가 상실되었을 경우 아동에게 부모를 대신하여 제공되는 서비스로서, 아동이 속한 가정이 완전히 해체되거나 일시적 또는 영구적으로 부모 중 누구도 아동에게 보호와 양육의 기능을 수행할 수 없을 때 제3자에게 부모의 역할을 전부 떠맡기는 경우로서, 아동은 가정을 완전히 떠나서 다른 가정이나 시설에서 생활하게 된다.

대리적 서비스의 대표적인 서비스는 입양서비스, 가정위탁보호서비스, 시설보호서비스, 공동생활가정(그룹홈)서비스 등이 있다.

① **입양서비스** : 법적 · 사회적 관계에 따라 영원한 친자관계를 맺는 것이며, 친부모가 가지고 있던 아동의 현재와 미래에 대한 모든 권리와 의무가 소멸된다. 따라서 행정적 · 법적 권한에 따라 혈연관계가 없는 타인에게 양육의 권리와 의무가 이양되는 것을 말한다.

② **가정위탁보호서비스** : 자신의 가정에서 도저히 양육하기 어렵거나 시설보호가 불가능하거나 바람직하지 못할 때 일정 기간 동안 타인의 가정에서 제공하는 대리보호를 의미한다. 계획된 기간이 지나 위탁의 사유가 된 상황이 해소되면, 다시 친부모의 가정으로 돌아갈 수 있다.

③ **시설보호서비스** : 아동복지사업의 최후의 대책으로 대리적 서비스를 아동에게 제공한다. 소규모 양육시설인 공동생활가정(그룹홈)에서부터 대규모 양육시설에 이르는 다양한 형태의 시설이 있다. 아동이 받을 수 있는 최후의 긴급피난처, 쉼터, 그룹홈, 아동양육시설, 아동치료보호시설 등이 있다.

지지적 서비스	보충적 서비스	대리적 서비스
아동의 욕구를 충족시키기 위한 부모의 능력을 지지, 강화함	부적절하거나 제한된 부모의 보호를 보완하거나 아동이 받아야 할 보호를 보충함	아동의 개별적 욕구에 따라 부모의 보호를 부분 또는 전체를 대신함
↓	↓	↓
• 아동상담소, 가족상담소, 지역사회복지관에서 제공하는 상담서비스 • 부모교육 서비스 • 학대·방임 아동을 위한 서비스 • 미혼 부모·한부모를 위한 서비스	• 소득보충서비스(공적부조, 사회보험) • 가정봉사서비스 • 부모 부재에 대응하는 서비스 • 보육, 장애아동, 비행아동을 위한 복지서비스	• 입양서비스 • 가정위탁서비스 • 시설보호서비스(긴급피난처, 쉼터, 그룹홈, 아동양육시설, 아동치료보호시설)

| 그림 5-1 | 카두신의 아동복지서비스 유형 분류

출처 : Kadushin & Martin(1998) 재구성.

06 CHAPTER 아동복지 실천 방법과 기술

아동복지의 실천과정은 아동과 가족, 그리고 그들 집단을 대상으로 하는 사회복지실천과정으로서 사회복지실천의 원리와 가치가 그대로 적용된다. 아동을 대상으로 하는 아동복지 실천과정은 초기 접수 상담에서 클라이언트(client)의 문제 및 욕구를 확인하고, 서비스 제공 가능성과 개입 형태를 결정하며 클라이언트의 초기저항을 다룬다. 또한 사회조사를 통해 클라이언트의 생육사에 관한 가족관계 및 역동성을 조사하여 이를 바탕으로 사정과 계획을 세우게 된다. 이 과정에서 개입을 통한 실천 방법과 기술이 필요하다. 6장에서는 통합사례관리, 아동상담, 아동상담의 기법, 부모상담, 아동 대상의 집단활동, 아동복지 실천의 평가 등에 대해 구체적으로 살펴보고자 한다.

1. 통합사례관리

위기 아동의 문제와 욕구 해결을 위한 통합사례관리를 이해하기 위해서 우선 서비스 전달과정과 방법으로 광범위하게 사용되고 있는 사례관리에 대한 일반적인 내용을 살펴보고, 최근 사회복지전달체계 개편의 핵심사업으로 제시되고 있는 통합사례관리 모델에 대해 알아보고자 한다(이 강, 2013).

1) 사례관리

현재 우리나라 사회복지 현장에서 사례관리는 매우 필수적인 실천 방법으로 활용되고 있다. 사례관리기법은 1970년 후반부터 도입되기 시작했다. 1976년 '사회사업 개념 틀'에 관한 제1차 회의에서 로버트 모리스(Robert Morris)가 사례관리의 개념을 최초로 언급하였다(박석돈 외, 2012). 1980년대부터는 우리나라에 소개되었고, 1990년대부터는 재가 복지와 정신보건사회복지 분야에서 활발히 적용되기 시작하였다. 그 후 아동, 청소년, 장애인, 노인, 그리고 가족 등 거의 모든 사회복지 현장으로 그 적용 범위가 확대되었다(이 강, 2013).

(1) 사례관리의 개념

사례관리(case management)는 한 사람의 사례관리자가 복합적 욕구를 가진 클라이언트에게 다양한 서비스자원을 연결시켜 클라이언트가 사회생활의 어려움을 극복할 수 있도록 돕는 사회복지실천의 한 방법이다(정순둘, 2005). 또한 권진숙과 박지영(2011)은 사례관리란 생태체계적 관점을 기반으로 만성적이고 복합적인 문제를 가진 개인 및 가족과 함께 일하면서, 그들과 자원 제공자들의 기능을 향상시키고자 하는 것이며, 이를 통해 환경 속에서 자신에게 필요한 서비스와 자원을 스스로 획득하고, 사회적 기능을 원활히 수행할 수 있도록 돕는 통합적인 접근방법이라고 하였다. 이러한 사례관리는 개별적인 기관이나 전문가 등을 지역사회 내에서 일일이 찾아다니지 않고 보다 용이하게 서비스를 효과적으로 제공받을 수 있다.

(2) 사례관리의 기능

사례관리의 기능은 직접적인 기능과 간접적인 기능으로 구분되며, 이 강(2013)의 연구에서 살펴보면 다음과 같다.

① 직접서비스 기능

사례관리자가 클라이언트를 대상으로 직접서비스를 제공하는 전문적 실천 활동을 수행하는 것을 말한다.

- **심리적 지지** : 사례관리 대상자는 욕구좌절 경험이 장기간에 걸쳐 진행되어 온 경우가 많다. 낮은 자존감, 학습된 무기력, 실패감 등의 부정적인 정서를 보이는데 이들에 대해 감정 이입, 격려, 적극적 강화, 동기부여와 같은 심리적 지지를 제공한다.
- **문제해결 역량강화** : 문제해결을 위한 과업 중심의 능력을 높이는 데 초점을 둔다. 사례관리자는 클라이언트에게 역할모델이나 역할연습 시연, 교육과 구체적인 정보제공 등을 수행하고, 대인관계 기술이나 필요한 자원을 획득하거나 관리하는 데 요구되는 구체적인 역량과 생활기술 등을 다룬다.

② 간접서비스 기능

클라이언트의 욕구를 해결하기 위하여 주변 환경체계의 변화나 관련 체계 간의 변화를 가져오고자 하는 활동 수행을 말한다.

- **연계** : 클라이언트의 욕구와 최적의 문제해결 성과를 가져오기 위하여 공식적, 비공식적 자원이 적절하게 연계될 수 있도록 한다.
- **조정** : 기존의 단편적이고 분절적인 서비스 전달체계에서 발생하는 서비스 중복이나 누락의 문제점을 해결하기 위한 핵심 기능이다.
- **옹호** : 클라이언트 수준에서는 서비스 제공에서 불합리한 자격 기준이나 부당한 처우를 받았을 경우 영향력 있는 실행자에게 의사를 표현하고 설득하는 전략을 실행한다. 서비스 체계 수준에서는 클라이언트에 영향을 미치는 기관 정책, 절차, 관행 등에 변화를 가져오고자 한다.

(3) 사례관리자의 역할

사례관리자는 부모와 사회복지기관, 사법기관 간의 조정자 혹은 매개자 역할을 한다. 사례관리 실천 방법의 핵심적인 기능은 사례관리자가 지역사회 내 복지기관,

시설, 단체 및 비공식 복지지원체계 등의 단편화된 서비스 목록을 작성하고 클라이언트를 대신하여 그 기관의 서비스 제공을 요청하고 조정하며, 전체적인 서비스를 총괄하고 점검하는 역할을 수행한다(박석돈 외, 2012). 따라서 사례관리자는 클라이언트의 가계도, 생태도 등을 활용하여 욕구와 자원을 지속적으로 사정하고 연결해 주어야 하며 자원연결에 저해가 되는 요소를 찾아 제거해야 한다(공계순 외, 2019).

2) 통합사례관리

2000년대에 들어와서는 실직, 아동학대, 학교폭력, 가족해체, 다문화, 자살 등 클라이언트의 문제가 상호 연결되어 복잡한 양상을 띠고 있어, 사례관리로는 효과적으로 대응하기 어렵다는 문제가 제기되었다. 이는 지역사회 서비스자원을 수요자 중심으로 연결, 조정, 통합해 주는 기능을 담당하는 사례관리가 단위 사업별로 분절되어 본래의 제 기능을 다하지 못하는 한계를 보였기 때문이다. 이러한 한계점을 개선하기 위해서 지역사회기관 간의 네트워크를 구축하고 조정과 통합 기능을 더욱 강화하는 통합사례관리 접근이 필요하게 되었다(이 강, 2013).

(1) 통합사례관리 모델의 원칙 및 특징

통합사례관리는 클라이언트의 문제 및 욕구에 대해 사정, 계획, 조정, 실행, 모니터링, 평가 등 전 과정에서 다양한 서비스기관과 전문가가 팀에 참여하며, 서비스를 실행하는 데 역할을 하는 모든 서비스 제공자도 함께 포함되어야 함을 강조하고 있다. 이와 같이 기존 단위기관에서 수행하는 사례관리와 차별화되는 통합사례관리 모델의 핵심 원칙과 특징을 살펴보면, 다음과 같다(이 강, 2013).

① 통합사례관리 모델의 원칙

㉠ 지역사회 네트워크를 구축하여, 서비스 제공의 중복 혹은 누락을 최소화하여 효율성을 높인다.

㉡ 서비스 연계와 조정 기능을 담당할 거점 기관(lead agency)을 설치하고,

통합사례관리를 담당할 사례관리자를 배치하여 사례관리 기능을 전담하도록 한다.

㉢ 통합사례관리팀의 제 운영으로, 주 사례관리 기관 및 담당자, 서비스 제공자 및 조정자 등의 역할 분담을 명확히 한다.

② 통합사례관리 모델의 특징

㉠ 클라이언트의 복합적인 욕구를 해결하기 위해서는 사회복지, 보건의료, 교육, 고용 등의 다양한 분야의 조직들과의 협력이 이루어져야 한다.

㉡ 사회복지사, 의사, 간호사, 심리상담사, 교사, 고용전문가 등의 다학제 전문팀 접근이 이루어져야 한다.

㉢ 효과적인 통합사례관리를 수행하기 위해서 자문과 슈퍼비전, 그리고 솔루션위원회와 같은 지원체계가 마련되어야 한다.

(2) 통합사례관리의 절차

통합사례관리의 절차는 대상자 발굴을 시작으로 초기상담, 대상자 접수, 욕구조사(위기도 조사 포함), 대상자 구분 및 선정, 사례 회의, 서비스 제공계획 수립, 서비스 제공 및 점검, 종결, 사후관리의 총 8단계로 구성되어 있다(이 강, 2013).

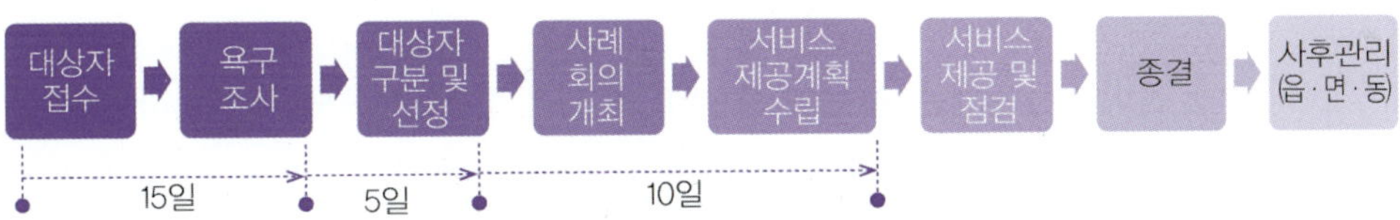

| 그림 6-1 | 통합사례관리 사업 절차

출처 : 이 강(2013). 지역사회에서 위기 가족을 위한 통합사례관리 실천모델 디자인과 개발, p. 31.

(3) 통합사례관리 모델을 적용한 사업

우리나라는 2004년 시작된 위스타트(We Start) 마을 만들기 사업 및 사회복지공동모금회 2006 테마기획 지역사회 네트워크 지원사업, 그리고 2010년부터 시작된 경기도의 무한돌봄센터 사업 등을 들 수 있다(이 강, 2013). 통합사례관리는 위스타트 '마을 만들기' 사업을 핵심으로 한국형 Start 사업을 개발하여 시범 마을을 운영하게 되었다. 또한 '건강지킴이', '교육출발선 만들기', '후견인 맺기', '희망의 집 꾸미기' 등 다양한 사업으로 발전하고 있다. 이는 아동에게 공정한 출발선을 제공하여 빈곤의 대물림을 끊어주기 위해서 예방적이고 통합적인 개입을 통해 평등한 출발점을 제공하는 사업이다. 이러한 노력과 경험은 국가 및 지방자치단체, 기업, 시민사회 등 사회 각계각층의 호응으로 국내 마을을 넘어 해외와 다문화, 청소년 사업으로 위스타트 모델을 발전시키고 있는 한편, 보건복지부 국책사업화되어 드림스타트로 이어져 오고 있다(위스타트, 2022).

3) 드림스타트[1)]

드림스타트란 취약계층 아동에게 맞춤형 통합서비스를 제공하여 아동의 건강한 성장과 발달을 도모하고 공평한 출발 기회를 보장함으로써 건강하고 행복한 사회구성원으로 성장할 수 있도록 지원하는 사업이다.

(1) 법적 근거

아동복지법 제37조(취약계층 아동에 대한 통합서비스 지원)에 근거한다.

① 국가와 지방자치단체는 아동의 건강한 성장과 발달을 도모하기 위하여 대통령령으로 정하는 바에 따라 아동의 성장 및 복지 여건이 취약한 가정을 선정하여, 지원대상 아동과 가족을 대상으로 보건, 복지, 보호, 교육, 치료 등을 종합적으로 지원하는 통합서비스를 실시한다.

② 제1항에 따른 통합서비스 지원의 대상 선정, 통합서비스의 내용 및 수행기관·수행인력 등에 필요한 사항은 대통령령으로 정한다.

---

1) 드림스타트(2022). 드림스타트 사업. https://www.dreamstart.go.kr (2022. 7. 4. 인출).

③ 보건복지부장관은 통합서비스지원 사업의 운영지원에 관한 업무를 법인, 단체 등에 위탁할 수 있다.

(2) 추진 배경

가족해체, 사회양극화 현상 등에 따라 아동빈곤 문제의 심각성이 대두되어, 빈곤아동에 대한 사회투자 가치의 중요성을 강조하게 되었다. 빈곤아동에 대한 사회적 투자는 취업률, 소득수준, 교육 성취, 복지 수급 등의 측면에서 1달러(1$) 투자에 대해 최대 $16.1의 환원 효과가 발생한다는 미국 랜드연구소(2006)의 연구 결과에 공감함으로써 사업을 추진하게 되었다. 드림스타트 추진체계도는 ❙그림 6-2❙와 같다.

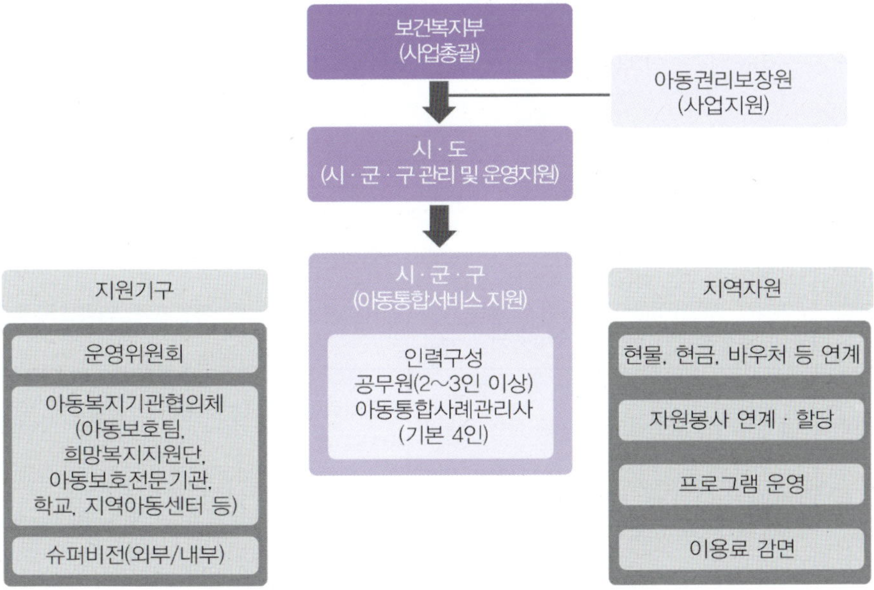

❙그림 6-2❙ 드림스타트 추진체계도

출처 : 드림스타트(2022). 드림스타트 사업(https//www.dreamstart.go.kr).

(3) 사업대상

0세(임산부)를 포함하여, 만 12세 이하(초등학생 이하) 취약계층 아동과 가족을 대상으로 한다. 또한 다음과 같은 대상을 사업대상으로 추가 가능하다(드림스타트, 2022).

① 만 13세 이상의 초등학교 재학 아동

② 연령 도래의 종결심사(만 12세 이후)의 위기 개입, 집중사례관리 아동 중 지속 사례관리가 필요한 아동(사례회의 및 지방자치단체장의 승인하에 최대 만 15세까지 연장 가능)

③ 보호 대상 아동은 원칙적으로 제외하나, 해당 지역 내 적절한 전달체계가 없는 경우

(4) 지원과정 및 내용

가정방문을 통해 파악한 대상 아동과 가족의 기초정보 및 아동의 양육환경과 발달 정보를 기준으로 지역자원과 연계한 맞춤형 통합서비스를 제공한다(드림스타트, 2022). 드림스타트 지원과정은 **|**그림 6-3**|**, 서비스 지원 내용은 〈표 6-1〉과 같다.

〈표 6-1〉 서비스 지원 내용

서비스 구분	서비스 내용	프로그램 예시
신체 · 건강	• 아동의 건강한 성장과 신체발달 증진 • 건강한 생활을 위한 건강검진 및 예방, 치료 • 아동발달에 필요한 신체, 건강 정보 제공	건강검진, 예방접종, 건강교육, 영양교육 등
인지 · 언어	• 아동의 의사소통, 기초학습 능력 강화 • 맞춤형 인지, 언어 서비스를 통한 아동의 강점 개발	기초학력검사, 기초학력배양, 경제교육, 독서지도 등
정서 · 행동	• 아동의 의사소통, 기초학습 능력 강화 • 맞춤형 인지, 언어 서비스를 통한 아동의 강점 개발	사회성 발달 프로그램, 아동 학대예방, 심리상담 및 치료, 돌봄 기관 연계 등
부모 · 가족	• 부모-자녀 상호작용 및 적합한 교육환경을 위한 부모 역량 강화 • 부모의 유능감, 자존감 강화 • 부모의 양육기술 지원 • 임산부의 건강한 출산 및 양육 지원	부모교육, 가족상담 및 치료, 부모 취업지원, 산전 산후관리 등

출처 : 드림스타트(2022). 드림스타트 사업(https//www.dreamstart.go.kr).

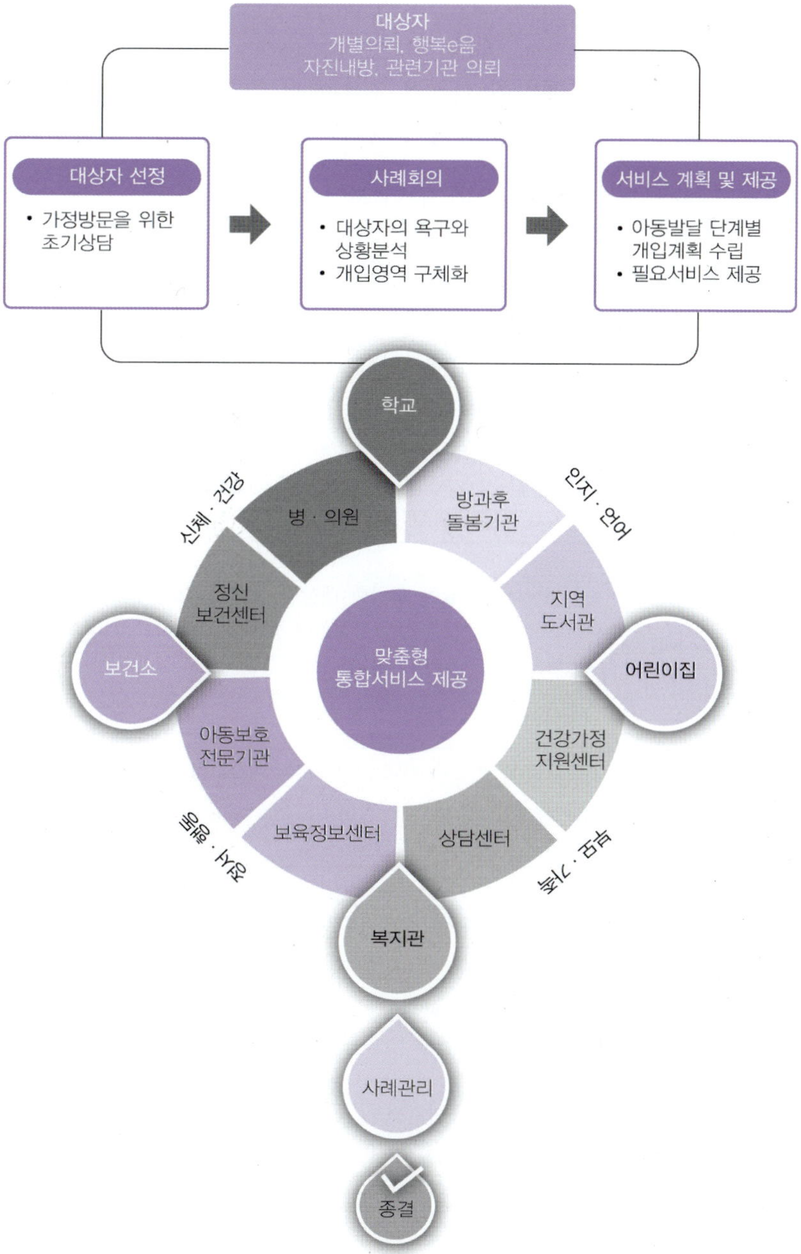

┃그림 6-3┃ 드림스타트 지원과정

출처 : 드림스타트(2022). 드림스타트 사업(https//www.dreamstart.go.kr).

(5) 아동통합 사례관리 과정

드림스타트 아동통합 사례관리 과정은 접수에서부터 사후관리까지 앞에서 제시한 **|**그림 6-3**|**과 같은 절차에 따라 통합적으로 이루어진다. 각 과정에서 하는 주요 내용을 살펴보면, 〈표 6-2〉와 같다(보건복지부, 2017).

〈표 6-2〉 아동통합 사례과정 및 주요 내용

<table>
<tr><th>순 서</th><th>단계</th><th>주요 내용</th></tr>
<tr><td>대상자 접수</td><td>접수</td><td>• 가정방문을 통해 대상자 관련 정보 및 주변 사항 정보를 수집하는 단계
• 대상자 발굴, 초기상담, 인적 정보관리로 구성</td></tr>
<tr><td>조사 및 사정</td><td>사정</td><td>• 대상자 및 가족의 전반적인 상황에 대한 욕구 및 문제를 종합적으로 분석하는 단계
• 욕구조사, 아동발달 사정으로 구성</td></tr>
<tr><td>사례회의 개최</td><td rowspan="3">계획</td><td rowspan="3">• 접수 및 사정을 통해 파악한 대상자 정보 근거로 사례회의를 실시하여 달성하고자 하는 대상자의 사례관리 목표를 설정하고 서비스 계획(전략)을 수립하는 단계
• 사례회의, 대상자선정, 서비스 제공계획으로 구성</td></tr>
<tr><td>대상자 구분 및 선정</td></tr>
<tr><td>서비스 제공계획 수립</td></tr>
<tr><td rowspan="2">서비스 제공 및 점검</td><td>실행</td><td>• 지역사회 내 다양한 자원과 연계하여 대상자에게 통합서비스를 연계·서비스를 제공하는 단계
• 지역서비스 제공관리로 구성</td></tr>
<tr><td>점검</td><td>• 사정주기 내에 제공된 모든 서비스에 대한 종합적인 점검을 실시하는 단계
• 서비스 점검 및 평가, 아동발달 재사정으로 구성</td></tr>
<tr><td>종결</td><td rowspan="2">종결</td><td rowspan="2">• 드림스타트 사례관리 전 과정의 마지막 과정으로, 사례관리 종결 여부 및 유형을 결정하는 단계
• 종결심사, 사후관리로 구성
• 종결심사 순서
종결사유 검토 › 종결 심사 › 종결 사례회의 › 종결 결정 › 사후관리 계획수립</td></tr>
<tr><td>사후관리</td></tr>
</table>

(6) 사후관리 진행 시 필요사항

사후관리 진행 시 필요사항은 다음과 같다(보건복지부 · 아동권리보장원, 2022).

① **사후관리 시 파악해야 하는 내용** : 대상자의 건강, 영양상태, 주거환경 등 생활실태, 연계서비스 활용 여부 등

② **정보제공** : 신규 제도 및 서비스, 변화내용, 이용 가능한 자원 등

③ **사후관리를 위한 방문 또는 연락 거부 시 방안**

- 3회 이상 방문을 시도했으나 대상자가 거부하는 경우, 종결 내용 입력 시 통 · 반장 등 주변 이웃들의 소견을 입력하여 가정의 문제 상황 여부를 확인
- 3회 이상 방문을 시도했으나 대상자가 거부하여 아동의 안전과 발달상태, 양육환경 등을 확인할 수 없는 경우, 읍 · 면 · 동(찾아가는 보건복지 전담팀) 등에 공문서로 방문 의뢰
- 아동학대 의심 시 시 · 군 · 구 아동학대 전담공무원 또는 경찰 등에 신고

④ **추후 처리 방법**(선택 활용)

- 다음 사례관리 시 방문대상자로 분류하여 아동의 의사가 확인될 때까지 재방문을 시도
- 읍 · 면 · 동 아동복지 담당자에게 직접 방문을 의뢰, 인계하고 결과 공유
- 읍 · 면 · 동 아동복지 담당자와 함께 방문
- 상황에 적합한 그 외 기타 방법
- 이사 등에 따른 지역 드림스타트 간 연계

2. 아동상담

아동복지의 실천적 접근은 전문적이고 체계적인 실천 방법과 기술을 사용하여 아동과 가족, 학교와 사회환경과의 기능적인 상호작용을 도움으로써 아동문제를

사전에 예방할 수 있어야 한다. 아동상담은 앞에서 언급한 통합사례관리에서 초기상담의 효과를 높이기 위해 상담의 기본 원칙과 주요 기술이 필요하다.

1) 아동상담의 의미

상담이란 라틴어의 'counsulere'에서 유래한 것으로 '고려하다', '반성하다', '깊이 생각하다' 등의 의미를 가진다. 상담이라는 용어는 주로 법률이나 경제 또는 종교 분야에서 사용되는데, 1939년 윌리암슨(Williamson)이 처음으로 상담이라는 용어를 학교 교육과 관련지어 사용하였다(정용부 외, 2003).

상담에 대한 정의는 학자에 따라 다양하다. 인본주의 심리학을 주장한 로저스(Rogers)는 '상담이란 훈련받은 상담자와 도움을 받고자 하는 내담자의 관계를 토대로 한 상호작용의 과정'이라고 하였고, 상담자는 내담자의 감정을 수용하고 명료화해 주므로 내담자는 상담자와의 안전한 관계 속에서 과거에 부정했던 경험을 다시 통합하여 새로운 자기로 변화하게 된다(정용부 외, 2003).

한편 아동상담은 아동을 대상으로 하기 때문에 아동의 문제행동을 개선시키고, 적응력을 향상시키는 데 의의를 두고, 성인과 다른 발달적 맥락의 특성을 고려해야 한다. 즉, 아동상담이란 도움을 필요로 하는 아동이 전문적 훈련을 받은 상담자와 사회적 관계로 이루어지는 과정으로, 아동이 성장하고 발달하면서 겪게 되는 갈등과 부적응 등을 해소시키고 아동의 욕구에 맞게 자기 탐색을 촉진시키는 데 의미가 있다.

2) 아동상담의 원리

아동상담을 진행할 때 문제해결을 원활히 하기 위한 기초적인 원리와 상담가로서의 관계 형성은 아동의 문제해결을 위해 바람직한 상호작용이 필요하다. 아동과 상담자와의 바람직한 상호작용은 아동 행동의 변화, 문제해결, 의사결정의 효과 등으로 나타난다. 아동상담에 있어서 기본 원리를 살펴보면, 다음과 같다(박순길 외, 2017; 윤매자 외, 2017).

(1) 개별화의 원리

개별화는 각 아동의 독특한 기질과 자질을 알고 이해하는 것으로, 아동이 보다 나은 적응을 위해 그에 적합한 원리나 방법을 활용하는 것이다. 아동에 대한 편견과 선입견을 버리고 개별 특성을 가진 존재로 대우해야 한다.

(2) 의도적 감정표현의 원리

아동이 가지고 있는 자기감정, 특히 부정적 감정을 자유로이 표현하려는 욕구를 잘 인식하는 데에서 출발해야 한다. 아동의 감정표현을 의도적으로 경청하고 친밀한 관계를 형성해야 하며, 아동이 표출한 감정에 대해 비난하거나 낙담하게 해서는 안 된다.

(3) 통제된 정서 관여의 원리

아동의 감정에 호응하기 위해 통제된 정서를 유지한 채 긍정적으로 공감할 수 있도록 한다. 아동의 정서표현에 민감하게 반응하고 적극적으로 반영하는 자세를 유지해야 한다. 상담가의 이러한 정서 관여는 아동의 개별 지도의 총체적 목적에 따라, 아동의 욕구 변화에 따라, 그리고 상담가의 진단적 · 전진적 사고에 따라 그 방향을 설정하도록 한다.

(4) 수용의 원리

수용은 아동의 감정이 의미하는 것을 이해하기 위하여 적극적으로 수용하고 거부적인 반응표현을 하지 않는다. 즉, 아동의 장점과 단점, 바람직한 성격과 그렇지 못한 성격, 긍정적 또는 부정적 감정, 건설적 혹은 파괴적 성격 등을 있는 그대로 이해하고 수용한다.

(5) 비심판적 태도의 원리

아동의 행동이나 태도, 가치관 등을 평가할 때 객관적이고 중립적인 자세를 취해야 한다. 상담가는 문제 발생의 원인에 대해 아동에게 잘못이 있나 없나, 혹은 그에게 어느 정도 책임이 있는가 등 여부를 가리지 않도록 해야 한다. 아동은 자신의 잘못이나 문제에 대해 추궁하거나 질책하는 것에 예민하여 자신을 방어하거나 회피를 추구한다.

(6) 자기 결정의 원리

아동이 자기 힘으로 문제를 해결해 나갈 수 있다는 신념에서 시작한다. 아동은 죄책감, 열등감, 고독감, 불안감 등이 있기 때문에 예민하므로, 스스로 선택하고 결정을 내릴 수 있는 능력 있는 존재로 가치를 존중한다.

(7) 비밀보장의 원리

상담자는 상담 과정에서 얻은 정보를 지켜주고, 아동과 관련된 성장과 발달을 위한 목적을 제외하고 상담 내용을 사용 또는 공개해서는 안 된다. 비밀보장은 상담자와 아동 간의 신뢰 형성에 중요한 요인으로 비밀을 보장할 윤리적 의무가 있다. 부득이하게 아동의 정보를 공개해야 할 경우는 아동이 자신이나 타인을 해칠 위험이 있거나 아동으로부터 학대, 성폭력 등의 범죄에 관한 내용을 알게 되었거나 아동 보호자의 요청이 있는 경우이다.

3) 아동상담 시 주요 기술

아동상담자는 아동이 제시하는 행동에서 민감하게 정보를 수집하기 위해 아동들이 사용하는 그들의 언어를 배우고, 그들의 세계를 경청하는 기술을 습득하며, 그들의 내면을 볼 수 있는 눈을 개발하는 데 노력해야 한다. 아동상담의 경우

이론이나 방법들이 아동의 문제나 내면세계를 어른들의 시각에서 이해하기 때문에 아동문제를 해결하는 데 방해 요소가 될 수 있다. 즉, 아동의 눈높이에서 바라보고, 아동을 관찰하며, 아동의 말을 경청하고, 적절하게 질문하는 요령이 필요하다. 그 내용을 살펴보면, 다음과 같다(윤매자 외, 2017).

(1) 관찰

아동상담자는 아동이 하는 말을 잘 경청하면서 말하는 모습을 유심히 관찰해야 한다. 어조와 말하는 속도뿐만 아니라 몸짓, 자연스러운 몸동작, 부자연스러운 반응(예 말을 더듬거나 기침하는 것 등) 등은 아동의 현재 감정 상태를 드러내는 것이므로, 모든 것에 주의를 기울여야 한다.

(2) 경청

아동상담자는 상대방의 말을 경청하기 위해서 꼭 필요한 의견을 이야기하거나 질문을 할 경우를 제외하고는 되도록 상대방의 말을 중단시키지 않아야 하며, 상대방의 얼굴 표정이나 말하는 모습 등을 주시하면서 상대방의 이야기를 이해하고 있다는 반응적 경청을 보여주어야 한다.

(3) 적절한 질문 요령

유능한 상담자는 몇 마디 질문만으로 아동이나 가족이 많은 것을 이야기하도록 하는 사람이다. 이때 질문을 진행하는 속도는 상대방과 보조를 맞추어야 한다. 질문 형식은 "예", "아니요"와 같은 짧은 대답이 나오는 일문일답식인 폐쇄형 질문보다는 상대방의 의견이 많이 표현될 수 있도록 유도하는 개방형 질문을 하는 것이 좋다.

4) 아동상담의 과정

아동상담의 과정은 접수 및 자료 수집, 사정, 계획 수립, 개입, 평가와 종결의 단계로 구분되며, 구체적인 내용은 다음과 같다(곽형식 외, 2013; 한미현 외, 2008, 윤매자 외, 2017 재인용).

(1) 접수 및 자료 수집

접수(intake)는 문제나 욕구를 가진 사람이 기관을 방문했을 때, 그 문제와 욕구를 확인하고 기관에서 서비스를 제공할 수 있는지 판단하는 과정이다. 자료 수집은 접수된 사례에 대해서 클라이언트의 문제를 이해하고 분석, 해결하는 데 필요한 자료를 모으는 과정이다.

접수단계에서는 아동의 문제를 확인하여, 기관의 서비스 방향과 내용이 맞지 않을 때 다른 기관으로 의뢰하고, 관계 형성을 통한 클라이언트의 참여를 유도한다. 자료 수집단계에서는 아동의 문제와 욕구를 명확하게 규정함으로써 개입의 방향을 설정한다. 자료 수집은 개입의 전 과정을 통해서 이루어지지만, 초기 단계에서 집중적으로 일어난다(엄명용 외, 2007).

(2) 사정

사정(assessment)은 자료를 수집해서 분석, 종합하는 과정 또는 사실적 자료를 해석하고 의미를 부여하여 실천적 개입을 위한 함의를 도출하는 과정이다. 자료 수집이 아동과 아동의 문제를 이해하는 데 도움이 될 만한 자료를 모으는 과정이라면, 사정은 수집된 자료를 분석하고 문제를 규정해 내는 작업이다. 자료 수집과 사정은 순환적으로 일어나며, 개입의 전 과정 동안 지속된다.

대표적인 사정 도구로는 가계도(family genogram)와 생태도(ecomap)가 있다. 가계도와 생태도는 모두 가족의 역동을 알아볼 수 있으나, 가계도는 한 가족의 여러 세대에 걸친 가족 패턴, 특히 문제가 되거나 역기능적인 가족 패턴에 초점을 맞추고, 생태도는 아동과 그 가족이 집단, 자원, 조직, 단체, 다른 가족 및 다른 개인과 맺는 상호작용에 초점을 둔다.

(3) 계획 수립

계획(planning) 수립에서는 먼저 아동의 문제해결을 위해 달성해야 하는 개입 목표를 설정하고, 아동이 현 상황에서 벗어나기 위한 바람직한 변화의 방향을 설정한다. 목표의 설정은 개입의 방향을 명확히 제시하며, 종결 후 평가 근거가 되고, 목표 설정에 클라이언트가 참여하여 과제에 대한 소개로 계약이 이루어진다. 계약은 문제의 정의, 목표, 클라이언트와 아동복지 전문가의 역할, 시간, 장소, 비용, 개입기법, 평가 방법 등에 대해 서로 동의하는 것이다.

(4) 개입

개입(intervening)은 아동복지 전문가와 클라이언트가 합의하여 결정한 문제를 해결하기 위한 계획, 즉 목표와 계획을 실천하는 단계이다. 이 단계는 구체적 행동을 통해 의도적 변화가 일어날 수 있도록 지원하는 단계로 실천과정의 핵심 과정이다.

개입을 위해서는 사정을 통해 얻어진 결과를 바탕으로 개입 목표를 설정하고, 개입 방법을 결정하며, 개입과정에 참여시킬 대상을 선정해야 한다. 이러한 결정 과정은 아동의 욕구를 중심으로 아동과 아동복지 전문가가 함께 참여한다. 개입의 목표는 가능한 한 구체적이고 실현 가능한 형태로 설정되어야 한다. 목표를 설정할 때는 아동, 부모나 보호자, 아동복지 전문가가 합의를 이루는 것이 중요하다. 그리고 설정된 목표 실현을 위해 개입 단위를 아동 개인으로 할지 또는 가족 구성원이나 또래, 기타 중요 타자를 참여시킬지 결정한다.

(5) 평가와 종결

평가(evaluation)와 종결은 다양한 형태로 이루어질 수 있다. 계약 기간의 만료에 따른 종결, 아동과 아동복지 전문가의 상황 변화에 따른 종결 등이 있다. 가장 바람직한 종결은 목표 달성을 이룸으로써 이루어지는 종결인데, 개입과정에 대한 최종 평가를 통해 아동, 부모나 보호자, 아동복지 전문가의 합의를 통해 이루어진다.

종결단계에서 아동은 상실과 이별에 직면하면서 다양하고 복잡한 감정과 태도를 보이기 때문에 아동복지 전문가는 이에 민감하게 반응하고 기술적으로 접근하는 것이 필요하다.

평가단계는 실천의 목적과 목표가 달성되었는지 점검하고, 실행에 효과적이었던 방법과 전략을 밝혀내는 과정으로 아동복지 실천의 효과성 · 효율성 등을 평가한다.

5) 아동상담의 실천 방법

아동상담 및 치료는 아동복지 실천기술이기도 하지만, 아동복지사업의 한 분야로 전문상담기관을 통해 아동상담과 치료서비스가 구체적으로 이루어지고 있다. 아동에게 어떤 서비스가 주어지든지 간에 아동복지 현장에서는 항상 아동과 부모, 보호자를 만나게 되고, 그 만남 자체가 상담과 치료의 과정이 된다고 할 수 있다(한성심 · 송주미, 2014).

〈표 6-3〉 아동 상담 및 치료의 실천분야

상담 및 치료 대상	실천분야
가정생활의 위기	• 실직자 가정 아동과 부모의 상담 및 치료 • 부모의 사망, 유기 등으로 인한 고아, 기아 등 상담 • 부모의 교육 및 상담 (장애아 출산, 어머니의 취업으로 인한 역할 갈등 등)
부모의 능력 부족으로 인한 위기	• 결손가족 아동의 적응 문제 상담 및 치료 • 빈곤아동의 적응 문제 상담 및 치료 • 학대아동과 부모의 상담 및 치료 • 알코올 및 약물중독가정의 아동과 부모 상담 및 치료 • 부모 상담 및 치료 (자녀 양육 능력 향상, 부모 개인 문제 상담 및 치료)

아동의 정신적, 신체적, 행동적 문제가 있는 경우	• 발달장애 아동과 부모의 상담 및 치료 • 정신장애를 가진 아동의 상담 및 치료 • 또래 폭력 피해 아동의 상담 및 치료 • 가출, 약물 남용, 비행 아동과 피해 아동의 상담 및 치료
지역사회 해체와 가족 및 아동의 욕구 불만 위기	• 아동과 가족에게 지원되는 정책과 제도상 문제로 인한 욕구 불만의 상담 또는 기관의 알선, 의뢰 • 지역사회 조사 및 욕구 상담
기 타	• 아동과 관련된 다양한 검사(지능, 심리, 적성, 인성 검사 등)의 실시 및 상담 • 아동의 진로 지도 및 상담

출처 : 한성심 · 송주미(2014). 아동복지론. 창지사.

3. 아동상담의 기법

아동문제를 해결하기 위한 전문적 개입 방법으로 놀이치료, 미술치료, 음악치료 등 전문영역을 통해 치료로 활용하는 실천 방법과 기술이 있다. 놀이치료는 아동이 언어에 제약받지 않고 자신의 심리 내적인 상황을 자유롭게 표현할 수 있도록, 아동상담 장면에 놀이와 같은 표현방식을 도입한 것이다. 미술치료는 언어적 한계를 벗어나 아동을 대상으로 심리적, 정서적으로 어려움을 겪는 상황을 그림이나 조소, 콜라주 등 다양한 미술 매체를 통한 작업을 통해 그들의 심리를 진단하고 치료한다. 음악치료는 음악감상, 노래 부르기, 악기 연주하기 등 음악을 매개로 하여 아동의 감정을 표출시키고, 기억을 자극하여, 아동의 내 · 외적 동기가 되어 상담에서 치료를 목적으로 사용되고 있는 기법이다. 구체적인 내용을 살펴보면, 다음과 같다(신숙재 외, 2000).

1) 놀이치료(Play Therapy)

놀이치료에 대한 정의는 각각의 이론적 접근에 따라 조금씩 차이가 있다. 대부분 훈련된 놀이치료사가 심리적 문제를 지닌 아동을 돕기 위해 체계적으로 놀이의 치료적 힘을 적용시킨 대인관계 과정이다(신숙재 외, 2000). 즉, 놀이치료는 놀이라는 매체를 사용하여 아동의 정서, 행동, 발달상의 어려움을 치료하는 심리치료의 한 방법이며, 아동은 발달상 자신의 심리적 어려움을 말로 표현하기 어렵기 때문에 비언어적인 방법인 놀이를 통해 자신의 감정을 표현하게 되고, 치료자의 도움을 통해 점차 내면의 문제들이 해결되므로 심리적 안정을 찾게 된다.

(1) 놀이치료의 배경

1930년대 후반에 구조적 놀이치료가 개발되었다. 이는 정신분석적 이론을 기초로 하였다. 1940년대와 1950년대 와서 놀이치료는 아동 심리치료의 주요 방법으로서 자리를 잡게 되었다. 그러나 1960년대와 1970년대에 들어서면서 행동치료, 가족치료 등에 의해 놀이치료에 관한 관심이 감소되었다가 1980년 이후 정신분석, 인본주의에 대한 관심이 새롭게 부각되면서 다시 관심이 증가하기 시작하였다. 1982년 미국에서 놀이치료학회(Association for Play Therapy)가 창립되었고, 매년 각종 워크숍, 세미나, 회의 등을 개최하여 놀이치료와 놀이치료 전문가들을 위한 교육을 실시하고 있다. 우리나라는 주정일 교수에 의해 놀이치료가 도입되었다(신숙재 외, 2000). 1944년 원광아동상담센터에서 정서 문제가 있거나 발달상 어려운 아동을 위한 놀이치료를 시도하였으며, 1992년 놀이치료 연구회를 발족하였다. 이후 1997년 한국놀이치료학회가 창립되었다.

(2) 놀이치료의 도구

놀이치료의 도구는 여러 가지 놀잇감이 필요하다. 놀잇감은 다음과 같은 일곱 가지 준거로 선택할 수 있다(Landreth, 1991, 신숙재 외, 2000 재인용).

① 아동과 긍정적인 관계 형성을 돕는 놀이도구
② 폭넓은 감정을 표현하게 해주는 놀이도구

③ 실생활 경험을 탐색할 수 있는 놀이도구
④ 제한점에 대한 현실검증이 가능한 놀이도구
⑤ 긍정적인 자기상을 발달시킬 수 있는 놀이도구
⑥ 자기 이해를 발달시킬 수 있는 놀이도구
⑦ 자기 통제력 발달을 돕는 놀이도구

(3) 놀이치료자의 역할

치료자의 역할에 대해 오코너(O'Connor, 1991)는 다음과 같이 제시하고 있다(신숙재 외, 2000 재인용).

① 치료자는 아동과 따뜻한 친근한 치료적 관계를 가능한 한 빨리 맺어야 한다.
② 아동을 있는 그대로 수용해야 한다.
③ 아동의 감정표현이 자유롭도록 허용적인 느낌을 전달해야 한다.
④ 반응적이고 공감적이어야 한다.
⑤ 오로지 아동에게만 집중해야 한다.
⑥ 아동의 단서에 반응해야 한다.
⑦ 자발적이고 융통성 있는 행복한 치료 시간을 유지해야 한다.
⑧ 시간, 장소, 놀이치료자 등 분명하게 구조화해야 한다.
⑨ 즐겁고 긍정적인 치료 시간을 유지해야 한다.

(4) 아동중심 놀이치료의 기법

놀이치료 이론으로는 정신분석적 놀이치료, 아동중심 놀이치료, 인지행동적 놀이치료 등이 있다. 공통점은 치료적 관계 형성, 의사소통으로서의 놀이, 안전한 장소로서의 놀이이며, 차이점은 치료자의 역할과 놀이의 의미, 기법 등이 있다. 여기서는 아동중심 놀이치료에 대해 알아보고자 한다.

인본주의 이론에 기초를 둔 아동중심 놀이치료는 아동에 대한 기본 철학을 아동은 무한한 잠재력과 회복력을 갖고 있고, 성장과 성숙을 향해 노력하고 있다고 보았다. 주요 인물은 칼 로저스(Carl Rogers)로 치료 방법을 비지시적, 내담자중심 치료에서 인간중심 치료로 전환하였다. 인간중심 놀이치료의 목표는 아동의 내재되어 있는 욕구를 자극하여, 아동의 잠재능력을 발견하고 개발하도록 돕고 궁극적으로 이러한 능력을 자아실현을 이루는 데 사용하도록 하는 것이다. 아동중심 놀이치료의 주요 기법을 살펴보면, 다음과 같다(신숙재 외, 2000; 유미숙 외, 1999).

① 격려

치료자가 아동의 생각이나 감정을 적극적으로 지지하고 강화하기 위해서 격려한다. 칭찬은 아동이 잘했을 경우 할 수 있지만, 격려는 아동이 잘하거나 실수를 했을 때도 결과보다 그 과정에 대해 노력과 수고에 대해 인정하는 메시지이다. 격려를 통해 아동은 자신감을 갖게 되어 자신을 조절할 수 있는 힘이 생긴다.

② 반영

치료자가 아동의 놀이나 언어에 나타나는 그들의 감정과 생각을 읽어내고, 그것을 적절한 말로 거울과 같이 다시 비추어 주는 것을 말한다.

③ 명료화

치료자가 아동이 미처 자각하지 못하는 감정이나 생각을 명확하게 해주는 것을 말한다.

④ 개방식 질문

아동이 '예', '아니요'라고 대답하는 폐쇄적 질문이 아니라 아동에게 자신의 감정과 생각을 정리해서 이야기해 보도록 하는 개방식 질문을 사용한다.

⑤ 침묵

침묵은 언어로 표현하는 것보다 어려운 기법이기 때문에 많은 치료자들이 침묵을 견디지 못해 이야기하게 되고, 때때로 그것이 아동에게 부담감을 안

겨준다. 침묵이라는 것은 오히려 치료자가 아동에게 관심을 가지고 집중을 한다는 것을 뜻한다.

2) 미술치료(Art Therapy)

미술치료는 심리치료의 일종으로 미술과 심리학이 결합된 것이다. 다양한 미술 활동을 통해 아동의 내면세계에 있는 감정이나 생각을 표현하여 그들의 기분, 감정적 스트레스를 완화, 정화시키는 경험을 하게 한다. 아동이 학대를 받거나 폭력적인 사건을 경험했을 때 말로 표현하는 것이 두렵거나 공포를 느끼거나 불안할 때 미술이라는 매체를 사용하여 불안을 감소시키면서 감정을 표현할 수 있게 된다.

(1) 미술치료의 배경

미술치료란 치료자의 관계 속에서 미술작업을 통하여 내면의 심리적 갈등과 어려움을 완화시킴으로써 아동의 적응을 도와주는 접근방법이다. 미술을 치료적으로 사용한 시초는 고대 동굴벽화에서 유래를 찾아볼 수 있으며, 오늘날의 미술치료는 상징화의 중요성을 부각시킨 프로이트(Freud)와 융(Jung)의 정신의학과 함께 성장해 왔다(신숙재 외, 2000). 1940년대 초 나움버그(Naumberg)는 미술을 분석적이고 역동적인 심리치료의 도구로 소개하였고, 1950년대에는 크라머(Kramer)에 의해 정신분석적인 입장뿐만 아니라 현재의 현상학적 입장, 게슈탈트 입장, 인지발달이론 등이 아동의 미술치료에 영향을 미치게 되었다. 아동의 미술작품은 아동의 재능과 신체적·정신적 발달 수준, 성격, 그리고 현실 세계와의 관계를 잘 드러낸다. 우리나라의 경우 정신과 병원에서 미술 활동을 시도하였으나 본격적으로 알려지고 치료 현장에서 이용된 것은 1990년 이후이며, 1992년 한국미술치료학회가 창립되었다.

미술치료가 아동에게 어떤 도움을 주는지 살펴보면, 다음과 같다(Gumaer, 1984, 신숙재 외, 2000 재인용).

① 미술은 아동으로 하여금 정신과 감각을 사용하도록 한다.
② 아동은 과거나 현재의 경험과 관계되는 생각이나 감정, 혹은 미래에 대한 생각까지도 표현할 수 있다.
③ 미술 활동은 아동으로 하여금 사회적으로 수용되며 해롭지 않은 방법으로 분노, 적대감 등을 해소시킬 수 있는 정화의 기능을 가지고 있다.
④ 미술 활동은 아동 스스로 주도하고 조절하는 활동이다.
⑤ 미술 재료를 선택하고, 미술 활동을 해나가면서, 또 완성된 자기 작품을 통해 아동은 성장과 성취감, 개인적인 만족감과 가치감을 느낄 수 있다.
⑥ 미술은 주저하거나 말이 없는 아동과 친밀감을 형성하여 치료관계를 이루어지도록 돕는다.
⑦ 미술은 치료자로 하여금 아동의 마음을 다치지 않고, 아동의 방어기제를 허물어뜨리지 않으면서 아동의 무의식 세계를 알아볼 수 있게 해준다.

(2) 미술치료의 방법

미술치료 방법에는 아동의 자아를 존중하고, 재료 선택의 자유를 부여하고, 치료적 관계를 잘 유지하며, 치료자의 태도와 아동의 반응에 따라 치료 방법을 고려해야 한다.

① **자유로운 재료 선택** : 아동의 자아를 북돋아 주기 위해 불안하지 않도록 아동을 소중히 다루며, 스스로 재료를 선택하도록 도와준다. 재료의 촉감, 유동성, 색상과 그 재료를 얼마나 사용했는지 등을 잘 관찰하는 것이 좋다.
② **치료적 관계 유지** : 관계 유지를 위해 아동이 지각하고, 느끼는 것이 무엇인지 아동의 시각에서 볼 수 있어야 한다. 아동의 감정에 반응하고 공감하며 이해심 많고 비판적이지 않은 치료적 관계를 형성하는 데 매우 중요하다.
③ **언어적 격려** : 아동으로 하여금 새로운 아이디어와 기능을 시험해 보도록 언어적으로 격려하고 지원해 주어야 한다(Gumaer, 1984, 신숙재 외, 2000 재인용).

④ 상담 과정

㉠ **초기과정** : 초기과정에서 아동과 치료자 간의 신뢰로운 관계가 형성되어야 한다. 아동은 이 시기에 흥분, 긴장을 할 수 있고, 또한 실수에 대한 걱정을 하게 된다. 치료자는 아동에게 무엇인가 꼭 만들지 않아도 됨을 인식시킨다.

㉡ **중기과정** : 아동은 자기 내부의 감정을 표현하면서 양가감정과의 투쟁, 전이, 역전이 등의 감정이 표현된다. 치료자는 아동의 이런 감정을 충분히 고려해야 한다. 또한 아동은 치료자가 자신을 돕는 사람으로 받아들일 때 신뢰감이 형성되고, 점차 깊은 문제들을 노출시킨다(신숙재 외, 2000).

㉢ **종결과정** : 아동은 긍정적인 자기 이미지, 자기통제, 유머 등을 표현한다.

(3) 미술치료의 기법

미술 기법을 이용한 다양한 평가도구들이 있다. 예를 들면, 집-나무-사람검사(HTP), 인물화검사(DAP), 가족화(DAF), 동적가족화(KFD), 학교생활화(KSD), 풍경구성법(LMT), 난화 이야기 만들기(MSSM), 손가락 그림(finger painting), 콜라주, 상상화 그리기 등이다. 이러한 기법들은 상담 과정에서 아동으로부터 추가적인 정보를 얻기 위한 것이다. 이 중에서 몇 가지를 소개하면 다음과 같다(신숙재 외, 2000).

① 난화 이야기 만들기(mutual scribble story making)

인간 그림의 초기 단계는 낙서, 난화라고 할 수 있다. 난화란 휘갈겨 그리거나 긁적거리는 그림으로 주로 영유아기에 보이는 그림 형태로서, 미술치료의 초기에 내담자의 저항이나 불안을 감소시키고 치료에 대한 흥미와 친밀감을 형성하는 치료적 활동과 진단적 도구로 사용되는 정신분석적 미술치료 기법이다. 아동 자신의 무의식을 난화 속에 투영시켜 형상화하고 이야기함으로써 보다 쉽게 무의식을 의식화시켜 줄 수 있다.

② 풍경구성법(landscape montage technique)

과거 조현병 환자에게 모래상자(모래에 그림을 그림) 요법을 시행해도 될지 그 가능성에 대한 예비 검사로 사용되어 왔다. 그러나 현재는 개별적인 진단 도구 및 치료기법으로 쓰인다. 여기에 테두리 법을 적용하였는데 이것은 아동에게 안정감을 줄 수 있고 저항을 줄일 수 있다는 장점이 있다(신숙재 외, 2000). A4용지에 테두리를 긋고 아동에게 용지를 주고 강, 산, 밭, 길, 집, 나무, 사람, 꽃, 동물, 돌 등 10가지 항목을 순서대로 그리게 하여 아동의 자아, 의식, 무의식을 탐색한다.

③ 콜라주 기법

콜라주 기법은 재질감이 서로 다양한 평면재료를 사용해서 실제의 재질감을 회화적 방법으로 느끼게 하는 기법이다. 콜라주의 재료는 천, 합판, 사포지, 나뭇잎, 골판지, 매끄러운 종이, 투명지, 석회질 종이 등 다양한 재료를 쓰는 것이 좋다. 콜라주를 할 때 아동에게 특정한 주제를 주거나 자유화로 하게 한다. 콜라주의 특징은 언어보다 주체적으로 표현하며, 다양하게 해석할 수 있고, 저항이 없으며, 연령에 상관없이 작업 활동이 가능하고, 소재를 구하기가 쉬우며, 상징적 표현이 가능하여 여러 심리치료에 융합이 될 수 있다.

3) 음악치료(Music Therapy)

음악치료는 '음악'의 범주에 속하는가, 아니면 '치료'의 범주에 속하는가? 음악은 창의성을 필요로 하는 상당히 주관적인 분야이고, 치료는 엄격히 주관성을 배제한 객관적 진리를 추구하는 분야이다(백선재, 2011). 그러므로 음악은 기꺼이 그러한 강력한 도구가 된다. 그 이유는 과학적 치료가 갖지 못하는 주관성, 예술성, 심미성, 개인성, 창의성, 즉흥성 등을 바로 '음악'이 가지고 있기 때문이다(백선재, 2011).

(1) 음악치료의 배경

음악이 치료의 도구로 사용된 것은 인류 문명의 시작과 그 시기를 같이 하였다고 해도 과언이 아니다. 고대 철학자 플라톤이나 아리스토텔레스가 살았던 시대에도 음악이 위로와 치료의 대상이었다. 음악치료에 대한 정의도 학자의 해석에 따라 다르다.

한국음악치료학회에서는 음악치료란 음악 활동을 체계적으로 사용하여 사람의 신체와 정신기능을 향상시켜 개인의 삶의 질을 추구하고 보다 나은 행동의 변화를 가져오게 하는 음악의 전문 분야라고 정의하였다(황은영, 2014). 또한 음악치료는 음악을 매개로 하여 내담자를 도와 건강을 회복시키거나 개인의 문제를 해결하거나 변화를 끌어내는 치료 과정을 의미한다.

본격적으로 음악치료가 시도된 것은 제1차, 제2차 세계대전 이후부터이다. 환자들이 음악을 듣고 싶어하는 욕구를 수용하여 의사와 간호사들에 의해 병원에 음악인을 고용하였고, 병원의 음악인들이 치료에 들어가기 전에 훈련이 필요하다는 것이 증명되어, 1944년 미국 미시간 주립대학에 음악치료 학위과정이 만들어졌고, 1950년 미국음악치료학회가 창립되었다. 우리나라는 1990년대 들어와서 한국음악치료학회와 1997년 음악치료대학원이 설립되었다.

음악의 치료적 기능에 대해 살펴보면 다음과 같다(이선경 · 허정문, 2021).

① 노래를 통해 과거를 회상하며, 장기 혹은 단기 기억을 자극하여 회상력과 기억력을 증진시킬 수 있다.

② 음악은 기억과 정서를 자연스럽게 자극하기 때문에 마음을 편안하게 이완시키는 데 효과적이며, 사회적 관계 증진과 성취감을 갖게 하여 삶의 존재가치를 높일 수 있다.

③ 그룹 활동으로 노래 부르기 및 표현을 통해 서로 교감하면서 사회성과 통합감을 높일 수 있다.

④ 간단하고 반복적인 음악을 들려주어 음악을 듣기 위해 집중력과 주의력을 강화시킬 수 있게 된다.

(2) 음악치료의 과정

음악치료의 과정은 치료 대상자에게 잠재되어 있는 음악성을 일깨워서 외부 세계와 교류하도록 돕는 과정이다(백선재, 2011). 이는 내담자가 자신의 환경과 현실에 대해 바람직한 인지를 할 수 있도록 도와준다. 이러한 과정을 통해 내담자는 감정 정화, 자긍심, 강화 등의 효과로 보다 정서적 안정을 찾을 수 있게 된다. 음악치료 과정을 살펴보면 다음과 같다(백선재, 2011).

① **의뢰** : 첫 단계로 치료 의뢰 및 소개를 받아 음악치료 의뢰서를 작성하고, 현재 보이고 있는 문제행동을 기술하며 그에 따르는 종합적인 목표를 설정하게 된다.

② **유대감 형성** : 내담자가 첫 번째 만남을 갖게 될 때, 성공적인 치료가 되기 위해서는 내담자와 치료사 간의 라포(rapport)를 형성하는 것이 중요하다. 라포가 형성되면 더 좋은 치료적 관계로 나아갈 수 있다.

③ **진단 평가** : 진단 평가는 내담자가 가지고 있는 문제 자체에 대한 본질을 밝혀내는 과정이다. 내담자가 무엇을 할 수 있는지, 할 수 없는지, 또는 무엇을 알고, 모르는지를 평가하는 과정이다.

④ **목적, 목표, 표적 행동** : 치료사는 종합적으로 치료목적(goal)을 검토하게 된다. 치료목적에 근거하여 치료목표를 세우게 되며, 세워진 목표를 측정하는 방법까지 구체적으로 정해놓고 목표를 달성했을 때 성공적인 치료로 간주하게 된다.

⑤ **관찰** : 치료사는 다양한 관찰 기록 방법을 사용하여 내담자의 현재 수준을 판단하고, 표적으로 하는 행동들을 관찰하며, 초기에 관찰된 내용과 변화하는 행동을 비교한다.

⑥ **치료 방법** : 치료사는 특정한 목적과 목표를 달성하기 위해 그에 적합한 음악

치료 방법을 결정해야 한다. 또 개별치료를 할 것인지, 집단치료를 할 것인지도 결정한다.

⑦ **치료 계획서** : 이 계획서에는 치료 과정에서 필요한 치료기법을 명시하고, 치료목표를 단계적으로 구체화시키며, 치료사의 역할을 제시하여, 치료 과정에서의 행동 지표로 삼는다.

⑧ **계획 및 실행** : 치료계획이 실제로 진행되는지, 치료의 목표와 기법 등을 확인하고 적용하는 단계이다. 이 과정에서 치료사는 다른 전문가로부터 조언이나 자문을 반영하는 태도와 실행에 있어 자기반성의 자세를 가진다.

⑨ **평가** : 음악치료의 성과를 최종적으로 평가하기 위해서는 광범위한 분석이 필요하다. 수집된 결과자료는 최종보고서 내용의 결론 및 추후 치료를 위한 제언에 사용된다.

⑩ **종결** : 치료의 종결은 여러 상황에 따라 앞당겨지기도 하고 미뤄지기도 한다. 중요한 것은 내담자를 제외한 종결로, 기관이나 치료사에 의해 종결을 조정하는 것은 바람직하지 않다. 내담자를 존중하여 종결의 시기를 반영하고 사전에 종결됨을 알려주어야 한다.

(3) 음악치료의 기법

음악치료에는 네 가지 기법이 있다. 즉흥연주, 재창조, 작곡, 감상 기법 등이다. 각 기법은 고유한 특성과 참여 과정에 의해 사용된다. 이 기법은 음악치료의 방법에 따라 추구하는 목적과 과정에서 약간의 차이를 보인다. 구체적인 네 가지 기법에 대해 살펴보면 다음과 같다(백선재, 2011).

① **즉흥연주** : 내담자는 자신의 능력에 맞게 리듬, 노래, 악곡을 즉각적으로 만들면서 연주 또는 노래로 음악을 만든다.

② **재창조** : 미리 작곡된 성악 또는 악곡을 배우거나 연주하는 등 여러 방법으로 특정한 역할과 행동을 수행하는 구조적인 음악 활동이다.

③ **작곡** : 노래의 가사나 악곡 창작 등의 음악적 생산물을 내담자가 만들게 하는 방법으로 조직 및 기획력을 증가시킬 수 있고, 내면의 경험을 기록하거나 전달하는 능력으로 발달시킬 수 있다.

④ **감상** : 음악을 듣고 그 경험을 침묵으로, 또는 말로, 기타 양식으로 반응하고, 음악의 물리적, 감정적, 지적, 미학적 측면을 강조한다. 이런 감상 경험으로 청각 능력이 좋아지며, 정서 상태나 정서적 경험을 유발시켜 타인의 의견과 생각을 탐구하는 효과가 나타난다. 또한 감정수용을 촉진하고, 신체의 반응을 유발시켜 자극 또는 긴장을 이완시키는 작용을 한다.

4. 부모상담

거의 모든 아동상담 시에 부모상담이 동반된다. 아동의 문제는 부모나 가정환경, 그 밖에 사회환경으로부터 발생하며, 아동 개인뿐만 아니라 부모와 가족의 사회적 체계와 밀접한 관련이 있다.

부모와 아동 간의 정서적 불일치, 부모의 양육태도, 부모의 만성 질병, 부모 빈곤, 가족구성원 간의 갈등 등과 상호관련성을 가지고 내재적으로 구조화되는 양상을 보인다. 이러한 상호관련성은 아동의 문제로 파급되어 심리적, 정서불안 등으로 나타나므로, 아동상담 시 필연적으로 부모상담도 함께 이루어진다.

1) 부모상담의 필요성

부모상담은 가정 내에서 부모와 아동을 포함한 가족이 바람직한 인간관계를 가지며 행복하게 생활하도록 지지하고 강화해 주는 역할을 한다. 자녀를 양육·교육하면서 부딪치는 여러 가지 문제가 부모 자신의 문제와 관련되어 있다고 인식하는 경우가 드물다. 따라서 자녀를 변화시키기 위해 부모의 적극적 참여가 중요하다. 상담사는 부모상담에서 아동의 문제에만 초점을 맞추는 것이 아니라, 부모도 자신의 문제를 바라볼 수 있도록 지원함으로써 아동 문제해결의 실마리를 찾게 한다.

2) 부모상담의 기법

부모는 상담에 임할 때 자녀에 대한 초조함과 불안감, 혹시 자신의 자녀에 대해 부정적인 내용을 듣게 되지는 않을까 하는 불안감을 가지고 있다. 이러한 불안감이나 마음의 벽을 느끼지 않고 편안하게 다가올 수 있도록 대해주는 것이 중요하다. 상담자의 기본 자세와 기법은 다음과 같다(윤매자, 2019).

① **경청** : 부모의 언어적 · 비언어적인 메시지를 함께 잘 들어야 한다.

② **존중과 수용** : 사람을 소중히 여기며 바라보는 것으로 부모의 지나친 요구도 하나의 의견으로 수용하고 받아들여야 한다.

③ **비판단적 태도** : 부모가 어떠한 요구를 하든, 아동에게 어떤 행동을 취하는 그런 요구와 행동의 내면에 깔려있는 부모의 기대와 요구를 이해하려고 노력해야 한다.

④ **솔직함** : 상담 중에 문의하는 사항에 대하여 솔직하게 알려주어야 한다. 알리기 곤란한 사항이 있다면 '말씀드리기 어려운 사항이다'라고 말하고 양해를 구하는 것이 거짓된 정보를 주는 것보다 낫다.

⑤ **협동적 관계 형성** : 기관과 부모는 경쟁적인 관계가 아니라 상호보완적 역할을 수행하며, 부모가 협동해서 정보를 교환하고 서로 부족한 부분을 보충해 줄 때 아동의 문제해결과 성장에 좋은 환경을 제공해 줄 수 있다.

⑥ **질문** : 상담을 할 때 많은 질문보다는 부모의 생각과 기대를 정확히 알고 필요한 정보를 얻기 위해서 효과적인 질문을 해야 한다.

- 가능하면 개방적인 질문을 사용한다.

- 직접질문보다는 간접질문으로 질문하는 것이 듣기에 편하다.
- 질문할 때 두 가지를 동시에 묻지 않는다.
- '왜'라는 질문은 질책당하는 느낌을 주므로 피한다.

⑦ **정리** : 상담을 원활히 이끌어 가려면 부모의 생각과 기대를 정리하는 것이 필요하다. 특히 장황히 이야기하는 부모가 있을 경우는 중간에 내용을 요약하여 명료화시켜 줄 필요가 있다.

⑧ **정보제공** : 초기상담의 경우 부모는 궁금한 것이 많으므로 정확하고 구체적인 정보를 제공하는 것은 중요하다. 정보를 제공해 주는 것은 부모가 새롭고 긍정적인 관점을 가질 수 있도록 돕고 잘못된 사실을 확인시켜 준다(장문규, 2022).

3) 부모상담 시 고려해야 할 사항

아동문제 해결을 위해 부모상담 시 고려해야 할 사항은 다음과 같다(장문규, 2022 재구성).

① 따뜻하고 우호적인 분위기를 조성하여 부모들이 편안함을 유지하도록 한다.

② 대화하는 동안 부모에 대한 긍정적인 태도를 전달하며, 부모의 감정을 그대로 수용한다.

③ 부모가 느끼고 있는 바를 솔직하게 말할 수 있도록 하여, 부모의 어떤 생각이라도 수용된다는 것을 분명히 밝히고 개방적인 대화 기법을 사용한다.

④ 부모에게 상담사가 아동을 다루는 방법을 가르치려 한다는 느낌을 주지 않도록 한다.

⑤ 면담에서 상담의 전문용어를 쓰지 않는다. 전문용어는 부모와의 장벽을 만들기 쉬우므로 부모들이 이해하는 말로 질문하고 답한다.

⑥ 면담 중에 방해받지 않도록 스마트폰 사용에 대해 미리 주의하는 것이 좋다.

⑦ 면담 중에 가능한 한 구체적, 직접적으로 말한다. 최대한 분명하게 말을 하고 정보와 제안을 뒷받침하는 자료를 제시한다.

⑧ 아동의 성장과 발달에서 긍정적인 측면을 숙고한다.

4) 부모교육 프로그램

대부분의 부모들은 결혼 전에 부모 역할을 배울 수 있는 기회가 없거나 부족하였기 때문에 자녀 양육을 대하는 태도에 혼돈을 가지고 있는 경우가 많다. 아동상담이 효과적으로 진행되기 위해서는 부모를 상담에 참여시키는 것을 전제로, 부모를 어떻게 효과적으로 다루어야 하는지가 중요하다. 아동문제를 해결하고 최적의 상태로 되돌리기 위해서는 부모의 지지와 협조가 절실히 요구된다(신숙재 외, 2020).

부모교육은 부모에게 자녀를 키우는 기술이나 방법, 태도에 관한 교육을 하게 된다. 부모교육에 필요한 내용을 살펴보면, 다음과 같다(신숙재 외, 2000).

① 아동에 대한 이해

아동이 어떤 이유로 적응에 어려움이 있는지, 혹은 또래 관계에 갈등을 보이는지 등을 부모에게 자세히 설명해 줄 필요가 있다. 상담자는 아동에 대한 정확한 관찰과 판단을 기초로 부모로 하여금 아동을 바르게 이해하도록 도와주어야 한다.

② 부모 자신에 대한 이해

효과적인 상담을 하기 위해서는 아동뿐만 아니라 부모와의 동맹 관계가 형성되어야 한다. 왜냐하면, 아동 스스로가 상담실을 찾아오는 것이 아니기 때문에, 아동과 부모, 기관이 함께 협력해야 한다. 부모는 무엇 때문에 자녀에게 화를 내고, 무엇 때문에 짜증을 내는지, 자신의 심리 상태 등을 알고 있어야 한다.

때문에 전문가는 즉흥적이고 외향적인 면과 계획적이고 통제적이며 내향적인 면을 모두 갖추어야 한다.

- 현실을 활용하는 기술이다. 현재는 성장을 촉진하는 관계를 형성해 가는 과정이며, 모든 사람은 현재의 현실 속에서 성장할 수 있는 역량을 가지고 있으므로 전문가는 이를 토대로 자신의 목표를 실현할 수 있는 신념을 갖도록 한다.
- 집단관계를 격려하고 이용하는 기술이다. 전문가를 위시한 모든 집단관계를 격려하고 의도적으로 활용해서 아동 개인의 목표와 집단의 목표를 성취하도록 한다.

3) 집단의 유형

집단은 공통의 관심사를 지닌 사람들이 공동의 목표를 달성하기 위해 상호작용하는 두 사람 이상의 집합을 말한다. 집단의 유형은 학자마다 다르게 분류하나 토스랜드와 리바스(Toseland & Rivas, 1995)는 집단의 목적에 따라 치료 집단(treatment group)과 과업 집단(task group)으로 분류하였다.

- **치료 집단** : 집단성원의 교육, 성장, 지지, 치유, 행동 변화, 사회화 등 집단성원의 사회 정서적 욕구를 충족시키려는 목적을 가지며, 목적에 따라 지지 집단, 교육 집단, 성장 집단, 사회화 집단, 치유 집단으로 구분된다.
- **과업 집단** : 과업의 달성, 성과물의 산출, 명령의 수행을 위해서 만들어진 집단으로 집단성원의 개인적 성장보다는 집단의 과업을 성취하기 위해 방침을 만들어 가면서 의사를 결정하고 산출물을 만들어 내는 것에 초점을 둔다. 과업 집단에는 각종 위원회나 자문위원회, 이사회, 사회행동 집단, 행정집단 등이 있다.

4) 집단활동의 과정

(1) 사전단계

집단 지도 과정 중 사전단계는 집단 계획단계라고도 불린다. 이 단계에서 집단은 실제로 존재하는 실체가 아니며, 집단지도전문가(사회복지사)의 머릿속에만 존재한다(곽형식 외, 2013). 사전단계에서부터 집단지도전문가는 집단에 관여하기 시작하지만, 전문가와 성원이 하나의 집단으로 대면하기 이전의 단계이다.

이렇게 집단을 계획할 때 고려해야 할 요소에는 학자들마다 이견을 보이고 있지만, 대체로 ① 집단의 목표 설정, ② 잠재적 후원기관과 집단성원에 대한 사정, ③ 성원의 모집, ④ 집단의 구성, ⑤ 성원에게 집단을 소개 및 설명, ⑥ 계약, ⑦ 집단 환경의 준비, ⑧ 집단계획서의 작성 등이 포함되어야 한다(김종옥 · 권중돈, 1993).

(2) 초기단계

집단참여자들이 집단에 처음 도착했을 때, 집단지도전문가가 수행해야 할 첫 번째 과업은 참여자들을 상호 소개하는 것이다. 집단지도전문가는 집단의 목적을 고려하여, 아동 성원들이 집단에서 공유해야 할 주요 정보가 어떠한 것이 있는지를 결정하여, 소개과정에서 이와 관련이 있는 정보를 내놓는다(전남련 외, 2011).

소개과정이 끝난 후에 집단지도전문가는 집단의 목표와 집단 내에서의 전문가의 기능에 대해 반드시 언급해야 한다(남세진 · 조흥식, 1997).

(3) 사정단계

집단 지도를 연구하는 학자들 사이에 아직 사정 과정에 대한 합의가 이루어지지 않고 있다. 이렇게 사정의 개념이 서로 다른 것은 집단 지도의 영역이 광범위하기 때문인데, 어떠한 형태의 집단에 개입하느냐에 따라 사정의 초점은 달라질 수 있다(전남련 외, 2011).

사정단계는 정보가 수집됨에 따라 전문가는 정보를 분류하고, 체계적 방식으로 조직화하기 시작하며, 개입대상이나 목적을 선택하기 위하여 자료에 대해 어떤 판단을 내리게 된다(전남련 외, 2011). 즉, 자료가 수집되고, 조직화됨에 따라 사정과정은 범위가 축소되고, 문제에 대한 개입방법, 대처 방법, 완화 방법에 대한 판단 또는 결정을 내리게 된다.

(4) 중간단계

집단은 초기단계, 사정단계를 거치면서 의사소통과 상호작용의 유형, 성원 간의 정서적 유대, 집단결속력, 사회적 통제, 집단문화가 이미 형성된 상태이다(김종옥 · 권중돈, 1993).

중간단계의 첫 번째 기간은 시험, 갈등 그리고 성원 간의 관계를 조정하는 시기라 할 수 있다(전남련 외, 2011). 즉, 이 기간에는 계약을 재협상하며, 성원의 지위를 설정하고, 후원하는 조직과의 관계를 설정한다. 두 번째 기간은 계약에 명시된 목적을 성취하기 위하여 아동 성원, 하위 집단, 집단지도전문가, 전체 집단이 노력을 경주하는 기간이다(전남련 외, 2011).

집단의 형태, 지도력 유형에 따라 집단은 각기 다를 수 있지만, 중간단계에 이른 치료집단을 지도해 나가는 데 집단지도전문가는 공통적으로 ① 집단 회합의 준비, ② 집단의 구조화, ③ 성원의 목적 성취 원조, ④ 집단발달에 대한 평가와 검색 등 네 가지의 과업을 수행해야 한다(김종옥 · 권중돈, 1993).

(5) 종결단계

종결단계는 집단 실무의 중요한 부분이다(전남련 외, 2011). 종결단계에서 집단지도전문가가 사용하는 기술은 전체 집단 경험의 성패를 좌우한다. 만약 전문가가 종결단계에서 갖추어야 할 기술을 갖추지 못하면, 이전까지 효과적으로 운영되고 만족스러웠던 집단 경험을 망쳐버릴 수 있다(전남련 외, 2011). 성공적인 종결

단계는 집단의 목적이 달성된 경우를 말한다. 종결에 임하는 아동들은 성취감과 함께 높아진 자아존중감을 경험한다.

(6) 평가단계

평가단계는 집단활동이 효과적이고 성공적이었는지를 판단하는 것이다. 평가는 형성(과정)평가와 총괄평가가 있다. 과정 평가는 주로 집단구성원인 아동들이 집단의 유용성이나 프로그램의 진행에 대해서 평가하는 것이고, 총괄평가는 집단이 시작되었을 때 세웠던 목표들이 얼마만큼 성취되었나를 판단하는 것이다.

6. 아동복지 실천의 평가

아동복지 실천의 평가란 사회적 책임성과 전문성이라는 점에서 매우 중요시되고 있다.

평가는 서비스 제공자의 개입 노력을 사정하는 것으로, 클라이언트를 비롯하여 가족, 집단이 기대만큼 변화시켰는가를 측정해 보는 것이다. 따라서 아동복지 실천에서 평가란 기관의 계획, 수행, 활용 등 포괄적인 활동을 체계적으로 판단하는 것을 의미하며 개인, 가족, 집단에 대한 아동복지 전문가의 개입 활동의 평가에 초점이 맞추어져 있다(박석돈 외, 2012).

아동복지 실천에서의 평가는 자료의 속성, 평가 시기, 개입 대상에 따라 다양하게 분류된다. 자료의 속성에 따라 양적 평가와 질적 평가로 분류하며, 평가의 시점에 따라 형식적 평가와 총괄적 평가로 분류된다. 또한 개입 대상에 따라서는 개인, 가족, 집단으로 분류하여 평가한다(박석돈 외, 2012). 또한 아동복지 실천에서 평가를 위한 설계를 크게 집단설계(group design)와 단일사례 설계(single subject design)로 나누어 볼 수 있다. 아동복지 실천평가에 대해 구체적으로 살펴보면, 〈표 6-4〉와 같다.

〈표 6-4〉 아동복지 실천 평가

구 분	평가 종류	내 용
자료속성	양적평가	• 수량화된 자료 수집을 통해 통계적 분석으로 평가함 • 방법 : 체크리스트, 질문지, 실험적 방법 등 • 장점 : 신뢰성 보장, 객관성 확보, 간결, 명료함, 시간 절약 • 단점 : 결과 중심의 평가, 평가대상의 심층적 평가의 어려움
	질적평가	• 질적 자료 수집(녹음, 녹화)을 통해 분석, 이해, 판단하는 평가로 평가대상을 있는 그대로 기술하고 해석함 • 방법 : 참여관찰, 심층 면접 등 • 장점 : 과정에 관심을 가지고 전체적, 종합적으로 평가함 • 단점 : 주관적 개입의 소지, 객관성 확보 및 일반화의 어려움
평가시기	형성평가	• 과정 중심의 평가로, 프로그램을 진행 중에 실시하여 프로그램이나 활동을 개선하고 보완할 목적으로 함 • 기능 : 진행속도 조절, 강화의 역할, 방해 요소 발견 및 제거
	총괄평가	• 목표지향적 평가로, 프로그램이 종결되었을 때 실시하여 성취도를 총괄적으로 평가함 • 기능 : 만족도, 성과, 미래 예측 가능함
개입대상	개인	• 개인, 가족, 집단을 대상으로, 실시한 개입의 변화 정도를 사정함 • 과업 성취도, 만족도, 자기평가, 성장지향평가 등
	가족	
	집단	
설계방법	집단설계	• 개입기법과 프로그램의 효과를 평가하는 데 적합함 • 실험집단설계, 유사 실험집단설계에 사용
	단일사례설계	• 개입 전 → 개입 → 개입 후 등 단계별로 구별하여 표적 행동의 변화를 반복해서 측정하는 평가 • 시간연속 조사, 단일체계 조사 등과 유사함

CHAPTER 07 아동복지 정책과 전달체계

정책이란 국가나 큰 집단 단위에서 사용하는 용어로, 어떤 목표 또는 결과를 얻기 위한 행동을 지배하는 원리를 말한다. 개인이나 작은 집단은 '계획'이라고 한다. 아동을 위한 정책은 같은 맥락에서 각 국가의 사회적 상황에 따라 다양한 가치체계와 목표를 가지고 있다. 이것이 국가 차원에서 계획을 세울 때 '공공정책'이라고 한다. 아동복지 정책은 국가가 아동을 대상으로 아동복지법을 비롯하여 정책을 실천하기 위한 입법들이 있다. 법적 시행령 규정에 의해 전달체계가 구성되며 구체적인 아동복지서비스가 실시된다. 7장에서는 아동복지 관련법, 아동복지 정책과 제도, 아동복지서비스의 전달체계에 대해 구체적으로 살펴보고자 한다.

1. 아동복지 관련법

아동복지 관련법은 아동복지를 보장하기 위한 사회적 책임을 명문화한 것으로서, 아동복지사업 실시의 근거가 된다. 아동에 관한 보호는 1923년 9월 일제에 의해 제정된 '조선감화령'(제12호)이 있다. 당시 '조선감화령'에 의해 설치된 감화원과 1944년 '조선구호령' 시행으로 설치된 구호시설이 있다. 이 조선감화령은 1961년 '아동복리법'이 제정될 때까지 유지되었다.

일반적으로 아동복지 관련법은 아동만을 대상으로 하는 법, 아동이 그 대상으로서 포함되는 법, 아동복지를 지원해 주기 위한 행정 및 조직에 관한 법으로 나눌 수 있다. 또한 법은 시행령, 시행규칙, 조례의 형식으로 제정되어 있다. 현재 우리나라의 아동복지 관련법은 〈표 7-1〉과 같다.

〈표 7-1〉 아동복지 관련법의 분류

분 류	법 명
아동복지 일반법	아동복지법, 청소년기본법
빈곤아동 및 가정보호 한부모아동	사회복지사업법, 국민기초생활보장법, 한부모가족지원법, 보호시설에 있는 미성년자의 후견직무에 관한 법률, 입양특례법
사회보험	국민연금법, 국민건강보험법
아동건강	모자보건법, 지역보건법, 학교보건법, 학교급식법
근로종사아동	근로기준법
아동교육 및 보호	교육기본법, 유아교육법, 영유아보육법
비행아동 및 우범아동	소년법, 보호소년 등의 처우에 관한 법률, 보호관찰 등에 관한 법률
아동 건전 육성 및 보호	청소년기본법, 청소년보호법, 청소년의 성보호에 관한 법률, 성폭력범죄의 피해자보호 등에 관한 법률, 특정 범죄자에 대한 위치추적 전자장치 부착 등에 관한 법률, 가정폭력방지 및 피해자보호 등에 관한 법률

출처 : 법제처(2022). https://www.moleg.go.kr

1) 아동복지법

(1) 아동복지법의 개념

아동복지법은 아동의 복지증진을 위한 여러 정책을 수립하고 집행하는 데 법적 근거가 되는 것으로 아동복지의 근간이 된다. 이 법은 1961년 12월 아동복리법으로 제정 · 공포되었다가, 1981년 4월 법률 제3438호로 전면 개정되면서 아동복지법으로 개칭되었다. 2000년 1월 법률 제6151호로 다시 전면 개정되었고, 사회변화 속에 지금까지 일부 법률 또는 시행령을 개정하고 있다.

(2) 아동복지법의 구성 및 내용

아동복지법은 전문 75조와 부칙으로 구성되어 있다. 제1조에서 제6조까지는 총칙, 제7조에서 제14조까지는 아동복지 정책의 수립 및 시행 등, 제15조에서 제29조까지는 아동에 대한 보호서비스와 아동학대 예방 및 방지, 제30조에서 제44조까지는 아동에 대한 지원서비스, 제45조에서 제58조까지는 아동복지시설, 제59조에서 70조까지는 보칙으로서 비용, 보조금, 압류, 비밀보장, 조사, 청문 등, 제71조에서 제75조까지는 벌칙으로 구성되어 있다.

각 조와 항에서 제시하는 주요 내용을 요약하면 다음과 같다(법률 제18619호).

① **아동복지의 기본 이념**(제2조) : 아동은 자신 또는 부모의 성별과 연령, 종교, 사회적 신분, 재산, 장애 유무, 출생지역, 인종 등에 따른 어떠한 종류의 차별도 받아서는 안 되며, 안정된 가정환경에서 행복하게 자라나야 한다.

② **국가와 지방자치단체의 책무**(제4조) : 국가와 지방자치단체는 아동의 안전 · 건강 및 복지 증진을 위하여 아동과 그 보호자 및 가정을 지원하기 위한 정책을 수립 · 시행하여야 한다.

③ **아동권리보장원 설립 및 운영**(제10조의2) : 보건복지부장관은 아동정책에 대한 종합적인 수행과 아동복지 관련 사업의 효과적인 추진을 위하여 필요한 정책의 수립을 지원하고 사업평가 등의 업무를 수행할 수 있도록 아동권리보장원(이하 "보장원"이라 한다)을 설립한다.

④ **아동학대의 예방과 방지 의무**(제22조) : 국가와 지방자치단체는 아동학대의 예방과 방지를 위하여 아동학대 신고접수, 현장조사 및 응급보호, 피해아동, 피해아동의 가족 및 아동학대행위자에 대한 상담 · 조치를 취하여야 한다.

⑤ **아동안전에 대한 교육**(제31조) : 성폭력 예방, 실종 · 유괴의 예방과 방지, 감염병 및 약물의 오남용 예방 등 보건위생관리, 재난대비안전, 교통안전교육 등의 교육계획을 수립하고 실시하여야 한다.

⑥ **취약계층 아동에 대한 통합서비스지원**(제37조) : 국가와 지방자치단체는 아동

의 건강한 성장과 발달을 도모하기 위하여 대통령령으로 정하는 바에 따라 아동의 성장 및 복지 여건이 취약한 가정을 선정하여 그 가정의 지원대상 아동과 가족을 대상으로 보건, 복지, 보호, 교육, 치료 등을 종합적으로 지원하는 통합서비스를 실시한다.

⑦ **다함께돌봄센터**(제44조의2) : 시 · 도지사 및 시장 · 군수 · 구청장은 초등학교의 정규교육 이외의 시간 동안 돌봄서비스(이하 "방과 후 돌봄서비스"라 한다)를 실시하기 위하여 다함께돌봄센터를 설치 · 운영할 수 있다.

⑧ **아동보호전문기관의 설치 등**(제45조) : 지방자치단체는 학대받은 아동의 치료, 아동학대의 재발 방지 등 사례관리 및 아동학대 예방을 담당하는 아동보호전문기관을 시 · 도 및 시 · 군 · 구에 1개소 이상 두어야 한다.

⑨ **아동복지시설의 종류**(제52조) : 아동양육시설, 아동일시보호시설, 아동보호치료시설, 공동생활가정, 자립지원시설, 아동상담소, 아동전용시설, 지역아동센터 아동보호전문기관 등이 있다.

2) 영유아보육법

(1) 영유아보육법의 발달과정

우리나라 보육사업은 1921년 태화여자관(현 태화기독교사회복지관)에서 처음으로 시작되었다. 해방 후 한국전쟁 전후에 보육사업은 구호적이고 보호적인 형태로 유지했으며, 1961년 아동복리법이 제정 · 공포되어 제도화되었다. 그 후 1981년 아동복지법으로 개칭하여 공포하였고, 이 법으로는 보육 욕구에 대한 수용이 미흡하여 1991년 영유아보육법이 독립적으로 제정되었다.

이후 2004년 영유아보육법 전면 개정을 통해 국가수준의 표준보육과정 개발 및 평가인정제도의 근거법이 마련되었다. 또한 이 법의 개정에 의해 2013년 만 5세 미만의 모든 아동에게 무상보육을 실시하였고, 2017년 보육교사 자격취득을 강화하기 위해 교과목 및 보육실습시간이 240시간으로 늘어났으며, 2019년 누리과정의 개정과 2020년 제4차 표준보육과정으로 아동중심, 놀이중심의 보육과 교육과정으로 전환되었다. 이러한 사회변화와 함께 자녀 양육과 교육의 새로운 패러다임의 변화로 영유아가 사회구성원으로 성장할 수 있도록 보육환경과 보육서비스의 질을 높였다.

(2) 영유아보육법의 구성 및 내용

영유아보육법은 56개 조로 구성되어 있으며, 제1조에서 제9조까지 총칙, 제10조에서 제16조까지 어린이집 설치, 제17조에서 제23조까지 보육교직원, 제24조에서 제30조까지 어린이집 운영, 제31조에서 제33조까지 건강 · 영양 및 안전, 제34조에서 제40조까지 비용, 제41조에서 제49조까지 지도 및 감독, 제50조에서 제53조까지 보칙, 제54조에서 제56조까지 벌칙으로 구성되어 있다.

각 조와 항에서 제시하는 주요 내용을 요약하면 다음과 같다(법률 제18899호).

① **목적**(제1조) : 영유아의 심신을 보호하고 건전하게 교육하여 건강한 사회구성원으로 육성함과 아울러 보호자의 경제적 · 사회적 활동이 원활하게 이루어지도록 함으로써 영유아 및 가정의 복지증진에 이바지해야 한다.

② **정의**(제2조) : '영유아'란 6세 미만의 취학 전 아동을 말한다. '보육'이란 영유아를 건강하고 안전하게 보호 · 양육하고 영유아의 발달 특성에 맞는 교육을 제공하는 어린이집 및 가정양육 지원에 관한 사회복지서비스를 말한다.

③ **보육이념**(제3조) : 보육은 영유아의 이익을 최우선적으로 고려하여 제공되어야 한다. 또한 영유아는 자신이나 보호자의 성, 연령, 종교, 사회적 신분, 재산, 장애, 인종 및 출생지역 등에 따른 어떠한 종류의 차별도 받지 아니하고 보육되어야 한다.

④ **한국보육진흥원의 설립 및 운영**(제8조) : 보육서비스의 질 향상을 도모하고 보육정책을 체계적으로 지원하기 위하여 한국보육진흥원(이하 "진흥원"이라 한다)을 설립한다.

⑤ **어린이집 설치기준**(제15조) : 어린이집을 설치 · 운영하려는 자는 보건복지부령으로 정하는 설치기준을 갖추어야 한다. 다만, 놀이터, 비상재해대비시설 및 폐쇄회로 텔레비전의 설치와 관련된 사항은 각각 제15조의2부터 제15조의4까지에 따른다.

⑥ **보육교직원의 직무**(제18조) : 어린이집의 원장은 어린이집을 총괄하고 보육교사와 그 밖의 직원을 지도 · 감독하며 영유아를 보육한다.

⑦ **어린이집의 운영기준 등**(제24조) : 어린이집을 설치 · 운영하는 자는 보건복지부령으로 정하는 운영기준에 따라 어린이집을 운영하여야 한다.

⑧ **어린이집운영위원회**(제25조) : 어린이집의 원장은 어린이집 운영의 자율성과 투명성을 높이고 지역사회와의 연계를 강화하여 지역 실정과 특성에 맞는 보육을 실시하기 위하여 어린이집에 어린이집운영위원회를 설치 · 운영할 수 있다.

⑨ **보육의 우선 제공**(제28조) : 국민기초생활 보장법에 따른 수급자, 한부모가족지원법 제5조에 따른 보호대상자의 자녀, 국민기초생활 보장법 제24조에 따른 차상위계층의 자녀, 장애인복지법 제2조에 따른 장애인 중 보건복지부령으로 정하는 장애 정도에 해당하는 자의 자녀, 장애인복지법 제2조에 따른 장애인 중 보건복지부령으로 정하는 장애 정도에 해당하는 자가 형제자매인 영유아, 다문화가족지원법 제2조 제1호에 따른 다문화가족의 자녀 등이다.

3) 한부모가족지원법

1989년 모자복지법이 제정되었고, 2002년 모 · 부자복지법으로 개정되었다. 이는 다시 2007년 한부모가족지원법으로 개정하여 2008년부터 시행되고 있다.

개정된 한부모가족지원법은 기존의 한부모가정에 부모의 사망이나 정신적 · 신체적 장애 등을 이유로 조부 또는 조모와 함께 살고 있는 가정을 포함시키고, 현재 학교에 재학하고 있는 아동은 18세 미만에서 22세 미만으로 확대하여 계속

지원을 받을 수 있으며, 고용 촉진을 위해 부모의 취업 지원사업을 추진하는 내용을 포함하였다.

〈표 7-2〉 저소득 한부모가족 및 조손가족 복지급여

구 분	지원 조건	지원 내용
아동양육비	소득인정액이 기준 중위소득 52% 이하인 가족의 만 18세 미만 아동	자녀 1명당 월 20만 원
추가 아동양육비	소득인정액이 기준 중위소득 52% 이하인 조손 및 만 35세 이상 미혼 한부모가족의 만 5세 이하 아동	자녀 1명당 월 5만 원
	소득인정액이 기준 중위소득 52% 이하인 만 25세 이상 34세 이하 청년 한부모가족의 만 5세 이하 아동	자녀 1명당 월 10만 원
	소득인정액이 기준 중위소득 52% 이하인 만 25세 이상 34세 이하 청년 한부모가족의 만 6세 이상 18세 미만 아동	자녀 1명당 월 5만 원
아동교육지원비 (학용품비)	소득인정액이 기준 중위소득 52% 이하인 가족의 중·고등학생 자녀	자녀 1명당 연 8.3만 원
청년 한부모 자립지원비	소득인정액이 기준 중위소득 60% 이하인 만 24세 이하 청년 한부모가 취업·학업 등 자립 지원 활동을 하는 경우	가구당 월 10만 원
생계비 (생활보조금)	한부모가족복지시설에 입소한 가족 중 소득인정액이 기준 중위소득 52% 이하인 가족	가구당 월 5만 원

출처 : 여성가족부 청소년 가족정책실 가족지원과(2022). 저소득 한부모가족 및 조손가족 복지급여.

(1) 한부모가족지원법의 내용

한부모가족지원법 제12조 제1항에 따라 정부는 이들 가정에게 생계비, 아동양육비, 아동교육지원비 등의 복지급여를 지원하고 있다. 또한 동법 제4조 제6호에 따라 모자가족복지시설과 부자가족복지시설, 미혼모가족복지시설, 일시지원복지시설, 한부모가족복지상담소 등을 이용할 수 있다.

(2) 한부모가족지원법의 한계

아동교육비 지원의 경우 입학금과 수업료 등의 면제에만 그치고 있어 사교육비의 부담을 덜어주지 못한다는 문제점이 있다. 현행법에서 다양한 한부모가족복지시설에 대한 지원정책으로 부자가족복지시설은 있지만, 한부모가족지원센터에서 부자가족에 대한 지원은 간과되어 있다. 또한 한부모가족지원센터의 경우 전국에 6~7개소에 그치고 있다. 이 중 대부분이 정부나 지방자치단체의 지원 없이 개인적인 차원에서 설립된 센터가 많기 때문에, 정부의 지원이 턱없이 부족한 실정이다. 외부인과의 관계를 꺼리는 한부모가정의 특성을 고려한다면, 상담이나 교육 등을 통해 심리적 안정과 실질적 복지에 도움을 주는 센터에 대한 지원을 더 늘려야 한다.

4) 청소년기본법

(1) 청소년기본법의 정의와 이념

청소년기본법은 청소년의 권리와 책임 및 가정, 사회, 국가와 지방자치단체의 청소년에 대한 책임을 정하고, 청소년 육성 정책에 관한 기본적인 사항을 규정한 법이다. 대상은 9세 이상 24세 이하의 청소년이다. 이 법은 1991년 12월 31일 법률 제4477호로 제정되었고, 그 후 1999년, 2001년, 2011년 전문개정, 2015년, 2018년 총괄 개정 및 조정하여 청소년기본법 시행령이 일부 개정되었다. 청소년기본법의 기본 이념은 청소년이 사회구성원으로서 정당하게 대우받고 권익을 보장받으며, 스스로 생각하고 자유롭게 활동할 수 있도록 함과 동시에 미래사회의 주역으로서 국가와 사회가 필요로 하는 건전한 민주시민으로 자랄 수 있도록 하는 것이다.

(2) 청소년기본법의 내용

청소년기본법은 청소년 육성 정책, 청소년수련활동 지원, 청소년수련시설과 지역, 청소년복지, 청소년상담원 등을 주요 내용으로 한다. 청소년기본법은 2014년 전면 개정되었다. 구체적으로는 청소년지도사 및 상담사의 전문성과 자질이 향상되도록 자격 연수를 의무화하며, 청소년수련시설에서 사고가 발생할 경우 시설

이용자에게 적절한 피해배상이 성립되도록 수련시설 운영자에 대하여 손해보험 가입을 의무화하고, 사회적 문제 대상인 가출청소년을 임시 보호하고 선도하기 위한 청소년쉼터를 설치 · 운영하며 한국청소년상담원의 특별법인 설립 등기를 위한 규정을 신설하는 것 등의 조항을 포함하고 있다.

(3) 청소년지도사의 양성

청소년기본법 제20조에 의하면, 첫째, 국가 및 지방자치단체는 청소년지도자의 양성과 자질 향상을 위하여 필요한 시책을 마련하여야 한다. 둘째, 제1항에 따른 청소년지도자의 양성과 자질 향상을 위한 연수 등에 관한 기본 방향과 내용은 대통령령으로 정한다. 동법 제21조에 의하면 여성가족부장관은 청소년지도사 자격검정에 합격하고 청소년지도사 연수기관에서 실시하는 연수과정을 마친 사람에게 청소년지도사의 자격을 부여한다. 동법 제24조의2에 따라 청소년시설, 청소년단체 및 학교 등에서 각각 그 업무에 종사하는 청소년지도사와 청소년상담사는 자질 향상을 위하여 정기적으로 보수교육을 받아야 한다.

2. 아동복지 정책과 제도

정책은 특정한 목적을 달성하기 위해 필요한 행동들에 관한 원칙, 지침, 일정한 계획, 혹은 조직화된 노력 등으로 정의된다(공계순 외, 2010 재인용). 아동복지 정책은 아동복지의 목표를 달성하기 위해 필요한 행동들에 관한 원칙이며, 아동복지를 위한 지침, 계획, 조직화된 실천 노력으로 정의할 수 있다. 아동복지 정책의 대상은 아동이지만 공공부조와 사회보험 등 복지제도는 가족과 연관되어 있다.

1) 아동복지 정책의 개념과 분석[1)]

(1) 아동복지 정책의 개념

아동문제는 가족만으로는 해결이 어렵기 때문에 국가의 정책적 고려가 요구되어야 한다. 여기서 고려해야 할 중요한 사항은 정책이 가족구성원에서 분리한 개별아동을 중심으로 이루어지는 것인지, 아니면 아동을 포함한 가족 단위를 중심으로 이루어지는 것인지에 대한 것인데, 양자를 모두 포함한 것으로 보아야 할 것이다. 따라서 아동복지 정책은 아동 및 그 가족의 복지를 위하여 국가가 행하는 사회복지 정책의 하위 개념이라고 볼 수 있다.

(2) 아동복지 정책의 분석

일반적인 사회복지 정책의 분석 방법은 과정(process), 산물(product), 이행(performance)으로 구분된다. 과정은 사회정치학적, 기술방법론적 변수와 관련된 정책 형성의 역동성 분석에 초점을 두며, 산물은 정책 선택 이슈에 초점을 두고, 이행은 정책 선택의 프로그램 결과에 대해 기술, 평가하는 것과 관련하여 프로그램이 얼마나 잘 수행되었는지, 프로그램의 영향은 어떤 것인지 등 두 가지 면을 분석하는 데 초점을 둔다(Gilbert, N., & Terrel, P., 1998). 그러나 일반적으로 국가에서 행해지는 아동복지의 정책 수행은 아동뿐만 아니라 그 가족의 복지증진에도 영향을 미치므로, 분석 기준은 첫째, 아동복지 정책이 가족 단위에 어떤 영향을 주며, 둘째, 아동복지 정책 프로그램이 얼마나 가족 전체를 위한 복지를 수행했는지에 초점을 두기 때문에, 이행 연구의 성격을 갖는 경우가 많다.

한편 아동복지 정책은 정책 수립이나 집행에 있어서 다음과 같은 균형을 고려하여야 한다(Pecora, P., & Whittaker, J., 1992 재인용).

① 아동 개인의 보호 측면과 전체 가족의 유지 측면의 균형 문제이다.

1) 윤매자(2019). 아동권리와 복지. 양성원, pp. 108-114 발췌 및 재구성.

② 아동복지 정책의 대상이나 중점 프로그램을 선정하는 과정에서 보편주의와 선별주의의 균형 문제이다.
③ 재가(in-home) 가족중심 프로그램과 가족 외부(out-of-home)의 가족 대체 프로그램과의 균형 문제이다.
④ 전문주의(professional) 개입과 일반주의(lay contributions) 개입의 균형 문제이다.
⑤ 예방(prevention)과 치료(treatment)의 균형 문제이다.
⑥ 단기 비용과 장기 수익의 균형 문제이다. 아동에 대한 투자는 즉시 그 결과가 나타나기보다는 시간이 어느 정도 흐른 후에야 나타나는 것이 대부분이다.

2) 아동복지 정책의 내용

(1) 정책의 목표

아동을 위한 건전한 육성정책은 아동 자신, 부모와 가족, 사회 등 삼자 간 각각의 권리와 책임의 확립에 기반을 두고 있어야 함이 원칙이다. 즉, 아동 자신은 하나의 인간으로서 부모와는 상관없이 독자적 권리를 지니고 태어났다는 사실과 보호와 지도를 받아야 하는 아직 미성숙한 인간이라는 점에서 기본적 권리를 가지고 있음과 동시에, 성인과 사회의 기대에 부응해야 하는 책임도 갖고 있다(공계순 외, 2019; 성영혜 · 김연진, 2001). 아울러 부모와 가족, 사회도 아동복지를 위해 권리와 책임을 지게 되는데, 특히 아동을 위해 국가가 해야 할 일은 무엇보다도 부모-자녀에게 개입하는 일이다(Costin, L., & Downs, S., 1991 재인용).

아동복지 정책의 목표를 구체적으로 살펴보면 다음과 같다(윤매자 외, 2017).

① 아동복지 정책의 책임은 아동 자신, 가족, 지역사회, 국가 등 모두에게 있지만, 이 중에서도 국가의 책임이 우선되기 때문에 국가의 전반적인 정책과 관련하여 정책의 목표가 검토되어야 하며, 특히 가족정책과 연관하여 검토되어야 한다.

② 아동복지 정책의 목표는 무엇보다 아동을 정책 수혜자로만 볼 것이 아니라, 아동을 주체로 사고하며, 정책 프로그램에 동원이 아닌, 자발적이고 능동적인 참여를 유도할 수 있는 방향으로 추진되어야 한다.

③ 중장기 목표는 문제아동 발생을 막기 위한 예방사업에 두고, 단기 목표는 문제아동의 문제 해결과 사회 복귀에 둔다.

(2) 정책 관련 사업

대표적인 아동복지 정책 사업은 소득 보장, 의료 보장, 주택 보장, 교육 보장 등이 있다. 구체적인 내용은 다음과 같다(공계순 외, 2010; 도미향 외, 2011).

① 소득 보장 사업

소득 보장 사업은 전반적으로 아동을 포함한 가족 전체의 복지증진을 목표로 하고 있으며, 주요 사업으로서는 가족 전체에 해당하는 공공부조와 산업재해보상보험, 건강보험, 연금, 고용보험 등의 사회보험이 있고, 아동에 대해서는 아동수당 또는 가족수당 등이 있다.

② 의료 보장 사업

일반적으로 의료 보장 사업은 건강보험과 저소득 가정을 위한 공공부조 성격의 의료보호의 두 가지로 이루어지고 있다.

③ 주택 보장 사업

주택 보장 사업은 자본주의 사회에서는 주택을 시장경제 체제 속에서 공급하는 정책 위주로 이루어진다. 대표적인 사업으로는 저소득층을 위한 임대주택사업, 영구주택사업, 건축을 위한 보조비 지급 사업, 조세 감면 사업 등이 있다.

④ 교육 보장 사업

영유아에서부터 대학에 이르기까지 모든 아동에게 무상의무교육이 제공되는 것을 말한다. 그러나 우리나라는 영유아기부터 중학교까지 무상교육제도를 실시하고 있고, 대학교에서는 각 세대 가구별 소득수준에 따라 차등 국가 장학금을 지원하고 있다.

3) 아동복지 정책의 프로그램

(1) 정책 프로그램의 대상

① 아동복지 정책의 대상은 모든 아동이 되지만, 이를 뒷받침하는 부모, 가족 등도 포함되어 이루어져야 한다. 이때 아동은 누구나 정책의 대상이 되지만 요보호아동, 근로 및 농어촌청소년, 비행청소년 등 직접 문제 해결을 위한 도움이 필요한 아동 · 청소년에게 정책 배려의 우선순위가 주어져야 한다.

② 학교생활에서 신체적 · 심리적으로 원활히 참여하지 못하는 아동들을 위한 전문적인 학교사회복지 제도가 마련되어야 한다.

(2) 정책서비스의 내용[2)]

① 요보호아동 가족에 대한 소득 보장 수준이 상향되어야 하며, 보충 급여제도가 이루어져야 한다. 또한 주택부조 제도의 활성화가 필요하다.

② 재가 보호와 시설보호 등 비용과 수준, 정책실시의 유의점 등에 관한 체계적인 연구를 통해 효율성과 효과성을 극대화할 수 있는 방향으로 추진되어야 한다.

③ 단순한 물질적 혜택이나 물리적 수용을 목적으로 하는 기관과 시설을 지양하고 아동의 다양한 욕구와 필요를 충족시킬 수 있는 수준에서 기능을 발휘하도록 전환되어야 한다.

④ 사회환경의 적절한 개선이 요구된다. 우선 아동 · 청소년 전용시설과 이용시설이 확충되어야 한다. 아울러 대중매체, 유해환경에 대한 지속적인 점검과 시민 자체 규제 능력이 발휘되도록 정책적 장치를 마련해야 한다.

2) 윤매자 · 신혜경 · 주정현(2017). 아동복지론(제3판). 양서원. p. 115 재인용.

3. 아동복지서비스의 전달체계

서비스 전달체계는 정책이 구체적인 서비스 제공으로 이어지는 과정 또는 구조로, 아동복지서비스 전달체계는 중앙정부에서 지방자치단체로, 그리고 일선의 서비스 전달 기관으로 이어진다.

아동복지 정책을 담당하는 중앙정부의 해당 부처는 보건복지부와 교육부에 해당한다. 보건복지부는 아동의 권리증진, 아동건강 및 안전보호, 아동학대 상담 · 홍보 · 교육, 아동복지단체 및 시설, 요보호아동 및 위기아동 보호, 모자보건, 위탁가정, 기초생활보장, 자녀양육지원, 보육 및 방과 후 아동보호, 입양 등 포괄적으로 담당한다. 교육부는 교육격차 해소, 학교폭력 예방, 아동학대 등 교육복지정책을 주로 담당한다.

아동복지 전달체계의 방법에서는 급여 또는 서비스를 효율적으로 복지대상자에게 전달하기 위하여 어떠한 조직을 통하여 실천할 것인가, 공공과 민간의 조직에 의한 효율적인 전달체계의 활동, 법적인 보장, 전문가의 개입 등이 필수적으로 필요하다(공계순 외, 2010). 또한 아동복지 업무를 담당할 전문직 전담공무원이 배치되고 이들을 통하여 복지업무가 수행되어야 한다.

일반적인 아동복지 정책의 전달체계가 갖추어야 할 점을 제시하면 다음과 같다(윤매자 외, 2017).

첫째, 아동복지 정책의 일관성을 위한 정부부처 간의 연계 기능을 높이고 예산과 인력, 시간을 절감하여 정책 기능을 합리화해야 한다.

둘째, 정책의 공공서비스 체계와 민간서비스 체계의 연계를 위한 방안으로 지역사회 수준의 '아동복지종합센터'를 정부가 만들어 민간복지기관에 위탁 운영하게 한다.

셋째, 아동문제에 대한 연구와 이해가 철저히 이루어져야 하고, 아동문제를 다루어 나갈 상담심리전문가, 사회복지사, 교육전문가 등의 전문가를 양성하는 체계가 구축되어야 하며, 이들에 대한 아동과 부모들의 접근이 용이하도록 하는 전달체계의 확립이 요구된다(성영혜 · 김연진, 2001).

한편 사회 이슈를 포함하여 정책 형성에 관한 분석틀을 아동복지 정책의 형성 과정에 적용하면, 길버트와 테렐(Gilbert & Terrell, 1998)이 제시한 분석틀을 들 수 있다. 이들은 대상체계, 급여체계, 전달체계, 재정체계의 네 가지 틀에 의해 서비스를 제공할 수 있다고 하였다.

1) 대상체계

대상체계는 수급 자격을 결정하는 것으로서 여기에는 보편주의와 선별주의 원칙이 제시될 수 있다. 대상의 자격을 결정하는 조건으로는 국적, 거주 여부, 기간, 연령 등 인구학적 조건, 근로 능력, 사회보험에의 기여 여부, 소득 · 자산조사, 전문적 · 행정적 판단 등이 있다(송근원 · 김태성, 1995).

2) 급여체계

급여체계는 수급 자격자에게 어떤 형태의 급여를 제공할 것인지 결정하는 것으로 기회 제공, 정책 결정 참여, 현물 제공, 물품 교환권, 급여 제공 등이 있다. 이 중 현금급여를 선택하는 기준이 되는 가치는 경제적 효용의 극대화, 소비자 주권의 보장, 인간존엄성의 유지 등이며, 현물급여를 선택하는 기준이 되는 가치는 목표 효율성의 제고, 규모의 경제 효과의 활용 등이다.

3) 전달체계

전달체계는 급여를 효율적으로 전달하기 위하여 조직적 체계를 어떤 방법으로 설계할 것인지 결정하는 것으로서 아동복지 정책을 통하여 제공되는 재화나 서비스는 여러 영역에서 다양하기 때문에 전달체계 또한 다양하다. 전달체계의 형태로는 공공조직, 민간조직, 공공과 민간조직의 혼합 형태, 순수 민간조직 등이 있다.

4) 재정체계

재정체계는 급여나 서비스의 내용을 어떤 방법으로 조달할 것인지 결정하는 차원으로서 아동복지를 실현함에 필요한 재원을 공공재정 혹은 민간재정 등 어떤 방법으로 충당할 것인지 결정해야 한다. 아동복지에서 아동수당이나 저소득 아동 급여는 공공재정에 의하여 충당된다.

반면에 가정위탁, 입양, 보육, 아동보호서비스 등은 순수 민간재정에 의하여 운영되는 경우도 있다.

08

CHAPTER

아동건강과 안전

아동의 성장과 발달을 추구하는 아동복지의 실천영역에서 건강과 안전은 아동이 살아가는 데 필수적인 것으로 그들의 삶의 질을 높일 수 있다. 아동은 어느 사회를 막론하고 내일의 자산이며, 희망지기이며 부모에게는 큰 기쁨이다. 아동복지법 제4조에 따르면, 국가와 지방자치단체는 아동의 안전 · 건강 및 복지증진을 위하여 아동과 그 보호자 및 가정을 지원하기 위한 정책을 수립 · 시행하여야 한다고 명시하고 있다. 8장에서는 아동건강, 아동안전, 실종아동의 보호 등에 대해 구체적으로 살펴보고자 한다.

1. 아동건강

일반적으로 건강하다고 하면 신체적, 정신적으로 질병이 없고, 체력이 튼튼하고, 영양상태가 좋은 것을 건강하다고 생각하는 경향이 있으나, 건강은 복합적인 개념이기 때문에 한마디로 정의하기가 쉽지 않다. 로크(Locke)는 '건강한 신체는 건강한 정신에서 비롯된다'고 하여 신체적인 건강과 정신적인 건강을 모두 강조하였다. 또한 세계보건기구(WHO : World Health Organization)에서는 '건강이란 단지 질병이 없고 허약하지 않을 뿐 아니라 신체적, 정신적, 사회적으로 완전히 양호한 상태'로 정의하고 있다. 아동기의 건강은 성인기 건강에 영향을 주며 건강습관으로 이어져 평생 지속될 가능성이 높기 때문에 중요하다.

1) 아동건강의 결정요소와 생활 습관

(1) 아동건강의 결정요소

아동의 건강에 미치는 요인은 다양하지만 크게 유전적 요인과 환경적 요인으로 구분할 수 있다. 이 두 가지 요인은 상호복합적인 영향을 미치기 때문에, 아동의 건강을 유지하고 향상시키기 위해서 유전과 환경에 대한 기초지식이 필요하다. 유전적 요인과 환경적 요인을 구체적으로 살펴보면, 다음과 같다(김일옥 외, 2012; 전남련 외, 2014).

① 유전

모든 사람은 수정 시 부모에게서 받게 되는 여러 가지 유전인자에 의해 아동의 신체적, 정신적 기초를 형성하는 데 결정적인 역할을 한다. 유전인자는 DNA(Deoxyribo Nucleic Acid)라고 불리는 복잡한 분자로 구성되며 나선형을 이룬다. 유전자가 어떻게 배열되느냐에 따라 각 개인의 특이한 형질이 형성되며 이 과정에서 건강한 유전자 혹은 결함이 있는 유전자의 결합 여부에 따라 태아의 건강에 영향을 미친다. 특히 심장질환, 암, 당뇨, 혈우병, 빈혈, 정신질환 등은 유전적 요인과 관련이 있으므로, 건강에 미칠 수 있는 요인들을 예측하고 그 영향을 최소화할 수 있도록 아동복지 차원에서 도울 수 있다.

- **열성인자에 의한 장애** : 피부, 머리카락, 피부색소결핍증 등
- **우성인자에 의한 장애** : 짧은 손가락, 성장장애 등
- **성 염색체와 관련된 장애** : 터너증후군, 다운증후군, 혈우병 등

② 환경

아동의 건강에 미치는 환경적 요인은 물리적 환경과 심리적 환경으로 구분할 수 있다. 물리적 환경으로 넓고 청결하고 쾌적한 실내공간, 마음껏 뛰어놀 수 있는 충분한 공간, 신선한 공기, 따뜻한 햇볕, 적절한 실내온도, 오염되지 않은 물, 안전한 놀이시설 등은 아동의 건강에 좋은 영향을 미친다. 그러

나 이러한 물리적 요인들이 적절하지 못하거나 안전하지 못하다면 아동의 건강은 보장받을 수 없다.

(2) 건강한 생활 습관

아동기의 건강한 생활 습관으로는 규칙적인 건강 습관, 올바른 식생활 습관, 청결한 의생활 습관, 규칙적인 배변 습관 등이 있다. 구체적으로 살펴보면 다음과 같다(김일옥 외, 2012).

① 건강 습관

영유아기부터 몸을 청결하게 유지하고, 손을 잘 씻고, 이를 잘 닦고, 적당한 휴식과 운동을 할 줄 알고, 수면을 잘 취하는 등 건전한 건강 습관이 몸에 익숙하도록 해야 한다. 이러한 습관은 성인이 되어서도 계속 유지할 수 있는 의지와 힘이 된다.

② 식생활 습관

아동기는 신체의 성장과 발육이 왕성하고 활동량이 많은 시기이므로, 적절한 영양소의 공급이 이루어져야 한다. 그러나 아무리 균형 잡힌 식단과 영양을 제공한다고 하더라도 식생활 습관에 따라 수용되기도 하고 거부되기도 한다. 예를 들면, 편식으로 특정 영양소가 결핍될 수 있고, 또는 과잉섭취로 인한 비만, 거식이나 폭식 등의 문제가 생길 수 있다.

③ 의생활 습관

아동기의 의생활 습관은 스스로 옷을 입고 벗는 것은 물론, 자기의 옷을 정리하며, 신발이나 모자, 장갑 등을 계절이나 상황에 맞게 착용하는 자조 능력을 기르는 데 있다. 또한 더러워진 옷이나, 신발 등에 대해 위생과 청결, 건강을 위해 깨끗하게 갈아입는 습관도 함께 지도해야 한다. 아동의 의복을 선택함에 있어 부모나 성인의 의사가 반영된 것보다 아동의 자율성에 의해 선택하도록 하는 것이 바람직하다.

④ 배변 습관

아동이 신체적, 심리적으로 준비가 안 되어있는 상태에서 배변 훈련을 강요하거나 무리하게 부모가 청결함을 요구할 때 아동은 집을 제외한 외부 환경에서는 배변할 수 없는 경우가 종종 있다. 생리학적으로 방광의 용적이 적거나 너무 커서 다른 또래에 비해 배변 습관이 잘못되는 경우를 제외하고는 바람직한 배변 습관을 갖도록 지도하여야 한다.

2) 감염병 관리 및 예방접종

(1) 감염병 관리의 원칙

감염(infection)이란 병원체가 병원소에서 숙주의 부담으로 생활하고 증식할 때 숙주가 나타내는 반응을 의미한다(김일옥 외, 2012). 즉, 감염이 성립되려면, 숙주 체내에 병원체가 존재해야 하고 숙주는 임상적인 증상이나 항체 형성 반응이 나타나야 한다. 감염병 질환에 감염되지 않기 위해서는 전파과정의 차단, 면역증강, 조기 진단과 치료 등의 원칙이 있다. 따라서 감염병 관리의 일반적인 원칙을 살펴보면, 다음과 같다(김일옥 외, 2012).

- **전파과정의 차단** : 감염원을 확인하여 병원소[1])를 제거하고 병원소로부터 병원체[2])의 탈출이 일어나지 못하도록 하여 전파되지 않도록 한다.
- **면역증강** : 질병에 대한 감수성이 있는 아동에게 예방접종을 실시하여 저항력을 기르도록 한다.
- **조기 진단과 치료** : 전파방지나 면역증강의 방법으로도 예방하지 못하고 질병이 발생하였을 때 조기 진단과 치료로써 환아의 고통을 최소화하고 합병증 및 후유장애, 사망을 적게 한다.

---

1) 병원소 : 병원체가 생활하고 증식해서 다른 숙주에게 전파될 수 있는 형태로 저장하는 장소
2) 병원체 : 인체에 침입할 수 있는 세균, 바이러스, 원충류 및 병원성 진균 등

(2) 질병에 대한 관리

아동기는 전염병 질환에 대한 면역이 약한 시기이므로 다른 아동에게 쉽게 전염된다. 또한 아동은 또래와 함께 활동하고 성장해 나가는 시기로, 전염될 가능성이 높다. 전염병을 전파시키지 않기 위해서는 격리가 필요한 전염병은 어떤 것인지, 또한 증상은 어떤지를 알고 사전에 관리하고 예방하여야 한다. 전염성이 있는 질병의 증상에 대해 살펴보면, 다음 〈표 8-1〉과 같다.

〈표 8-1〉 격리가 필요한 질병

병 명	증 상
수 두	미열, 두통, 근육통, 피부발진(가슴과 배부터 시작해서 얼굴, 팔, 다리에 반점이던 것이 수포로 되고, 수포가 딱지가 됨)
수족구	• 통증, 발진, 붉은색 물집, 가려움 증세 등 • 입 안, 목에 작은 물질, 손바닥이나 발바닥에 작은 돌기(구진)가 나며, 그 끝에 물집이 맺힘
유행성 결막염	• 눈 가려움, 안구 통증, 이물감, 발적, 부종, 눈곱 등 • 눈물이 자주 나고 눈이 충혈되며, 손으로 눈을 자주 비빔
돌발성 발진	고열과 경련, 식욕감소, 림프절 확대, 발진(주로 몸통, 목, 귀 뒤에 나타나며, 얼굴이나 다리에 발생함)
농가진	작은 수포, 진물, 물집, 무기력, 설사, 고열, 발진(주의에 수포나 농포를 형성하고 이것이 터져서 누런 딱지를 형성함)
디프테리아	전신 권태, 고열, 식욕부진, 빠른 맥박, 코피, 기침(심하면 숨쉬기가 곤란, 쉰 목소리가 남), 인후통(충혈되고 편도선에 위막 형성함)
백일해	• 기침, 발열, 콧물, 무호흡, 청색증, 경막하 출혈, 하안검 부종 등 • 감기처럼 시작하여 기침이 심해지고 경련성 발작을 일으킴
유행성 이하선염(볼거리)	• 발열, 두통, 근육통, 압통, 식욕부진 등 • 한쪽 또는 양쪽 볼이 커지며 붓고, 음식을 삼킬 때 통증 있음
홍 역	• 고열, 전신 무력감, 비충혈, 재채기, 비염, 결막염, 기침, 눈부심, 발진 등 • 귀의 뒤쪽 → 목 → 앞이마 순으로 발진이 나타남. 점차 아래로 발진함 • 39~40℃ 고열, 기침, 발진이 사라지면 열이 내리고 증상이 사라짐
풍 진	• 두통, 권태감, 발열, 피부 발진, 목 뒤쪽 부종, 충혈 등 • 발진이 첫날은 얼굴과 목에, 다음날 가슴, 등, 팔 등에 새롭게 나타남

일본뇌염	• 감각이상, 경련, 구토, 두통, 무증상, 발열, 의식 변화, 혼수 등 • 증상이 심할 때 고열, 흥분, 경련, 팔, 다리 마비가 생김
세균성 이질	설사, 심한 복통, 오한, 열이 나고 심하면 탈수와 허탈 상태에 빠짐

출처 : 질병관리청(2022). https://www.kdca.go.kr/index.es?sid=a2

(3) 예방접종

예방접종이란 전염성 질환을 예방하기 위하여 미생물 병원성을 제거하거나 약하게 하여 인체에 주사 또는 접종하여 특정 질병에 대하여 면역을 가지도록 하는 것이다. 만일 예방접종을 하지 않은 상태에서 아동이 그 병에 감염될 경우, 중증으로 갈 위험성이 있다.

영유아기를 비롯하여 아동기에 국가에서 권장하는 국가필수예방접종은 모든 아동을 대상으로 접종을 권장하는 BCG(피내용), B형간염, 디프테리아 · 파상풍 · 백일해(DTaP,Td), 폴리오, 홍역 · 유행성이하선염 · 풍진(MMR), 일본뇌염(사백신), 수두와 고위험군에 한해 접종을 권장하는 인플루엔자, 장티푸스, 신증후군출혈열 등이 있다. 국가필수예방접종은 보건소와 의료기관에서 접종이 가능하다.

(4) 정신건강

정신건강은 신체적 건강과 더불어 행복하고 원만한 사회생활을 영위하도록 하는 기초가 되므로 매우 중요하다. 아동의 건강한 생활을 위해서 신체뿐만 아니라 정신적으로도 편안하고 안전한 환경이 제공되어야 한다. 아동은 적극적으로 놀이에 참여하고 타인과 즐거운 상호작용을 할 때 자신의 감정을 표현하고 독립심을 발달시킨다. 이러한 과정에서 아동은 신체 건강과 함께 정신건강도 증진된다.

3) 아동기의 정신건강 문제

아동기에는 건강상의 문제들이 나타날 수 있으나 대부분 원인을 분석하며 쉽게 해결되는 경우가 있다. 특히 부모 또는 양육자와의 문제에서 기인된 여러 가지

환경적 요인과 스트레스 요인에 의해 우울하다든지, 충동조절이 어렵거나, 심리적 불안으로 대인관계에 문제 등을 야기할 수 있다. 아동기의 정신건강의 문제로 소아우울증, 또래관계의 문제, 게임중독, 거짓말과 도벽 등에 대해 살펴보고자 한다.

(1) 소아우울증

소아우울증은 흔한 질병은 아니지만 그렇다고 우울증이 없는 것은 아니다. 요즘 아동들은 과거에 비해 많은 스트레스 속에서 자라고 있으며, 우울증을 겪을 수 있다. 아동들은 힘든 부분을 이야기하기 어려워하기 때문에 이 우울감이 신체적 증상, 비행, 공격적 행동으로 나타나는 경우가 많다(이향숙 외, 2017). 잦은 짜증, 분노폭발, 안절부절 등 외부로 표출되는 행동으로 증상을 보이기도 하지만, 슬픔, 집중력 저하, 수면 및 식욕의 변화, 자기비판, 절망, 공허감, 무기력, 친구에 대한 흥미의 상실, 자살 위협 등으로 나타나기도 한다.

진단은 부모와 아동을 직접 면담하고, 필요하다면 심리 검사를 시행하여 진단하며, 치료는 항우울제를 사용한 약물 치료와 인지행동 치료, 대인관계 치료 등이 있다.

(2) 또래관계의 문제

아동기에는 또래관계가 현저히 적음에도 불구하고 외로움을 토로하지 않거나 또래나 친구들을 의도적으로 회피하거나 부적절하게 행동하는 경우 심리적 문제와 연관되어 있을 수 있다. 또한 소심하고 친구에게 다가가는 것 자체를 힘들어 하는 경우도 있다. 친구가 없어서 낮은 자존감을 가지고 있는지, 자신의 감정을 명확히 잘 표현하지 못해서 주저하는지, 또래관계에서 늘 부정적인 모습만 보이는지, 관찰을 통해 그 원인을 파악하지 못하고 지속되는 경우 대인관계나 사회생활에 많은 문제점을 가져올 수 있다.

(3) 게임중독

과도한 인터넷(게임, 스마트폰) 사용으로 일상생활에 지장과 장애를 유발한다. 하루의 대부분을 게임을 하면서 시간을 보내고, 게임을 하지 않는 경우에도 게임과 관련된 생각으로 보내거나 온라인상 과도한 시간을 보내는 경우 게임중독 증상이라고 할 수 있다. 게임중독은 자율적 통제가 불가능하고 과도한 집착이나 충동적 행동을 보이며, 이로 인해 사회적 기능에 장애를 가져올 수 있다(김석준 외, 2018). 이는 일상생활의 장애뿐만 아니라 대인관계의 어려움, 산만함, 충동 조절의 어려움, 강박증, 낮은 학업 성취를 보인다. 치료는 약물요법과 정신치료를 병행하지만, 아동의 증세에 따라 놀이치료, 인지행동 치료, 대인관계 치료 등이 있다.

(4) 거짓말과 도벽

아동의 거짓말은 일반적으로 권위로부터 처벌이 두렵거나 피하고자 할 때 사용하는 방어기제의 일종이다. 또는 부모나 주위에 관심을 끌고자 할 때, 타인이 자신의 거짓말에 속아 넘어가는 것에 쾌감을 느껴 장난으로 하는 경우, 또래나 타인을 감싸주거나 보호해 주려 할 때, 자기합리화를 하기 위해 등 다양한 형태에서 나타난다. 단순히 거짓말을 하는 경우 거짓말 이면에 있는 이유를 파악하는 것이 문제 해결에 도움이 된다.

도벽의 경우에는 아동이 습관적으로 할 때 심각한 문제가 발생할 수 있다. 친구에게 자랑하고 싶어서 물건을 훔치기도 하지만, 대개 가정에서 관심받지 못하고 방임하는 경우 이러한 행동을 많이 하게 된다. 병적 도벽은 개인적으로 필요하지도 않고 금전적인 목적이 없음에도 불구하고 물건을 훔치고 싶은 충동을 억제하지 못하여 물건을 훔치는 행위를 반복하는 질환을 의미한다.

4) 아동기의 발달장애

아동기의 병리적 행동이나 발달 이상은 대부분의 경우 정상행동과 질적으로 다른 것이 아니며, 대부분의 장애 행동은 정상적인 발달과정으로부터 일탈된 것일 뿐이다. 일반적으로 어떤 기준을 벗어났을 때, 발달상의 문제행동이라고 본다(강순희 외, 2020). 기준이라는 것은 문화적 가치나 상황적 요인, 성별에 따른 규범, 연령에 따른 발달 규준 등에 따라 달라진다(Wicks-Nelson & Israel, 2006, 정옥분 외, 2016 재인용).

(1) 장애와 장애아동의 개념

① 장애의 개념

세계보건기구(WHO)의 장애에 대한 정의에 반영되어 1980년 국제장애분류(ICIDH : International Classification of Impairment, Disabilities, and Handicaps)를 기능장애, 능력장애, 사회적 불리로 구분하였다(윤매자 외, 2017). 첫째, 기능장애는 개인적 차원에서 심리적 · 생리적 또는 해부학적 구조나 기능의 상실 또는 비정상을 의미한다. 둘째, 능력장애는 정신적 · 신체적 손상의 결과만이 아닌 그 상태에 대한 개인의 적응 결과로, 개인 차원에서 일상적인 활동 영역에 나타나는 이차적인 장애를 의미한다. 셋째, 사회적 불리는 사회생활의 참여에 제한을 받거나 지장을 초래하는 것을 의미하는 것으로, 장애인과 그를 둘러싼 주변 환경과의 관계에서 발생되는 문제를 말한다.

② 장애아동의 개념

장애아동복지지원법에서 장애아동(children with disability)이란 18세 미만의 사람 중 장애인복지법 제32조에 따라 등록한 장애인을 말하며, 이 외에 6세 미만의 아동으로 장애가 있다고 보건복지부장관이 별도로 인정하는 사람을 포함한다. 즉, 장애아동이란 장기간의 신체적, 정신적, 지적 혹은 감각적 손상(impairment)을 가지고 있어, 그 결과 다른 사람과 동등한 수준으로 사회에 참여하는 데에 여러 가지 방해를 경험하게 되는 18세까지의 아동을 말한다(이재연 외, 2018 재인용).

(2) 장애의 유형

장애인복지법 제32조에 의하여 장애인으로 등록할 수 있는 사람은 다음 〈표 8-2〉의 장애인의 분류에 해당하는 사람으로서, 장애인복지법 시행규칙 [별표 1]의 장애인의 장애 정도 표에서 정하는 기준에 부합하는 사람을 말한다.

〈표 8-2〉 장애인복지법에 따른 장애인의 분류

대분류	중분류	소분류	세분류
신체적 장애	외부 신체기능의 장애	지체장애	절단장애, 관절장애, 지체기능장애, 변형 등의 장애
		뇌병변장애	뇌의 손상으로 인한 복합적인 장애
		시각장애	시력장애, 시야결손장애
		청각장애	청력장애, 평형기능장애
		언어장애	언어장애, 음성장애, 구어장애
		안면장애	안면부의 추상, 함몰, 비후 등의 변형으로 인한 장애
	내부기관의 장애	신장장애	투석치료 중이거나 신장을 이식받은 경우
		심장장애	일상생활이 현저히 제한되는 심장기능 이상
		간장애	일상생활이 현저히 제한되는 만성·중증의 간기능 이상
		호흡기장애	일상생활이 현저히 제한되는 만성·중증의 호흡기기능 이상
		장루·요루장애	일상생활이 현저히 제한되는 장루·요루
		뇌전증장애	일상생활이 현저히 제한되는 만성·중증의 뇌전증
정신적 장애	발달장애	지적장애	지능지수가 70 이하인 경우
		자폐성장애	소아청소년 자폐 등 자폐성장애
	정신장애	정신장애	조현병, 조현정동장애, 양극성정동장애, 재발성우울장애

출처 : 보건복지부(2019). 2019년 장애등록심사 규정집(보건복지부 고시 제2019-117호), p. 3.

(3) 장애아동 현황

2020년 장애인실태조사에 의하면, 우리나라의 등록 장애인은 262.3만 명(2020년 5월 기준)으로 2017년에 비해 약 4.2만 명 증가하는 등 지속적인 증가 추세를 보이고 있다(보건복지부, 2020c). 2021년 연령별 장애아동 수는 〈표 8-3〉과 같다. 0~4세가 5,772명, 5~9세가 25,793명, 10~14세가 26,554명, 15~19세가 32,056명 등 연령이 높아질수록 장애아동 수도 증가한다. 이는 후천적 원인으로 장애가 발생됨을 알 수 있다. 모든 연령에서 여아보다 남아가 더 많은 것은 여아보다 남아가 활동성이 높은 데에 기인한다고 볼 수 있다.

〈표 8-3〉 연령별 장애아동 수

(단위 : 명)

나이(세)	남	여	합 계
0~4세	3,509	2,263	5,772
5~9세	17,623	8,170	25,793
10~14세	17,712	8,842	26,554
15~19세	20,511	11,545	32,056

출처 : 보건복지부(장애인정책과). 2021년 보건복지통계연보, p. 281.

① 장애아동 보육사업 현황

장애아동이 다니고 있는 어린이집의 형태를 살펴보면, 〈표 8-4〉와 같다. 구체적으로 살펴보면, 전체 '다니지 않음'이 77.2%로 가장 비율이 높았다. 다음은 '일반어린이집' 11.3%와 '장애아 통합어린이집' 3.9%로 나타났다. 지적장애인이 이용하는 현재 어린이집의 형태는 일반 어린이집(9.4%), 장애아 통합어린이집(3.2%) 등으로 조사되었다.

〈표 8-4〉 다니고 있는 어린이집 형태

(단위 : %, 명)

구분	지체 장애	뇌병변 장애	시각 장애	청각 장애	언어 장애	지적 장애	자폐성 장애	정신 장애	신장 장애	심장 장애	호흡기 장애	간 장애	안면 장애	장루 요루 장애	뇌전증 장애	전체
일반어린이집	-	6.5	41.9	32.7	21.0	9.4	5.8	-	-	-	-	27.3	-	-	-	11.3
장애아통합어린이집	-	2.5	-	-	14.3	3.2	4.4	-	-	-	-	-	-	-	-	3.9
장애아전문어린이집	-	5.0	-	-	-	-	5.0	-	-	-	-	-	-	-	-	2.1
기타	-	6.9	-	-	10.6	8.2	1.4	-	-	-	-	-	-	-	-	5.5
다니지 않음	-	79.1	58.1	67.3	54.1	79.1	83.4	-	100.0	100.0	-	72.7	100.0	100.0	100.0	77.2
계	-	100.0	100.0	100.0	100.0	100.0	100.0	-	100.0	100.0	-	100.0	100.0	100.0	100.0	100.0
전국 추정수	-	7,483	1,295	2,633	3,463	17,527	11,404	-	324	227	-	534	25	53	113	45,082

출처 : 보건복지부(2020c). 2020년 장애인실태조사, p. 312.

② 특수교육 대상자 수

특수교육 대상자는 장애인 등에 대한 특수교육법(제2조 및 제15조)에 의해서, 교육장 또는 교육감이 특수교육지원센터의 진단 · 평가 결과에 따라 특수교육을 필요로 하는 사람으로 선정한 장애영유아 및 아동을 의미한다. 특수교육대상자 수를 살펴보면, 〈표 8-5〉와 같다.

〈표 8-5〉 학교 과정별 특수교육 대상자 수(2022. 4. 1. 기준)

배치별	특수학교	일반학교		특수교육 지원센터	합 계 (2022년)
		특수학급	일반학급 (전일제 통합학급)		
장애영아	105	-	-	254	359
유치원	999	5,291	1,958	-	8,248

초등학교	9,355	30,964	8,129	-	48,448
중학교	6,162	11,317	3,983	-	21,462
고등학교	6,251	10,172	3,444	-	19,867
전공과	5,107	204	-	-	5,311
합 계	27,979	57,948	17,514	254	103,695

출처 : 교육부(2022b). 특수교육통계, p. 3.

장애영유아의 발달적 특성과 교육적 개입의 중요성을 고려하여 장애인 등에 대한 특수교육법에서 규정하는 장애아동의 종류를 살펴보면, 시각장애, 청각장애, 지적장애, 지체장애, 정서 · 행동장애, 자폐성장애, 의사소통장애, 학습장애, 건강장애, 발달지체로 분류하고 있다. 장애유형별 특수교육 대상자 수를 살펴보면, 〈표 8-6〉과 같다.

〈표 8-6〉 연도별 장애영역별 학생 수

(단위 : 명)

구 분	2018년	2019년	2020년	2021년	2022년
합 계	90,780	92,958	95,420	98,154	103,695
시각장애	1,981	1,937	1,908	1,826	1,753
청각장애	3,268	3,225	3,132	3,026	2,961
지적장애	48,747	49,624	50,693	51,788	53,718
지체장애	10,439	10,200	9,928	9,695	9,639
정서 · 행동장애	2,221	2,182	1,993	1,874	1,865
자폐성장애	12,156	13,105	13,917	15,215	17,024
의사소통장애	2,081	2,204	2,404	2,450	2,622
학습장애	1,627	1,409	1,226	1,114	1,078
건강장애	1,758	1,763	1,785	1,799	1,948
발달지체	6,502	7,309	8,434	9,367	11,087

출처 : 교육부(2022b). 특수교육통계, p. 4.

(4) 장애아동 복지 관련 정책

장애아동복지지원법은 국가와 지방자치단체가 장애아동의 특별한 복지적 욕구에 적합한 지원을 통합적으로 제공함으로써 장애아동이 안정된 가정생활 속에서 성장하고 사회에 참여할 수 있도록 하기 위해 장애아동 가족의 부담을 줄이는 데 그 목적을 가지고 있다. 또한 장애아동을 위한 별도의 서비스 지원체계를 구축하여 장애아동을 위한 복지지원을 제공해야 한다.

장애아동을 위한 복지지원서비스의 내용은 다음과 같다.

① 수당제도

국민기초생활보장법에 의한 수급자 및 차상위 계층의 만 18세 미만 등록 장애아동(만 20세 이하로서 초·중등교육법에 따른 학교에 재학 중이거나 휴학 및 의무교육대상자, 유예자 포함)에게 최대 월 20만 원까지 장애아동수당이 지급된다.

② 의료비 지원

장애아동복지지원법 제19조에 따르면 국가와 지방자치단체는 장애아동의 의료적 욕구에 따라 적절한 의료비 지원을 할 수 있다. 제1항의 의료비 지원은 국민건강보험법과 의료급여법에 따라 제공되는 의료에 드는 비용 중 장애아동의 부담을 지원하는 것으로 한다. 제1항의 의료비 지원의 지원대상·기준·범위 및 방법 등에 관한 사항은 장애인복지법 제36조에 따른다고 하였다.

③ 보조기구 지원

장애아동복지지원법 제20조에 따르면 국가와 지방자치단체는 장애아동의 학습과 일상생활 활동에 필요한 보조기구를 교부·대여 또는 수리하거나 구입 또는 수리에 필요한 비용을 지급할 수 있다.

④ 발달재활서비스 지원

장애아동복지지원법 제21조에 따르면 국가와 지방자치단체는 장애아동의 인지, 의사소통, 적응 행동, 감각·운동 등의 기능향상과 행동발달을 위하여 적절한 발달재활서비스(이하 "발달재활서비스"라 한다)를 지원할 수 있다.

⑤ 보육지원

장애아동복지지원법 제22조에 따르면 국가 및 지방자치단체는 영유아보육법 제10조에 따른 어린이집 또는 유아교육법 제2조 제2호에 따른 유치원을 이용하지 아니하는 장애 영유아에게 영유아보육법 제34조의2에 따라 양육수당을 지급할 수 있다.

⑥ 가족지원

장애아동복지지원법 제23조에 따르면 국가와 지방자치단체는 장애아동의 가족이 장애아동에게 적합한 양육 방법을 습득하고 가족의 역량을 키울 수 있도록 가족상담 · 교육 등의 가족지원을 제공할 수 있다.

⑦ 돌봄 및 일시적 휴식서비스 지원

장애아동복지지원법 제24조에 따르면 국가와 지방자치단체는 장애아동 가족의 일상적인 양육 부담을 경감하고 보호자의 정상적인 사회활동을 돕기 위하여 돌봄 및 일시적 휴식지원 서비스를 제공할 수 있다.

⑧ 지역사회 전환서비스 지원

장애아동복지지원법 제25조에 따르면 국가와 지방자치단체는 장애아동이 18세가 되거나 초 · 중등교육법 제2조의 고등학교와 이에 준하는 각종 학교 또는 장애인 등에 대한 특수교육법 제24조의 전공과를 졸업한 후 주거 · 직업체험 등의 지역사회 전환 서비스를 제공하도록 노력하여야 한다.

⑨ 문화 · 예술 등 복지지원

장애아동복지지원법 제26조에 따르면 국가와 지방자치단체는 이 법에서 정한 복지지원 외에 문화 · 예술 · 스포츠 · 교육 · 주거 등의 영역에서 장애아동에게 필요한 서비스가 지원되도록 최대한 노력하여야 한다.

(5) 아동의 발달장애

발달장애는 정신장애진단 및 통계편람(DSM : Diagnostic and Statistical Manual of Mental Disorders)으로, 미국정신의학협회(APA : American Psychiatric Association)에서

발간한 것으로, 정신질환의 진단에 있어 전 세계적으로 가장 널리 사용되고 있는 분류기준이다(강순희 외, 2020). 따라서 정신장애 진단 및 통계편람에서 제시하는 아동기의 대표적인 행동장애로 나타나는 주의력결핍 과잉행동장애, 학습장애, 틱장애, 품행장애 및 심리적 장애로 나타나는 불안장애, 조현병 등에 대해서 구체적으로 알아보고자 한다.

① **주의력결핍 과잉행동장애**(Attention Deficit Hyperactivity Disorder)

주의력결핍 과잉행동장애(ADHD)는 부주의, 충동성, 과잉행동이 핵심 증상이고 학령 전기와 학령기에 가장 빈번하게 나타나는 소아기 정신장애이다(APA, 1994). ADHD는 매우 산만하고 부주의한 행동이 나타날 뿐만 아니라 한시라도 가만히 있지 못하고 충동적인 과잉행동을 보이는 경우를 말한다(강순희 외, 2020). 즉, 낮은 집중력으로 인한 짧은 주의집중 기간, 충동성 및 과다 활동이 특징적인 증상이며, 대개 7세 이전에 발병하고 성인기까지 지속된다. 적절한 치료 시기를 놓치면 정상적인 학습, 대인관계, 학교생활에 큰 지장을 주며 성인이 되어서도 사라지지 않는다(강순희 외, 2020).

② **학습장애**(learning disorder)[3)]

넓은 의미의 학습장애는 지적장애나 뇌손상, 정서적 문제 등을 포함한 다양한 요인에 의해서 학습에 어려움을 보이는 경우를 모두 포함할 수 있다. 좁은 의미로는 정상지능을 가진 아동이 학업적 기술을 학습하는 데 실패한 경우를 말한다. 낮은 지능으로 인한 학습지진과 학업 실패를 우울, 불안 등 정서적 문제에 기인되어 학습에 어려움을 보이는 학습부진과 구분하기 위해 이를 특정 학습장애라고 명시하기도 한다.

③ **틱장애**(tic disorder)

틱이란 일반적으로 흔히 얼굴 부위에서 발생하는 경련을 뜻하며, 의학적으로는 자신의 의지와 무관하게 갑자기 빠르게 반복적으로 불규칙하게 근육

---

3) 학습장애 : https://100.daum.net/encyclopedia/view/145XXXXXX1710 (2022. 7. 7. 인출)

이 움직이거나 이상한 소리를 내는 것을 말한다(강순희 외, 2020). 가장 흔한 형태는 얼굴을 찡그리거나 입맛을 다시거나 코를 킁킁거리거나 눈을 깜빡이거나 목에서 이상한 소리를 내는 등 증상들은 매우 다양하다. 틱은 반드시 18세 이전에 시작하며 대개 4~6세 사이에 시작된다. 틱의 종류는 크게 근육 틱과 음성 틱으로 구분되고, 근육 틱과 음성 틱 모두 단순과 복합으로 다시 구분되며, 기타 외설증, 동어 반복증, 반향 언어증 등이 있다(강순희 외, 2020).

④ 아동기 품행장애(disruptive behavior disorder)[4)]

품행장애(conduct disorder)는 지나친 공격성, 타인을 해치는 행위, 자기 물건이나 남의 물건을 파괴하는 행동, 사기와 도둑질, 그 나이에 지켜야 할 규칙들을 빈번히 어기는 것 등이 특징이지만, 아동기 행동장애는 정신과 진단명으로는 포괄적으로 '파괴적 행동장애(disruptive behavior disorder)'라 불리며, 그 안에 적대적 반항장애와 품행장애가 포함된다. 부모나 어른에게 반항적인 태도를 일부 보이는 것은 발달과정에서 오는 정상적인 면으로 볼 수 있지만, 적대적 반항장애나 품행장애의 진단이 내려지는 경우는 그 정도와 문제행동의 빈도가 심하여 정상 발달과정으로 받아들일 수준을 훨씬 넘어서는 경우에 해당한다.

⑤ 불안장애(anxiety disorder)[5)]

불안은 인간이 낯선 환경에 적응하려고 할 때 나타나는 가장 기본적인 반응이다. 통상적으로 '마음이 편하지 않고 조마조마한 상태'를 '불안'이라고 하지만, 정신의학에서 '불안'은 '근원이 확실하지 않은 큰 위험이 닥쳐올 것 같은 예감 때문에 생기는 걱정, 긴장, 불편함'을 의미한다. 주된 증상은 공포감이나 불안감과 같은 심리적인 반응과 두통이나 불면, 호흡 곤란이나 근육 긴장과 같은 신체적인 증상으로 나타나며, 장애의 종류에 따라 차이가 있다.

---

4) 아동기 품행장애 : https://100.daum.net/encyclopedia/view/145XXXXXX3670 (2022. 7. 7. 인출)
5) 불안장애 : https://100.daum.net/encyclopedia/view/47XXXXXb1852 (2022. 7. 7. 인출)

⑥ 조현병(schizophrenia)

뇌의 신경계 혹은 마음의 조율이 제대로 되지 않아 뇌의 기능에 문제가 생기지만 치료를 통해 신경계와 마음의 균형을 맞출 수 있다는 의미이다. 일반적으로 조현병 환자는 대인관계를 피하고 말수가 적으며 외부 활동을 잘 안 하려는 증상을 가지고 있다. 이러한 증상을 음성증상이라고 부른다. 그러나 겉으로 드러나는 양성증상도 있으며 가장 대표적인 증상이 환청과 망상이다. 치료는 약물치료와 인지행동치료를 비롯한 정신치료와 가족치료가 조현병 회복에 도움이 된다.

2. 아동안전

인간은 누구나 안전한 생활을 원하면서도 일상생활 속에서는 안전을 경시하거나 전혀 의식하지 못하는 경향이 있다. 이것을 안전 불감증이라고도 한다. 사고가 난 다음에 안전의 소중함을 깨닫게 된다. 아동이 안전하고 건강하게 성장할 수 있도록 토대를 만드는 것은 우리 모두의 책임이다. 2003년 어린이안전 원년을 선포한 후 '어린이안전종합대책'을 수립하여 적극적 정책을 펼쳐나감으로써 안전사고의 사망률이 현저하게 감소되었다(김미숙, 2016). 아동의 안전을 위협하는 여러 가지 환경적 요소로부터 안전한 생활의 유지하기 위해 위험요인을 제거하고, 동시에 아동 스스로 사고의 위험을 미연에 방지할 수 있도록 안전교육을 통해 안전에 대한 지식, 태도, 습관을 길러서 자발적인 자기 보호와 타인의 피해를 최소화하여야 한다.

1) 아동과 안전사고

(1) 안전의 개념

안전이란 위험이 생기거나 사고가 날 염려가 없이 편안하고 온전한 상태라고 할 수 있다. 급변하는 사회 속에 살아가는 개인은 자신이 살고 있는 공간이나 지역이 안전하다고 느껴야만 안전한 사회라고 볼 수 있다. 이때의 안전이란 어떤 재해나 위급 상황으로부터 신체가 온전히 보존된다는 것을 의미한다. 안전은 위험에 대비되는 개념이지만 안전한 상태는 존재하지 않는다.

안전의 사전적 의미는 '편안하고 온전함', '조금도 탈이나 위험이 없는 상태'로 정서적으로 안전하며 질서가 유지되는 상태를 말한다. 이러한 상태는 사고가 일어날 확률이 낮다.

(2) 안전의 중요성

현대사회는 산업과 과학의 발달로 생활이 편리해졌으나, 그에 따른 사회구조도 다양하고 복잡해서 사람의 생명과 안전을 위협하는 요인이 그만큼 늘어났다. 이러한 각종 사고를 미연에 예방하고 안전한 사회문화를 정착시키기 위하여 아동기부터 안전에 대한 올바른 지식, 태도, 그리고 습관을 형성할 필요가 있다(김일옥 외, 2012). 아동기의 안전사고는 성인에 비해 사망이나 중상의 비율이 높고 성장발달과 정서 상태에 심각한 영향을 끼쳐 주의가 필요하다.

아동의 안전사고는 그들의 생명과 건강을 위협하는 중요한 문제로 사전에 충분히 예방할 수 있고 사고에 따라 적절하게 대처함으로써 그 피해를 줄일 수 있다(이영환 외, 2016).

(3) 사고에 대한 취약성

아동은 성인에 비해 안전사고에 취약하다. 그 이유는 다음과 같다(김일옥 · 이정은, 2012).

① 미성숙한 존재

아동은 사고력, 이해력 등의 인지 수준이 미흡하고, 근육조절 능력이 부족하여 낙상하거나 미끄러지는 경우가 발생하며, 행동 기술이 능숙하지 못해서 운동기구나 놀이기구를 잘 다루기가 어렵다.

② 성인 중심의 생활환경

급격한 산업화와 도시화로 안전한 놀이공간이 부족하고 사회적 시설과 설비가 거의 성인에 맞게 구성되어 있다. 예를 들면, 엘리베이터 및 에스컬레이터의 손잡이, 지하철과 버스의 계단 및 손잡이 등이 아동의 신체 규격에 맞지 않아 안전하게 사용하기 어렵고 불안하다.

③ 경험과 안전교육의 부족

아동은 성인에 비해 경험이 부족하고 순발력 등 대처 능력도 떨어진다. 또한 가정에서의 안전교육이 부족할 뿐만 아니라 영유아교육기관이나 학교에서의 체계적인 교육이 부족하다.

④ 안전 불감증과 낮은 준법 수준

사회 전반에 안전 불감증이 뿌리박혀 있으며, 법이 있어도 지키지 않는 성인들의 모습을 아동들이 그대로 모방학습을 한다.

2) 안전교육

(1) 안전교육의 개념

안전교육은 재해로부터 사고를 예방하기 위한 목적으로 하는 교육을 말한다. 또한 아동의 안전교육의 개념은 사고에 대한 예방적인 차원을 강조한다. 이는 아동을 둘러싼 일상생활 속에서 사고나 재해로 인한 재산적 피해, 신체적 부상이나 상해 또는 사망에 이르는 여러 가지 요인을 사전에 예방하고 방지함으로써 아동이 받는 피해나 손실을 최소화함을 의미한다(김일옥 · 이정은, 2012). 따라서 아동안전교육의 개념을 정리하면 다음과 같다(한국산업안전공단, 1995).

① 안전을 위해 필요한 사항을 이해시키는 지식교육
② 위험 요소를 예측하고 예방하거나 신중히 행동하는 태도교육
③ 안전하게 행동할 수 있는 기능교육

(2) 안전교육의 필요성

아동안전교육의 필요성은 다음과 같이 다섯 가지로 요약할 수 있다(김일옥 · 이정은, 2012; 윤매자 외, 2012).

① 아동은 성인의 보호나 사고 예방에 한계가 있어 아동 스스로 자기방어적 자세나 사고 위험에 대처하는 능력이 필요하다.
② 아동기는 사회적 상호작용을 적극적으로 하는 시기이므로 생활 주변에서의 위험을 인식하고 자신을 보호할 수 있어야 하므로 안전교육이 필요하다.
③ 아동에게 일어나는 사고를 예방하기 위해서 사고가 일어날 수 있는 기존의 환경적 요인에서 아동의 눈높이에 맞도록 하는 위험 요소를 발굴하여 법적 조치 및 제도적 개선이 필요하다.
④ 안전교육을 통해 사고를 유발할 수 있는 행동을 변화시켜 아동이 올바른 상황판단을 함으로써 사고를 방지할 수 있다.
⑤ 사고에 취약한 아동의 특성을 감안하여 부모, 교사, 주변 사람들의 올바른 인식이 필요하다.

(3) 안전교육의 내용

한국산업안전공단(현 안전보건공단, 1996)은 아동의 안전사고를 유발할 수 있는 요인을 기준으로 하여 안전교육을 위한 지도 내용을 선정하였다. 즉, 아동이 생활하는 데 다양한 상황에서 아동의 안전을 도모하기 위한 교육내용이다. 안전교육 지도 내용을 살펴보면 다음과 같다(윤매자 외, 2012).

① 교통안전교육

교통사고는 우리나라 아동 사망원인 중 1위이다. 이러한 교통사고를 예방하기 위해서는 교통안전에 대한 올바른 습관, 태도를 갖게 하는 것이 중요하다. 교통안전교육을 통해 안전한 보행의 중요성을 알게 하여 길을 건널 때는 반드시 횡단보도를 이용하도록 하며, 신호등을 올바로 이해하여 녹색불이 켜졌을 때 길을 건너도록 지도한다.

② 화재안전교육

화재로부터 사고를 예방하기 위해서 화재에 대한 안전 수칙을 알고 화재가 일어났을 때 대피하는 요령을 교육한다. 즉, 비상구의 용도 및 대피장소, 비상벨 사용법, 도움 요청하는 방법 등을 지도한다.

③ 재난안전교육

지구온난화 및 환경오염, 온실가스 등의 배출로 홍수, 지진, 집중폭우 등 자연재해가 발생하고, 안전 불감증 및 책임 의식 부재 등으로 폭발, 붕괴사고 등과 같이 인위적 원인에 의해 사고가 발생하여 우리의 생명과 재산에 피해를 주는 것을 예방하기 위해 아동을 포함하여 재난안전교육 및 국민행동요령을 익혀 피해를 최소화시키고, 대처하는 방법에 대해 지도한다(국민재난안전포털, 2022).

④ 약물오남용교육

약물의 오남용으로 인한 중독의 위험성을 아동에게 알리고 약물을 함부로 만지거나 먹지 않도록 올바른 약물의 사용법을 지도한다.

⑤ 실종 · 유괴예방교육

유괴를 당하지 않으려면, 모르는 사람이 주는 돈, 과자, 음료수 등을 받지 않고, 아동의 이름, 사는 곳, 전화번호 등을 알려주지 않으며, 길을 물으면 그곳까지 따라가지 않고, 부모님께 허락을 받아야 한다는 것을 인식시킨다. 또한 모르는 사람의 차에 타지 않고, 큰길로 다니고, 밤늦게까지 밖에서 놀지 않으며, 외출할 때 행선지를 부모에게 알리고, 귀가 시간은 약속을 지키도록 지도한다(경찰청 · 실종아동찾기센터, 2022).

3) 심폐소생술

심폐소생술이란 임상적 사망에서 생물학적 사망으로 진행되는 것을 방지하고 순환을 회복시켜 주는 중요한 처치이다(김일옥 · 이정은, 2012). 뇌에 4~6분 이상 산소공급이 중단되면 뇌사가 시작될 수 있으므로, 즉시 구조 호흡을 해서 생명을 유지해야 한다. 심정지가 발생하면 빠른 시간 내에 인공적으로 호흡과 혈액 순환을 유지시켜 주어야 하므로 이때 심폐소생술을 해야 한다.

(1) 응급상황 시 세 가지 행동 요령

① 상황과 부상자를 확인한다.
② 119나 응급의료기관에 연락한다.
③ 부상자를 응급처치한다.

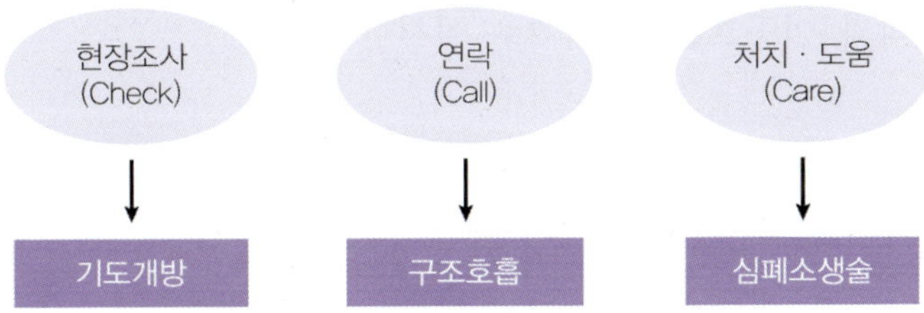

그림 8-1 의식이 없는 환자의 확인

(2) 소아 심폐소생술(1~8세)

심폐소생술의 기본 원리는 아동(소아 : 8세 미만)과 성인이 모두 같다. 다만, 영아는 심폐정지를 유발하는 원인이 성인과 다르며 체구가 작기 때문에 대상자의 체구를 고려하여 심폐소생술의 방법을 변경해서 적용해야 한다. 아동의 심정지 주원인은 대체로 다음과 같은 경우로 발생하는 호흡정지이다. 예를 들면, 장난감, 단추, 동전, 사탕 등에 의한 기도폐쇄, 약물중독, 익수, 영아돌연사증후군 등이다.

소아 심폐소생술의 처치과정은 다음과 같다(김일옥 · 이정은, 2012).

① 주변에 위험요소가 있는지 현장 안전을 확인한다.
② 응급의료체계에 신고한다.
③ 신체 부위를 가볍게 자극하여 의식유무를 확인하고 의식이 없으면 흉부압박과 인공호흡을 30 : 2의 비율로 한 주기로 하며 5주기(약 2분) 실시한다.
④ 머리와 목을 잘 지지하면서 똑바로 눕힌다.
⑤ 어깨 밑에 수건을 접어 넣어서 기도를 일직선으로 열어준다.
⑥ 호흡 상태를 확인하기 위해 보고, 듣고, 느끼는 방법으로 10초 이내로 호흡상태를 평가한다.
⑦ 2회 인공호흡을 실시한다.
⑧ 흉부 압박점을 찾아 분당 100회 속도로 누르며, 압박 사이의 중간시간을 최소화(10초 이내)로 한다.
⑨ 흉부 압박과 인공호흡을 30 : 2로 실시한다.

(3) 성인 심폐소생술(8세 이상)

성인 심폐소생술의 처치과정은 다음과 같다(김일옥 · 이정은, 2012).

① 환자의 반응을 살핀다. 척추부상이 의심되면, 반드시 필요한 경우에만 움직인다.
② 응급의료체계에 신고한다.
③ 환자를 똑바로 눕힌다.
④ 기도를 열어준다. 머리를 뒤로 젖히고 턱을 들어 올린다.
⑤ 10초 이내에 호흡을 확인한다.
⑥ 2회 인공호흡을 실시한다.
⑦ 순환 상태를 확인한다.

⑧ 흉부 압박을 실시한다. 흉골의 아래쪽 절반 부위를 분당 100회 속도로, 약 4~5cm 깊이로 압박하며, 압박과 이완의 시간을 1 : 1 비율로 하고, 흉부 압박과 인공호흡을 30 : 2로 실시한다.

4) 상황에 따른 응급처치[6)]

(1) 머리를 다쳤을 때

① 환자를 움직이지 않도록 몸과 목을 고정시킨다.
② 구토물이 기도로 넘어가지 않도록 머리에 수건을 말아 넣어주고 몸을 비스듬히 누인다.
③ 외상이 있는 경우 깨끗한 거즈로 덮고 세게 압박하여 지혈시킨다.
④ 혹이 생겼을 경우 차가운 찜질을 하고 푹 쉬게 한다.
⑤ 토하거나 경련, 청색증, 계속 잠이 올 때, 귀나 코로 피가 날 때는 즉시 병원으로 간다.

(2) 출혈이 있을 때

① **출혈이 심하지 않은 경우** : 흙이나 더러운 것이 묻었을 때는 깨끗한 물로 상처를 씻어주고, 소독된 거즈를 상처에 대고 치료한다.
② **출혈이 심한 경우** : 즉시 지혈을 하고 출혈 부위를 높게 하여 안정되게 눕히고, 즉시 병원으로 이송한다.

(3) 치아가 부러지거나 빠졌을 때

① 사고로 상해로 치아가 빠진 경우, 치아 이식이 가능하도록 처치한다.
② 부러지거나 빠진 치아는 찾아서 올바른 방법(젖은 거즈, 혀 밑 등)으로 보관하

6) 이영환 · 고선옥 · 김경신 · 김정희 · 이수재(2016). 아동안전관리. 창지사, pp. 287-293 발췌 및 재구성.

여 30~60분 이내로 치과에 가져간다.

③ 치아가 빠져 통증과 출혈이 있는 경우, 거즈나 솜을 물어 지혈시키고 차가운 물수건을 대주어 통증을 감소시킨다.

④ 치아 부위에 외상을 입은 경우, 치아 주위 조직과 뿌리에 손상을 주어 치아 건강에 악영향을 주므로 반드시 치료를 받는다.

(4) 고열이 날 때

① 추워하면 따뜻하게 해주고, 미지근한 물로 전신을 닦아준다.

② 고열로 땀을 많이 배출하면 수분을 공급해 준다.

③ 고열이 떨어지지 않을 경우, 의사의 지시를 받도록 한다.

(5) 물에 빠졌을 때

① 구조해서 즉시 편평한 곳에 눕히고 호흡의 여부를 확인한다.

② 호흡이 극도로 미약하거나 호흡이 없을 경우, 기도를 열어주고 심폐소생술을 실시한다.

③ 긴급구조에 요청하고 인공호흡 또는 심폐소생술을 하면서, 체온이 떨어지지 않게 이불이나 담요 등으로 따뜻하게 하여 저체온이 되지 않도록 한다.

(6) 중독되었을 때

① **의식이 있는 경우** : 무엇을 먹었는지, 가리켜 보거나 말하게 하고, 독극물의 종류를 파악하여 119, 가까운 병원응급실에 전화해 독극물의 종류를 말하고 적절한 응급처치를 받도록 한다. 또한 표백제, 제초제 등 부식성 독극물은 절대 토하게 해서는 안 된다.

② **의식이 없는 경우** : 병원의 응급실이나 119 구조대에 신속히 전화하여 병원으로 가도록 하며, 먹은 것으로 추정되는 잔여분이나 빈 약병 등을 챙겨서 간다.

(7) 화상을 입었을 때

① 흐르는 물에 10~15분 동안 충분히 열을 식힌다.

② 열을 식힌 후, 화상에 바르는 크림이나 거즈를 붙여서 상처를 보호한다.

③ 부분 화상인 경우 물집을 터트리지 않는다.

④ 화상 부위에 옷이 달라붙었을 경우, 무리하게 벗기지 말고 가위를 사용하여 잘라낸다.

⑤ 화상 부위가 넓거나 깊으면 반드시 화상치료 병원으로 후송한다.

⑥ 전기에 의한 화상인 경우, 감전 물체를 차단하고 감전 부위를 살펴보고 반드시 전문의사의 치료를 받도록 한다. 이때 환자는 감전의 위험이 있기 때문에 함부로 만지지 않는다.

⑦ 화학약품에 의한 화상의 경우, 흐르는 물에 화학약품을 즉시 제거하고, 눈 부위일 때, 낮은 수압의 흐르는 물로 씻어내고 즉시 병원으로 후송한다.

(8) 경련을 일으킬 때

① 옷을 느슨하게 해주고 머리 아래에 베게, 이불을 갈아 충격을 최소화시킨다.

② 혀를 물지 않도록 나무젓가락에 거즈나 손수건을 감아서 입 옆으로 넣어서 치아와 치아 사이에 물린다.

③ 경련이 멈춘 후에는 반듯하게 눕히고 고개를 옆으로 돌려 토한 것이 기도를 막지 않도록 제거해 준다.

④ 경련이 지속될 때 반드시 의사의 진료를 받도록 한다.

3. 실종아동의 보호

실종아동을 보호하기 위해, 2006년 실종아동 등의 보호 및 지원에 관한 법률(약칭 : 실종아동법)을 제정 · 시행하게 되었다. 실종아동에 대한 보호는 타법개정을 통해 2014년 법률 제12844호에 의해 최종 공포되었다. 실종아동 조기 발견 지침과 관련된 유통산업발전법, 관광진흥법, 도시철도법, 여객자동차 운수사업법, 공항시설법, 항만법, 철도산업발전기본법, 체육시설의 설치 · 이용에 관한 법률, 공연법, 박물관 및 미술관 진흥법 등의 법률은 조기 발견을 위한 교육, 훈련, 지도, 감독 등이 명시되어 있다.

1) 실종아동의 이해

실종아동이란 납치, 유인, 유기, 사고, 가출, 길을 잃는 등의 사유로 인하여 보호자로부터 이탈된 실종 당시 18세 미만인 아동, 지적 · 자폐성 · 정신장애인 · 치매질환자를 포함한다. 단, 장애인은 연령 구분 없이 그 대상이 될 수 있다(실종아동 등의 보호 및 지원에 관한 법률 제2조).

매년 세계 실종아동의 날(International Missing Children's Day)인 5월 25일을 기념하여 실종아동에 대한 일반인들의 인식 확대와 지속적인 관심을 고취하고, '실종아동 및 실종예방'의 중요성을 알리고 있다(아동권리보장원 · 실종아동전문센터, 2022).

2) 실종아동의 현황

실종아동 등의 보호 및 지원사업의 목적은 취약계층인 아동 및 장애인(지적 · 자폐성 · 정신)의 실종 예방을 위한 교육 및 홍보, 장기실종아동 가족 지원을 통한 가족해체를 예방하기 위함이다. 실종아동 · 장애인 발생 및 가족 복귀 현황을 살펴보면, 〈표 8-7〉과 같다.

〈표 8-7〉 실종아동 · 장애인 발생 및 가족 복귀 현황

(단위 : 명)

년도	총 계		18세 미만		장애인(지적 · 자폐 · 정신)	
	접수	미발견	접수	미발견	접수	미발견
2020	26,224	152	19,146	105	7,078	47
2019	29,911	174	21,551	99	8,360	75
2018	30,861	22	21,980	10	8,881	12
2017	28,481	12	19,956	5	8,525	7
2016	28,412	8	19,870	5	8,542	3

※ 접수 : 해당년도 기준, 미발견 : 2020년 12월 말 기준/ 미발견은 시간이 지남에 따라 감소됨
출처 : 경찰청(2020). 실종아동 · 장애인 발생 및 가족 복귀 통계(2020. 12. 31. 기준).

3) 실종아동 등의 보호 및 지원사업

(1) 실종아동전문센터

실종아동전문센터는 실종아동 등의 보호 및 지원에 관한 법률을 근거로, 아동권리보장원에서 운영하고 있다. 2005년부터 2017년 초록우산어린이재단에서 실동아동전문기관으로 운영, 2018~2019년 7월 중앙입양원 실종아동전문기관으로 운영되었으며, 아동권리보장이 2019년 7월에 출범됨에 따라 현재 아동권리보장원에서 운영한다. 실종아동전문센터는 2019년 아동권리보장원으로 통합되어 보건복지부의 위탁을 받아 실종아동 등과 관련된 사업을 수행하고 있다.

(2) 실종아동 등의 보호 및 지원사업

실종아동전문센터에서는 실종아동 찾기지원사업, 실종아동 가족지원사업, 실종홍보사업, 실종예방교육사업 등 네 가지 지원사업을 추진하고 있다(아동권리보장원 · 실종아동전문센터, 2022).

① 실종아동찾기 지원사업

- 실종 발생 후, 경찰 수사와 더불어 아동과 장애인을 찾기 위해 개별전단, 현수막, 명함 세트 등을 제작하여 지원한다.
- 유전자 등록을 통해 실종아동이 가족의 품으로 돌아가도록 지원한다.
- 경찰서로부터 송부받은 아동, 장애인, 보호자의 유전자 시료를 코드화하고, 국립과학수사연구원에 검사 의뢰 및 데이터베이스를 구축하여 가족 상봉을 지원한다.
- 보호시설과 정신의료기관의 경우 보호자가 확인되지 않은 아동을 보호하게 되었을 경우 아동 신상카드를 통해 실종아동을 찾는 보호자와 유전자를 비교하여 가족을 찾을 수 있도록 지원한다.
- 장애가 있는 지적 · 자폐성 · 정신장애인의 반복 실종을 예방하고자 손목밴드형, 고리형 위치추적 단말기를 지원한다.
- 장기실종의 경우 가족들이 고령화되어 실종아동찾기 활동하기가 어려운 경우 포스터를 제작하여, 주민센터, 경찰서, 아동복지시설 등 관계시설에 배포한다.

▌그림 8-2▐ 실종신고요령

출처 : 아동권리보장원 · 실종아동전문센터(2022).

② 실종아동 가족지원 사업

실종아동 가족들은 실종된 가족을 찾기 위해 비용부담이 크고, 경제활동에 집중하지 못하며, 스트레스와 절망으로 심리적, 신체적 건강 악화를 경험한다. 또한 가족 간 갈등과 그로 인한 가족해체까지 경험할 수 있으므로 실종아동 가족지원 사업을 통해 그들의 전반적인 삶에 대해 지원한다(아동권리보장원 · 실종아동전문센터, 2022).

- 실종 발생 후 접수단계부터 상봉까지 유형별 맞춤형 사례관리 서비스를 제공한다.
- 실종가족 찾기 활동비와 실종가족 질병 · 정신건강 의료비를 지원한다.
- 실종가족 회의 및 간담회를 진행하여 정서 지지, 정보 공유, 의견 수렴 등의 서비스를 제공한다.
- 실종 가족들에게 접근성을 고려하여 상담기관을 연계하여 종합심리검사 및 장 · 단기 심리상담을 지원한다.

③ 실종홍보사업

실종아동 전문센터에서는 다양한 매체를 통해 전 국민을 대상으로 실종에 대한 사회적 관심을 제고하고, 실종예방의 중요성을 알리는 실종 홍보사업을 펼친다(아동권리보장원 · 실종아동전문센터, 2022).

- 실종아동 찾기 및 예방 온오프라인 홍보를 진행할 수 있도록 지원하여 실종아동 등 관련 기관의 역량 강화와 균형 있는 성장을 위해 지원한다.
- 공공기관, 기업 등 외부기관이 자체적으로 보유한 홍보 매체의 도움을 받아 실종아동 사진 및 정보를 홍보한다.
- SNS를 운영하여 센터의 사업 소식과 실종 관련 정보를 업로드한다.

④ 실종예방교육 사업

- 아동이 실종 위험 상황에 처했을 때 스스로 상황을 인식하고 적절히 대처하는 능력을 갖출 수 있도록, 만 3~18세 미만 아동, 종사자, 보호자를 대상으로 실종예방교육을 실시한다(아동권리보장원 · 실종아동전문센터, 2022).

- 아동의 관심과 흥미를 끄는 캐릭터를 통해 주목성을 높인 실종예방 동화책을 배포하여, 아동이 이야기를 통해 간접적으로 실종·유괴 예방교육을 경험하도록 지원한다.
- 코로나19의 지속으로 비대면 실종예방교육 콘텐츠를 제작하여 실종예방교육을 진행한다.

아동복지의 실천분야

PART 03

CHAPTER 09

아동보육

아동보육서비스는 사회변화와 함께 발전되어 왔으며, 영유아를 대상으로 무상보육에서 학교에 다니는 아동보육의 돌봄까지 사회적 책임으로 자리매김하고 있다. 보육서비스와 관련된 법률로 아동복지법, 영유아보육법 등에 의해 시행되고 있는 보편적 보육서비스와 유엔아동권리협약에 의해 아동권리를 존중하는 보육이념으로 발전하고 있다. 또한 2020년 제4차 표준보육과정에 의해 아동중심, 놀이중심의 보육과정으로 보육현장에서 실천하고 있다. 9장에서는 영유아보육서비스, 보육정책의 발달과 현황, 방과 후 아동보호 등에 대해 구체적으로 살펴보고자 한다.

1. 영유아보육서비스

'보육'이란 과거에는 탁아사업이라 하여 저소득층의 자녀들이 이용하거나 근로 또는 질병 등으로 자녀를 양육할 수 없는 경우에 보호자의 위탁을 받아 그 아동을 입소시켜 보호하는 사업이었다. 즉, 요보호아동을 위한 복지사업이라는 의미가 강하였다. 그러다가 1982년 12월 유아교육진흥법이 제정되어 탁아시설이라는 법적·행정적 용어는 폐지되었다가, 1989년 9월 아동복지법의 개정에 의해 다시 탁아시설로 부활되었다. 이후 여성단체 등의 보육에 관한 독립된 입법 요청에 따라 1991년 1월 영유아보육법이 제정되면서 '보육시설'로 바뀌었으며, 2011년 '어린이집'으로 명칭이 개정되었다(윤매자 외, 2017). 보육시설은 생활시설로, 어린이집은 이용시설로 구분할 수 있으며, 어린이집은 양육과 교육을 하는 기관으로 자리매김하게 되었다.

1) 보육서비스의 개념

영유아보육법 제2조에 의하면, '보육'이란 영유아를 건강하고 안전하게 보호하고 양육하는 것으로 영유아의 발달 특성에 맞는 교육을 제공하는 어린이집 및 가정양육 지원에 관한 사회복지서비스를 말한다. 이 법에서 '영유아'란 6세 미만의 취학 전 아동을 말하며, 보육은 어떠한 차별도 받지 아니하며, 영유아의 최선의 이익을 고려하여 제공되어야 한다고 명시하고 있다(제3조).

2) 보육서비스의 이념과 기능

보육서비스의 이념은 서비스 대상을 바라보는 시각에 따라 달라질 수 있다. 보육서비스의 이념은 기본적 보육관점, 대리적 보육관점, 보편적 보육관점으로 나누어 볼 수 있다. 이 세 가지 관점은 서로 강조하는 점이 다르지만 보완적인 관계를 가지며, 아동권리의 기본권 보장이라는 아동복지적 측면이 강조되어야 한다. 또한 국가의 재정적 현실과 우선순위라는 기준에 의해서 단계별로 확대되어야 한다. 현재 우리나라는 보편적 보육서비스로 자리매김하고 있다. 구체적으로 세 가지 보육관점을 윤매자(2019)에서 내용을 재구성하여 살펴보면 다음과 같다.

(1) 기본적 보육관점

기본적 보육관점은 계층 간의 불평등을 해소하는 방안 중의 하나로 저소득층의 기혼여성이 취업으로 인한 양육의 공백을 해소하는 데 초점을 맞춘 것이다. 아동복지의 기본 이념인 공평한 출발선이라는 명목으로, 영유아가 양육과 안전을 위협받을 정도로 보육 공백이 생겼을 때 보충적 보육서비스를 제공받는 것을 의미한다.

(2) 대리적 보육관점

대리적 보육관점은 계층에 상관없이 기혼여성들의 보육 수요를 충당하기 위해 가정에서 보육하지 않고 사회적 돌봄으로 보는 관점이다. 즉, 여성의 직업, 사회참여 등 개인의 자아실현을 위해 직접 아동을 돌보는 것이 어려워 보육전문가에게 보육서비스를 받는다는 점이 기본적 보육관점과 다르다.

(3) 보편적 보육관점

보편적 보육관점은 궁극적으로 아동이 행복하게 살아갈 수 있는 아동복지의 실현에 있다. 보육은 아동이 신체적 · 정서적으로 건강하게 성장할 수 있는 환경을 보장해 주어야 하는 관점이다. 보육은 국가의 책임 아래 보편적으로 추진되어야 하는 보육의 공공성이 확보된 서비스이다.

3) 보육서비스의 대상

우리나라는 영유아보육법에 따라 보편적 보육서비스를 지향하고 있다. 동법 제27조에 의해서 필요한 경우 어린이집에서 만 12세까지 보육서비스를 연장하여 방과후 아동보육을 할 수 있다.

이처럼 보육대상의 확대에 따라 영유아보육법 제28조에 따른 '보육의 우선 제공' 대상자는 다음과 같다(2019년 7월 1일 시행).

① 국민기초생활보장법에 따른 수급자
② 한부모가족지원법(제5조)에 따른 보호대상자의 자녀

③ 국민기초생활보장법(제24조)에 따른 차상위계층의 자녀
④ 장애인복지법(제2조)에 따른 장애인 중 보건복지부령으로 정하는 장애 정도에 해당하는 자의 자녀 및 해당하는 자가 형제자매인 영유아
⑤ 다문화가족지원법(제2조 제1호)에 따른 다문화가족의 자녀 등

4) 보육서비스의 유형

우리나라의 보육서비스는 만 6세 미만의 모든 영유아를 대상으로, 2013년부터 무상보육을 실시하고 있다. 어린이집의 종류로는 국공립어린이집, 사회복지법인 어린이집, 법인 · 단체 등 어린이집, 직장어린이집, 가정어린이집, 협동어린이집, 민간어린이집 등이 있다(영유아보육법 제10조).

(1) 국공립어린이집

① 국가나 지방자치단체가 설치 · 운영(위탁운영 포함)하는 어린이집을 말한다(영유아보육법 제10조).
② 상시 영유아 11인 이상을 보육할 수 있는 시설을 갖추어야 한다(시행규칙 제9조).
③ 어린이집의 명칭은 "○○어린이집"으로 한다(시행규칙 제23조).

(2) 사회복지어린이집

① 사회복지사업법에 따른 사회복지법인(이하 "사회복지법인"이라 한다)이 설치 · 운영하는 어린이집을 말한다(영유아보육법 제10조).
② 상시 영유아 21인 이상을 보육할 수 있는 시설을 갖추어야 한다(시행규칙 제9조).
③ 어린이집의 명칭은 "○○어린이집"으로 하여야 하며, 명칭 사용에 유치원, 학원 등 유사기관으로 오인할 수 있는 명칭은 사용할 수 없다(시행규칙 제23조).

(3) 법인·단체 등 어린이집

① 각종 법인(사회복지법인을 제외한 비영리법인)이나 단체 등이 설치·운영하는 어린이집을 말한다(영유아보육법 제10조).

② 상시 영유아 21인 이상을 보육할 수 있는 시설을 갖추어야 한다(시행규칙 제9조).

③ 어린이집의 명칭은 "○○어린이집"으로 하여야 하며, 명칭 사용에 유치원, 학원 등 유사기관으로 오인할 수 있는 명칭은 사용할 수 없다(시행규칙 제23조).

(4) 직장어린이집

① 사업주가 사업장의 근로자를 위하여 설치·운영하는 어린이집(국가나 지방자치단체의 장이 소속 공무원 및 국가나 지방자치단체의 장과 근로계약을 체결한 자로서 공무원이 아닌 자를 위하여 설치·운영하는 어린이집)을 포함한다(영유아보육법 제10조).

② 상시 영유아 5인 이상을 보육할 수 있는 어린이집을 말한다(시행규칙 제9조).

③ 어린이집의 명칭은 "○○어린이집"으로 한다(시행규칙 제23조).

④ 직장어린이집은 영유아보육법령상의 설치기준을 모두 갖추어야 하며, 사업주가 직장어린이집을 설치할 경우, 안전사고 및 재난에 대비한 시설을 갖추어 건물 내 5층까지 보육실을 설치할 수 있다(시행규칙 제9조).

(5) 가정어린이집

① 개인이 가정 또는 그에 준하는 곳에 설치·운영하는 어린이집을 말한다(영유아보육법 제10조).

② 상시 영유아 5인 이상 20인 이하를 보육할 수 있는 어린이집을 말한다(시행규칙 제9조).

③ 어린이집의 명칭은 "○○어린이집"으로 하며, 명칭 사용에 유치원, 학원 등 유사기관으로 오인할 수 있는 명칭은 사용할 수 없다(시행규칙 제23조).

(6) 협동어린이집

① 보호자 또는 보호자와 보육교직원 11인 이상이 조합※을 결성하여 설치·운영하는 어린이집을 말한다(영유아보육법 제10조).

※ 단, 영리를 목적으로 하지 아니하는 조합에 한정하며, 민법상 조합, 협동조합기본법상 사회적 협동조합 등 조합 설립 형태 무관하다.

② 어린이집의 명칭은 "○○어린이집"으로 하며, 명칭 사용에 유치원, 학원 등 유사기관으로 오인할 수 있는 명칭은 사용할 수 없다(시행규칙 제23조).

(7) 민간어린이집

① 민간어린이집이란 국공립어린이집, 사회복지법인어린이집, 법인·단체 등 어린이집, 직장어린이집, 가정어린이집 또는 협동어린이집이 아닌 어린이집을 말한다(영유아보육법 제10조).

② 상시 영유아 21인 이상을 보육할 수 있는 시설을 갖추어야 한다(시행규칙 제9조).

③ 어린이집의 명칭은 "○○어린이집"으로 하여야 하며, 명칭 사용에 유치원, 학원 등 유사기관으로 오인할 수 있는 명칭은 사용할 수 없다(시행규칙 제23조).

5) 특수 보육서비스

특수 보육서비스의 종류는 영아전담 보육, 장애아전담 보육, 장애아통합 보육, 시간제 보육, 24시간 보육, 휴일 보육, 방과후 아동보육 등으로 구분하여 설명하면 다음과 같다(보건복지부, 2019).

(1) 영아전담 보육

영아전담 어린이집은 만 3세 미만의 영아를 대상으로 보육서비스를 제공하는 어린이집을 말한다.

(2) 장애아전담 보육

장애아전담 어린이집은 장애가 있는 만 6세 미만의 취학 전 아동으로서, 장애인 등록을 한 아동 및 장애아무상보육 대상인 만 12세 미만의 장애아를 대상으로 보육서비스를 제공하는 어린이집을 말한다.

(3) 장애아통합 보육

장애아통합 보육은 어린이집 정원 20% 이내에서 장애아 종일반 편성 또는 비장애아동과 장애아 3명 이상을 통합보육하고 있는 기관으로서, 국공립어린이집(사회복지법인 어린이집, 법인 · 단체 등 설치비 지원어린이집 포함)에 한한다.

(4) 시간제 보육

양육수당을 수급하고 있는 가정에서 부모가 일시적으로 보육서비스가 필요한 경우 시간 단위로 보육료를 받고 보육서비스를 제공하는 제도이다. 시간제 보육은 지정 어린이집이나 육아종합지원센터에서 신청하고 이용할 수 있다.

(5) 24시간 보육

부모의 경제활동이나 가정형편으로 불가피하게 야간보육이 필요한 아동을 대상으로 24시간 보육서비스를 제공하는 것으로, 보육아동이 수면하기에 적합한 시설과 조식 · 석식을 포함한 급식과 간식 제공의 여건, 자체 야간보육 프로그램을 구비해야 한다.

(6) 휴일 보육

어린이집이 운영하지 않은 공휴일에 보육서비스를 제공한다. 휴일 보육은 공휴일에 보육하는 시설이므로 원래 시설 정원과는 별도로 휴일 보육정원을 책정할 수 있다. 지원대상 어린이집은 국공립어린이집(사회복지법인 어린이집, 법인 · 단체 등 설치비 지원어린이집 포함) 및 직장어린이집 중, 휴일 어린이집으로 지정받은 시설이어야 한다.

(7) 방과 후 아동보육

초등학생을 대상(만 12세 미만)으로, 방과 후 아동보육 서비스를 제공한다. 방과 후 아동보육은 1일 4시간 이상 운영해야 하며, 영유아보육의 연계선상에서 초등학생 저학년 학생을 우선으로, 맞벌이 부부 등 아동을 맡길 곳이 없는 가정을 우선으로 한다.

2. 보육정책의 발달과 현황

저출산과 여성의 사회경제 활동이 보편적으로 증가하였고 직장여성의 일 · 가정 양립에 대한 요구로 아동보육의 중요성을 더 강조하게 되었다. 정부는 1991년 영유아보육법을 제정하고, 보육 예산을 확대 편성하며 어린이집의 확충과 보육교사 양성 등 보육서비스 인프라를 확대하였다(박미경 · 조민효, 2018). 그 결과 영유아보육법 제정 이전인 1990년 어린이집은 1,919개에 불과하였지만, 2021년 12월 기준 33,246개소로, 2019년 12월 35,352개소보다 다소 감소하였지만 급격하게 증가하였음을 볼 수 있다(보건복지부, 2021). 2020년 이전에는 보육서비스의 질적 향상에 대한 요구로 어린이집 평가인증제, 공공형 어린이집, 열린 어린이집, 표준보육과정과 누리과정 시행과 개정, 보육교직원의 자격증 제도의 강화, 시간제 보육 등의 정책을 시행해 왔다면, 2020년 이후에는 영유아권리존중보육을 핵심으로, 제4차 표준보육과정에 의한 아동중심, 놀이중심의 보육과정으로, 평가인증제가 지표 통합과 등급제인 평가제로, 장애아통합 보육에 있어 정규반 편성을 위해 시범 운영하는 등 다양한 보육서비스의 향상을 도모해 오고 있다.

1) 보육정책의 발달 과정[1)]

우리나라는 1961년 아동복리법이 제정 · 공포됨으로써 탁아사업은 종래의 구빈 사업 성격을 벗어나 아동의 복리를 증진시키기 위한 사업으로 그 성격이 변화하여 발전하였다.

이후 정부는 1982년 유아교육진흥법을 제정하여 기존의 어린이집, 새마을 협동 유아원, 농번기 탁아소를 새마을 유아원으로 흡수 · 통합하여 운영하였다. 1987년 12월 노동부에서는 남녀고용평등법(현 남녀고용평등과 일 · 가정 양립 지원에 관한 법률)에 따른 직장탁아제도를 도입하여, 1989년 9월 아동복지법에 근거하여 보육사업을 실시하였다.

그러나 여성들의 사회진출 또는 직업을 갖게 되는 경제활동이 늘어나면서, 여성단체 등의 보육에 관한 독립된 입법 요청에 따라 영유아보육법이 입법으로 추진되어, 1991년 1월 제정 · 시행하게 되었다. 이후 사회변화에 따른 보육서비스의 질 향상을 위해 2004년 1월 영유아보육법이 전면 개정되어 공포됨으로써, 보육의 다양화와 질적 수준 향상, 보육에 대한 공적 책임 강화를 통해 보육사업이 발전하는 계기를 마련하였다.

2005년 12월, 시설장(현 어린이집 원장)의 국가자격증 제도의 도입과 어린이집 운영위원회 설치 의무화로 어린이집 운영의 책임성과 투명성을 강화하였다(장호진, 2015).

2006년 11월, 제1차 국가수준의 표준보육과정을 개발하여 2007년 3월부터 국공립어린이집을 중심으로 우선 적용하였다.

2008년 2월, 정부 조직이 개편되어 그동안 여성가족부가 주관해 온 보육사업을 보건복지가족부로 이관하여 저출산 · 고령사회정책실 보육정책관에서 담당하게 되었다. 보육사업은 수요자 중심의 보육정책으로 전환되었고, 보육료 지원 확대, 양육수당 도입, 수요자 욕구에 맞는 맞춤형 보육서비스, 보육서비스의 질 제고,

---

1) 윤매자(2020). 아동권리와 복지. 양성원, pp. 185-198 발췌 및 재구성.

i-사랑카드(아이행복카드) 도입, 국공립어린이집 확충 등을 제시하였다.

2010년 2월, 어린이집 평가인증사무국과 보육교사자격관리사무국을 합쳐 보건복지부의 위탁사업을 수행하는 기관으로 '한국보육진흥원'이 출범하였다.

2011년 8월, 영유아보육법 개정된 내용을 보면, "보육시설"을 "어린이집"으로, "시설장"을 "어린이집 원장"으로, "보육시설 종사자"를 "보육교직원"으로 그 명칭을 변경하였다.

2012년 3월, '만 5세 누리과정'을 실시하게 되었고, 0~2세까지 무상보육지원을 하게 되었다. 가정양육은 보육지원 대상에서 제외되었는데, 주로 어린이집에 다니는 3~4세가 보육지원 대상에서 제외되어 형평성에 문제가 있다는 지적에, 전면 무상보육 시기를 2013년 3월로 앞당기고, 양육수당 지원도 확대하기로 하였다.

한편 양육수당은 어린이집이나 유치원을 다니지 않는 영유아에게 지급하는 수당으로, 미취학 아동의 가정양육을 지원하고 어린이집과 유치원의 불필요한 수요를 줄이기 위해 2013년 3월부터 도입되었다.

2014년 3월, 보육교사의 인성 및 자질 향상을 위한 보육교사 자격 기준을 강화하여 기존의 보육교사 2급 자격취득 교과목을 12과목(35학점)에서 17과목(51학점)으로 변경하였다.

2015년 3월, '가정양육수당' 지원사업을 실시하였고, 지원대상은 어린이집·유치원·종일제 아이돌봄서비스를 이용하지 않는 아동을 대상으로 차등 지원하고 있다.

2016년 1월, 보육교사 자격취득을 위해 17개 교과목 중 9개 교과목을 대면교육으로 지정하고, 대면 과목에 대해서는 8시간 출석 수업 및 1회 이상의 출석시험을 의무화하였다. 같은 해 3월, 직장어린이집 설치 의무 및 의무 미이행 시에 이행명령 및 이행 강제금 부과, 위탁 보육 시행 등을 통해 직장어린이집의 설치 및 확대를 강화하였다. 또한 같은 해 9월, 영유아보육법 시행규칙(보건복지부령 제439호) 일부 개정에 의해 '부모협동어린이집' 명칭을 '협동어린이집'으로 개칭하였으며, '맞춤형 보육'이 도입되어 시행되었다.

2017년 3월, 국공립어린이집 위탁제 선정관리에 필요한 권장 표준안을 마련하여 인가 절차와 인가 제한 시 주의사항을 개정하였다. 같은 해 11월, 3차 어린이집 평가인증 통합지표 및 운영체계를 개선하여 기존의 평가인증제에서 평가제로 전환하여 운영하였다. 다음의 ❙그림 9-1❙은 어린이집 평가제 연혁이다.

2004. 1.	2005. 1.~12.	2006. 1.	2010. 2.	2014. 11.	2017. 11.	2019. 6.
어린이집 평가인증 제도 도입근거 마련 (영유아보육법 제30조)	어린이집 평가인증 시범운영 실시	제1차 어린이집 평가인증 시행	제2차 어린이집 평가인증 시행	3차 시범지표 적용	제3차 어린이집 평가인증 시행 (통합지표)	어린이집 평가제 시행

❙그림 9-1❙ 어린이집 평가제 연혁

출처 : 한국보육진흥원(2022). 어린이집 평가과정 운영.

2017년 12월, 교육부는 국정과제를 구현하기 위해, 2017년 12월 27일 출발선 평등을 실현하기 위한 '유아교육 혁신방안'을 발표하였으며, 주요 내용 중 하나로 '유아가 중심이 되고, 놀이가 살아나는 유아중심 · 놀이중심의 교육과정 혁신'을 발표하게 되었다.

2018년 8월, 아동의 건강한 성장 환경을 조성하여 아동의 기본적 권리와 복지증진에 기여하기 위해 아동수당제도를 도입하였다. 시행 초기에는 만 6세 미만(71개월)의 아동이 있는 가구의 소득인정액이 선정기준액(2인 이상 전체 가구의 소득 하위 90% 수준) 이하인 경우 아동 1명당 월 10만 원씩 지급했으나, 2022년 3월부터는 지급대상 연령이 만 8세 미만(95개월)까지 확대되었다.

다음은 양육수당, 영아수당, 아동수당에 관한 내용을 종합하여 살펴보면, 〈표 9-1〉과 같다.

〈표 9-1〉 각 아동의 수당

<table>
<tr><th>구 분</th><th>양육수당</th><th>영아수당</th><th>아동수당</th></tr>
<tr><td>0~11개월</td><td rowspan="2">없음</td><td rowspan="2">매월 30만 원</td><td rowspan="4">매월 10만 원</td></tr>
<tr><td>12~23개월</td></tr>
<tr><td>24~85개월</td><td>매월 10만 원</td><td rowspan="2">없음</td></tr>
<tr><td>86~95개월
(만 8세 미만)</td><td>없음</td></tr>
</table>

※ 아동수당 : 아동이 90일 이상 해외 체류 시 중단됨.

2019년 7월, 교육부 고시(제2019-189호) 및 보건복지부 고시(제2019-152호)에 의해 개정 누리과정이 고시되었다. 유아가 놀이를 통해 심신의 건강과 조화로운 발달을 이루고 바른 인성과 민주시민의 기초를 형성하는 데에 목적이 있다고 밝힘으로써, '놀이'와 '인성'이 추가되었음을 알 수 있다. 2020년 3월부터 2019년 개정 누리과정을 포함한 국가수준의 제4차 표준보육과정을 적용하게 되었다.

또한 2023년에는 부모급여(부모수당)이라는 새로운 제도가 도입되어 2023년 출생아부터 부모급여를 받을 수 있게 된다. 구체적인 내용은 〈표 9-2〉와 같다.

〈표 9-2〉 부모급여

연 령	2023년	2024년
0~11개월	월 70만 원	월 100만 원
12~23개월	월 35만 원	월 50만 원

※ 부모급여 : 영아수당 + 아동수당.

2) 보육정책의 현황

보건복지부 보육정책과에서는 보육정책의 연혁, 보육정책의 현황, 보육지원체계 개편, 국공립어린이집 현황, 국공립어린이집 확충, 육아종합지원센터, 보육인력의 전문성 제고 등을 담당한다. 또한 보육사업기획과에서는 영유아보육료, 가정양육수당, 영아수당, 시간제보육 등을 관리하며, 보육기반과에서는 어린이집입소대기, 3~5세 누리과정, 어린이집 평가제, 그 밖에 연장형 보육을 담당하고 있다.

(1) 보육업무 수행부서

보육업무는 보건복지부 산하 인구정책실의 보육정책관에서 맡고 있으며, 보육정책과, 보육사업기획과, 보육기반과로 나누어 업무를 수행하고 있다.

보건복지부

↓

인구정책실

↓

보육정책관

↓

보육정책과	보육사업기획과	보육기반과
• 중앙부처 및 지방자치단체의 영유아 정책 지원 정책 협의·조정·총괄 • 보육정책위원회 운영 • 보육 관련 법령의 관리 및 운영 • 보육서비스 이용권제도의 운영·관리(보육전자 바우처) • 보육행정 전산화 총괄(보육통합정보시스템) • 지방자치단체 보육공무원 교육 • 보육 관련 대외협력 및 교류활성화의 지원 • 영유아 정책에 대한 조사·연구·평가 및 제도개선 • 어린이집연합회 등 법인·단체의 지도·감독 • 보육교직원 처우 개선에 관한 사항 • 보육교직원의 경력 및 자격관리 • 직장보육서비스의 확충 • 육아종합지원센터의 확충 및 운영·관리	• 영유아 보육료 및 양육 수당 • 보육료 및 양육 수당 지원 대상자 선정, 적정관리 • 보육료 및 양육 수당 소득기준액 결정에 관한 사항 • 영아, 장애아, 다문화가족 영유아 등 취약보육서비스 • 국공립어린이집 등의 인건비 지원 • 부모교육 및 관련 정보 제공에 관한 사항 • 영유아 및 부모 지원 보육서비스의 개발 • 맞춤형 보육 자격기준 및 관리에 관한 사항 • 가정양육 지원에 관한 사항 • 보육지원체계 기획·연구 및 일시보육 지원	• 어린이집의 설치 인가기준의 수립 및 관리 • 어린이집의 기능 보강 등 환경개선 지원 • 어린이집 지도 및 점검 • 보육아동의 건강, 영양, 안전 등의 관리 • 표준보육과정, 보육 프로그램의 개발 및 보급 • 어린이집운영위원회의 설치 및 운영 • 어린이집 평가인증 계획 수립 및 평가인증 제도 운영 • 표준보육과정 및 보육 프로그램의 개발·보급 • 협동어린이집의 활성화 • 시간연장형, 종일형, 방과후 어린이집 등의 보육 서비스 지원에 관한 사항

┃그림 9-2┃ 보육업무 수행부서

출처 : 보건복지부(2022). www.mohw.go.kr

(2) 보육정책의 현황

보육정책에서 연도별 어린이집, 어린이집 이용 아동수, 가정양육수당 지원아동 현황에 대해서 살펴보면 다음과 같다.

〈표 9-3〉 연도별 어린이집 현황

(단위 : 개소)

연 도	2017	2018	2019	2020	2021
개소수(개)	40,238	39,171	37,371	35,352	33,246

출처 : 보건복지부(2021). 보육통계(2021. 12. 31. 기준.)

〈표 9-4〉 연도별 어린이집 이용아동 현황

(단위 : 명)

연 도	2017	2018	2019	2020	2021
인원(명)	1,450,243	1,415,742	1,365,085	1,244,396	1,184,716

출처 : 보건복지부(2021). 보육통계(2021. 12. 31. 기준.)

〈표 9-5〉 연도별 가정양육수당 지원아동 현황

(단위 : 명)

연 도	2017	2018	2019	2020	2021
인원(명)	836,290	745,677	658,450	642,095	560,768

출처 : 보건복지부(2021). 보육통계(2021. 12. 31. 기준.)

(3) 보육지원체계 개편

2020년 3월부터 보육지원체계가 개편되어, 어린이집 12시간(07:30~19:30) 운영 원칙은 유지하면서, 어린이집 보육시간을 2개의 시간으로 구분하였다. 모든 영유아에게 적용되는 '기본보육시간'과 기본보육시간 이후 돌봄 공백이 우려되는 영유아에게 적용되는 '연장보육시간'으로 구분한 것이다. 특히 연장보육시간에 안정적인 보육이 제공되도록 전담교사를 배치한다(보건복지부, 2022).

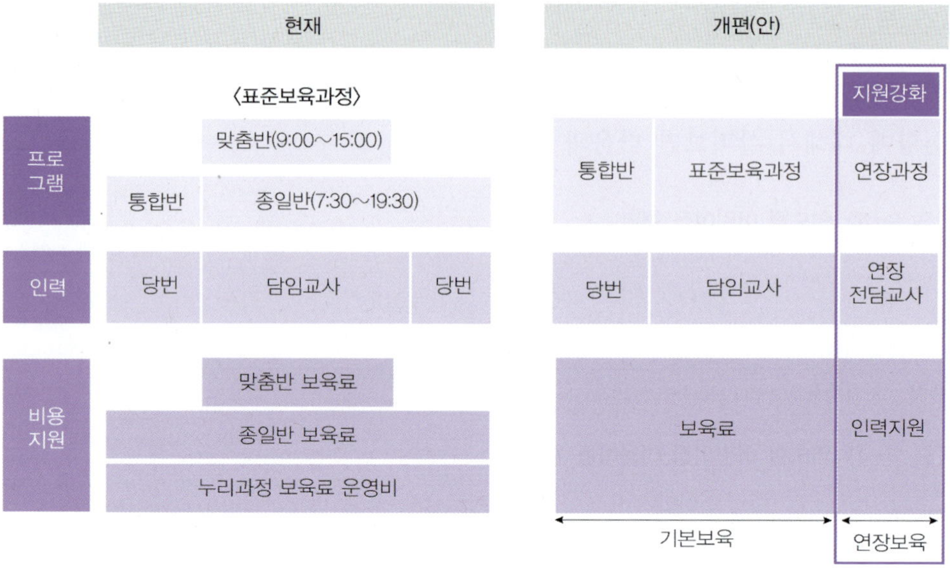

그림 9-3 보육지원체계 개편

출처 : 보건복지부(2022). www.mohw.go.kr

(4) 어린이집 입소 대기

- **어린이집 입소 대기** : 입소를 희망하는 어린이집에 입소 대기 신청, 입소 우선순위에 따라 입소 결정
- **입소우선순위** : 돌봄 지원 필요성이 높은 가구의 영유아가 어린이집에 우선적으로 입소할 수 있도록 점수를 부여(영유아보육법 제28조 및 시행규칙 제29조)
- **입소대기 신청 시점** : 연중 수시
- **입소대기 신청 어린이집 수** : 재원 중인 아동 2개소, 미 재원중인 아동 3개소
- **입소대기 대상 아동 범위** : 보육 연령 0~5세(단, 장애아동은 만 12세까지 가능)
- **대상 어린이집** : 입소 우선순위를 적용하는 전체 어린이집에 대하여 입소대기 신청 가능(직장어린이집, 협동어린이집 제외)
- **신청방법** : 온라인신청(아이사랑포털, www.childcare.go.kr), 방문신청(입소를 원하는 어린이집에 직접 방문 신청)

(5) 아이행복카드

① **보육전자바우처 도입**(전 아이사랑카드 → 현 아이행복카드)

보육정책의 체감도를 높이고 수요자 중심 보육정책을 실현하기 위하여, 보육료를 어린이집에 지급하는 대신에 전자카드 형태로, 부모에게 직접 지급하여 어린이집을 이용하면서 결제하도록 하는 보육전자바우처 제도를 2009년 9월부터 도입하였다.

② **아이행복카드**(보육료 · 유아학비 지원카드)

어린이집과 유치원 등 시설 간의 이동 시 카드를 교체해야 하는 부모의 불편을 개선하고자 2015년부터 보육료 지원카드인 아이사랑카드와 교육부의 유아학비지원카드인 아이즐거운카드를 아이행복카드로 통합하였다.

(6) 육아종합지원센터

육아종합지원센터는 보육에 관한 정보의 수집 · 제공 및 상담 등을 제공하기 위하여 보건복지부장관과 지방자치단체의 장이 설치 · 운영하는 육아지원전문기관을 말한다. 지원 내용은 〈표 9-6〉과 같다.

〈표 9-6〉 육아종합지원센터 지원

어린이집 대상 지원	부모 대상 지원
• 보육컨설팅 • 보육교직원 상담 및 교육 • 아동학대 예방교육 • 대체교사 지원 및 관리 • 취약보육 지원 및 관리	• 초기부모 양육상담 • 부모교육 • 영유아 놀이공간 및 프로그램 제공 • 장난감 및 도서 대여 서비스 • 시간제 보육서비스 제공

출처 : 보건복지부(2022). www.mohw.go.kr

(7) 영유아보육료

어린이집을 이용하는 0~5세의 국적과 주민등록번호를 유효하게 보유하고 있는 영유아를 대상으로 부모 소득과 무관하게 전 계층에 지원된다. 정부에서 인건비를 지원받지 않는 민간 또는 가정어린이집에서 0~2세 및 장애아동 보육 시 지원된다. 맞춤반 아동이 맞춤반 보육시간 이외에 어린이집 추가 이용이 필요할 때 사용 시 긴급보육바우처가 지원(15시간, 시간당 4,000원)된다.

(8) 시간제보육

시간제보육은 가정양육 가구(양육수당을 받는 대상)가 일시적인(긴급한) 보육수요 발생하는 경우 필요한 만큼만 시간당 일정 비용(1천 원)을 지불하고 어린이집을 이용하는 보육서비스를 말한다. 신청방법은 온라인신청(아이사랑포털, www.childcare.go.kr), 전화예약(1661-9361)을 통해 가능하다.

3) 보육서비스의 발전 방향

저출산의 대책으로 보육서비스 질을 향상시키기 위해서 앞에서 언급한 보육정책에 관한 다양한 노력들이 이루어지고 있다. 가임여성의 출산율을 높이고 아이들이 건강하게 잘 자라도록 하기 위한 보육정책의 실천으로 보육서비스가 나아가기 위한 발전 방향에 대해 몇 가지 제안을 하면 다음과 같다.

(1) 국공립어린이집의 확충

우리나라는 국가 책임하에 6세(72개월 미만) 모든 영유아를 대상으로 무상보육을 통해 보편적 보육으로 강화되었다. 그러나 보육수요자의 욕구에 비해 보육정책의 속도는 더디게 진행되어 보육수요자가 현실적으로 체감하기 어려운 실정이다. 대부분의 보육수요자들은 국공립어린이집을 선호하고 있어 국공립어린이집 쏠림 현상은 정부가 적극적인 입장을 보여야 할 것이며, 자치단체장의 의지 여부에 따라 달라질 수 있으므로 국공립어린이집의 확충에 더 적극적인 의지가 필요하다.

(2) 보육 시간의 명확화

2017년 7월부터 시작된 맞춤보육은 부모가 전업주부인지, 아닌지에 따라 종일반과 맞춤반으로 구분하여, 어린이집 이용 시간을 제한하는 제도를 도입하였다. 그러나 보육현장에서 미취업 여성들이 종일반 보육유형을 이용하기 위해 불법으로 취업하는 등 혼선들이 있었다. 2020년부터는 보육지원체계를 개편하여 맞춤반과 종일반으로 보육시간을 구분하여 시행하고 있다.

(3) 표준보육과정과 누리과정의 다양화

보건복지부(2020)가 제시한 제4차 표준보육과정에 의하면, 영유아의 전인적인 성장과 발달을 돕고 민주시민으로서의 자질을 길러 영유아가 심신이 건강하고 조화로운 사회구성원으로 자랄 수 있도록 하는 데 그 목적이 있다고 하였다. 2019년 7월 개정 누리과정을 통해 3세, 4세, 5세 연령별 보육과정을 삭제하고, 개정 누리과정의 성격 및 추구하는 인간상을 신설하여 유아의 놀이중심 · 경험중심의 '국가수준의 공동 교육과정'으로 개정하였다. 교사가 가르치는 보육과정이 아니라 영유아 스스로 놀이를 통해 학습해 나가는 과정이기 때문에 교사들의 선입견이나 편견 등에 대해 고려해 봐야 할 것이다.

3. 방과 후 아동보호

우리나라의 방과 후 아동지도는 1990년대부터 본격적으로 시작되어 다양한 형태를 지닌다. 사회변화와 함께 사회적 요구에 따라 변화되어 왔다. 핵가족화의 심화, 산업화, 경제발달, 취업여성 등의 증가로 학교를 마치고 귀가하여도 가정에서 아동을 돌보거나 지도해 줄 수 있는 부모의 부재로, 방과 후 부모의 보호권 밖에서 혼자 지내는 아동들이 늘어나면서, 각종 안전사고에 노출되거나 청소년비행을 유발할 위험성을 지니고 있다(최순옥 외, 2014). 방과 후 아동보육을 책임지고 있는 유형들을 살펴보면 다음과 같다.

1) 온종일 돌봄

온종일 돌봄 체계는 맞벌이가정, 한부모가정, 조손가정, 다문화가정 등 취약계층에서 돌봄이 필요한 초등학생을 대상으로, 학교를 마친 아동들에게 돌봄서비스를 제공한다. 방과 후 지역주민이 접근하기 편한 학교와 지역사회 내 공공기관 등과 협업하여 돌봄서비스를 제공하는 공공성이 강한 정책이다. 온종일 돌봄의 목적은 학교와 지역사회가 연계하여 수요자인 아동 중심의 돌봄서비스를 제공하여 방과 후 돌봄의 공백이 생기지 않도록 돌봄체계를 완성하는 데 있다(교육부, 2018).

(1) 온종일 돌봄의 필요성

① 정규수업이 끝나고 아이를 안심하고 맡길 곳이 마땅치 않았으며, 안전하게 지낼 곳이 필요하였다.

② 대다수의 학부모가 일과 양육을 병행하는 것이 어려워, 경제활동을 포기하는 경우가 속출하여 대안이 필요하였다.

③ 방과 후 학교 프로그램이 이뤄지고 있지만, 대부분 이른 오후(5:00)에 끝마쳐 맞벌이가정에 실질적인 도움을 주지 못했다.

④ 각 부처 간, 중앙 · 지방 · 돌봄기관 간 분절적으로 사업이 추진되어 가정과 아동 중심의 통합적 지원이 필요하였다.

(2) 아이돌봄 현황

핵가족화의 심화, 여성 경제활동의 증가로, 아이들을 보살피는 환경이 변화하면서 아동보호와 돌봄에 대한 사회적 요구가 크게 늘었다. 그러나 초등학생 대상의 공적 돌봄서비스 지원은 영유아보육서비스 지원에 비해 부족하였다(교육부, 2018).

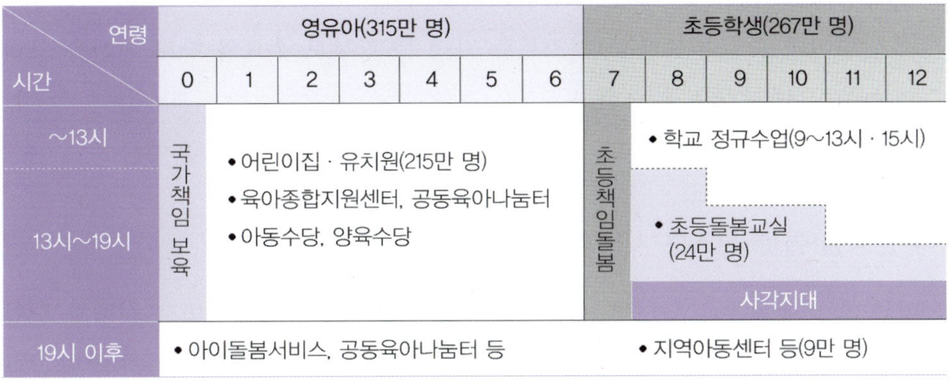

| 그림 9-4 | 공적돌봄체계(0~12세)

출처 : 교육부(2018). 온종일 돌봄체계 구축 · 운영 계획.

또한 초등돌봄의 부처별 추진현황을 살펴보면, 〈표 9-7〉과 같다.

〈표 9-7〉 초등돌봄 부처별 추진현황

구 분		초등돌봄 이용아동(약 33만 명)		
학교돌봄	초등돌봄교실 (교육부)	맞벌이가정, 한부모가정, 저소득층 가정 등 대상 (1~2학년 21만 명, 3~6학년 3만 명)		약 24만 명
마을돌봄	지역아동센터 (보건복지부)	취약계층 대상	8.2만 명	약 9만 명
	청소년방과후 아카데미 (여성가족부)	취약계층 대상 (4~6학년)	0.6만 명	

출처 : 교육부(2018). 온종일 돌봄체계 구축 · 운영 계획.

(3) 온종일 돌봄체계 구축 및 운영 계획

① 초등돌봄에 대한 국고 지원을 확대하여 국가의 책임을 강화한다.

② 학교 돌봄과 마을 돌봄을 연차적으로 확대해 돌봄서비스를 받는 초등학생을

2017년 33만 명 규모에서 2022년까지 53만 명 수준으로 늘린다.

③ 지방자치단체 · 교육청 · 학교가 협업하여 지역사회의 특성에 맞는 온종일 돌봄체계 선도모델을 개발하여 확산시킨다.

④ 맞벌이가정, 한부모가정, 저소득층 가정 등 학부모 수요와 학교 여건을 고려하여 운영시간을 연장한다.

⑤ 중앙 · 지방의 돌봄협력 · 전달체계의 인프라를 구축하여 운영한다.

(4) 온종일 돌봄 원스톱 서비스 체계

방과 후 아동돌봄은 다양한 서비스를 시설 · 기관별, 정책대상별로 시행하고 있어, 방과 후 돌봄이 필요한 대상자들은 각기 다른 기관, 지원 내용, 신청 방법과 절차에 대해 파악하기 어려움이 있었다. 이에 정부는 교육부, 보건복지부, 여성가족부의 부처별 돌봄서비스(초등돌봄교실, 다함께돌봄센터, 지역아동센터, 청소년방과후아카데미) 신청을 '정부 24'(행정서비스 통합포털)와 연계해 '온종일 돌봄 원스톱 서비스'를 제공하고 있다.

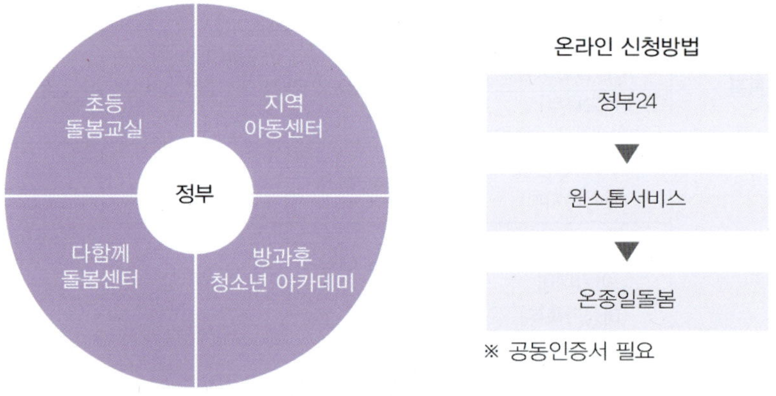

| 그림 9-5 | 온종일 돌봄 원스톱 서비스 체계

출처 : 정부 24(2020). 온종일 돌봄 원스톱 서비스 구축.

2) 지역아동센터

지역사회센터는 아동의 보호와 교육, 건전한 놀이와 오락 등을 제공하기 위해 보호자와 지역사회가 연계하여 아동의 건전 육성을 위하여 종합적인 방과 후 아동복지서비스를 제공하는 소규모의 아동복지시설(이용시설)을 말한다. 지역아동센터는 아동복지법(제52조 제1항 제8호)에 의한 아동복지시설의 하나로서, 저소득층, 차상위 계층, 한부모가정, 조손(祖孫)가정 등을 대상으로 민간 차원에서 진행되던 공부방을 2004년 보건복지부에서 법제화하여 '지역아동센터'로 전국에 보급하게 되었다. 지역아동센터의 지원은 보건복지부 인구정책실 인구아동정책관 인구정책총괄과에서 담당하고 있다.

(1) 시설 및 이용아동 현황

지역아동센터는 2004년 895개소에서 2020년 12월, 4,264개소로 증가하고 있으며, 이용 아동 수는 2004년 23,347명에서 2020년 106,510명으로 지속적으로 늘어나고 있다.

전체 이용 아동 수는 총 106,510명으로, 성별에 따라 남학생 54,483명, 여학생이 52,027명으로 여학생보다 남학생이 더 많게 나타났다. 학년별 이용 아동 수는 초등학교 저학년이 남학생 20,422명, 여학생 19,777명, 총 40,199명이었으며, 다음으로 초등학교 고학년이 남학생 22,236명, 여학생 21,256명, 총 43,492명으로 조사되었다(보건복지부, 2020e).

① 지역아동센터 현황

지역아동센터는 2004년 법제화 이후 신고제로 운영되면서 공부방 형태로 운영 중이었던 시설들의 신고 및 조건부 신고로 2011년까지 신규 신고센터 수가 급격히 증가하였다가 2012년부터 점차 증가폭이 둔화되었다. 그러나 2019년 4,217개소에서 2020년 4,264개로, 47개소 증가한 것에 비해 신규 신고센터가 263개소 증가하였는데, 이는 2020년 '지역아동센터 공공성 강화 선도 모델 시범사업'이 시행되면서 개인 운영 센터가 사회적협동조합으로 전환(설립)된 것과 관련된 것으로 보인다(보건복지부, 2020e).

〈표 9-8〉 지역아동센터 현황

(단위 : 개소)

연 도	2016년	2017년	2018년	2019년	2020년
지역아동센터 수	4,107	4,198	4,211	4,217	4,264

출처 : 보건복지부(2020e). 전국지역아동센터 통계조사보고서(2020. 12. 31. 기준).

② 신고정원 및 이용아동 현황

2020년 12월 말 기준 총 4,264개소의 지역아동센터 중 분석 가능한 시설 4,008개소에 대한 이용 아동 수는 106,510명으로 조사되었으며, 2019년 108,971명에 비해 2,461명(2.3%) 감소하였다. 2020년 12월 말 기준 이용 아동 수는 총 106,510명으로, 이는 분석 불가능한 시설 256개소를 제외한 4,008개소에 대한 아동 수이며, 1개 센터당 평균 26.6명의 아동이 이용하는 것으로 나타났다(보건복지부, 2020e).

〈표 9-9〉 신고정원 및 이용아동 현황

(단위 : 개소, 명)

구 분		2016년	2017년	2018년	2019년	2020년
센터 수(분석 가능)		4,104	4,189	4,138	4,081	4,008
신고정원		118,441	120,883	118,192	116,773	114,668
이용 아동 수	전체	106,668	108,578	109,610	108,971	106,510
	남	55,32	54,733	55,873	55,770	54,583
	여	51,340	53,845	53,737	53,201	52,027
	센터당 평균	26.0	25.9	26.5	26.7	26.6

출처 : 보건복지부(2020e). 전국지역아동센터 통계조사보고서(2020. 12. 31. 기준), p. 42.

(2) 프로그램 운영

지역아동센터는 아동보호(안전한 보호 및 급식 등), 교육 기능(일상생활지도, 학습능력제 등), 정서지원(상담, 가족지원 등), 문화서비스(체험활동, 공연 등), 지역사회 연계(행사, 모임, 기관홍보 등) 등 지역사회 내 아동 돌봄에 대한 사전 예방적 기능 및 사후 연계 프로그램을 제공하고 있다.

(3) 재정지원 현황 및 지원금

정부보조금(기본운영비) 지원 현황으로는 정부보조금으로 기본운영비를 지원받는 센터는 3,940개소(98.3%)이며, 기본운영비를 지원받지 않는 센터는 68개소(1.7%)로 조사되었다(보건복지부, 2020e).

기본운영비를 지원받는 센터는 총 3,940개소로, 1개월 평균 지원금은 약 610만 원 정도로 조사되었다. 시도별로 보면, 경기도 756개소(19.2%), 서울지역 380개소(9.6%), 전남 358개소(9.1%) 순으로 나타났으며, 1개월 평균 지원금은 경기도가 평균 620만 원으로 가장 높은 것으로 나타났다. 반면, 기본운영비를 지원받지 않는 센터 68개소 중 세종이 18개소(26.5%)로 가장 많았다(보건복지부, 2020e).

〈표 9-10〉 정부보조금(기본운영비) 지원 여부

(단위 : 개소, %)

구 분		센터 수	비 율
정부보조금(기본운영비) 지원 여부	전체	4,008	100.0
	지원받음	3,970	98.3
	지원받지 않음	68	1.7

※ 분석 불가능 시설 256개소 제외

출처 : 보건복지부(2020e). 전국지역아동센터 통계조사보고서(2020. 12. 31. 기준), p. 84.

3) 초등돌봄교실

핵가족화의 심화, 여성 사회활동 증가, 맞벌이가정의 급증에 따라 학교 내 마련된 돌봄교실에서 아동들을 돌봐주는 시스템이다. 이는 학교에서 돌봄서비스 기능을 강화하여 저소득층이나 보호를 필요로 하는 아동들이 안심하고 방과 후 지낼 수 있는 여건을 조성하기 위한 제도이다. 즉, 오후 시간대 초등돌봄서비스 무료 제공 및 학교 여건에 따라 오후 5시까지 또는 저녁 10시까지 초등돌봄교실을 연장할 수 있다. 초등돌봄교실은 교육부 교육복지정책국 방과후 돌봄정책과에서 담당하고 있다(정부 24, 2022).

(1) 초등돌봄교실의 개념[2)]

초등돌봄교실(이하 돌봄교실)이란 별도 시설(전용 또는 겸용교실 등)이 갖추어진 공간에서 돌봄이 필요한 학생들을 대상으로 정규수업 이외에 이루어지는 돌봄활동을 말한다. 즉, 방과 후 학교연계형 돌봄교실은 방과 후 돌봄이 필요한 맞벌이 · 저소득층 · 한부모가정 등의 학생 중 방과 후 학교 프로그램에 참여하면서, 오후 돌봄교실을 이용하지 않는 학생 등을 대상으로 별도의 공간에서 이루어지는 돌봄활동을 말한다.

(2) 초등돌봄교실의 목표 및 주요 과제

초등돌봄교실의 목표는 모든 아이가 행복한 돌봄서비스를 받도록 하는 데 있다. 또한 이를 실현하기 위한 핵심과제와 중점 추진과제로 세분화하여 추진하고 있다.

2) 방과후학교포털시스템(2022). 초등돌봄교실. https://www.afterschool.go.kr (2022. 7. 11. 인출)

핵심과제	중점 추진과제
돌봄대기자 해소를 위한 초등돌봄교실 확대 및 내실화	• 대상 및 시간, 공간 확보를 통한 돌봄교실 확대 • 서비스 적정기준 마련 등 운영 내실화
질 높고 안전한 돌봄서비스 강화 및 지역사회 연계 활성화	• 질 높고 안전한 돌봄서비스 강화 • 지역과 사회가 함께하는 돌봄서비스 활성화
온종일 돌봄체계 구축을 위한 지원 강화	• 지자체 중심의 온종일 돌봄 생태계 구축 • 행 · 재정적 지원 다양화

우리 모두의 아이,
학교와 마을이 함께 돌보겠습니다.

┃그림 9-6┃ 초등돌봄교실의 목표 및 주요 과제

출처 : 서울시교육청(2021). 2021 서울 초등돌봄교실 운영 길라잡이, p. 4.

(3) 초등돌봄교실의 대상자

방과 후 오후 돌봄과 저녁 돌봄, 그리고 방과 후 연계형 돌봄교실 등으로 구분하여 대상자를 선정한다. 또한 선정기준은 학교지역 특성과 여건에 따라 대상자를 선정하며, 동일 시간대에 지역아동센터, 청소년 방과 후 아카데미 등 중복 이용은 불가능하다.

맞벌이가정이나 취약계층의 아동들이 우선순위로 이용할 수 있으며, 맞벌이가정은 증명할 수 있는 서류제출이 필요하다. 신청은 '정부 24'에서 온종일 원스톱 서비스로 신청할 수 있다(정부 24, 2020).

① 오후 돌봄교실

1~2학년에서 전 학년으로 점차 확대하고, 구축된 돌봄교실에서 맞벌이 · 저소득층 · 한부모가정 등의 돌봄이 꼭 필요한 학생을 대상으로 한다. 다만, 시 · 도 및 학교 여건에 따라 담임 등이 추천한 학생(예 일시적 실직, 일시적 경력단절 등으로 구직 중인 가정의 자녀 등)도 포함한다.

② 저녁 돌봄교실

저녁 돌봄교실은 오후 돌봄교실에 참여한 맞벌이 · 저소득층 · 한부모가정의 아동으로 추가 돌봄이 필요한 학생을 대상으로 한다(방과후학교포털시스템, 2022).

③ 방과 후 학교 연계형 돌봄교실

별도의 공간에서 방과 후에 돌봄이 필요한 맞벌이 · 저소득층 · 한부모가정 등의 학생 중 방과 후 학교 프로그램에 참여하면서, 오후 돌봄교실을 이용하지 않는 학생을 대상으로 한다(방과후학교포털시스템, 2022).

④ 단위학교는 학교의 여건에 따라 대상자를 확대 · 운영할 수 있다.

(4) 방과 후 학교 · 돌봄 내실화 지원사업

방과 후 학교 · 돌봄 내실화 지원사업은 지역 단위 교육공동체(학교, 교육청, 지방자치단체, 지역 기관 등) 구성 및 연계 강화를 통하여, 학교 안팎의 방과 후 학교 · 돌봄 기능을 활성화하는 방안을 마련하는 것을 지원하는 사업이다. 수행기관은 시 · 도교육청, 교육지원청, 초 · 중 · 고등학교에서 실시한다. 주요 내용으로는 첫째, 방과 후 학교 · 돌봄 운영 모델 개발 및 성과분석, 둘째, 방과 후 학교 · 돌봄 운영 모니터링 및 컨설팅, 셋째, 방과 후 학교 · 돌봄 관계자 연수 실시, 넷째, 방과 후 학교 · 돌봄 정책 공유 및 확산을 위한 지원사업이다(정부 24, 2020).

4) 청소년방과후아카데미[3)]

청소년방과후아카데미는 방과 후 홀로 방치되기 쉬운 저소득 · 맞벌이 · 한부모 등 돌봄취약계층 청소년(초등학교 4학년~중학교 3학년)에게 체험활동 · 학습지원 · 급식 · 상담 등 종합적인 교육 · 복지 · 보호서비스를 제공하여 청소년이 건강하게 성장할 수 있도록 지원하는 사업이다.

3) 여성가족부(2021). 청소년백서, pp. 205-207 발췌.

여성가족부와 지방자치단체가 공동으로 예산을 지원하며 '청소년수련관', '청소년문화의집' 등 청소년수련시설 등에 체험공간을 마련하여 방학 기간 포함 연중 1일 4시간 이상 운영하고 있다.

(1) 시설 현황

청소년방과후아카데미는 2015년 46개소로 시작하여 2021년 332개소로 계속 증가하고 있다. 연도별 추이표를 살펴보면, 〈표 9-11〉과 같다.

〈표 9-11〉 청소년방과후아카데미 시설 현황

(단위 : 명, 개소 수)

구 분	2017년	2018년	2019년	2020년	2021년
개소 수	250	260	280	304	332
이용인원	9,773	10,742	11,584	12,341	13,145

출처 : 여성가족부(2021). 청소년백서, p. 206.

(2) 청소년방과후아카데미의 사업개요

청소년방과후아카데미는 2005년 '방과후 청소년 생활지원 종합대책'의 일환으로 46개소에서 시범운영을 시작하여, 지역 특성과 현장의 수요를 반영하여 2008년에는 농산어촌형을, 2011년에는 장애형과 다문화형 등 신규 운영모형을 개발·운영하는 한편, 2016년에는 초등학교 4학년부터 중학교 2학년이었던 기존의 참여대상을 중학교 3학년까지 확대하였고, 2020년에는 기존의 취약계층 중심 사업에서 보편적 복지서비스로 확장하기 위하여 한부모·다문화가정 등의 청소년이 폭넓게 참여할 수 있도록 소득기준을 폐지하였다.

2020년도부터 코로나19 확산에 따라 학교 휴교 등 돌봄 공백이 있는 청소년 대상 긴급 돌봄을 지원하고, 2021년부터는 신규 유형 모형(주말형)을 추가하여 방과후 돌봄 사각지대 해소를 위해 노력하였다.

〈표 9-12〉 청소년방과후아카데미 사업개요

구 분	내 용
사업목적	돌봄 취약계층 가정의 청소년들에게 방과 후 보충학습·체험활동·급식·건강관리·상담 등 종합적인 서비스를 제공하여 청소년의 전인적인 성장 지원, 가정의 사교육비 및 양육부담 완화
사업대상	방과 후 돌봄이 필요한 청소년 초등학교 4학년~중학교 2학년(2015년까지), 초등학교 4학년~중학교 3학년(2016년부터)
시행주체	여성가족부와 지방자치단체 공동운영
설치시설	청소년수련관, 청소년문화의집, 공공시설 등
사업기간	2021년 1~12월(1일 4시간, 방학 포함 연중 실시)
사업규모	332개소 운영(2021년 12월 말 기준)
자원예산	개소 당 평균 1.6억 원(국비 지원율 : 서울 30%, 지방 50%)

출처 : 여성가족부(2021). 청소년백서, p. 206.

(3) 청소년방과후아카데미의 운영 현황

청소년방과후아카데미는 17개 시·도가 모두 참여하고 있는 사업으로, 2020년 2월 말 기준 전국 302개소가 운영되고 있으며, 2021년 332개소는 계획 인원수이며, 시·도별 운영 현황은 다음 〈표 9-13〉과 같다.

〈표 9-13〉 지역별 방과후아카데미 운영 현황

(단위 : 명, 개소 수)

시도	이용대상			운영 개소 수			
	계	초등학생	중학생	계	초등학생	중학생	초등+중등
서울	895	600	295	23	13	5	5
부산	740	410	330	19	9	7	3
대구	710	510	200	19	12	4	3
인천	440	160	280	11	4	7	0
광주	420	290	130	11	7	3	1
대전	275	195	80	8	5	2	1
울산	240	0	240	6	0	6	0
세종	120	40	80	3	1	2	0
경기	2,325	1,370	955	58	25	14	19

강원	845	410	515	26	9	11	6
충북	520	460	60	13	9	0	4
충남	865	240	625	24	6	15	3
전북	920	370	550	24	6	11	7
전남	1,290	555	735	34	11	18	5
경북	740	460	280	18	8	4	6
경남	955	655	300	25	12	2	11
제주	400	240	160	10	4	2	4
계	12,700	6,965	5,815	332	141	1131	78

※ 개소 : 332개소의 2021년 계획 인원수 기준

출처 : 여성가족부(2021). 청소년백서, pp. 206-207.

5) 다함께 돌봄센터

다함께 돌봄사업은 돌봄이 필요한 6~12세 아동(초등학생)을 대상으로 다양한 형태의 지역 맞춤형 돌봄서비스를 발굴하여 제공하는 사업이다. 돌봄의 사각지대를 해소하고, 맞벌이가정의 육아부담을 경감시키기 위해 아동복지법(제44조의2)에 의거하여, 시 · 도지사 및 시장 · 군수 · 구청장은 초등학교의 정규교육 이외의 시간 동안 돌봄서비스를 실시하기 위하여 다함께 돌봄센터를 설치 · 운영할 수 있다고 하였다. 이 사업은 보건복지부 인구정책실 인구아동정책관 인구정책총괄과에서 담당하고 있다(정부 24, 2020).

(1) 운영 목표

① 지역사회에 거주하는 초등학생의 자녀를 둔 양육가정의 아이들을 방과 후 또는 방학기간 동안 안전하게 돌봐주어 지역주민이 행복한 삶을 유지하는 데 있다.

② 초등학교 돌봄의 사각지대를 해소하고 지역 내 돌봄 수요와 틈새 돌봄 기능을 회복시켜 줌으로써 자녀양육의 문제로 결혼과 출산을 기피하는 것을 예

방하며, 일 · 가정 양립지원을 가능하게 도울 수 있다.

③ 초등학생의 빈 시간과 공간, 빈 마음을 다양한 놀이와 학습활동으로 채울 수 있도록 다양한 프로그램을 연계하여, 부모가 안심하고 일하는 지역사회의 공동체로 자리매김할 수 있도록 한다.

(2) 지원 대상자

지원 대상자는 돌봄이 필요한 만 6~12세(초등학생) 아동으로 부모의 소득수준과 무관하며, 맞벌이가정의 아동은 우선 입소대상자이지만, 각 지방자치단체의 지역 여건에 따라 입소 우선순위를 정할 수 있다. 신청은 '정부 24'에서 온종일 원스톱 서비스로 신청할 수 있다.

(3) 돌봄 프로그램 운영

다함께 돌봄을 실천하기 위해서 돌봄 수요자의 사전 조사를 통해 수요자의 선호도 및 가용 자원을 기준으로 운영위원회 등에서 심의하여 돌봄 프로그램을 결정한다.

① **돌봄 프로그램**

일반적인 돌봄 프로그램 운영은 다음과 같다(정부 24, 2022).

- **기본 프로그램** : 기본적인 돌봄에 관련된 프로그램(출결 : 필수, 급 · 간식 : 선택)
- **공통 프로그램** : 숙제지도 및 보충지와 신체활동 등
- **학습활동**(특기 · 적성) **프로그램** : 특기 적성의 관심을 증대시킬 수 있는 프로그램(음악, 미술, 체육, 컴퓨터 등)으로 자율참여가 가능하다.

② **지역사회 연계 프로그램**

돌봄센터가 위치하는 지역사회의 특징에 맞는 프로그램을 개발하여 운영하고 지역 내의 자원을 활용하여 아동 돌봄 역할에 함께 참여할 수 있도록 촉진하는 매개 역할을 담당한다.

- **친구 만들기** : 돌봄센터를 통해 부모가 일을 하는 친구와 일하지 않는 친구들이 서로 함께 친구가 되어서 장점을 배울 수 있도록 하며 공동육아의 시너지를 형성하도록 한다.
- **부모참여 교육** : 맞벌이가정, 한부모가정, 독박육아, 조손 육아 등 다양한 상황에서의 육아와 관련된 애로 사항을 나누고 해소법을 모색해 볼 수 있는 심리치료, 다양한 부모교육 프로그램을 운영하여 참여하도록 한다.
- **책 읽어주기 도우미** : 지역사회 대학생, 지역 어르신, 지역주민, 학부모 등 인적 자원을 이용하여 아동들에게 책을 읽어주고 대화해 주는 활동을 통해 독서력 향상뿐만 아니라 정서적 안정감과 유대감을 느끼도록 돕는다.
- **자원봉사단 모집** : 역량 있는 지역주민, 학부모 대상으로 자원봉사 활동가를 모집하고 육성하여 재능을 활용할 수 있는 장을 제공하고, 다양한 정보를 제공하여, 1365와 연계하여 자원봉사 시간을 부여한다.

(4) 돌봄 프로그램 운영 절차

돌봄 프로그램 운영 절차는 다음의 ❙그림 9-7❙과 같다.

준비	기초조사 지역사회 인적자원, 물적자원 현황, 실태조사
계획	프로그램 대상자 및 선호도 파악 수요자(아동, 학부모) 분석 및 요구사항 확인
실행 준비	프로그램 관리 및 운영 계획안 마련 세부 프로그램 운영계획 수립
운영	돌봄 프로그램 운영 (기본 프로그램, 공통 프로그램, 학습활동 프로그램)
평가	프로그램 평가 및 사후관리 프로그램 수요자의 평가 및 만족도 확인

❙그림 9-7❙ 돌봄 프로그램 운영 절차

CHAPTER 10

다양한 가정의 아동보호

정부에서는 보편적 복지를 통하여 사회적 격차를 줄여나가고자 하였으나 여전히 가구소득, 가정유형에 따른 격차가 존재하며 다각적인 측면에서 결핍을 경험하고 있는 아동들이 존재하고 있다. 아동이 안전하게 양육되고 보호되지 못할 때 사회는 보호를 필요로 하는 아동에게 양질의 지원과 보호를 제공해 주어야 할 책무를 가진다. 이를 위해 2019년 5월 「포용국가 아동정책」을 본격적으로 추진하였으며 기존 아동정책에서 미흡했던 부분을 강화하여 공공의 아동보호체계가 큰 폭으로 재편되었다. 10장에서는 포용국가 아동정책의 대상이 되는 빈곤가정, 한부모가정, 다문화가정의 아동과 이들을 위한 제도 및 서비스에 대해서 살펴보도록 한다.

1. 빈곤가정의 아동

여성의 사회진출 증가, 가족해체의 가속화로 인한 한부모가정의 증가, 출산과 인구고령화 등과 같은 사회문제는 아동의 경제적 안정을 위협하고 있다. 이에 정부에서는 혁신적 포용국가 아동정책의 방향에 입각, 보편적 복지를 통하여 사회적 격차를 줄여나가고자 하였으나(이정림 외, 2020) 빈곤가정의 아동은 경제적 어려움뿐만 아니라, 주거환경, 영양과 건강, 보육·교육 기회 및 문화생활 등과 같은 다각적인 측면에서 여전히 결핍을 경험하고 있다.

1) 빈곤의 개념

빈곤은 기본적 욕구를 충족을 위해 재화와 서비스를 사용할 수 있는 능력이 부족하거나 결여되어 있는 상태로서 물적 자원의 부족뿐 아니라 교육 및 문화적 측면에 대한 기본적 욕구가 결핍되어 있는 상태를 말한다. 이러한 빈곤에는 세 가지 유형이 있다.

(1) 절대적 빈곤

절대적 빈곤(absolute poverty)은 인간이 삶을 살아가는 데 절대적으로 필요한 최소한의 자원을 충족시키지 못하는 상태를 말한다. 이때 최소한의 생활수준을 위한 필수품을 구입하는 데 필요한 소득수준이 빈곤선(poverty line)이 되며 이 빈곤선보다 소득이 적으면 절대적 빈곤상태에 있다고 볼 수 있다. 절대적 빈곤상태는 주로 영양(nutrition)이 중심개념이 되며 측정의 방식은 전물량 방식, 반물량 방식, 세계은행 기준, UN의 합의 등이 있다(경기복지재단, 2019).

전물량 방식(market basket)은 음식, 주거, 의복 등의 욕구를 해결하는 데 드는 비용에 따른 수준을 결정하는 방법으로 객관적으로 빈곤을 측정하려는 시도이다.

반물량 방식(engel method)은 최저생활에 필요한 음식비만 산출하고 그것에 일정한 값을 곱하여 빈곤선을 정하는 방법으로 높은 비율의 음식비를 사용하는 가구는 빈곤가구가 되며 엥겔방식이라고도 한다.

(2) 상대적 빈곤

상대적 빈곤(relative poverty)은 한 사회의 기준 생활수준과 직접 비교하여 정의하는 빈곤으로 사회의 전반적 통념에 따라 달라질 수밖에 없으며 빈곤층의 생활수준뿐 아니라 비빈곤층의 상대적 위치도 고려되어야 한다. 따라서 상대적 빈곤은 절대적 필요라는 개념 대신 사회적 필요라는 개념을 강조하고 있으며 현대에는 보다 광의의 상대적 박탈이라는 개념으로 구체화하여 최저생계비를 추정하고 있다. 상대적 빈곤선은 특정사회의 구성원 대다수가 누리는 생활수준에 못 미치는 수준을 말하며 상대적 빈곤지수 구성과 특성은 〈표 10-1〉과 같다.

〈표 10-1〉 상대적 빈곤지수(상대적 빈곤 및 중간계층) 구성과 특성

구 분		특 성
기 준	중위 40%	'Strict Poverty' line
	중위 50%	OECD에서 사용, 가장 보편적인 기준
	중위 60%	EU, OECD에서 사용
빈곤지수	빈곤율	개인 기준 빈곤율(개인가중치)
	가구 빈곤율	가구 기준 빈곤율(가구가중치)
	소득갭비율	• 빈곤선과 빈곤선 이하 계층의 소득 차를 개인 수와 빈곤선의 곱으로 나눈 값 • 빈곤의 심도측정지수
	빈곤갭비율	• 소득갭비율에 빈곤율을 곱해서 산출 • 빈곤의 심도측정지수
대 상	전 가구	2012~2019년

출처 : 한국보건사회연구원(2020). 2020년 빈곤통계연보.

(3) 주관적 빈곤기준

주관적 빈곤은 빈곤에 대한 주관적인 평가에 기초하여 빈곤을 정의하는 것으로 사람들이 빈곤하다고 느끼는 소득수준을 빈곤선으로 정하는 것이다. 즉, 제3자의 판단에 의해 어떤 객관적인 수준이 정해지는 것이 아니라 개인의 주관적인 판단 수준에서 결정된다. 주관적 빈곤을 측정하는 방법으로는 사회조사에 의한 방법과 라이덴(Leyden)방식이 있다. 사회조사에 의한 방법은 한 세대가 지역사회에서 살아가는 데 필요한 최소한의 비용이 얼마일지를 사람들에게 설문조사를 실시하여 응답한 금액을 평균하여 산출한 금액을 빈곤선으로 결정하는 것이고, 라이덴 방식은 사람들에게 자신의 사회·경제적 상황을 고려하여 필요한 최소소득이 얼마인지를 묻고 이를 바탕으로 응답한 최소소득과 그들의 실제 소득을 비교하여 최소소득과 실제 소득이 일치하는 점을 빈곤선으로 결정하는 것이다.[1)]

1) https://blog.naver.com/mylovejeje/222394387627

2) 빈곤아동의 개념

(1) 빈곤아동

빈곤이라는 개념과 아동이라는 개념의 합성어로 빈곤한 가정의 만 18세 미만의 아동으로 정의하고 있다. 즉, 빈곤아동은 아동을 양육하는 가족의 빈곤이라고 할 수 있으며 빈곤아동의 범위는 다음과 같이 정한다.

- 절대적 빈곤 : 최저생계비 이하의 소득을 가진 가정의 아동으로 국민기초생활보장제도 수급가정의 아동
- 상대적 빈곤 : 우리나라 평균가구 소득의 하위 이하에 포함되는 가정의 아동으로 차상위계층의 아동까지 빈곤아동으로 볼 때에는 평균가구 소득의 하위 50% 이하까지 포함되는 가정의 아동

(2) 빈곤아동 관련법

- 보호대상 및 지원대상 아동(아동복지법)
- 수급자인 아동(국민기초생활보장법)
- 한부모가족 아동, 조손가족 아동(한부모가족지원법)
- 다문화가족의 아동(다문화가족지원법)

3) 빈곤아동현황 및 특성

(1) 빈곤아동의 현황

❙그림 10-1❙을 살펴보면 우리나라 아동의 상대적 빈곤율은 2017년 14.2%, 2018년 12.3%, 2019년 10.6%로 전년 대비 1.7%로 감소하였으며, 프랑스 11.7%, 일본 13.9%, 호주 13.3% 등 OECD 평균(12.7%)과 비교하여 상대적으로 낮게 나타나 아동의 빈곤상황이 지속적으로 해소되고 있는 것을 알 수 있다(한국보건사회연구원, 2019).

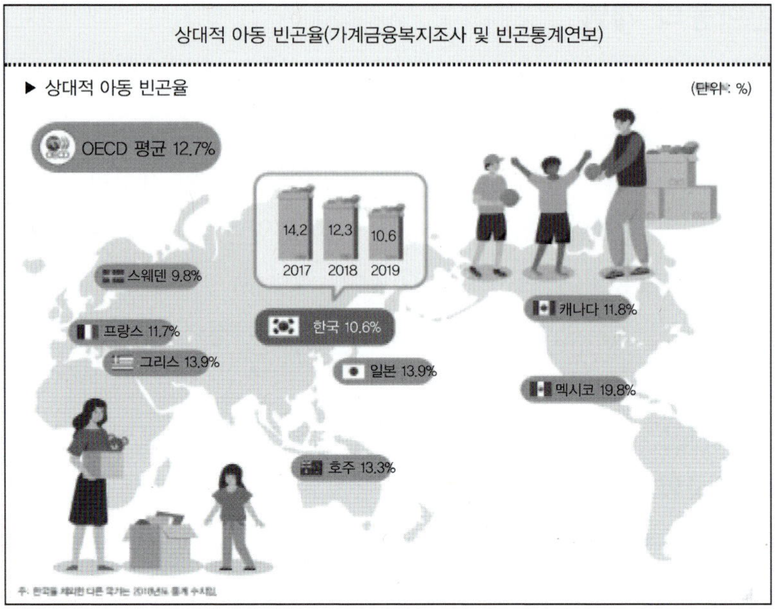

[그림 10-1] 상대적 아동 빈곤율

출처 : 한국보건사회연구원(2021). 2021년 빈곤통계연보 정책자료.

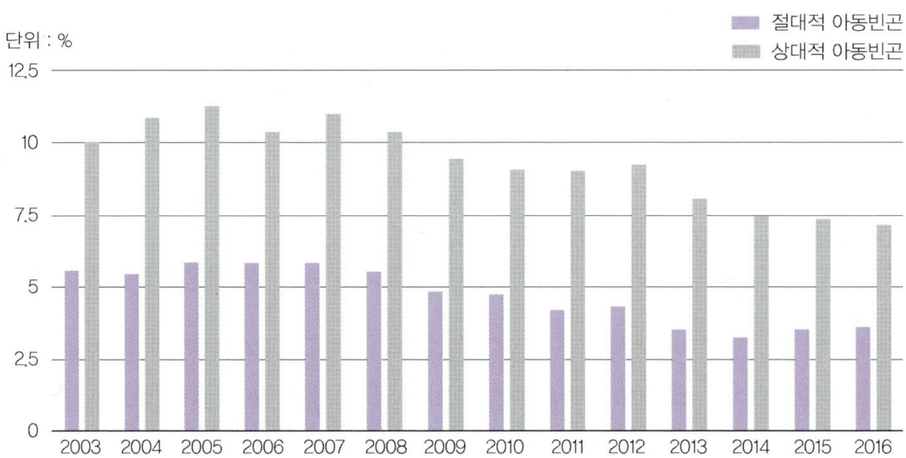

[그림 10-2] 절대적 아동빈곤과 상대적 아동빈곤

출처 : 사회보장위원회(2022). https://www.ssc.go.kr/main.do

(2) 빈곤아동의 특성

빈곤아동은 불충분한 식생활과 주거환경, 위험한 지역사회환경에의 노출과 같은 열악한 생활조건과 미래의 불확실성으로 인해 많은 어려움을 겪게 된다. 빈곤가정의 부모들은 정신 건강상의 문제, 부부-자녀 간 갈등, 부적절한 양육행동, 부정적인 가족관계 등 다양한 어려움을 경험하며 이로 인해 자녀들도 신체·인지·사회심리적 발달의 결여, 그 결과 학업성취의 저하 등 다양한 문제를 경험하게 될 가능성이 높아진다. 구체적으로 살펴보면 다음과 같다(박경숙 외, 2008; 장혜림·정익중, 2012; 정은희 외, 2013; 하태정·강현아, 2012).

① 신체발달

빈곤아동은 의식주에 소요되는 필수적 생활비 압박으로 건강상의 어려움을 겪게 된다. 즉, 아동에게 충분한 영양을 보급하기 위한 재정에 한계를 가질 수 있으며 이로 인한 누적된 영양 공급의 부실은 성장기의 아동건강에 악영향을 미친다. 또한 빈곤한 부모는 의식주에 소요되는 필수적 생활비에 압박을 받기 때문에 의료보호(medical care)에 대한 접근성이 떨어지기 쉽다. 또한 빈곤가족은 과중한 노동시간, 높은 노동 강도, 열악한 주거환경 등으로 인해 좌절감과 스트레스를 경험하고 이는 차례로 분노와 적대감을 불러일으켜 바람직한 양육방식으로 아동을 돌볼 수 없게 하며 부적절한 양육은 자녀의 신체발달에 부정적인 영향을 미칠 가능성이 높아진다.

② 인지발달

소득수준이 낮은 부모에게 있어서는 의식주를 해결해야 하는 필수생활비의 부담이 매우 높으므로 아동의 교육비용은 기회비용이 매우 높은 항목이 된다. 따라서 빈곤가족은 자녀의 학비나 사교육비에 대한 투자 수준을 낮추게 되고 결과적으로 아동의 학업성취를 포함한 인지발달을 저해하는 요인으로 작용하게 된다. 또한 경제력의 부족으로 말미암아 인지능력을 향상할 수 있는 책이나 장난감, 컴퓨터 등을 구매하는 데에 어려움을 겪으므로 인지발달에 부정적인 영향을 미칠 수 있다.

③ 사회정서발달

아동기의 사회정서발달상의 문제는 성인기까지 심각한 영향을 미쳐 학업실패나 자살, 반사회적 행동을 증가시킬 수 있으며, 나아가 빈곤의 대물림 현상으로 이어져 빈곤의 고착화 가능성을 높인다는 점에서 심각하다. 빈곤가정의 아동들은 부모, 형제자매, 이웃과 친척들과의 정서적 상호작용이 적대적일 가능성이 높기 때문에, 아동의 내재화된 혹은 외현화된 문제행동을 야기할 수 있다고 보았다. 빈곤가족은 자녀를 위한 인지능력을 개발할 수 있는 자원이 부족하기 때문에 인지발달에 부정적인 영향을 미칠 수 있으며 이러한 영향은 아동의 사회정서적 발달에 연쇄적으로 부정적인 영향을 줄 수 있다.

④ 학업수행능력

빈곤은 아동의 낮은 학업성취도를 가져오고, 이는 다시 공격성 행동장애, 높은 충동성과 우울성, 10대 임신, 실업, 성인기 범죄 및 세대 간 빈곤 전이와 같은 장기적 악영향을 가져오는 잠재적 요인이다. 이런 견지에서 본다면, 엄청난 수의 빈곤아동들은 상당한 잠재적 위험요인을 가진 채 자라나고 있다고 간주해야만 할 것이다. 특히 빈곤이 아동의 학업성취도에 영향을 미친다는 사실은 비단 최근에 거론된 사실은 아니다. 우리나라의 경우, 빈곤은 학업성취도를 가장 강력하게 설명해 주는 변인 중의 하나이며 빈곤아동의 낮은 학업성취도는 비빈곤아동에 비해 2배 이상 높은 것으로 나타났다.

⑤ 부모의 양육태도

취약계층의 부모들은 경제적 스트레스를 비롯하여 많은 스트레스 상황에 노출되는데, 이러한 스트레스가 부부관계나 양육태도에 부정적인 영향을 미치고 이것이 결과적으로 아동의 성장과 발달에 부정적으로 영향을 미친다. 빈곤으로 인한 스트레스가 부모의 정신건강과 행동에 부정적인 영향을 미쳐서 부모의 부정적인 양육특성을 매개로 하여 아동의 발달을 저해하는 간접 효과가 존재한다는 것이다.

4) 빈곤아동을 위한 제도 및 서비스

(1) 소년소녀가정 지원사업

소년소녀가정이란 국민기초생활보장법에 의한 수급자 중 만 18세 미만의 아동으로 구성된 세대이거나 아동이 부모의 질병, 가출, 실적, 수감, 사망 그 밖의 사유로 인하여 실질적으로 가정을 이끌어 가고 있어 보호가 필요한 세대를 말한다. 만 18세 미만의 아동이 국민기초생활 보장법상 부양 의무자와(부모 제외) 동거하는 경우 대리양육가정으로 선정하고, 부양의무자가 아닌 친인척과 동거하는 경우에는 가정위탁으로 선정한다. 이들을 위한 정부지원으로 소년소녀가정 지원사업을 들 수 있다. 소년소녀가정 지원사업의 목적은 실질적으로 가정을 이끌어 가는 소년소녀가정의 아동에 대하여 생활보장을 실시함으로써 자립 능력배양 및 건전한 사회인으로 성장하도록 지원하는 데 있으며 지원서비스를 구체적으로 살펴보면 〈표 10－2〉와 같다.

〈표 10-2〉 소년소녀가정 지원

지원서비스	지원내역	지원대상	비고
생계, 교육, 의료급여	생계비, 학비, 의료보호/각 시기별	소년소녀(가정위탁) 아동 전체	
양육보조금	300,000원/월/1인	소년소녀(가정위탁) 아동 전체	
아동발달지원 (CDA) 저축지원비	50,000원 이내/월/1인	소년소녀(가정위탁) 아동 장애인 시설 아동 등	
하계수련비	90,000원/연 2회/1인	소년소녀(가정위탁) 아동	
수학여행비	90,000원/연 1회/1인	소년소녀(가정위탁) 아동	
상해보험료	보험가입, 상해보험금	가정위탁아동	

학원비	100,000원/월/1인	초등학생	매년 초 산정
	150,000원/월/1인	중학생	
	200,000원/월/1인	고등학생	
자립정착금 지원	8,000,000/1회/1인	만 18세 이상 중 보호중지가 결정된 소년소녀가정 및 가정위탁아동	
대학입학금	2,000,000원 이내/1회/1인	2017년도 고등교육법 제2조에 따른 학교(대학, 산업대학, 전문대학, 방송대학 · 통신대학 · 방송통신대학 및 사이버대학, 기술대학, 각종 학교), 평생교육법 제31조, 제32조, 제33조에 따라 교육부장관의 인가를 받아 전문학사 및 학사 이상의 학력 · 학위가 인정되는 평생교육시설의 정규대학(사이버대학, 학점은행제 대학)에 입학한 소년소녀가정, 가정위탁아동	
전세자금	일반주택 전세자금 및 공공임대주택 임대보증금 지원 (임차전용면적 $85m^2$ 이하인 주택)	무주택 아동 소년소녀(가정위탁)	가구당 대출한도액

출처 : 연수구 복지포털(https://www.yeonsu.go.kr/welfare/life/child/family.asp).

(2) 한부모가족 지원사업[2)]

한부모가정이란 이혼, 사별, 유기, 미혼모에 의하여 발생하는 가정으로 현재 18세 미만의 자녀와 살면서 자녀를 부양하고 부모 역할을 담당하고 있는 한부모와 자녀의 집단을 의미한다. 이들을 위한 지원으로는 국민기초생활보장법과 한부모가족지원법에 의한 생계급여 · 교육급여, 자녀학비 및 아동양육비 복지 자금대여, 영구임대주택 입주지원 등이 있고, 정서 지원을 위해 모 · 부자복지 상담서비스를 실시하고 있으며, 모 · 부자보호자립시설 및 공동생활가정, 모자일시보호시설 입소지원, 미혼모시설 및 양육하는 미혼모를 위한 중간의 집 입소를 지원하고 있다.

2) 한부모가족 지원사업은 2절에서 좀 더 자세히 살펴보도록 함.

(3) 아동급식 지원사업

아동급식 지원사업은 아동이 여러 가지 가정 사정으로 제대로 보살핌을 받지 못해 끼니를 거르거나 먹는다 해도 필요한 영양을 충분히 공급받지 못하는 경우에 아동의 건강한 성장을 위하여 식사를 제공하거나 식사를 할 수 있도록 관련 식품을 지원하는 사업이다. 사업의 목적은 빈곤아동 또는 기능결손가정의 아동으로 결식하거나 결식할 우려가 있는 아동에게 식사를 제공함으로써 아동의 건전육성을 도모하기 위함이다. 급식대상 지원연령은 아동복지법 제3조에서 정한 18세 미만의 취학 및 미취학 아동이며 18세 이상인 경우에도 고등학교 재학 중인 아동을 포함한다. 지원방법은 아동(가정)의 취사능력 유무, 지역사회의 식사제공 가능시설 등을 고려하여 아동에게 맞는 방법으로 지원하지만 현금지급은 하지 않는다.

(4) 드림스타트

드림스타트는 취약계층 아동에게 맞춤형 통합서비스를 제공하여 아동의 건강한 성장과 발달을 도모하고, 공평한 출발기회를 보장하여 건강하고 행복한 사회구성원으로의 성장을 지원하고자 하는 것을 목적으로 한다. 2007년 희망스타트 시범사업을 16개 시 · 군 · 구에 실시하였으며 2008년 드림스타트로 사업명을 변경한 후 2009년 드림스타트 사업운영 평가체계를 마련하였다. 이어 2011년 사업근거를 아동복지법에 마련하고, 2020년 재원구조를 국고 100%에서 서울은 50%로 지방은 80%로 변경하여 지원하고 있다. 드림스타트의 필수 · 맞춤 서비스 제공에 활용 가능한 공공서비스 내용은 〈표 10-3〉과 같다(보건복지부, 2022b).

〈표 10-3〉 필수 · 맞춤서비스 제공에 활용 가능한 공공서비스

구분	사업명	주요 내용
신체 건강	산모 · 신생아 건강관리 지원	전문교육을 받은 산모 · 신생아 건강관리사가 출산가정을 방문해 산모의 건강회복을 돕고 신생아를 보살펴 출산가정 지원
	저소득층 기저귀 · 조제분유 지원	저소득층 가구의 영아를 양육하는 부모에게 기저귀와 조제분유를 지원
	선천성 난청검사 및 보청기 지원	선천성 난청을 조기 진단과 조기 재활을 통해 난청으로 인해 발생할 수 있는 언어지능, 발달장애, 사회부적응 등 예방, 건강한 성장 도모
	영유아 건강검진비 지원	영유아의 연령에 적합한 건강검진 프로그램 제공, 양육자에게 적절한 프로그램 제공
	미숙아 및 선천성 이상아 의료비 지원	저소득층 미숙아 및 선천성 이상아 치료에 소요되는 의료비 지원
	선천성 대사 이상 검사 및 환아관리	선천성 대사 이상 검사비 및 의료비, 특수식이(특수조제분유 등) 지원
	어린이 국가예방접종 지원사업	영유아 예방 접종률을 향상시키고, 양육자의 육아 부담을 덜기 위해 보건소, 시 · 군 · 구청장 등이 예방접종 업무를 위탁한 의료기관에서의 예방접종비 지원
	취학 전 아동 실명예방	취학 전 아동의 시력검진과 눈 건강관리 교육을 실시하여 저시력 및 안질환을 조기에 발견하고, 적절한 치료와 관리를 통해 아동 시각장애 예방 지원
	스포츠강좌이용권	저소득층 청소년에게 지속적인 스포츠 활동 기회를 보장하여 체력향상과 건전한 여가활동을 지원
인지 언어	다문화가족 자녀 언어발달지원서비스	만 12세 이하 다문화가정 자녀의 언어평가 및 언어교육 지원
	다문화가족 방문교육 서비스	다문화가정에 방문하여 한국어 교육, 부모 교육, 자녀생활 교육을 제공하고 다문화가정의 정착과 자녀 양육을 지원
	발달재활서비스	장애아동의 인지, 의사소통, 적응행동, 감각운동 등의 기능향상과 행동발달을 위한 재활서비스 및 관련 정보 지원
	언어발달지원	감각적 장애 부모의 자녀에게 필요한 언어발달지원서비스를 제공하여 아동의 건강한 성장 지원
	지역아동센터	방과후 돌봄이 필요한 지역사회 아동의 건전육성을 위해 보호 · 교육, 건전한 놀이와 오락의 제공, 보호자와 지역사회의 연계 등 제공
	초 · 중 · 고 학생 교육정보화 지원	초등학생, 중학생, 고등학생에게 PC와 인터넷 통신비를 지원하여 정보소외계층의 교육격차를 해소하고 균등한 교육 기회를 제공

	방과후학교 자유수강권	방과후학교 수업을 통해 저소득층 자녀의 지속적이고 실질적인 교육 기회를 확대하고 공교육 활성화 및 저소득층의 교육 격차 해소 지원
	다문화·탈북학생 멘토링 지원	다문화·탈북가정 학생(초등학생, 중학생, 고등학생)의 학교생활의 적응과 기초학력이 향상되도록 대학생의 멘토링 지원
	교육복지 우선지원사업	취약계층 학생이 밀접한 학교를 선정하여 집중 지원함으로써 교육·문화·복지 수준을 높이고 교육격차를 해소하기 위하여 지원
	청소년발달장애학생 방과후활동서비스	만 12~17세의 청소년(발달장애인)이 방과후에도 돌봄을 지원받을 수 있도록 방과후 활동 이용권 지급
	청소년특별지원	보호자가 없거나, 보호자가 있어도 실질적 보호를 받지 못하는 위기청소년(만 9세 이상~만 18세 이하)의 신체·건강 서비스비, 학업수행비 등 지원
	아동청소년 정신건강증진사업	저소득층 가정의 아동·청소년의 검사 비용 등 지원
	청소년안전망	만 9~24세 청소년의 건강한 성장과 복지증진을 위해 상담·보호·교육·자립 등 맞춤형 서비스 제공
	학교 밖 청소년지원	만 9~24세 학교 밖 청소년의 상담·교육·직업체험·건강증진 서비스 등 지원
정서행동	WEE 클래스 상담지원	초등학교, 중학교, 고등학교 학생 중 학교 부적응 학생 및 위기군 학생으로 상담 및 교육활동이 필요한 학생 지원
	청소년 인터넷·스마트폰 중독 지원	취약계층 가정의 청소년(만 19세 미만) 중 인터넷과 스마트폰에 중독된 청소년을 치료하고, 중독 위기에 놓인 청소년의 중독 예방 지원
	통합문화이용권	경제적 여건 등으로 문화생활이 어려운 취약계층에게 문화 향유, 여행, 스포츠 관람 등을 이용할 수 있는 문화누리카드를 발급, 문화활동 지원
	청소년 방과후 아카데미	방과후 돌봄이 필요한 취약계층 청소년(초등학교 4학년~중학교 3학년)에게 체험활동, 학습지원, 급식, 상담 등 종합서비스 제공을 통해 건강한 성장 지원
	고위험 임산부 의료비 지원	고위험 임신의 치료와 관리에 필요한 진료비를 지원하여 경제적 부담을 줄이고, 건강한 출산을 보장
가족지원	표준모자보건수첩	예방접종, 각종 검진, 검사, 양육 등에 대한 정보를 제공하고, 관리할 수 있도록 지원
	긴급복지 해산비 지원	생계곤란 등의 위기상황에 처하여 도움이 필요한 사람을 일시적으로 신속하게 지원하여 위기상황에서 벗어날 수 있도록 지원
	의료급여 임신 출산진료비 지원	임신이 확인된 의료급여 수급권자에게 임신과 출산에 필요한 의료비 지원

공동육아나눔터	이웃 간의 자녀돌봄 품앗이를 구성하여 핵가족화로 인한 육아 부담을 경감시키고 지역중심의 자녀양육환경 조성을 지원
어촌 가사도우미	어업인 및 어촌지역의 고령·취약가구에 가사도우미를 지원하여 기초적인 가정생활 유지 지원
취약농가 인력지원	사고, 질병 등으로 영농활동이 곤란한 농업인, 농촌에 거주하는 65세 이상의 가구 및 취약계층 가구를 대상으로 인력(영농도우미, 가사도우미) 지원
장애아가족 양육지원	이웃과 함께하는 가족 돌봄 문화를 정착하고 장애아동에 대한 인식의 전환을 위해 지역사회의 자원봉사자가 장애아 돌보미 서비스 제공
디딤씨앗통장	중위소득 40% 이하의 수급가구(생계, 의료급여)의 만 12세부터 만 17세까지 아동 중 선정하여 만 18세까지 지원
아이돌봄 서비스	맞벌이를 하거나 갑자기 아이를 돌볼 수 없는 일이 생겼을 때 육아 도우미가 방문하여 아이돌봄 지원
건강가정지원센터	지역주민의 특성을 고려한 맞춤형 가족지원서비스를 제공하여 가족의 안정성 강화 및 가족관계 증진을 지원
희망복지지원단	자활하고자 하는 가구에게 맞춤형 서비스를 제공하여 안정적인 삶을 지원·지지하고 빈곤을 예방
발달장애인 가족휴식지원사업	발달장애인 가족의 양육부담을 경감하고 가족의 정서적 안정 지원을 위한 힐링캠프(가족캠프, 인식개선캠프 등), 발달장애인 생애주기별 부모교육 지원
평생교육바우처	저소득층 성인이 평생교육 기회를 가질 수 있도록 바우처 지원
자활근로	수급자 및 저소득층에게 근로기회를 제공하여 자립할 수 있도록 지원

2. 한부모가정의 아동

1) 한부모가정의 개념

한부모가정이란 이혼, 사별, 유기, 미혼모에 의하여 발생하는 가정으로 현재 18세 미만의 자녀와 살면서 자녀를 부양하고 부모 역할을 담당하고 있는 한부모와 자녀의 집단을 의미한다. 한부모가족에는 모자가족 및 부자가족, 조손가족, 청소년 한부모가족이 있다. 모자가족이란 모(母)가 세대주(세대주가 아니더라도 세대원(世代員)을 사실상 부양하는 자를 포함)인 가족을 의미하며, 부자가족이란 부(父)

가 세대주(세대주가 아니더라도 세대원(世代員)을 사실상 부양하는 자를 포함)인 가족을 의미한다. 조손가족은 부모로부터 사실상 부양을 받지 못하는 아동(이혼, 유기, 행방불명, 실종, 사망, 경제적 사유 등)을 (외)조부 또는 (외)조모가 양육하는 가족을 말하며, 청소년 한부모가족은 모(母) 또는 부(父)의 연령이 만 24세 이하인 가족을 의미한다(여성가족부, 2022c). 이러한 한부모가정은 여러 가지 이유로 발생할 수 있으며 발생원인은 다음과 같다.

- 부와 모의 사망에 의한 한부모가정
  예전에는 전쟁에 의한 부모 중 어느 한쪽이 사망한 경우로 한부모가정이 되는 경우가 많았으나 현대에는 질병과 사고에 의해 한부모가정이 될 수 있다.
- 이혼에 의한 한부모가정
  이혼은 부부가 서로의 합의나 재판에 따라 혼인관계를 끊고 헤어지는 것을 말한다. 양육권을 가지고 있는 부모와 그 자녀가 생활하는 가족이다.
- 유기에 의한 한부모가정
  배우자 유기에 의한 한부모가정은 부부가 장기적으로 별거를 하거나 부부 중 한사람이 가족을 버리고 가출한 경우로, 남아있는 부모와 그 자녀가 생활하는 가족이다.
- 미혼에 의한 한부모가정
  법적으로 혼인을 하지 않은 상태에서 아이를 낳게 됨으로써 발생하는 가족의 형태를 말한다.

2) 한부모가정의 현황 및 특성

2020년 기준 한부모가정의 수급자 현황을 가족유형별로 살펴보면, 모자가구 142,637가구, 부자가구 37,292가구, 조손가구 864가구, 청소년모자가구 2,845가구, 청소년부자가구 368가구로 집계되었으며(통계청, 2022), 한부모가정 아동(일반가구와 수급자 포함)을 구체적으로 살펴보면 다음과 같다.

(1) 한부모가정의 현황

① 한부모가정의 아동 현황

우리나라의 한부모가정의 비율은 매년 증가하였으며, 향후 한부모가정에 대한 수용도가 높아짐에 따라 더욱 증가할 것으로 예상된다. 일반가구 중 한부모가구의 비율은 2010~2018년 동안 1% 내로 소폭 상승하였지만 미혼자녀를 둔 가구와 조손가구 중 한부모가구의 비율은 2010년 15.9%에서 점차 상승해 2018년 19.9%에 이르렀다(그림 10-3 참조).

(단위 : %)

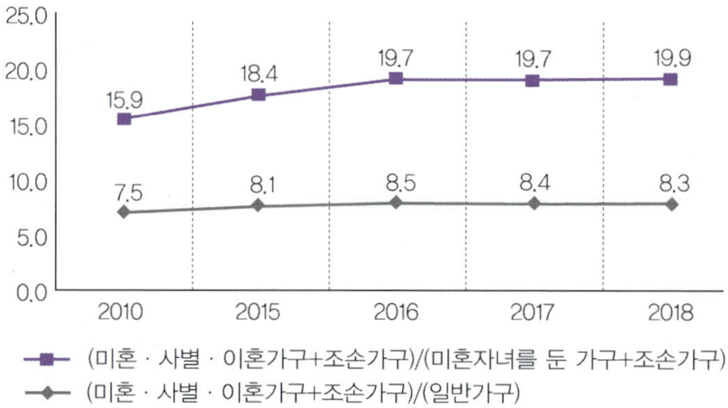

┃그림 10-3┃ 한부모가정 아동비율

출처 : 통계청(각 연도). 인구총조사.

② 부모미혼자녀로 구성된 한부모가정 현황

여성가족부(2022)가 실시한 2021년 한부모가정 실태조사 결과를 보면, 한부모의 평균 연령은 43.6세였고, 40대가 61%로 가장 많았다. 혼인 상태별로는 대부분이 이혼 한부모(82%)였고, 평균 1.5명의 자녀를 키우고 있었으며, 가구 구성을 보면, 모자중심 가구가 부자중심 가구보다 2배가량 더 높은 것으로 나타났다. 부모미혼자녀와 부 또는 모와 함께 사는 세대구성별 증감수를 살펴보면, 〈표 10-4〉와 같다.

〈표 10-4〉 세대구성별 증감수

(단위 : 1,000가구, %)

세대 구성	막내자녀연령구분	2019년	2020년	증감
계	소계	1,529	1,533	4
	18세 이하	384	373	-11
	19세 이상	1,145	1,160	15
부+미혼자녀	소계	384	381	-3
	18세 이하	127	122	-5
	19세 이상	257	259	2
모+미혼자녀	소계	1,145	1,152	7
	18세 이하	257	252	-5
	19세 이상	888	900	12

출처 : 통계청(2020). 인구주택총조사.

③ 조손가정의 현황

❙그림 10-4❙를 살펴보면, 조손가정의 경우 조부모와 미혼손자녀의 가구 수보다 조부 또는 조모와 미혼손자녀의 가구 수가 더 높은 것으로 조사되었다.

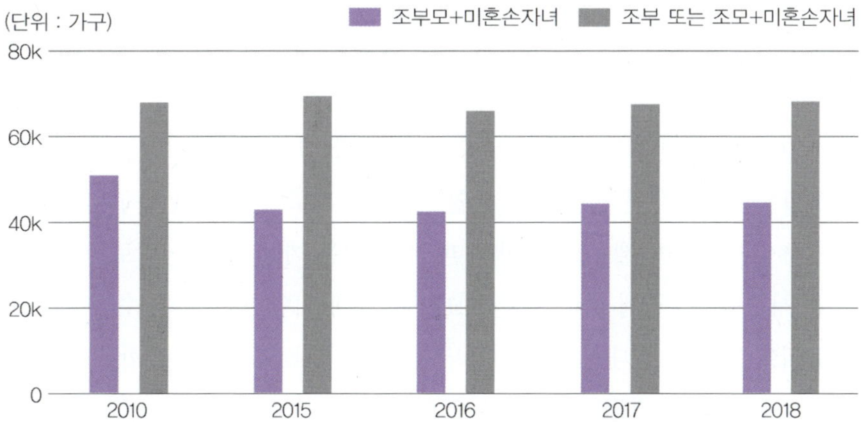

❙그림 10-4❙ 조부모 미혼손자녀와 조부 또는 조모와 미혼손자녀 추이

출처 : 통계청(2019). 인구총조사.

조손가족의 조부모 1만 2,539명을 대상으로 손자녀 양육 시 애로사항에 대해 조사한 결과, 66.2%가 경제적 문제가 가장 힘들다고 응답하였다(그림 10-5 참조).

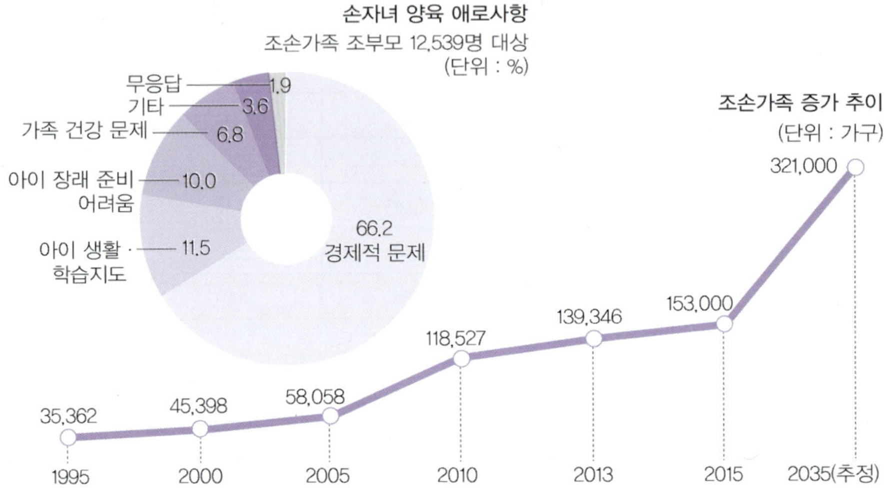

| 그림 10-5 | 조손가족 증가추이

출처 : 통계청 · 보건복지부(2019).

④ 청소년 한부모가정 현황

청소년 한부모가정은 기초생활수급 지원 대상의 사각지대에 있으며(허민숙, 2020) 청소년 부모(부부)의 경우 기초생활수급 신청을 할 수 있으나 부양의무자 기준으로 인해 부모님의 부양 능력이 확인되는 경우, 또는 부모님이 기초생활수급대상자인 경우 기초생활수급대상자로 선정되지 못한다. 또한 국민기초생활보장법 제4조 제3항에 따라 급여는 개별가구 단위로 지급되며, 동법 시행령 제2조에 따라 미혼 자녀 중 30세 미만인 사람은 수급자가구에 포함되어 단독 수급대상자로 선정되지 않거나(단, 30세 미만의 한부모가구인 경우에는 부양의무자 기준을 폐지하여 수급권자가 될 수 있음) '근로능력 있음'으로 판정되어 수급자로 선정되지 못하는 경우도 있다. 이들 청소년 한부모가정 부모의 임신연령은 18세가 27.6%로 가장 많았으며, 그다음 19세가 24.5%를 차지하고 있으며, 14~15세도 7% 이상인 것으로 조사되었다(그림 10-6 참조).

(단위 : %)

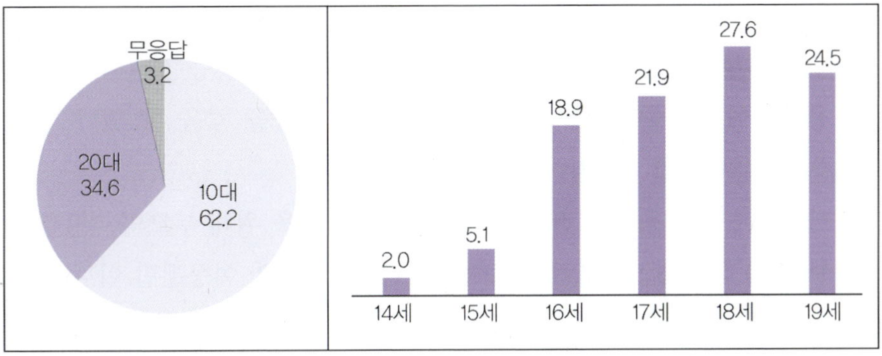

▎그림 10-6▎ 청소년 부모 임신연령

출처 : 은주희 · 힘고운(2019). 2019 청소년부모 생활실태 조사 및 개선방안연구.

(2) 일반 특성

한부모가정의 구성원들은 가족구조의 변화로 인해 가족 기능의 변화, 역할의 재조정 문제, 자녀의 심리 및 행동 문제 등 다양한 어려움을 겪을 수 있다. 특히 한부모가정의 자녀들은 변화된 가족구조 속에서 상당히 높은 스트레스를 경험할 수 있으며 이러한 상황들은 자녀들로 하여금 자아존중감, 학교 및 사회적응, 건강 등에 부정적 영향을 미칠 수 있다(강성률 외, 2015; 김인경, 2021).

① 자아존중감

대부분의 한부모가정 아동들은 부모의 양육과 경제적 지원이 부족하여 낮은 자아존중감의 형성으로 인해 공격적이고 가학적인 성향을 보이며, 부적절한 자기개방능력, 부적절한 또래관계기술 등으로 또래관계에 어려움을 갖게 된다.

② 학교 및 사회적응

한부모가정이라는 가족구조의 취약성으로 인해 한부모가정의 아동은 발달단계에서 여러 가지 문제를 경험할 가능성이 높다. 특히 이들이 경험하게 되는 우울과 스트레스는 생활만족도를 낮추는 주요한 요인이 된다. 그뿐만 아니라 이혼이나 사별을 경험한 한부모가 가지게 되는 문제들을 적절하게 해결하지 못하게 될 경우에는 그 자녀와의 관계에도 부정적인 영향을 미치며, 한쪽 부모의 부재로 인한 슬픔이나 상실감, 생활상의 변화 등 심리적 문제, 우울감 등으로 인해 친구관계, 학교 적응 등에 어려움을 겪을 수 있다.

③ 아동발달에 미치는 영향

한부모가정 아동들은 건강하고 정상적인 성장을 위해 부모의 따뜻한 보살핌과 돌봄을 절대적으로 필요로 한다. 한부모가정의 아동뿐만 아니라 모든 아동은 부모의 절대적인 보살핌이 필요하다. 한부모가정에 대한 편견이나 선입견은 잘못된 인식이다.

김인경(2021)의 연구에서 한부모가정 아동의 건강, 학습습관, 정서문제, 자아존중감, 삶의 만족도, 또래애착, 학교 적응, 공동체 의식, 다문화 수용 등 9개 항목의 분석 결과, 학업시간 관리와 주의집중 외 다른 발달 척도는 유의미한 차이를 보이지 않았다. 즉, 모든 한부모가정의 청소년들이 발달상의 어려움이나 사회부적응을 경험한다고 할 수는 없다.

〈표 10-5〉 한부모가족으로의 이행이 아동발달에 미치는 효과

결과변수	건강		학습습관				정서문제					자아인식
	체질량 지수	스스로 인식한 건강 상태	성취 가치	숙달 목적 지향성	행동 통제	학업 시간 관리	주의 집중	공격성	신체 증상	사회적 위축	우울	자아 존중감
추정계수 (표준오차)	0.057 (0.081)	-0.060 (0.214)	-0.308 (0.173)	-0.120 (0.149)	0.143 (0.148)	-0.321 (0.151)	0.738 (0.252)	0.287 (0.274)	0.257 (0.242)	0.378 (0.222)	0.024 (0.256)	0.128 (0.185)
결과변수	삶의 만족도	또래애착			학교 적응				지역사회관		다문화 수용	
		의사 소통	신뢰	소외	학습 활동	학교 규칙	교무 관계	교사 관계	공동체 의식			
추정계수 (표준오차)	0.064 (0.139)	0.026 (0.235)	0.212 (0.249)	0.298 (0.238)	-0.232 (0.136)	-0.183 (0.133)	-0.166 (0.142)	-0.188 (0.145)	-0.118 (0.132)		0.251 (0.235)	

3) 한부모가정을 위한 제도 및 서비스[3)]

한부모·조손가족 복지서비스 안내 소책자에 수록된 복지서비스들 중 한부모·조손가족을 주 지원대상으로 하는 복지서비스들의 세부 지원대상과 지원내용을 분야별로 소개하면 다음과 같다.

(1) 임신·출산

'임신·출산' 분야에서는 임신·출산 진료비와 출산비용 지원, 산모와 신생아 건강관리 지원, 출산 전·후 입소 가능한 시설 등을 안내하며 한부모를 위한 정책으로는 미혼모를 위한 시설 지원이 있다. 지원대상은 이혼·사별 또는 미혼의 임산부 및 출산 후(6개월 미만) 양육 및 숙식지원을 필요로 하는 미혼모이며 지원내용은 숙식 무료제공, 분만 혜택제공, 자립지원, 의료비 등을 지원하고 있다.

〈표 10-6〉 한부모·조손가족 복지서비스 안내, 임신·출산

<table>
<tr><td rowspan="7">임신
·
출산</td><td>임신·출산·진료비 지원
(국민행복카드)</td><td>• 임신 1회당 60만 원(다태아 임산부 100만 원)
• 청소년 산모(만 19세 이하) 120만 원 지원</td></tr>
<tr><td>산모건강관리</td><td>산전혈액검사, 철분제/엽산제 지원, 표준모자보건수첩 제공 등</td></tr>
<tr><td>고위험 임산부 의료비 지원</td><td>고위험 임신질환으로 입원치료를 받는 중위소득 180% 이하 가구 임산부에게 급여·비급여 일부 지원</td></tr>
<tr><td>산모·신생아 건강관리 지원</td><td>• 건강보험료 본인부담금 합산액이 중위소득 100% 이하의 가정
• 건강관리사 파견(바우처)</td></tr>
<tr><td>출산비용 지원</td><td>• (기초생활수급자·긴급복지지원대상자) 자녀 1인당 70만 원
• (1~6급 여성장애인) 자녀 1인당 100만 원</td></tr>
<tr><td>생애 초기 건강관리 시범사업</td><td>임산부 및 만 2세 미만 영아 가정을 대상으로, 건강상담, 영아 발달상담, 양육교육, 정서적 지지 등 맞춤형 건강관리 서비스 지원</td></tr>
<tr><td>미혼모자 시설(기본형)</td><td>이혼·사별 또는 미혼 임산부 및 출산후(6개월 미만) 숙식무료 제공, 분만 혜택 제공, 자립지원, 의료비 등 지원</td></tr>
</table>

3) 여성가족부·복권위원회(2022)의 '2022년 한부모·조손가족 복지서비스 안내'를 바탕으로 작성하였음.

(2) 양육 · 돌봄

'양육 · 돌봄' 분야에는 저소득 한부모 · 조손가정을 위한 아동양육비 지원, 가정양육수당, 아이돌봄 서비스, 가족역량강화를 위한 사례관리, 공동육아나눔터 등의 정보를 한 곳에 모아두었다. 한부모가정을 주 대상으로 하는 정책으로는 저소득 한부모가정과 청소년 한부모가정을 위한 아동양육비 지원, 미혼모부자 초기지원, 저소득 한부모 · 조손가정 가족역량강화 지원 등이 있다.

저소득 한부모가정 아동양육비 등 지원대상은 소득인정액이 기준중위소득 52% 이하이면서 만 18세(취학 시 만 22세) 미만의 아동을 양육하는 한부모가정 및 조손가정이며 지원내용은 한부모가정 아동양육비를 만 18세 미만 아동에게 1인당 월 20만 원을 지원하고 있다.

〈표 10-7〉 한부모 · 조손가족 복지서비스 안내, 양육 · 돌봄

구분	서비스	내용
양육 · 돌봄	저소득 한부모가족 아동양육비 등 지원	• 중위소득 52% 이하 만 18세 미만 아동을 양육하는 한부모 · 조손가족 • 아동양육비(월 20만 원) · 추가 아동양육비 · 학용품비 · 시설입소자 생활보조금 · 한부모가족 증명서(중위소득 60%)
	청소년 한부모 아동양육비 등 지원	• 중위소득 60% 이하 만 24세 이하 청소년 한부모가구 • 아동양육비(월 35만 원) · 검정고시 학습비 · 고교생 교육비 · 자립지원촉진수당 · 한부모가족증명서(중위소득 72%)
	긴급복지지원	갑작스러운 위기사유(이혼, 실직, 질병 등) 발생으로 생계유지 등이 곤란한 가구에게 생계 · 의료 · 주거 등 지원
	사회취약계층 환경성질환 예방	실내환경 오염물질 진단 및 컨설팅, 친환경 주거개선, 환경성질환 어린이 진료 지원 등
	미혼모부자 초기지원 (거점기관)	출산 · 양육지원, 친자검사비 지원, 교육 · 문화 프로그램 · 자조모임 등
	맞춤형 기초생활 보장	소득인정액이 급여별 선정기준 이하 가구에게 생계비, 의료비, 주거비, 교육비 등 지급
	가족역량강화 지원	중위소득 100% 이하 한부모 · 조손가족 등에게 사례관리, 자녀 학습 · 정서지원, 생활도움 등 제공 및 서비스 연계
	미숙아 및 선천성이상아 의료비 지원	중위소득 180% 이하 미숙아 및 선천성이상아(다자녀 가구는 소득수준 관계 없음) 대상 급여 · 비급여 일부 지원

선천성 대사이상 검사 및 환아관리	• 중위소득 180% 이하 영아(다자녀 가구는 소득수준 관계없음)에게 검사비 지원 • 만 19세 미만 선천성 대사이상 및 희귀 등 기타 질환 환아 대상 의료비 등 지원
선천성 난청검사 및 보청기 지원	중위소득 180% 이하 영아(다자녀 가구는 소득수준 관계없음) 대상 검사비 및 보청기 지원
저소득층 기저귀·조제분유 지원	• 만 2세 미만 영아를 둔 기초생활보장, 차상위계층, 한부모가족 수급 가구 • 기저귀 및 조제분유 구매비용 지원(바우처)
아동수당	만 7세 미만 모든 아동에게 최대 84개월 간 월 10만 원 지급
유치원 유아학비 지원 (만 3~5세 누리과정 지원)	국·공립·사립 유치원에 다니는 만 3~5세 유아 대상 유아학비 및 방과후과정 비용 지원
보육료 지원	어린이집을 이용하는 만 0~5세 아동에게 보육료 지원(바우처)
가정양육수당 지원	가정양육 영유아의 월령에 따라 월 10~20만 원의 수당 현금 지급
아동통합서비스 지원 드림스타트	임산부와 만 12세 이하 아동 및 가족에게 통합서비스 제공
아이돌봄서비스	• 만 12세 이하 자녀를 둔 양육공백 발생 가정에 아이돌보미 파견 • 소득구간별 정부지원
지역아동센터 지원	중위소득 100% 이하 만 18세 미만 아동에게 아동보호, 교육기능, 정서적 지원, 문화서비스, 지역연계 등 프로그램 운영
여성청소년 생리대 (보건위생물품) 바우처 지원	생리대를 구매할 수 있는 국민행복카드 바우처 포인트 지원
가사·간병 방문 지원	질병·생활고 등으로 가사·간병이 필요한 기초생활수급자와 차상위 계층에게 가사·간병 서비스 지원(바우처)
희망복지지원단 통합사례 관리	복지·보건·고용 등 연계·제공하여 탈빈곤 및 자활 지원
육아종합지원센터	자녀돌봄활동 장소 제공, 장난감 및 도서대여, 프로그램 운영 등
공동육아나눔터	대상 자녀가 있는 가정에 이웃과 함께 자녀돌봄활동 장소 제공, 프로그램 운영, 돌봄품앗이 지원 등
초등돌봄교실	육아 공간 및 돌봄 프로그램 제공, 이웃 간 자녀 돌봄품앗이 활동 지원 등

(3) 시설 · 주거

'시설 · 주거' 분야에는 한부모가족 복지시설, 매입임대주택을 통한 주거 지원, 공공주택 지원 등이 포함되어 있다.

〈표 10-8〉 한부모 · 조손가족 복지서비스 안내, 시설 · 주거

시설 · 주거	한부모가족 복지시설	저소득 무주택 한부모가족에게 주거 · 자립 준비, 아이돌봄서비스 · 심리치료 지원 등
	공동생활가정형 매입임대주택 주거 지원	저렴한 비용으로 주거, 자조모임, 취업연계 등 지원
	공공주택 지원	• 주택 유형별 자격요건을 갖춘 한부모가족 • 영구임대, 매입 · 전세임대, 국민임대, 공공임대, 행복주택 등

(4) 교육 · 취업

'교육 · 취업' 분야에는 학업이 중단된 청소년 한부모를 위한 미혼모 대안교육 위탁기관, 여성새로일하기센터 및 취업성공패키지 등과 자녀 교육비 지원, 청소년 방과후 아카데미 등이 있다.

〈표 10-9〉 한부모 · 조손가족 복지서비스 안내, 교육 · 취업

교육 · 취업	학생 미혼모 대안교육 위탁교육기관	학업을 지속하고자 하는 학생 미혼모 대상 위탁 교육 지원
	여성새로일하기센터	상담, 직업교육훈련, 취업연계, 여성창업 등 지원
	청소년 방과후 아카데미 운영지원	방과후 돌봄이 필요한 청소년(초등학교 4학년~중학교 3학년) 대상 급식, 보충학습, 상담, 체험활동 등 운영
	자녀 교육비 지원	고교 학비, 학교급식비, 방과후 학교 자유수강권, 교육정보화지원 등
	청소년치료재활센터	정서 · 행동에 어려움이 있는 청소년(만 9~18세) 대상 상담 · 치료, 보호, 교육, 자립지도 등 지원
	장학금 및 학자금 대출 지원	• 대학 재학 시 국가장학금, 근로장학금 등 지원 • 취업 후 상환 학자금 대출 등
	국민취업지원제도	근로능력과 구직의사가 있는 만 15~69세 이하의 한부모 등에게 취업지원서비스를 제공하고 생계를 지원
	한부모 노동자 육아휴직급여	첫 3개월은 통상임금의 100%, 4~6개월은 80%, 7개월부터는 50% 지급

(5) 금융 · 법률 등

'금융 · 법률' 분야에는 한부모가족 법률적 지원을 위한 양육비이행 지원, 무료 법률구조 서비스, 저금리 미소금융 등에 관한 정보가 포함되어 있다.

〈표 10-10〉 한부모 · 조손가족 복지서비스 안내, 금융 · 법률 등

금융 · 법률	양육비 이행지원 서비스	양육비 상담, 합의, 소송 및 추심, 모니터링, 면접교섭 지원, 한시적 양육비 긴급지원 등
	한부모가족 무료법률구조	법적분쟁 발생 시 법률상담, 소송대리 등 무료법률구조를 통해 소송비용 등 지원
	근로장려금	소득 및 재산요건을 충족하는 홀벌이 가구 등에게 근로장려금 지급
	자녀장려금	소득 및 재산요건에 따라 만 18세 미만 부양자녀가 있는 가구에게 자녀 1인당 지급
	소액보험 (저소득층아동보험2)	한부모가족의 만 17세 이하 아동과 그 부양자(친권자) 중, '한부모가족 아동양육비 지원대상자이면서, 생계 · 의료급여 비대상자'에게 무료보험 가입
	미소금융	창업자금, 운영자금 및 취약계층자립자금 등 저금리로 대출
	희망키움통장(Ⅰ, Ⅱ)	일하는 저소득층을 위해 매월 10만 원 저축하면 정부지원금 매칭 지원
	청년희망키움통장	일하는 생계급여 수급청년이 꾸준히 근로하여 통장 유지 시 근로소득공제금 및 근로소득장려금 적립
	청년저축계좌	일하는 주거 · 교육 수급가구 및 차상위계층 청년이 매월 10만 원 저축 시 정부지원금 매칭 지원
	내일키움통장	자활근로사업단에 1개월 이상 참여하면서 매월 일정 금액 저축 시 장려금, 수익금 지원

3. 다문화가정의 아동

2000년대 중반 본격적으로 추진된 한국의 다문화가족정책은 우리 사회에서 다문화가족의 존재와 정책적 지원 명분을 분명히 하고, 인도적 차원의 지원을 강화하는 사회적 이슈로 급속히 발전하여 우리나라 가족정책 및 외국인 정책의 한 영역으로 자리매김되었다. 그동안 다문화가족 관련 정책은 빠른 속도로 변화하였고, 변화하는 정책만큼이나 우리 사회에서 다문화가정의 규모 또한 지속적으로 증가하였다.

1) 다문화가정의 개념

다문화가정이란 귀화의 방법으로 국적을 취득한 자 또는 외국인이 한국인(귀화자 포함)과 결혼한 결혼이민자가 존재하는 일반가구(다문화 대상자의 자녀가 있는 가구도 포함)를 지칭하며, 외국인 주민자녀(출생)는 외국인 또는 귀화한 자의 자녀로서 국적법 제2조(출생에 의한 국적취득)에 따른 출생과 동시에 한국 국적을 취득한 자를 말한다(행정안전부, 2020). 다문화가정의 아동이란 우리와 다른 문화적 배경을 가진 외국 국적의 배우자와 한국인이 결혼함으로써 형성된 가정의 자녀를 의미하며 다문화가정 아동의 유형은 다음과 같다(도미향, 2013; 이한우 · 정정란, 2013).

(1) 국제결혼가정의 아동

국제결혼가정의 아동은 한국인 아버지와 외국인 어머니 사이에서 태어난 아동, 한국인 어머니와 외국인 아버지 사이에서 태어난 아동을 말한다. 또한 외국과의 교류가 확대되고 유학이나 해외파견 등의 이유로 중상류층 여성들의 국제결혼과 한국인 남성과 결혼한 외국인 여성의 급증에 따라 국제결혼의 형태로 나누어진다.

(2) 외국인근로자가정의 아동

외국인근로자가정의 아동은 외국인근로자가 한국에서 결혼하여 태어난 아동이나 본국에서 결혼하여 형성된 가족이 한국에 이주한 가정의 아동을 말한다. 외국인근로자의 경우 노동계약에 따라 이주하거나 미등록체류자로 남는 경우도 상당한 비율을 차지한다.

(3) 북한이탈주민가정의 아동

북한에서 부모와 같이 입국한 아동, 모가 입국 후 출생한 아동, 북한이주민과 한국인 사이에 출생한 아동을 말하며 북한이탈주민을 지칭함에 있어서 '탈북자', '탈북민', '새터민', '북한이탈주민' 등이 혼용되어 사용되고 있다. 통일부를 기준으로 2005년까지는 관습적으로 '탈북자'로 지칭하다가 탈북자라는 단어의 부정적인 이미지가 크다는 이유로 2005년부터 '새터민'이라는 단어를 사용하기 시작했다. 북한이탈주민들 중에서도 스스로를 새터민이라고 지칭하는 이들이 있기는 하지만, 대부분의 북한이탈주민들 내부에서 여론은 좋지 않아 2008년부터는 법률 용어인 '북한이탈주민'을 전면적으로 사용하고 있다(나무위키, 2022).

이상에서 살펴본 다문화가정 아동의 유형을 정리해서 살펴보면, 〈표 10-11〉과 같다.

〈표 10-11〉 다문화가정 아동의 유형

구분	내용
국제결혼가정의 아동	• 한국인 부와 외국인 모 사이에서 태어난 아동 • 한국인 모과 외국인 부 사이에서 태어난 아동
외국인근로자가정의 아동	• 외국인근로자가 한국에서 결혼하여 태어난 아동 • 본국에서 부모와 같이 이주한 가정의 아동
북한이탈주민가정의 아동	• 북한에서 부모와 같이 입국한 아동 • 부모가 입국 후 출생한 아동 • 북한이탈주민과 한국인 사이에 출생한 아동

2) 다문화가정 아동의 현황[4] 및 특성

(1) 다문화가정 아동의 현황

① 다문화 인구동태

〈표 10-12〉를 살펴보면, 2008년 다문화가정의 출생아는 13,443명이며 2020년에는 16,421명으로 약 1.2% 증가하였으며 전체 출생률의 약 0.06%에 해당한다.

〈표 10-12〉 다문화 인구동태

(단위 : 명(건))

구분	전 체				다문화			
	출생	사망	혼인	이혼	출생	사망	혼인	이혼
2008	465,892	246,113	327,715	116,535	13,443	1,043	36,629	12,430
2009	444,849	246,942	309,759	123,999	19,024	1,338	33,862	13,653
2010	470,171	255,405	326,104	116,858	20,312	1,506	35,098	14,319
2011	471,265	257,396	329,087	114,284	22,014	1,557	30,695	14,450
2012	484,550	267,221	327,073	114,316	22,908	1,605	29,224	13,701
2013	436,455	266,257	322,807	115,292	21,290	1,558	26,948	13,482
2014	435,435	267,692	305,507	115,510	21,174	1,598	24,387	12,902
2015	438,420	275,895	302,828	109,153	19,729	1,744	22,462	11,287
2016	406,243	280,827	281,635	107,328	19,431	1,866	21,709	10,631
2017	357,771	285,534	264,455	106,032	18,440	2,002	21,917	10,307
2018	326,822	298,820	257,622	108,684	18,079	2,202	23,773	10,254
2019	302,676	295,110	239,159	110,831	17,939	2,254	24,721	9,868
2020	272,337	304,948	213,502	106,500	16,421	2,377	16,177	8,685

출처 : 통계청(2021). 인구동향조사 보도자료.

4) 다문화가정 아동의 유형은 국제결혼가정, 외국인근로자가정, 북한이탈주민가정으로 분류되어 있음. 그러나 본 고에서는 다문화가정 중 북한이탈주민가정의 현황은 따로 구분하여 정리하였음을 밝힘.

② 다문화 출생 추이 및 유형별 비중

전체 출생 중 다문화 출생의 비중은 6.0%로, 전년 대비 0.1%로 증가하였다. 다문화 출생의 유형은 외국인 모(67.0%), 귀화자(19.9%), 외국인 부(13.2%) 순이며, 전년 대비 외국인 모는 2.8% 증가, 외국인 부 및 귀화자는 각각 0.2%, 2.4% 감소하였다(그림 10-7 참조).

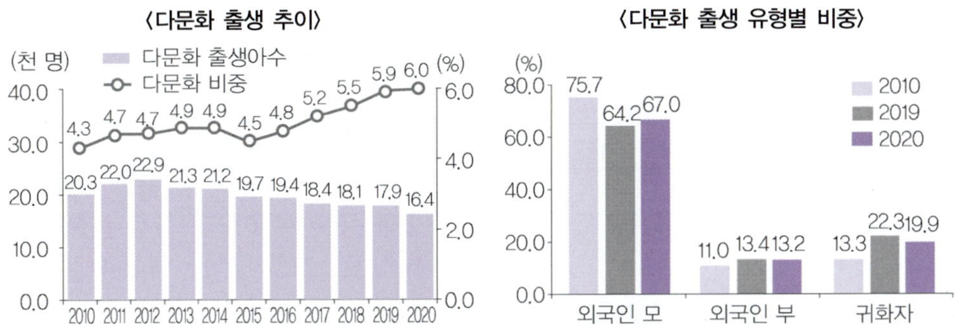

┃그림 10-7┃ 다문화 출생 추이 및 유형별 비중

③ 다문화가정의 자녀 출생 수 및 성비

2020년 다문화 출생아는 16,421명으로 전년(17,939명)보다 1,518명(-8.5%) 감소하였으며, 2020년 전체 출생이 27만 2천 명으로 전년보다 10.0% 감소한데 비해, 다문화 부모의 출생아는 8.5% 감소하여 상대적으로 감소 폭이 작았다. 전체 출생에서 다문화 출생이 차지하는 비중은 6.0%로 전년보다 0.1% 증가하였으며 다문화 출생아 중 남아는 8,265명, 여아는 8,156명, 성비(여아 100명당 남아)는 101.3명으로, 출생기준 한국인 부모의 출생성비 105.1명보다 낮았다(표 10-13 참조).

〈표 10-13〉 다문화 출생아 및 출생성비

(단위 : 명, %, 여아 100명당 남아 수)

구분		전체*			다문화 혼인[1]			출생기준 한국인 간의 혼인[2]		
		2018	2019	2020	2018	2019	2020	2018	2019	2020
출생아 수		326,822	302,676	272,337	18,079	17,939	**16,421**	305,450	281,674	**253,226**
비중		100.0	100.0	100.0	5.5	5.9	**6.0**	93.5	93.1	**93.0**
전년 대비	증감	-30,949	-24,146	-30,339	-361	-140	**-1,518**	-30,263	-23,776	**-28,448**
	증감률	-8.7	-7.4	-10.0	-2.0	-0.8	**-8.5**	-9.0	-7.8	**-10.1**
남아		167,686	155,416	139,362	9,191	9,194	**8,265**	156,822	144,722	**129,763**
여아		159,136	147,260	132,975	8,888	8,745	**8,156**	148,628	136,952	**123,463**
출생성비		105.4	105.5	104.8	103.4	105.1	**101.3**	105.5	105.7	**105.1**

* 부모 국적 미상(기아, 영아사망 등) 포함

1) 다문화 혼인 : 남녀 어느 한쪽이 외국인 또는 귀화자인 경우, 또는 남녀 모두 귀화자인 경우

2) 출생기준 한국인 부모 : 부모 모두 출생기준 한국인인 경우

④ 북한이탈주민의 입국 및 탈북청소년 현황

북한이탈주민 가족은 2022년 6월 기준 한국으로 입국한 누적 탈북자의 수는 대략 3만 3천 명이다. 사망자, 이민자 등을 제외하면 2022년 기준 한국에서 실제 거주 중인 탈북민은 2만 7천여 명으로 추산한다. 2008년부터 2020년까지 입국현황은 ❙그림 10-8❙과 같다.

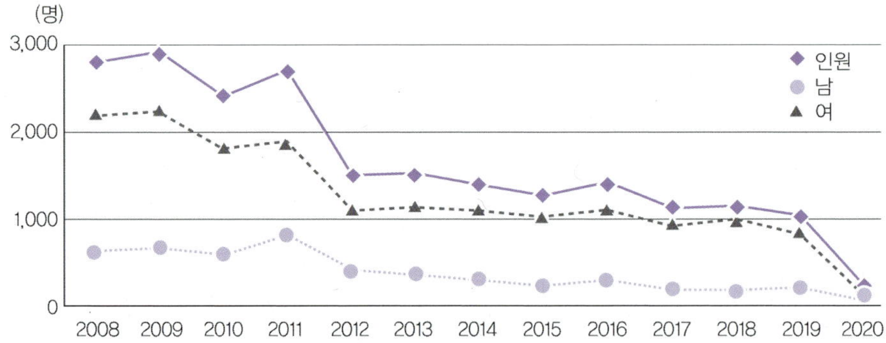

❙그림 10-8❙ 북한이탈주민 입국현황

출처 : e-나라지표(국정모니터지표). 북한이탈주민 입국현황.

국내 입국 북한이탈주민의 수는 지속적인 증가 추세를 보이며, 이들의 자녀인 탈북청소년의 수도 늘어나고 있다. 한국 정규학교에 재학하고 있는 탈북학생 규모는 2011년 1,867명에서 2,725명으로 증가하였다. 전일제 대안교육시설을 포함한 탈북학생의 현황은 다음과 같다.

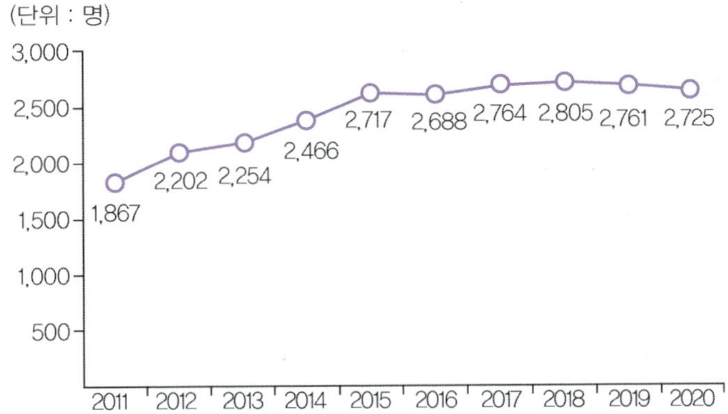

| 그림 10-9 | 연도별 탈북학생 수 변화(전일제 대안교육시설 포함)

출처 : 교육부(2020). 2020년 탈북학생 통계 현황. 전일제 대안교육시설 현황은 통일부 자료.

(2) 아동의 특성

1990년대부터 급증해 온 이주민들에 의해 다문화 사회로의 전환이 이루어지고 있다. 결혼 이주에 의한 다문화가정의 증가와 함께 다문화가정의 아동들은 학교 적응, 언어 등 다양한 문제를 보이는 것으로 보고되고 있으며 구체적으로 살펴보면 다음과 같다(권회연 외, 2010; 김평화 · 윤혜미, 2020; 박정윤 · 박현지, 2021; 안병수 · 박유빈, 2022; 오승환, 2016; 유승희, 2020; 이선우 외, 2013; 최경란 · 홍지영, 2018; 최희진, 2022).

① 학교적응

다문화가정의 자녀들은 일반가정의 자녀에 비해 취학률은 낮고 학업중단율은 높다. 이 격차는 상급학교로 진학할수록 점점 더 커지는 경향이 있기 때문에 다문화 청소년의 학교생활 어려움은 결코 무시할 수 없는 중대한 문제이다. 교육부(2022)에 의하면, 학교 부적응은 다문화 청소년 학업중단 사유 중 30% 이상을 차지하는 것으로 나타나 다문화 청소년의 학업 적응을 지원하는 것은 매우 중요한 사안이라고 할 수 있다.

② 한국어능력

현재까지 국내에서 수행된 대부분의 연구들은 다문화가정 유아의 표현언어뿐만 아니라 수용언어에서의 지체를 일관되게 보고하고 있으며, 다문화 청소년의 경우에도 학교생활을 어렵게 하는 요인으로 언어적 문제가 가장 크게 나타났다. 다문화가정의 부모는 부모 자신도 한국어가 서툴기 때문에 자녀에게 한국어를 가르치는 데 한계가 있다. 이로 인해 다문화 청소년은 생활 속에서 한국어 능력으로 인한 어려움을 겪고 있다. 계승어 능력과 달리 한국어 사용 능력이 좋을수록 다문화 청소년의 우울은 감소한다는 선행연구 결과(오승환, 2016)를 미루어 볼 때 다문화 청소년에게 있어서 한국어 능력은 학교생활뿐만 아니라 심리 · 사회적 적응에도 매우 중요한 요소이다.

③ 심리사회적 발달

다문화가정 아동은 정서문제 및 심리사회적 부적응과 같은 정신건강상의 어려움이 많은 것으로 보고된다. 즉, 국제결혼가정 자녀들은 취학의 증가와 함께 대두된 교육문제로서 학교 수업에 대한 낮은 이해도와 소극적인 태도, 그리고 폭력성이나 과잉행동장애(ADHD)와 같은 정서문제를 보인다. 또한 다문화가정의 아동은 일반가정의 아동에 비해 위축된 행동을 많이 하고, 남아가 여아에 비해 더 많이 하는 것으로 나타났다. 그러나 연령의 증가와 함께 대체적으로 감소함으로써 심리사회적 적응의 차이는 줄어드는 것으로 나타났다.

청소년의 경우, 일반적으로 급격한 신체적, 심리 · 정서적 변화로 인한 혼란감을 경험하게 되는데, 이중문화와 학교 및 사회에서 경험하는 한국문화 사이에서 가중된 어려움을 경험하게 된다. 다문화 청소년들이 경험하는 문화적응 스트레스는 자아정체성이 형성되는 청소년기에 급격하게 심화될 수 있으며, 학교생활 부적응과 정서적 위축에 영향을 주는 요인으로 보고되고 있다.

④ 인지발달

다문화가정의 낮은 사회경제적 지위, 부모들의 스트레스 및 병리적 성향 등이 유아의 언어발달지연을 유발하게 되고 이후 인지발달 지연과도 관련되어 학령기 학업성취에 부정적인 역할을 한다. 특히 언어를 토대로 형성되는 학령기의 읽기, 쓰기 등의 학업 성취의 부진으로까지 이어지게 된다. 언어발달 지연은 인지발달과 자아존중감에 영향을 주고, 인지능력은 자기조절능력에 직접적인 영향을 주며, 언어는 인지발달과 자아존중감을 통해 공격행동에 간접적인 영향을 준다.

3) 다문화가정 아동을 위한 제도 및 서비스

미국과 같은 선진 이민국가들은 다양한 배경의 이민자를 포용해 사회 통합과 경제성장의 중요한 축으로 삼고 있으며, 이를 바탕으로 한인 이민자 자녀세대들 역시 각국의 정치, 경제, 문화 등 다양한 분야에서 활발히 활동하고 있다. 정부는 다문화 아동이 동등한 출발선을 보장받을 수 있도록 환경을 조성하고, 이들이 가진 다양성과 재능을 계발하여 미래사회의 인재로 양성하기 위한 지원방안을 마련하였다. 구체적인 내용은 다음과 같다(국무조정실 · 여성가족부, 2022).

(1) 학력격차 해소 및 진로지도

결혼이민자는 사회적 네트워크 및 한국 학교제도에 대한 정보 부족으로 자녀의 학습을 지도하는 데 어려움이 있고, 이로 인해 학력격차가 심화되는 측면이 있다. 따라서 2022년부터 다문화 아동 · 청소년이 학업 및 진로에 대한 의지를 높이고 스스로 학업 방향을 설계할 수 있도록 78개 가족센터(건강가족지원센터 · 다문화지원센터)에서 상담 서비스를 신규 도입하고, 시범사업 성과를 토대로 2025년까지 전국 가족센터로 상담 서비스의 확대 운영을 추진한다.

다문화 배경 아동 · 청소년의 강점인 이중언어 활용 능력을 높일 수 있도록 가족센터의 '이중언어 가족환경조성 사업'을 통해 효과적인 이중언어 소통방법 등을 교육하고, 이중언어 인재 데이터베이스(DB)를 운영해 나가고 있다. 또한 학교 수업에 원활히 참여할 수 있도록 교과보충 프로그램을 제공하고, 주요 개념 및 어휘에 대한 교과 보조교재 17종을 영상콘텐츠로 제작 · 배포하며, 다문화 학부모 대상으로 각종 학교생활 관련 안내자료와 부모교육 및 '다문화 부모학교'를 운영하여 결혼이민자의 학습지원 역량을 강화한다.

(2) 학교 적응을 위한 체계적 지원

다문화 아동 · 청소년의 기초학력을 제고하기 위해 2022년부터 90개 가족센터에서 다문화가정의 자녀를 대상으로 초등학교 입학 전후 읽기, 쓰기, 셈하기 등 기초학습 지원('다배움' 사업)을 시작하여 중도입국 아동 · 청소년이 한국어를 습득할 수 있도록 학교 내 한국어학급 설치를 확대하고, 한국어학급이 없는 학교는 '찾아가는 한국어교육'과 원격 학습을 위한 콘텐츠와 학습자료를 제작 · 배포한다. 또한 학교 밖에 있는 중도입국 자녀를 위한 레인보우스쿨을 운영하여 한국어 학습과 학교로의 진입을 돕고, 특히 중도입국한 자녀 대상으로 편 · 입학 안내자료를 14개 언어로 제공하며, 공교육 진입을 연 2회 멀티미디어 메시지(MMS)로 안내한다.

(3) 심리 · 정서 및 또래관계 형성

입학 후 학교 적응에 어려움을 최소화하기 위해 학교급 전환기인 초 · 중학교 편 · 입학 전 사전 준비교육인 '징검다리과정'을 운영을 확대해 나가고, 다문화가정 자녀의 심리 돌봄을 위해 2022년부터 78개 가족센터에서 청소년 상담사를 통해 1 : 1 전문 심리상담을 시작한다. 한국어가 서툰 아동 · 청소년을 위해 필요시

상담통역지원사가 모국어 상담을 지원하며, 심리상담 결과를 바탕으로 부모 · 자녀 관계 향상 등 필요한 서비스를 연계 · 제공한다. 또한 또래 간의 정서 지지 · 상담을 제공하는 또래상담 프로그램에 다문화 학생의 교우 관계를 고려한 특화된 또래상담 프로그램 보급을 활성화한다. 학교폭력 예방교육으로 다양성 관련 내용을 포함하여 운영하고, 학교 폭력 발생 시 통 · 번역사 등 전문가가 참여할 수 있도록 하며, 학교전담경찰관(SPO)과 연계를 강화한다.

(4) 인식개선을 통한 다문화 수용성 증진

학교에서는 '다문화교육'을 연간 2시간 이상 교과 · 비교과 활동으로 실시하도록 권고하고 다문화 교육 활동 지원을 위해 다문화교육 관련 영상콘텐츠를 제작하여 보급하며 교원 대상으로 찾아가는 다문화 이해교육을 강화하는 한편, 청소년 자원봉사를 활용하여 함께 어울리는 프로그램을 실시한다. 또한 이주민과 선주민의 교류 · 소통공간을 확대하고, 공공분야 종사자 등을 대상으로 다문화 관련 교육을 확대하여 지역사회 다문화 수용성을 증진시키는 등 다문화 감수성이 반영된 정책 환경을 조성해 나간다.

한편 탈북학생의 학부모들은 대부분 북한에서 정규 교육을 받았지만 남 · 북한 교육제도 및 환경 등의 차이로 인해 자녀의 학교교육 지원 활동에 어려움을 겪으며 소극적 성향을 나타낸다. 따라서 이러한 문제를 해결하기 탈북청소년교육지원센터에서는 12차년도 사업을 진행했으며 구체적인 사업영역과 주요 내용은 다음과 같다(교육부, 2021).

영 역	사업명	사업내용
탈북학생 맞춤형 교육	심리상담 지원 사업	• 심리상담 필요한 초·중·고 재학 탈북학생을 대상으로 심리 상담 지원 - 총 47명(모니터링 16명 포함), 15회기 이상의 심리상담 진행 • 추가상담, 심리검사, 가족상담 등 맞춤형 상담지원 및 심리상담 효과성 제고를 위한 슈퍼비전 실시 • 심리상담 지원 지역협력기관 사전교육 실시(총 4회) • 결과보고회 실시
	성장 멘토링(VASI)	• 현직 교원 멘토와 탈북학생 멘티의 1:1 결연을 통해 안정적 적응과 성장 지원을 위한 2년 이상의 장기 멘토링 실시 • 입국 초기 탈북학생의 원활한 공교육 진입과 사회생활 등 생활 영역 전반에서의 적응 지원 - 탈북학생과 현직 교사의 1:1 결연을 통해 탈북학생의 원활한 공교육 진입 및 안정적인 적응을 지원 - 교내 멘토링 진행이 어렵거나, 맞춤형 멘토링 참여할 수 없었던 탈북학생에게 맞춤형 교육 기회 제공
	잠재역량강화 프로그램(HOPE)	• 다양한 분야에서 발전가능성을 보유하고 있는 탈북학생 발굴 및 지원 - 37명의 참가 학생 및 재능기부자 1:1 맞춤형 연계 및 맞춤형 교육활동 실시
	한국어 교육 지원	돋움한국어 교사용 지도서 개발·보급
탈북학생 진로·직업 교육	하나둘학교 진로교육 지원	• 하나원 재원 탈북학생 학부모 대상 자녀 진로교육 실시 - 총 10회 학부모 교육 진행 • 하나둘학교 학생 대상 진로교육 실시 - 총 42시간 학생 진로교육 진행
	찾아가는 진로상담	• 탈북학생 맞춤형 진로·진학 관련 정보 제공 및 진로코칭 - 전국 8개 시도, 31개 학교, 33명 대상 찾아가는 진로상담 56회(온라인 17회, 오프라인 39회) 실시

탈북학생 교육지원 기반 구축	탈북학생 맞춤형 멘토링 담당교원 연수	• 시 · 도교육청 탈북학생 맞춤형 멘토링 연수 - 17개 시 · 도교육청 실시간/비실시간 온라인 연수 실시 • '2020 탈북학생 멘토링 매뉴얼' 1종 인쇄 · 보급 • '2020 탈북학생 멘토링 지도사례집' 1종 인쇄 · 보급 • 멘토링 사업에 대한 탈북학생 만족도 조사 - 탈북학생 맞춤형 멘토링 수혜 학생 332명 대상 조사 실시
	밀집학교 역량강화 워크숍	2020학년도 탈북학생 맞춤형 교육지원을 위한 교원 워크숍(온라인) 실시
	우수사례 발굴 · 보급	• 탈북학생 교육 우수사례 공모 실시 - 초 · 중 · 고 10편의 교육 우수사례 선정, 시상식 및 발표회 실시 - '2020년 탈북학생 교육 우수사례집' 인쇄 · 보급
	관계기관 네트워크 활성화	• 관계기관 협의체 운영 - 교육부, 통일부, 시 · 도교육청, 탈북청소년교육지원센터, 남북하나재단, 초기 적응기관 및 전환기 학교 등 관계기관 간 긴밀한 네트워크 구축 • 탈북청소년교육지원센터 뉴스레터 발간 및 보급(2회) • 삼죽초, 하나둘학교 사례협의회 - 탈북학생의 정착 지원을 위한 사례 협의회 실시 • 하나원 파견교사 선발심사 및 정례연수 - 하나원 파견교사 선발을 위한 면접심사 및 현장실사 실시 - 하나원 파견예정 교사의 교육 역량 강화 연수 실시
	전문가 네트워크 활성화(포럼)	• 제11차 탈북학생 교육 포럼 • '탈북학생의 가정환경을 고려한 통합적 교육지원 방안 모색' 개최
	통계조사 및 홈페이지 운영	탈북학생 현황 조사, 학업중단 탈북학생 실태조사 통계 자료 수합 및 분석
		탈북청소년교육지원센터 홈페이지 운영

출처 : 교육부(2021). 탈북청소년교육지원센터 운영사업 12차년도 결과보고서. 한국교육개발원.

11 CHAPTER 아동학대와 아동보호

아동학대는 아동의 건강한 성장과 발달을 저해하는 행위로, 특히 영유아기의 학대는 뇌발달에 영구적으로 부정적 영향을 미치게 되어 대인관계 유지, 스트레스 대처 능력, 감정 조절 능력의 발달을 손상시키며, 신체적 · 정신적 장애를 남길 수 있다.

최근 들어 정부는 꾸준히 증가하는 아동학대에 대한 대응체계를 강화하기 위해 공공영역의 경찰과 지방자치단체 및 민간영역의 아동보호전문기관의 역할을 재정립하였다. 아동의 건강한 성장과 발달 및 인권 보장을 위해 아동학대의 예방과 치료는 범국가적 차원에서 해결해야 할 최우선 과제이다.

11장에서는 아동학대의 개념 및 유형, 현황 및 학대 원인, 학대아동의 주요 문제, 학대아동을 위한 보호서비스, 아동학대의 예방 대책 등을 구체적으로 살펴보고자 한다.

1. 아동학대의 개념 및 유형

1) 아동학대의 개념

아동학대의 개념은 시대와 사회적 가치 및 문화에 따라 다양하게 정의되어 왔다. 과거에는 아동학대에 대한 개념을 아동의 신체적 · 정신적 · 성적 폭력 행위에 국한하여 협의의 의미로 정의하였다면 최근의 아동학대의 개념은 아동의 권익과 발달을 위협하는 모든 행위를 포함하는 광의의 개념으로 정의하고 있다.

우리나라 아동복지법에서는 아동학대를 "보호자를 포함한 성인이 아동의 건강 또는 복지를 해치거나 정상적 발달을 저해할 수 있는 신체적 · 정신적 · 성적 폭력이나 가혹행위를 하는 것과 아동의 보호자가 아동을 유기하거나 방임하는 것"으로 정의하고 있다(아동복지법 제3조 제7호). 또한 동법 제17조에서는 학대로 규정할 수 있는 금지되는 행위를 구체적으로 명시하고 있다. 아동에게 음란한 행위를 시키거나 이를 매개하는 행위 또는 아동에게 성적 수치심을 주는 성희롱 등의 성적 학대행위, 아동의 신체에 손상을 주거나 신체의 성장 및 발달을 해치는 신체적 학대행위, 아동의 정신건강 및 발달에 해를 끼치는 정서적 학대행위, 자신의 보호 · 감독을 받는 아동을 유기하거나 의식주를 포함한 기본적 보호 · 양육 · 치료 및 교육을 소홀히 하는 방임행위 등이 그것이다. 특히 정서적 학대행위에 대해서는 가정폭력범죄의 처벌 등에 관한 특례법 제2조에 따라 가정폭력, 즉 가정구성원 사이의 신체적 · 정신적 또는 재산상 피해를 수반하는 행위에 아동을 노출시키는 행위로 인한 경우까지 포함하게 되었다.

이와 같이 아동학대의 개념은 아동에 대한 적극적인 가해행위뿐만 아니라 소극적 의미의 단순 체벌 및 훈육까지도 아동학대의 정의에 포함하고 있음을 알 수 있다. 즉, 아동의 복지나 아동의 잠정적 발달을 위협하는 보다 넓은 범위의 행동으로 확대하여, 신체적 학대뿐만 아니라 정서적 학대나 방임, 아동의 발달을 저해하는 행위나 환경, 더 나아가 아동의 권리보호에 이르는 매우 포괄적인 경우로 규정하고 있다(아동권리보장원, 2022b).

한편 아동학대와 방임의 개념에는 다음과 같은 세 가지 사항이 포함되어야 한다(정익중 · 오정수, 2021).

첫째, 아동에 대한 다소 명백한 부모의 어떤 행위가 존재하여야 한다. 예를 들어, 부모가 여러 번 1세 유아를 혼자 내버려 둔 채 다른 일을 한다면 아동의 방임이라고 할 수 있지만, 부모가 단순히 아동에게 관심을 두지 않는다는 것은 아동방임이 될 수 없다.

둘째, 아동에게 두드러진 손상이 있어야 한다. 손상은 신체적인 것이 될 수도 있고 정신적인 것이 될 수도 있다. 학대는 그 손상이 눈에 드러나지만, 방임으로 인한 손상은 크게 드러나지 않는다.

셋째, 부모의 행위와 아동의 신체적·정신적 손상 간에 인과관계가 있어야 한다. 두드러진 손상은 있지만 부모의 행위가 그 원인이 아닌 경우는 학대가 아니다.

2) 아동학대의 유형

우리나라의 아동학대 유형은 아동복지법 제3조에서 신체학대, 정서학대, 성 학대, 방임의 네 가지 유형으로 분류하고 있다.

(1) 신체학대

신체학대는 아동의 건강과 복지를 해치거나 정상적 발달을 저해하는 신체적 폭력과 가혹행위를 말하는데, 몸 또는 도구 등을 사용하여 신체에 가해하는 행위, 신체에 해로운 물질로 신체에 가해하는 행위, 완력을 이용하여 신체를 위협하는 행위 등을 말한다. 이를 구체적으로 살펴보면 다음과 같다(도미향 외, 2019).

① **직접적으로 신체에 가해지는 행위** : 손, 발 등으로 때림, 꼬집고 물어뜯는 행위, 조르고 비트는 행위, 할퀴는 행위 등

② **도구를 사용하여 신체를 가해하는 행위** : 도구로 때림, 흉기 및 뾰족한 도구로 찌름 등

③ **완력을 사용하여 신체를 위협하는 행위** : 강하게 흔듦, 신체 부위 묶음, 벽에 밀어붙임, 떠밀고 잡음, 아동을 던짐, 거꾸로 매닮, 물에 빠트림 등

④ **신체에 유해한 물질로 신체에 가해지는 행위** : 화학물질 혹은 약물 등으로 신체에 상해를 입히는 행위, 화상을 입힘 등

한편 신체학대는 사회적 가치나 문화에 따라 인식의 차이가 크므로 양육에 있어 훈육과 학대를 구분하기가 쉽지 않다. 특히 우리나라에서는 훈육의 방식으로서 체벌을 허용하는 사회적 분위기와 민법상 규정된 친권자의 징계권(민법 제915조)으로 인해 체벌을 포함한 학대행위가 훈육과 구별되기가 힘들었다. 그러나 2021년 1월 민법에서 징계권과 관련한 조항을 삭제하면서 자녀에 대한 체벌을 금지한다는 점을 명확히 했으며, 따라서 법 체계상 체벌은 훈육과는 구별되고 있고 학교에서의 체벌도 명확히 금지되고 있다.

(2) 정서학대

정서학대는 직접적인 신체 손상을 초래하지는 않지만 아동의 정신건강 및 발달에 해를 끼치는 학대 행위로서, 아동에게 행하는 언어적 모욕, 정서적 위협, 감금이나 억제, 기타 가학적인 행위를 포함한다(노혜련 외, 2021). 정서학대는 상해의 흔적이 존재하여 객관적인 확인이 가능한 신체학대와는 달리 상해의 흔적이 없거나 곧바로 드러나지 않기 때문에 학대행위를 밝혀내거나 아동의 피해 정도를 가늠하기가 어렵다.

정서학대에 해당되는 행위를 살펴보면 다음과 같다(아동권리보장원, 2022b).

① 원망적 · 거부적 · 적대적 또는 경멸적인 언어폭력 등
② 잠을 재우지 않는 행위
③ 벌거벗겨 내쫓는 행위
④ 형제나 친구 등과 비교, 차별, 편애하는 행위
⑤ 가족 내에서 왕따시키는 행위
⑥ 아동이 가정폭력을 목격하도록 하는 행위
⑦ 아동을 시설 등에 버리겠다고 위협하거나 짐을 싸서 쫓아내는 행위
⑧ 미성년자 출입금지 업소에 아동을 데리고 다니는 행위
⑨ 아동의 정서발달 및 연령상 감당하기 어려운 것을 강요하는 행위(감금, 약취

및 유인, 아동 노동 착취)

⑩ 다른 아동을 학대하도록 강요하는 행위

(3) 성 학대

성 학대는 보호자를 포함한 성인이 자신의 성적 충족을 목적으로 아동에게 행하는 모든 성적 행위를 말한다. 성 학대는 성인과의 신체적 접촉뿐 아니라 아동에게 성적 행동과 매체를 보게 하는 것 등 신체적 접촉이 없는 행위도 포함한다(노혜련 외, 2021). 성 학대는 은밀하게 이루어지고 아동이 자신이 겪은 일의 의미를 잘 모를 수 있으므로 오랫동안 드러나지 않는 경우가 있으며(정옥분 외, 2016), 가해자의 보복 및 학대 사실이 알려지는 것이 두려워 외부에 알리지 않는 경향으로 인해 은폐될 가능성이 크므로 더욱 주의가 필요하다.

성 학대에 해당되는 행위를 살펴보면 다음과 같다(아동권리보장원, 2022b).

① 자신의 성적 만족을 위해 아동을 관찰하거나 아동에게 성적인 노출을 하는 행위(옷을 벗기거나 벗겨서 관찰하는 등의 관음적 행위, 성관계 장면 노출, 나체 및 성기 노출, 자위행위 노출 및 강요, 음란물을 노출하는 행위 등)

② 아동을 성적으로 추행하는 행위

③ 아동에게 유사 성행위를 하는 행위

④ 성교를 하는 행위

⑤ 성매매를 시키거나 성매매를 매개하는 행위

(4) 방임

방임은 아동의 건강, 교육, 정서발달, 영양, 거주 환경과 관련해서 가족이나 보호자가 적합한 의무를 소홀히 해 아동을 돌보지 않는 것이고, 유기는 보호자가 아동을 보호하지 않고 버리는 행위를 말한다(노혜련 외, 2021). 방임은 부모역할에 대한 소극적인 태만 행위로서 쉽게 드러나지 않기 때문에 충분한 시간을 두고 지속적으로 관찰하지 않으면 발견하지 못하고 지나치기 쉽다. 방임에는 물리적 방임, 교육적 방임, 의료적 방임, 유기 등이 있다(아동권리보장원, 2022b).

① **물리적 방임** : 기본적인 의식주를 제공하지 않는 행위, 불결한 환경이나 위험한 상태에 아동을 방치하는 행위, 아동의 출생신고를 하지 않는 행위, 보호자가 아동들을 두고 가출한 경우, 보호자가 친족에게 연락하지 않고 무작정 아동을 친족 집 근처에 두고 사라진 경우, 아동을 병원에 입원시키고 사라진 경우 등

② **교육적 방임** : 보호자가 아동을 특별한 사유 없이 학교(의무교육)에 보내지 않거나 무단결석을 방치하는 경우

③ **의료적 방임** : 아동에게 필요한 의료적 처치 및 개입을 하지 않는 행위

④ **유기** : 아동을 보호하지 않고 버리는 행위, 시설 근처에 버리고 가는 행위

3) 아동학대의 징후

학대를 경험한 아동에게는 신체적 · 행동적 징후가 나타날 수 있는데, 많은 경우 외부적으로 드러나는 학대의 흔적을 통해 학대피해 아동을 발견하지만 정서학대의 경우 신체적 · 행동적 징후를 발견하기 어렵기 때문에 유심히 관찰해야 한다. 아동학대의 유형별 징후를 살펴보면 〈표 11－1〉과 같다.

〈표 11－1〉 아동학대의 유형별 징후

학대 유형	신체적 징후	행동적 징후
신체학대	• 발생 및 회복에 있어 시간차가 있는 상처 • 사용된 도구의 모양이 그대로 나타난 상처 • 손바닥, 발바닥, 등, 엉덩이에 담뱃불 자국, 양말 모양, 장갑 모양, 도넛 모양의 상처 • 뜨거운 물에 잠겨서 생긴 화상자국 • 팔, 다리, 목 등에 묶은 줄 자국의 화상	• 어른과의 접촉 회피 • 다른 아동이 울 때 공포를 나타냄 • 공격적이거나 위축적인 극단적 행동 • 부모에 대한 두려움 • 집에 가는 것을 두려워함 • 위험에 대한 지속적인 경계를 보임 • 부모가 손상을 알려옴

정서학대	• 성장 장애 • 신체발달 저하 • 언어 장애	• 특정 물건에 대해 계속 빨고 있거나 물어뜯음 • 반사회적, 파괴적 행동장애 • 수면장애, 놀이장애, 히스테리, 강박, 공포 • 극단적인 행동 • 지나친 행동 • 발달 지연 • 자살 시도
성 학대	• 걷거나 앉는 데 어려움 • 찢어지고 피로 얼룩진 속옷 • 회음부의 동통과 가려움 • 회음부, 질, 항문 부위의 출혈이나 멍 • 십대 이전의 성병 감염 • 임신	• 위축, 환상, 유아적 행동 • 기괴하고 미묘한 성적 행동과 지식 • 친한 친구가 없음 • 비행, 가출 • 성적 모독을 호소함
방임	• 지속적인 배고픔, 나쁜 위생상태, 부적절한 옷차림 • 의학적 치료와 치과 치료의 부족 • 지속적인 피로, 불안정감, 수업 중 조는 태도	• 음식을 구걸하거나 훔침 • 장시간에 걸친 감독 소홀 • 위험한 행동에 대한 감독 소홀 • 비행 또는 도둑질 • 학교에 일찍 등교하고 집에 늦게 하교함

출처 : 서울시 아동복지센터(https://child.seoul.go.kr/archives/146).

2. 아동학대의 현황 및 원인

1) 아동학대 현황

우리나라 아동학대 신고접수 건수는 지속적으로 증가하는 경향을 보이고 있으며, 아동 인구 기준 피해아동 발견율이 4%에 달하고 있다(보건복지부, 2021c). 최근에는 가정과 교육기관, 복지시설에서의 아동학대 사례가 대중매체를 통해 다수 보도되고 사회적 반향을 일으키면서 아동학대에 대한 관심과 우려가 높아지고 있다.

(1) 연도별 신고접수 건수

아동학대 신고접수는 매년 증가하고 있으며, 아동학대 신고 중 아동학대 의심사례가 차지하는 비중도 2016년부터 87% 이상을 차지하며 높은 수치를 보이고 있다. 2020년의 경우 작년 대비 신고접수건수가 2.1% 증가하였고 전체 아동학대 신고건수 중 92.1%가 아동학대 의심사례였다(보건복지부, 2021c).

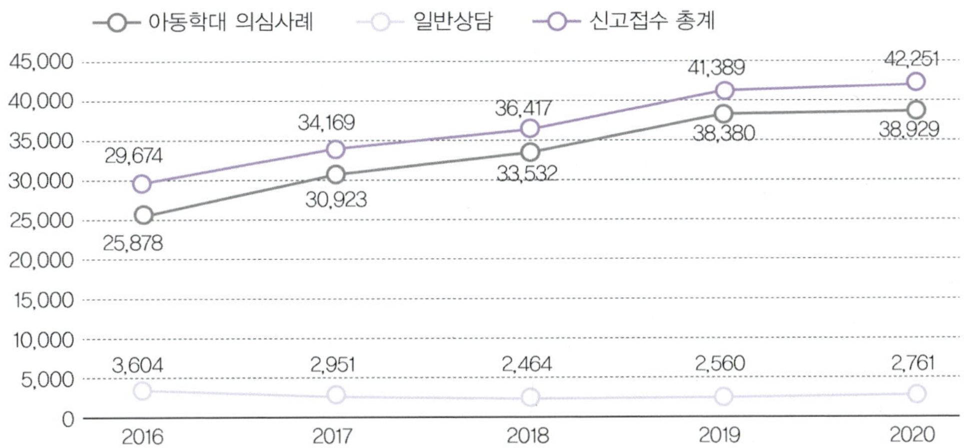

| 그림 11-1 | 연도별 아동학대 신고접수 건수

출처 : 보건복지부(2021c). 2020 아동학대 주요통계.

(2) 아동학대 신고자 유형

아동학대 신고의무자에 의한 신고는 2020년 10,973건으로 2016년 8,288건에 비해 32%가량 증가하였다(보건복지부, 2021c). 신고자 유형에는 초·중·고 교직원이 아동학대 의심사례를 가장 많이 신고한 것으로 나타났으며, 다음으로 아동보호전문기관의 장과 종사자, 아동복지전담공무원, 아동복지시설 종사자, 사회복지전담공무원 등의 순으로 나타났다. 특히 아동보호전문기관의 장과 종사자 및 아동복지전담공무원에 의한 신고 수가 두드러지게 증가하였다.

비신고의무자에 의한 아동학대 신고는 2016년 25,878건에서 2020년 38,929건으로 약 50% 증가하였다. 비신고의무자 직군의 신고 분포를 살펴보면, 2016부터 지속적으로 부모가 높게 나타났으며 아동 본인이 신고한 비율도 지속적으로 증가하여 2020년 5,533건으로 전체의 14.2%를 차지했다(보건복지부, 2021c).

(3) 아동학대 유형별 현황

2016년부터 2020년까지 발생한 아동학대사례 유형을 살펴보면, 중복학대와 정서학대가 가장 높게 나타났으며, 특히 정서학대는 매년 꾸준히 증가하고 있는 추세이다. 2020년의 경우 중복학대가 14,934건으로 가장 높게 나타났고, 다음으로 정서학대 8,732건(28.3%), 신체학대 3,807건(12.3%), 방임 2,737건(8.9%), 성 학대 695건(2.2%) 순으로 나타났다.

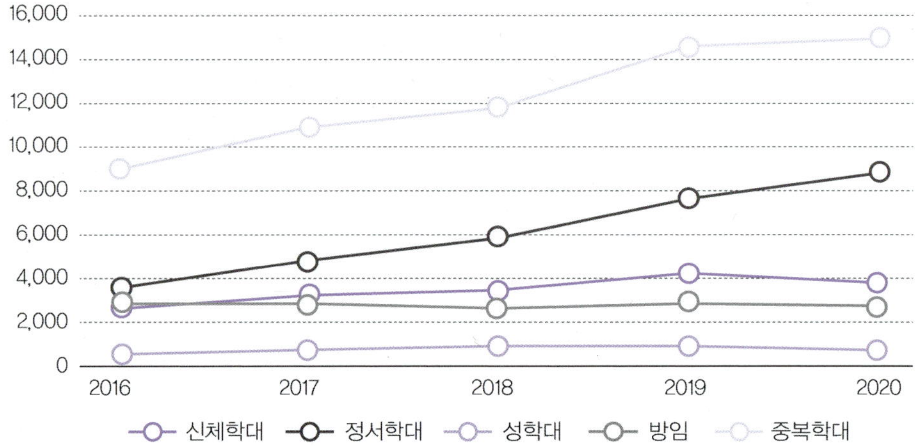

| 그림 11-2 | 연도별 아동학대사례 유형

출처 : 보건복지부(2021c). 2020 아동학대 주요통계.

(4) 피해아동 및 학대행위자의 특성

2020 아동학대 주요통계를 통해 피해아동 및 가해자의 특성을 살펴보면 다음과 같다.

피해아동의 성별은 남아가 15,815건(51.2%), 여아가 15,090건(48.8%)으로 성별에 따른 차이는 크게 없었으나, 성 학대의 사례에서는 여아가 83.2%로 압도적으로 높았다. 피해아동의 연령에 있어서는 중학생에 해당하는 만 13~15세가 7,077건(22.9%)으로 가장 큰 비중을 차지하였고, 만 10~12세가 6,957건(22.5%), 만 7~9세가 6,016건(19.5%)으로 나타났다. 피해아동의 가족유형에는 친부모가정이 18,059건(58.4%)으로 가장 많았고, 모자가정 3,977건(12.9%), 부자가정 3,521건(11.4%), 재혼가정 1,686건(5.5%) 순으로 나타났다.

다음으로 학대행위자의 특성에는 먼저 성별에 있어서 남성이 17,145건(55.5%), 여성이 13,760건(44.5%)으로 남성이 여성에 비해 더 높게 보고되었고, 연령의 경우 40대가 14,286건(46.2%)으로 가장 많았으며, 30대 8,133건(26.3%), 50대 4,446건(14.4%), 20대 2,517건(8.1%), 60대 911건(2.9%) 등으로 나타났다. 학대행위자와 피해아동과의 관계는 부모가 25,380건(82.1%), 대리양육자 2,930건(9.5%), 친인척 1,661건(5.4%), 타인 565건(1.8%) 등의 순으로 나타났다. 특히 부모에 의해 발생한 사례 중 친부 또는 친모에 의해 발생한 사례가 24,416건(79%)으로 가장 높게 나타났다. 대리양육자 중에서는 초·중·고교 직원이 882건(2.9%)으로 가장 높았다(보건복지부, 2021c).

(5) 아동학대 사망사례 현황

2020년에 학대로 인해 사망한 아동은 총 43명이었으며, 전체 아동학대 피해아동 중 약 0.19%를 차지하였다. 사망사례 피해아동의 가족유형은 친부모가정이 19명(44.2%)으로 가장 높은 비율을 차지하였으며, 다음으로 미혼부·모가정 8명(18.6%), 모자가정이 6명(14.0%) 순으로 나타났다.

사망사례 학대행위자는 피해아동의 친모가 26명(51.0%)으로 가장 많았으며, 친부가 13명(25.5%), 전체 학대행위자 중 부모의 비율은 86.3%로 나타났다.

학대행위자가 피해아동을 사망에 이르게 한 학대유형을 살펴보면, 신체학대가 17명(33.3%)으로 가장 많았으며, 방임(31.4%), 신체 및 정서학대(7.8%) 순으로 나타났다.

2) 아동학대의 원인

아동학대의 원인은 일반적으로 아동 자신과 부모, 가족, 사회적 요인 등이 거론되고 있다. 그러나 학대를 유발하는 원인이 하나 이상일 수 있으며, 원인 간에 상호 영향을 미치기 때문에 아동학대 발생의 원인을 일관적으로 명확하게 규정짓기에 한계가 있다.

아동학대의 원인을 설명하는 대표적인 이론적 관점에는 발달론적 관점, 정신병리학적 관점, 사회심리학적 관점, 사회문화적 관점, 생태학적 관점 등이 있으며 구체적인 내용은 다음과 같다(한미현, 2006).

(1) 발달론적 관점

아동 개인의 발달적 특성을 강조하는데 아동의 까다로운 기질, 어린 나이, 신체적 혹은 정신적 장애 등의 특성으로 인해 양육의 어려움을 느낌으로써 학대가 발생한다는 관점이다.

(2) 정신병리학적 관점

가해자의 정신적 결함과 같은 병리적 특성에 기초하여 학대가 발생한다고 주장한다. 가해자의 병리적 특성에는 정신과적 문제, 분노, 우울증, 통제력 부족, 낮은 자존감, 완고성, 감정이입 능력의 결함, 약물 의존 또는 남용, 신체 및 건강상의 문제 등이 있다.

(3) 사회심리학적 관점

가족배경 · 부모의 양육태도나 경제적 상황과 같은 가정의 환경적 특성에 기인하여 학대가 발생한다고 본다. 세대 간의 아동학대 행위, 부부간의 불화, 가족 간 긍정적 상호작용 부족, 가정의 경제적 스트레스 등이 아동학대를 유발한다는 입장이다.

(4) 사회문화적 관점

아동과 가정을 둘러싼 사회문화적 맥락에서 학대의 원인을 찾는 관점으로 사회 전반의 폭력을 묵인하는 분위기, 체벌을 용인하는 문화, 학대에 대한 낮은 인식과 처벌 등으로 인해 학대가 발생한다는 입장이다.

(5) 생태학적 관점

다양한 관점의 관련 요인들을 통합하여 아동과 가족을 둘러싼 체계 간의 관계에서 학대의 원인을 찾는다. 즉, 아동이 직접적으로 상호작용하는 부모나 교사와 같은 미시체계와 가족관계와 같은 미시체계 간의 상호관계를 의미하는 중간체계, 부모의 직업이나 대중매체 등 미시체계와 중간체계에 영향을 주는 환경으로서의 외체계, 사회문화적 가치관이나 법, 제도 등의 거시체계가 상호작용하여 아동학대가 발생한다는 입장이다(황해익 외, 2022).

한편 아동권리보장원에서는 아동학대의 발생요인을 개인과 가족 및 사회로 구분하여 설명하고 있으며, 구체적인 내용은 〈표 11-2〉와 같다.

〈표 11-2〉 아동학대의 발생요인

구 분	요 인	
개 인	• 정신장애 • 약물중독 • 충동	• 학대경험 • 자녀에 대한 비현실적 기대 • 부모 역할에 대한 지식 부족 등
가 족	• 빈곤, 실업 • 원만하지 못한 부부관계 • 부모-자녀 간 애착부족 등	• 사회적 지지 체계 부족 • 가정폭력
사 회	• 자녀를 부모의 소유물로 여김 • 피해아동에 대한 법적인 보호 부재 및 미비 등	• 체벌의 수용

출처 : 아동권리보장원(http://korea1391.go.kr/new/page/cause.php).

공포를 나타냄, 공격적이거나 위축된 극단적 행동, 부모에 대한 두려움, 집에 가는 것을 두려워함, 위험에 대한 지속적인 경계 등의 특성이 있다.

둘째, 정서적 학대를 경험한 아동은 특정 물건을 계속 빨고 있거나 물어뜯음, 행동장애(반사회적 · 파괴적 행동장애), 신경성 기질 장애(놀이장애), 정신신경성 반응(히스테리, 강박, 공포), 언어장애, 극단행동, 과잉행동, 자살시도, 실수에 대한 과잉반응, 부모와의 접촉에 대한 두려움 등의 문제나 어려움을 호소한다.

셋째, 성적으로 학대받은 아동은 성과 관련하여 나이에 맞지 않는 성적 행동, 해박하고 조숙한 성지식, 명백하게 성적인 묘사를 한 그림들, 타인과의 성적인 상호관계, 동물이나 장난감을 대상으로 하는 성적인 상호관계 등의 특성이 있다. 그리고 비(非)성적인 문제로 위축, 환상, 퇴행행동, 자기파괴적 또는 위험을 무릅쓴 모험적인 행동, 충동성, 산만함 및 주의집중장애, 혼자 남아 있기를 거부 또는 외톨이, 특정 유형의 사람들이나 성에 대한 두려움, 방화, 동물에게 잔혹함, 비행, 가출, 약물 및 알코올 남용, 자살시도, 범죄행위, 우울, 불안, 사회관계의 단절, 수면장애, 유뇨증 · 유분증, 섭식장애(폭식증, 거식증), 야뇨증, 외상 후 스트레스 장애, 저조한 학업수행 등이 있다.

마지막으로 방임된 아동은 계절에 맞지 않는 부적절한 옷차림, 음식을 구걸하거나 훔침, 비행 또는 도벽, 학교에 일찍 등교하고 집에 늦게 귀가함, 지속적인 피로 또는 불안정감 호소, 수업 중 조는 태도, 잦은 결석 등의 문제나 어려움이 있다.

4. 학대아동을 위한 보호서비스

우리나라 아동복지법 제3장에서는 '아동에 대한 보호서비스 및 아동학대의 예방 및 방지'의 제1절 '아동보호서비스' 및 제2절 '아동학대의 예방 및 방지'에서, 보호조치 및 일시보호조치(제15조), 피해아동 및 그 가족에 대한 지원(제29조), 아동학대행위자에 대한 상담 및 교육 등(제29조의2), 피해아동에 대한 법률상담 등

(제29조의6)을 규정하고 있다. 아동복지법은 무엇이 '아동보호서비스'인지 그 의미를 직접 정의하고 있지는 않으나, 제3장의 규정 내용에 비추어 아동학대 혐의가 인정되거나 발생가능성이 높은 사례를 체계 내에 등록하여, 이미 발생한 아동학대피해를 최소화하고 아동학대가 재발하지 않도록 돕기 위하여 제공되는 공공서비스로 이해할 수 있다(장혜영, 2022). 동법 제3조에서는 보호자가 없거나 보호자로부터 이탈된 아동 또는 보호자가 아동을 학대하는 경우 등 보호자가 아동을 양육하기에 적당하지 아니하거나 양육할 능력이 없는 경우의 아동을 '보호대상아동'으로 정의하고 있으며, 아동복지법의 보호절차에 따라 보호된다.

아동보호서비스는 아동 최상의 이익을 위해 아동에게 필요한 보호조치를 제공하며, 아동에게 적합한 보호, 양육, 자립 방안을 마련하여 아동이 건강한 사회인으로 성장할 수 있도록 지원하는 것을 목적으로 하고 있다(노충래 외, 2015).

1) 아동보호서비스의 특징

아동보호서비스의 특징을 몇 가지로 요약해서 살펴보면 다음과 같다(정익중·오정수, 2021).

첫째, 아동보호서비스를 제공할 책임은 전체 지역사회에 있다는 점이다. 친부모가 아동을 유기하거나 학대할 경우, 지역사회는 그 아동을 보호할 책임과 합법적인 권리가 있다. 따라서 아동보호서비스는 합법적인 근거하에서 그 효력이 발생한다.

둘째, 아동보호서비스는 가족구성원이 아닌 다른 사람에 의한 요구에 따라 제공된다는 점이다. 따라서 아동보호서비스는 부모가 부모로서의 역할 수행에 실패했지만, 서비스가 필요하다고 인식하지 못하고 있거나 서비스를 활용할 줄 모르거나 활용하기를 원하지 않을 경우에 부모의 의사와 관계없이 제공된다.

셋째, 아동보호서비스가 제공되면 아동에게 다시는 위험이 없다는 것이 명확히 확인될 때까지는 서비스의 제공을 멈출 수 없다는 점이다.

2) 아동보호절차

우리나라 아동학대범죄의 처벌 등에 관한 특례법에서는 학대피해아동에 대한 응급조치 및 아동학대행위자에 대한 긴급임시조치, 임시조치 및 보호처분에 관한 절차를 규정하고 있다.

먼저 피해아동 등에 대한 응급조치는 동법 제12조에서 규정하고 있는데, 아동학대범죄 신고를 접수한 현장에 출동하거나 아동학대범죄 현장을 발견한 경우 또는 학대현장 이외의 장소에서 학대피해가 확인되고 재학대의 위험이 급박·현저한 경우에 사법경찰관리 또는 아동학대전담공무원은 피해아동, 피해아동의 형제자매인 아동 및 피해아동과 동거하는 아동(이하 '피해아동 등')의 보호를 위하여 아동학대범죄 행위의 제지, 아동학대행위자를 피해아동 등으로부터 격리, 피해아동 등을 아동학대 관련 보호시설로 인도, 긴급치료가 필요한 피해아동을 의료기관으로 인도하는 조치 등을 즉시 실시해야 한다. 특히 피해아동 등을 아동학대 관련 보호시설로 인도하는 조치를 하는 때에는 피해아동 등의 이익을 최우선으로 고려하여야 하며, 피해아동 등을 보호하여야 할 필요가 있는 등 특별한 사정이 있는 경우를 제외하고는 피해아동 등의 의사를 존중하여야 한다.

아동학대행위자에 대한 긴급임시조치는 동법 제13조에 따라, 위와 같은 응급조치에도 불구하고 아동학대범죄가 재발될 우려가 있고, 긴급을 요하여 법원의 임시조치 결정을 받을 수 없을 때에는 사법경찰관의 직권이나 피해아동 등과 그 법정 대리인, 변호사, 시·도지사, 시장·군수·구청장 또는 아동보호전문기관의 장의 신청에 따라 아동학대행위자에 대한 긴급임시조치를 할 수 있다. 긴급임시조치는 피해아동 등 또는 가정구성원의 주거로부터 퇴거 등 격리, 피해아동 등 또는 가정구성원의 주거, 학교 또는 보호시설 등에서 100미터 이내의 접근 금지, 피해아동 등 또는 가정구성원에 대한 전기통신기본법 제2조 제1호의 전기통신을 이용한 접근 금지 조치가 이에 해당된다(아동학대처벌법 제13조 제1항).

임시조치는 검사가 아동학대범죄가 재발될 우려가 있다고 인정하는 경우 직권 또는 사법경찰관이나 보호관찰관의 신청에 의해 청구할 수 있는 조치로서 피해아동 등 또는 가정구성원의 주거로부터 퇴거 등 격리, 피해아동 등 또는 가정구성원의 주거, 학교 또는 보호시설 등에서 100미터 이내의 접근 금지, 피해아동 등 또는 가정구성원에 대한 전기통신기본법 제2조 제1호의 전기통신을 이용한 접근 금지, 친권 또는 후견인 권한 행사의 제한 또는 정지, 아동보호전문기관 등에의 상담 및 교육 위탁, 의료기관이나 그 밖의 요양시설에의 위탁, 경찰관서의 유치장 또는 구치소에의 유치 조치가 그것이다(아동학대처벌법 제14조).

보호처분은 심리 결과 판사가 아동학대행위자에 대한 보호처분이 필요하다고 인정하는 경우 아동학대행위자가 피해아동 또는 가정구성원에게 접근하는 행위의 제한, 아동학대행위자가 피해아동 또는 가정구성원에게 전기통신을 이용하여 접근하는 행위의 제한, 피해아동에 대한 친권 또는 후견인 권한 행사의 제한 또는 정지, 보호관찰 등에 관한 법률에 따른 사회봉사·수강명령 또는 보호관찰, 법무부장관 소속으로 설치한 감호위탁시설 또는 법무부장관이 정하는 보호시설에의 감호위탁, 의료기관에의 치료위탁, 아동보호전문기관과 상담소 등에의 상담위탁 등이 있다(아동학대처벌법 제36조).

3) 피해아동보호명령절차

피해아동보호명령은 아동학대범죄로부터 피해아동을 보호하기 위한 명령으로 아동학대행위자의 일정한 자유를 제한하는 조치와 피해아동을 안전하게 보호하기 위한 조치가 포함되어 있다.

피해 아동 보호 명령	1. 아동학대행위자를 피해아동의 주거지 또는 점유하는 방실(房室)로부터의 퇴거 등 격리 2. 아동학대행위자가 피해아동 또는 가정구성원에게 접근하는 행위의 제한 3. 아동학대행위자가 피해아동 또는 가정구성원에게 전기통신기본법 제2조 제1호의 전기통신을 이용하여 접근하는 행위의 제한 4. 피해아동을 아동복지시설 또는 장애인복지시설로의 보호위탁 5. 피해아동을 의료기관으로의 치료위탁 5의2. 피해아동을 아동보호전문기관, 상담소 등으로의 상담 · 치료위탁 6. 피해아동을 연고자 등에게 가정위탁 7. 친권자인 아동학대행위자의 피해아동에 대한 친권 행사의 제한 또는 정지 8. 후견인인 아동학대행위자의 피해아동에 대한 후견인 권한의 제한 또는 정지 9. 친권자 또는 후견인의 의사표시를 갈음하는 결정

출처 : 아동학대범죄의 처벌 등에 관한 특례법(제47조).

4) 아동학대의 처리 과정

아동학대의 처리 과정은 크게 신고접수 단계, 현장조사 및 사정 단계, 사례판정 단계, 서비스 제공 단계, 사례종결 및 사후관리 단계 등 5단계로 이루어지며, 구체적인 내용은 다음과 같다(정익중 · 오정수, 2021).

첫 번째는 신고접수 단계로, 아동학대 사례 여부를 판단하고 아동학대 사례의 위급성 정도를 파악하기 위한 기초정보를 수집하는 것을 목적으로 한다.

담당자는 접수된 신고에 대해 피해아동의 안전, 피해 정도, 피해아동과 아동학대 행위자의 인적 정보, 신고자 관련 상황 등을 파악한 후 아동학대 의심 사례에 대해서는 즉시 현장으로 출동해 아동학대 조사를 하고, 그렇지 않은 경우는 일반상담을 제공하며 필요하면 유관기관 등의 정보를 안내한다(노혜련 외, 2021).

두 번째는 현장조사 및 사정 단계로, 학대 판정 및 위급성 여부 확인, 피해아동에 대한 신변보장과 안전조치, 충분한 자료 및 정보의 수집 · 분석, 프로그램 및 서비스 제공 계획, 부모역할에 대한 교육 등을 목적으로 한다.

세 번째는 사례판정 단계로, 해당 사례를 아동복지법령 정의 및 규정에 따라 심각성의 정도, 위급성 여부, 적절한 개입방법을 결정하기 위함을 목적으로 한다.

이 경우 아동학대 판단척도와 전문가 의견, 관련자가 참여한 사례회의를 통해 판단하는 절차를 진행하고 아동에 대한 보호계획을 수립해야 한다(노혜련 외, 2021).

네 번째는 서비스 제공 단계로, 아동학대 피해아동과 학대행위자 및 그 가족을 위해 가장 효과적이고 적절한 서비스를 제공하고, 학대가 일어날 수 있는 상황을 변화시키도록 가족 전체를 위한 세부적이고 명확한 지침을 제공하며, 학대받은 아동의 위기가 제거되었거나 감소되었는지 파악할 수 있는 측정도구를 제공한다.

다섯 번째는 사례종결 및 사후관리 단계로 사례평가, 종결, 사후관리가 이루어진다. 아동과 가정에 대해 가정 내 보호 혹은 가정 외 보호서비스를 제공한 후 사례 종결이 적합하다고 판단할 때는 종결 전 모니터링 기간을 두고 가정에 대한 안전 평가와 가정의 변화 등을 면밀히 검토한 후 안전 상태가 일정 기간 유지되면 사례 종결을 결정한다.

[그림 11-3] 아동학대 개입절차

출처 : 아동권리보장원(http://korea1391.go.kr/new/page/work_system.php).

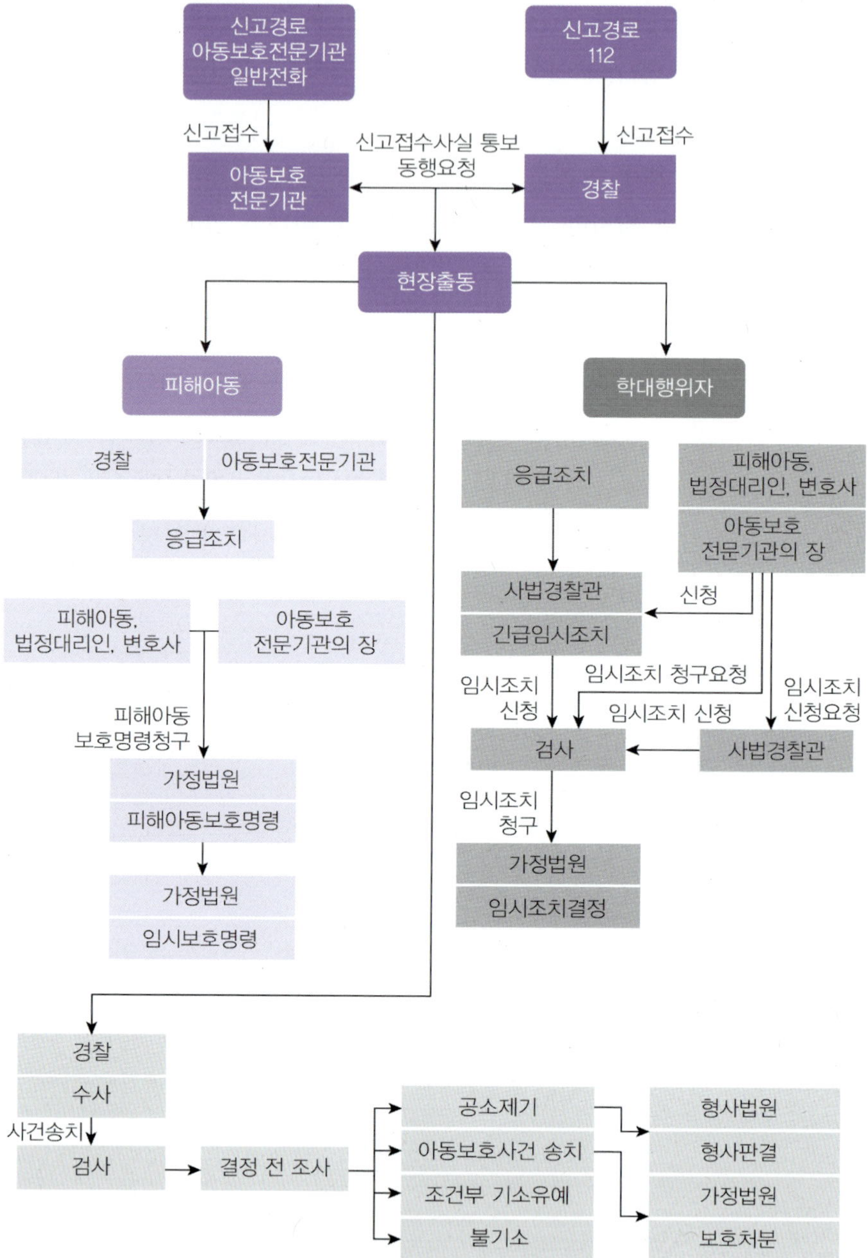

| 그림 11-4 | 아동학대 사법처리 절차

출처 : 아동권리보장원(http://korea1391.go.kr/new/page/work_system.php).

5) 학대피해아동을 위한 복지서비스 현황

아동학대범죄의 피해아동을 위한 구체적인 복지서비스를 살펴보면 다음과 같다(도미향 외, 2019).

(1) 학대피해아동을 위한 복지서비스

학대아동을 위한 복지서비스로는 먼저 의료비 및 의료서비스 지원으로 치료비 지원, 의약품 · 의약외품 및 보장구 지원, 질병예방 및 건강관리, 검진, 진단 및 치료, 재활치료, 정신건강 교육, 정서발달, 치유지원, 정신질환자 치료, 사회복귀 지원 등이다. 두 번째로 심리검사 및 심리치료서비스를 제공하는 치료회복 프로그램을 제공하며, 세 번째로 아동학대 사건처리 및 아동학대 피해 관련 법률서비스 지원이 필요한 경우 법률서비스를 연계 및 지원하고 있다.

(2) 학대피해아동쉼터

전국 58개소에 학대피해아동쉼터를 운영하고 있으며, 심리치료실을 갖춘 단독주택 또는 공동주택에 쉼터를 마련하여 피해아동이 3~9개월간 집중심리치료 및 생활지도를 받고 원가정복귀, 가정위탁, 일반공동생활가정 등으로 전원조치하고 있다.

주요 서비스는 피해아동 보호 및 숙식 제공, 피해아동 일상생활 훈련 및 생활지원, 건강검진, 심리검사, 상담과 심리치료, 안전교육, 문화체험, 교육활동 등이다.

(3) 아동보호전문기관

2020년 기준 아동보호전문기관은 중앙(아동권리보장원) 1개소와 지역 67개소를 포함하여 총 68개소의 아동보호전문기관에서 학대와 관련된 서비스를 제공하고 있다. 아동보호전문기관은 아동학대의 발견, 치료, 보호 및 예방 등을 담당하는 핵심기관으로 중앙아동보호전문기관과 지역아동보호전문기관으로 나뉜다. 중앙아동보호전문기관은 지역아동보호전문기관에 대한 지원, 아동학대예방사업 관련 연구자료 발간 및 프로그램 개발, 국가아동학대정보시스템 운영 등의 업무를 수행하고 있으며, 지역아동보호전문기관은 24시간 아동학대 사례신고접수와 아동학대 사례에 대한 현장조사, 학대피해아동에 대한 각종 보호조치 의뢰 및 보호조치를 실시한다(정익중 · 오정수, 2021).

(4) 피해아동의 가족을 위한 복지서비스

아동보호전문기관이 피해아동 또는 그 가족에 대한 복지서비스 연계 요청 시, 읍 · 면 · 동 또는 시 · 군 · 구 희망복지지원단이 참여하여 빈곤 · 실직 등으로 통합적 복지 지원이 필요한 가구에 대해 '원스톱'으로 서비스가 연계 · 지원될 수 있도록 조치하고 있다. 필요한 경우 드림스타트(또는 희망복지지원단)로 이관하여 통합서비스 지원이 이루어질 수 있도록 조치하고, 아동학대사례는 종결과정에서 보호자(부모)의 아동학대 가능성에 대해 면밀히 사정하도록 한다.

(5) 학대행위자에 대한 복지서비스

학대행위자에 대한 복지서비스는 상담서비스, 심리치료서비스, 의료서비스, 가족기능강화서비스(가정지원서비스, 사회복지서비스기관 연결, 공적 지원 연결), 법률서비스 등이 있다.

5. 아동학대의 예방 대책

1) 아동학대 관련 교육 강화 및 인식개선

아동을 학대로부터 안전하게 보호할 수 있는 최선의 방법은 학대가 발생하지 않도록 예방하는 것이다. 이를 위해서는 아동학대 예방사업을 활성화하고 지역적 · 환경적 특성 및 대상자의 특성을 고려한 다양한 교육 프로그램이 운영될 수 있도록 정책적인 방안이 마련되어야 할 것이다. 아동학대는 기본적으로 아동의 존엄성과 권리존중에 대한 인식 부족에서 기인된 것이며, 이러한 인식을 개선하기 위해서는 학령기 및 성인이 되어서도 지속적으로 교육하고 훈련을 해야 한다(도미향 외, 2019).

현재 아동권리보장원에서는 학대피해아동의 조기발견 및 보호를 위해 아동학대 신고의무자 직군과 공공부문 종사자에게 아동학대 예방교육을 실시하여 아동학대에 대한 인식을 제고하고 아동학대 의심 신고를 독려하고 있다. 또한 지역의 아동보호전문기관에서는 아동과 부모 및 시설 종사자를 대상으로 한 아동학대 예방교육과 일반시민을 대상으로 아동학대 예방에 대한 홍보사업을 추진하고 있다. 일례로 부산광역시 아동보호종합센터에서는 아동학대 신고의무자 및 시설 종사자를 대상으로 아동학대 예방교육을 실시하고, 아동권리 증진 및 아동학대 인식 제고를 위해 어린이집과 유치원 등의 취원 영유아를 대상으로 '찾아가는 아동학대예방 인형극'을 실시하고 있다. 또한 초등학생을 대상으로 하는 아동권리 교육, 부모 및 예비부모를 대상으로 의사소통 및 놀이법, 긍정적 훈육방법, 부모 감정코칭 등의 부모교육과 별도의 학대행위 부모를 대상으로 한 '아이사랑 부모교육'을 제공하고 있다. 아동학대예방 홍보사업으로는 일반시민을 대상으로 아동학대에 대한 인식을 개선하고 아동의 권리 증진을 도모하기 위해 아동학대 예방 캠페인을 실시하고 있다.

향후 중고생 및 청년을 대상으로 아동학대 예방교육 및 예비부모교육을 실시할 수 있는 시스템을 마련할 필요가 있고, 학교마다 산발적으로 이루어지는 부모교육을 체계화시켜 바람직한 자녀양육기법, 분노조절 훈련, 의사소통기술 훈련 등을 집중 교육하는 방안도 추진할 필요가 있다. 이와 더불어 아동학대는 범죄라는 인식을 명확히 하기 위한 사회 · 제도적 노력이 필요하며, 이를 위해 신고의무자를 비롯해 아동학대 사건에 영향을 미칠 수 있는 법집행자의 정규교육과정과 보수교육과정에 아동학대 예방교육을 필수로 포함시킬 필요가 있다(정익중 · 오정수,

2021). 특히 아동학대처벌법 시행 이후 법원이 아동학대에 관여하면서 판사, 검사, 경찰, 변호사 집단의 역할이 더욱 확대되고 중요해졌지만 사법체계 관계자들의 아동학대에 대한 이해수준과 아동의 발달적 특성에 관한 지식이 불충분하다. 사법체계 안의 관계자들이 아동을 존중하고 아동의 인권 침해가 생기지 않도록 아동권리, 아동발달 특성, 아동학대 이해 등의 교육을 이수하도록 의무화해야 할 것이다(이은주, 2015).

아동학대 교육사업 이외에 모든 국민을 대상으로 아동학대에 대한 정보제공, 아동학대 캠패인, 공익광고 등의 활동을 통해 아동학대에 대한 대중의 인식을 확산시켜 아동학대 발생을 예방하고 또는 학대를 조기에 발견할 수 있도록 인식의 개선이 필요하다.

2) 아동학대 조기발견 및 개입을 위한 체계구축

피해아동의 조기발견을 통해 아동학대 초기에 개입할 수 있다면, 학대가 아동의 삶에 미치는 다차원의 부정적 영향을 완화할 수 있으며, 청소년 범죄예방 등을 통해 사회적 비용을 절감하는 경제적 효과까지 거둘 수 있다(도미향 외, 2019).

아동학대의 조기발견을 위해서는 영유아 가정방문서비스를 제도화하고, 특히 장애아동, 한부모가정, 빈곤가정 등 아동학대 피해 고위험 가정에 대한 집중적인 가정방문서비스가 필요하다. 영유아가 있는 모든 가정에 대한 보편적 가정방문서비스 체계도 구축이 되어야 한다. 영유아기의 부모는 양육에 대한 정보와 지식이 가장 많이 필요하며 이로 인한 양육스트레스가 가장 높은 시기이므로 아동학대예방을 위한 정기적인 방문서비스가 필요하다.

아동학대 고위험군 가정은 대체로 경제적인 어려움을 겪고 있으며 아동에 대한 교육과 권리에 대한 인식이 부족하기 때문에 아동학대를 경험할 가능성이 상대적으로 높다. 따라서 현존하는 드림스타트, 교육복지우선지원사업 등에서 실시하고 있는 가정방문서비스를 활성화하여 지역간호사나 사회복지사의 가정방문을 통해 아동학대의 발생을 사전에 예방하고, 만약 아동학대가 의심되거나 발생한 사례에 대해서는 조기발견 및 개입을 할 수 있도록 하는 체계가 마련되어야 한다(정익중 · 오정수, 2021).

3) 신고의무 강화와 신고의무자 보호

아동학대범죄에 대한 신고의무자는 아동학대처벌법에 의해 25개 직군으로 규정하고 있지만 아동학대 신고 건수를 비교하면 직군의 범위를 확대할 필요가 있다. 2020년 아동학대 신고 건수(총 38,929건) 중 신고의무자에 의한 신고는 10,973건으로 전체의 약 28%에 불과하다. 따라서 신고의무자의 아동학대 신고율을 높이고 아동학대를 조기에 발견하기 위해서는 아동과 접촉이 잦고 가장 면밀하게 관찰할 수 있는 직업을 신고의무자에 포함시킬 필요가 있다.

신고의무를 강화하기 위해서는 처벌의 수위를 높여 신고의무에 대한 의식을 제고할 필요가 있다. 2020년 개정된 아동학대처벌법에 의하면 신고의무자가 정당한 사유 없이 아동학대를 신고하지 않았을 경우 1천만 원 이하의 과태료를 부과하도록 명시하고 있다. 이는 동법 개정 전의 500만 원 이하의 과태료에서 처벌의 수위가 높아졌음을 알 수 있는데, 아동학대 신고에 대한 동기부여와 적극성을 위해 포상제도도 고려해 볼 수 있을 것이다.

이와 함께 신고의무자에 대한 보호도 강화될 필요가 있다. 현재 우리나라에서는 신고의무자에 대한 신원보호가 제대로 이루어지 않아 많은 수의 신고의무자들이 학대행위자의 보복이 두려워 신고하지 않은 것으로 나타났다(노충래 외, 2012). 이는 신고에 따른 신고의무자의 모든 불이익으로부터 보호할 수 있는 제도적 장치가 필요함을 시사한다. 신고의무자가 안심하고 자발적으로 신고의무를 다할 수 있도록 신고자에 대한 실질적인 보호 대책이 강구되어야 한다.신고의무자의 신변안전 대책 강화를 위한 방안을 살펴보면 다음과 같다(정익중 · 오정수, 2021).

첫째, 신고의무기관에서 학대아동보호위원회와 같은 팀제를 활용하여 신고의무자 개인의 익명성을 보장하고 신고에 대한 의무와 책임을 공유하는 것이 필요하다.

둘째, 클라이언트 폭력에 노출된 가능성이 높은 신고의무기관들에 대해서는 안전한 환경을 구성하도록 해야 한다.

셋째, 아동학대범죄의 처벌 등에 관한 공익신고자 보호법, 특정범죄신고자 보호법에 의거하여 보호조치를 더 강화해야 한다.

4) 아동학대전담공무원의 전문성 함양

2020년 10월부터 추진된 아동보호체계 공공화는 우리나라 아동학대 대응체계에 큰 변화를 가져올 것으로 기대하고 있다. 체계변화의 핵심은 아동학대 조사의 주체가 아동보호전문기관에서 지방자치단체의 아동학대전담공무원으로 이양되는 것인데, 구체적으로 아동학대전담공무원과 아동보호전담요원을 시 · 군 · 구에 배치하여 아동학대 조사업무의 효율성을 높이고 아동보호전문기관은 학대피해아동과 학대행위자에 대한 심층적인 상담 및 교육과 치료에 집중할 수 있도록 개편해 나갈 계획이다. 이와 같이 아동학대에 대한 국가의 책무성을 강조하여 조사와 개입의 공공화를 진행하는 것은 매우 큰 변화이지만, 아동학대전담공무원을 적절히 배치하여 요보호아동에게 필요한 서비스를 제공하기 위해서는 전담공무원 체제의 유지 및 전문성 함양이 전제되어야 한다. 이를 위해 선결해야 할 과제를 살펴보면 다음과 같다(고윤수, 2021).

첫째, 아동학대전담공무원이 아동학대 업무를 전문적으로 수행하도록 장기적인 근무연수를 계획해야 한다. 그러기 위해서 공무원의 보직 이동이 잦은 상황을 개선해야 한다. 현재는 전담공무원이 최소 3년을 하도록 명시하고 있으나, 아동학대와 관련한 업무는 고도의 전문적 지식과 기술을 요하기 때문에 전문성 함양을 위한 기간으로 충분하지 않으므로 전담공무원을 장기적으로 배치하는 방안을 고안해야 한다.

둘째, 현장출동, 야간 교대 및 주말 근무, 휴가나 교육 등을 대비하여 최소한 2인으로 아동학대 전담팀을 구성해야 한다. 1인 전담공무원으로 조사업무를 진행할 경우 아동학대 조사와 보호의 업무가 원활하게 진행되기 어려울 것이라는 현장의 우려에 관심을 가지고 대책을 강구해야 한다.

셋째, 아동학대 대응업무의 전문성과 업무강도를 고려하여, 적절한 보수, 승진, 휴가 등이 제공되어야 한다.

넷째, 전문성 향상을 위한 교육과 슈퍼비전 시스템을 구축 · 운영해야 한다. 아동학대 관련서비스를 제공한 경험이 취약한 지방자치단체가 단기간에 전문성을 확보하는 것은 쉽지 않은 과제이다. 조사업무에서 적절한 역량이 갖추어질 때까지 각 지방자치단체는 지역아동보호전문기관의 지원을 활용한 교육과 슈퍼비전 시스템을 구축하여 운영해야 한다. 또한 전담공무원, 전담경찰관, 아동보호전문기관, 아동보호전담요원, 교육지원청, 학대아동쉼터 종사자 등이 '아동학대 대응정보연계협의체'를 구성하여 정기적으로 정보 공유와 교육을 제공하는 것이 필요하다.

12 CHAPTER 가정보호

아동은 원가정 안에서 성장할 때 아동의 이익이 가장 잘 충족될 수 있고 건강한 성장이 가능하다. 그러므로 아동보호에 있어 아동의 이익을 최우선적으로 고려하고 원가정 보호를 위해 최대한 노력하는 것이 매우 중요하다. 그러나 부모의 사망이나 이혼, 학대 등 다양한 문제에 의해 가정의 부재나 해체로 인해 원가정을 통한 보호가 불가능할 때에는 가정과 가장 유사한 환경에서 안전하게 보호받을 수 있도록 대리가정서비스가 제공되어야 한다. 이러한 대리가정의 대표적인 유형이 가정위탁과 입양이며, 원가정 보호가 불가능한 아동이 안전한 환경에서 건강하게 성장하도록 돕는 중요한 아동복지서비스이다. 12장에서는 가정위탁과 입양에 대한 기초적 이해를 돕기 위해 각각의 개념에서 서비스 내용까지 체계적으로 살펴보고자 한다.

1. 가정위탁보호서비스

1) 가정위탁보호의 개념과 목적

(1) 가정위탁보호의 개념

우리나라 아동복지법 제3조에 따르면 '가정위탁'이란 성범죄, 가정폭력, 아동학대, 정신질환 등의 전력이 없는 보건복지부령으로 정하는 기준에 적합한 가정에 보호대상 아동을 일정 기간 위탁하는 것을 말한다. 이러한 법적 근거에 따라 가정위탁보호는 아동이 부모의 사망이나 실직, 질병, 학대, 방임, 알코올 · 약물중독, 수감 등으로 인해 친가정에서 정상적으로 양육될 수 없을 때 아동복지법에 따른 위탁가정에서 일정 기간 동안 아동을 보호 · 양육하며 친가정이 정상화되어 가족 기능을 회복할 수 있도록 지원하는 아동복지제도이다(이용주 외, 2020).

가정위탁보호는 아동의 원가정을 지킬 수 있다는 점과 가정의 보호를 받을 수 없는 아동에게 일시적이라도 안전한 가정의 보호경험을 제공한다는 점에서 매우 중요하며, 계획된 한정 기간 내에서 양육이 제공된다는 점에서 영구보호 형태의 입양과는 차이가 있다(정익중 · 오정수, 2021).

가정위탁보호는 1984년 영국의 아동법(The Children Act)의 기초가 된 커티스위원회 보고서에서 요보호아동을 위한 서비스로 가정위탁보호가 시설보호보다 우월하다고 주장함으로써 현재의 가정위탁보호제도에 많은 영향을 미쳤으며, 미국에서는 19세기 초 대규모 시설에 수용된 아동들을 구제하는 방법으로 가정위탁보호가 시작되었다(허남순, 2000). 국내에서는 소년소녀가장 가정의 어린 아동을 보호하기 위해 가정위탁보호의 필요성이 제기되었으며, 1998년 외환위기 이후 요보호아동의 급격한 증가와 이들의 안전한 보호를 위해 2003년부터 가정위탁보호제도가 본격화되었다. 2005년에는 아동복지법을 개정하여 가정위탁보호의 정의, 가정위탁지원센터의 설치근거와 업무 등에 관한 법적 근거를 마련하여 가정위탁 활성화를 위한 기틀을 마련하였고, 2019년 기준 전국 17개 지역가정위탁지원센터와 중앙가정위탁지원센터를 두고 있으며, 10,334명의 아동이 8,354세대의 위탁가정에서 보호되고 있다(보건복지부, 2020b).

가정위탁보호의 법적 근거는 〈표 12-1〉과 같이 아동복지법, 국민기초생활보장법 및 의료급여법에서 찾아볼 수 있으며, 이러한 관련 법령에 근거하여 가정위탁보호 대상 아동을 선정하고 적절한 서비스를 제공한다. 일반적으로 가정위탁보호 대상 아동은 '보호아동'과 '보호연장가능아동'으로 구분되는데, 보호아동은 18세 미만의 아동(18세 이상인 경우에도 고등학교 재학 중인 아동은 포함)으로 보호자가 없거나 보호자로부터 이탈된 아동, 부모학대 피해아동이다. 보호연장가능아동은 보호조치 중인 18세 이상 아동 중 〈표 12-2〉의 요건에 해당하면 위탁보호기간을 연장할 수 있다(보건복지부, 2021a).

〈표 12-1〉 가정위탁 법적 근거

구 분	내 용
아동복지법	• 제3조 : 가정위탁 정의 • 제4조 : 국가와 지방자치단체의 책무 • 제15조 : 보호조치, 사회보장정보시스템의 이용, 보호대상 아동의 양육상황 점검 • 제16조 : 보호대상 아동의 퇴소조치, 사후관리 • 제48조 : 가정위탁지원센터의 설치 등 • 제49조 : 가정위탁지원센터의 업무 • 제59조 : 비용 보조
국민기초 생활보장법	• 제4조 : 급여의 기준 • 제7조 : 급여의 종류 • 제10조 : 생계급여를 실시할 장소, 급여의 특례 등
의료급여법	• 제3조 : 수급권자

출처 : 보건복지부(2021a). 2021년 아동분야 사업안내.

〈표 12-2〉 가정위탁 보호연장가능 조건

관계법	법조문	적용 안내
아동복지법 제16조의3 제3항 제1호	고등교육법 제2조에 따른 대학 이하의 학교(대학원은 제외한다)에 재학 중인 경우	• 대학진학기간 전체에 대해 연장 * 군 입대(입대 전 대기기간 포함), 어학연수, 1년 이내의 단순휴학은 중지(단, 1회는 가능)
아동복지법 제16조의3 제3항 제2호	동법 제52조 제1항 제1호의 아동양육시설 또는 국민평생직업능력개발법 제2조 제3호에 따른 직업능력개발훈련시설에서 직업 관련 교육·훈련을 받고 있는 경우	• 직업능력개발훈련기간 동안 지원 * 중도 탈락할 경우 연장 종료
아동복지법 시행령 제22조 제2항 제1호	시·도지사 또는 시장·군수·구청장이 장애·질병 등을 이유로 보호기간의 추가 연장이 필요하다고 인정하는 경우	• 25세 미만까지 지원 * 장애·질병 등은 「2017년 국민기초생활보장사업안내」 근로능력 없는 수급자의 판정 준용

아동복지법 시행령 제22조 제2항 제2호	보호기간이 연장된 사람의 지적 능력이 보건복지부장관이 정하는 범위에 해당하는 등 자립 능력이 부족한 사람의 경우	• 25세 미만까지 지원
아동복지법 시행령 제22조 제2항 제3호	취업 준비 등을 이유로 보호기간이 연장된 사람이 보호기간의 추가 연장을 요청하여 1년 이내의 범위에서 보호기간을 추가 연장하는 경우	• 18세 도달 시점(고등학교 졸업)에 1년 이내 범위에서 보호기간 연장

출처 : 보건복지부(2022a). 2022년 아동분야 사업안내.

이러한 가정위탁보호의 개념을 바탕으로 가정위탁보호사업의 특성을 요약하면 다음과 같다(도미향 외, 2019).

첫째, 아동의 출생가정이 아닌 타 가정에 의해서 주어지는 보호이다.

둘째, 계획된 기간의 설정이 필요한데, 이는 영구보호가 아니라는 것을 의미한다.

셋째, 위탁부모는 친부모나 법적 후견인 내지 보호자에 의해 아동의 양육을 일정 기간 위임받은 사람으로, 설정된 위탁기간 동안만 위탁아동의 삶에 대한 총체적 책임을 지며, 위탁기간이 종료되면 모든 권한은 소멸된다.

넷째, 사회복지관이 개입하는 보호이다.

(2) 가정위탁보호의 목적 및 필요성

가정위탁보호의 궁극적인 목적은 부모가 서비스를 받는 동안 아동에게 대리보호를 제공하는 것으로, 성범죄, 가정폭력, 아동학대, 정신질환 등의 전력이 없으며 법이 정하는 기준에 적합한 가정에 보호대상 아동을 일정 기간 위탁하는 것이다(아동복지법 제3조). 아울러 위탁아동이 원가정으로 다시 돌아갈 때까지 유사가정이 아닌 실제의 정상적인 가정에서 건강하고 바르게 성장할 수 있도록 보호하며, 최대한 조속히 원가정으로 복귀하여 친부모와의 재결합을 도모하고, 재결합이 어려울 시 다른 좋은 가정에 위탁되거나 입양되도록 돕는 데 그 목적이 있다. 가정위탁보호의 구체적인 목적은 다음과 같다(곽형식 외, 2013).

첫째, 아동의 가정 내 보호이다. 아동의 욕구와 요구를 가장 잘 충족시켜 줄 수 있는 적합한 가정에서 건강하게 성장할 수 있도록 돕는다.

둘째, 가족기능 회복과 강화이다. 아동이 보호받는 동안 위기에 처한 아동과 가정 사이의 연결고리를 유지해 주며, 애착관계를 강화하기 위해서 위탁보호아동과 친부모의 만남을 지원하여 위탁보호아동이 조속한 시일에 친부모와 재결합할 수 있도록 돕는다.

셋째, 가족 보존이다. 친가정의 가족기능을 회복시켜 아동이 친가정으로 복귀하는 것을 도움으로써 가족구성원이 가정의 필요성과 소중함을 잃지 않도록 돕는다.

넷째, 아동을 건전한 사회인으로 육성하는 것이다. 아동을 보호·양육하기를 희망하는 위탁가정에 위탁·양육함으로써 아동을 건전한 사회인으로서 성장할 수 있도록 한다.

한편 가정위탁보호의 필요성을 네 가지로 요약해서 살펴보면 다음과 같다(서보준 외, 2013).

첫째, 요보호아동의 발생유형과 원인에 따른 전문적 개입의 필요이다. 가정위탁아동들은 친가정에서 겪은 어려움과 아픈 기억으로 잘못된 습관과 생각을 가지고 있는 경우가 많다. 위탁가정 내에서도 낯선 아이를 받아들여 함께 생활한다는 것은 예상치 못한 친자녀와 위탁아동 간의 문제, 친자녀와 부모의 문제, 위탁부모와 위탁아동 간의 문제 등을 야기할 수 있다. 따라서 위탁아동과 위탁가정이 가지는 문제가 개별화되고 전문가에 의해서 다양한 서비스가 적절하게 제공되어야 한다.

둘째, 가정에서 보호되어야 할 아동의 권리와 시설보호의 한계에 의한 필요이다. 아동이 최선의 발달을 할 수 있는 것은 친가정과 친부모에 의해서이다. 과거에는 가정과 친부모로부터 일정 기간 동안 분리되어야 하는 경우 차선책인 시설보호서비스가 주로 제공되어 왔다. 이는 모성의 박탈, 집단생활로 인해 소위 시설병이라는 현상이 나타나는 등 결국에는 아동의 인권을 심각하게 침해하는 결과를 초래하였다. 따라서 원가정과 같은 친근한 환경을 제공함으로써 아동이 건강한 가정생활을 할 권리를 보장하고 집단시설에서 발생할 수 있는 부작용을 방지할 수 있다.

셋째, 소년 · 소녀가정 보호의 한계로 인한 필요이다. 소년 · 소녀가정 세대가 가정 속에서 성장할 수 있도록 생계, 교육, 의료보호를 실시하고 자립능력을 배양하도록 하여 건전한 사회인으로 육성한다는 지원사업의 목적에도 불구하고 정부나 민간기관의 지원사업은 경제적 지원이라는 단순 구호와 보호 차원에 머물러 있다.

넷째, 가정위탁보호아동의 전문적 서비스 지원에 대한 필요이다. 가정위탁지원센터를 통해 체계적이고 전문적인 서비스를 제공하고, 행정기관 및 관련 기관들과의 긴밀한 협력체계 구축을 통해 위탁아동 및 위탁가정에 적절한 개입이 이루어져야 한다.

2) 가정위탁보호의 유형 및 절차

(1) 가정위탁보호의 유형

가정위탁보호서비스의 유형은 나라마다 다른데, 우리나라와 미국은 대표적으로 혈연과 비혈연으로 그 유형을 구분하고, 영국과 호주 등 그 밖의 나라에서는 위탁 기간과 아동 상황을 고려한 다양한 위탁제도를 운영한다(구현아 외, 2010).

우리나라의 가정위탁보호 유형은 〈표 12-3〉과 같이 다섯 가지로 구분하고 있다.

〈표 12-3〉 가정위탁보호의 유형

유 형	내 용
일반가정위탁	아동과 혈연관계가 없는 일반가정에서 위탁 양육
대리양육가정위탁	조부모가 위탁 양육
친인척가정위탁	조부모를 제외한 8촌 이내의 혈족이 위탁 양육

전문가정위탁보호	2세 이하, 학대 피해, 경계선 지능 아동 등 전문적이고 특별한 보살핌이 필요한 아동의 위탁 양육
일시가정위탁보호	아동복지법 제15조 제5항 및 동법 시행령 19조에 따른 긴급보호조치가 필요한 아동의 위탁 양육

출처 : 보건복지부(2020). 2019년 가정위탁보호 현황보고서.

일반가정위탁은 위탁아동과 혈연관계가 없는 일반인 가정에서 위탁아동을 양육하는 경우를 말하며, 대리양육가정위탁은 친조부모 및 외조부모에 의한 양육을 의미한다. 친인척가정위탁은 친조부모와 외조부모를 제외한 친인척에 의한 양육으로, 친인척의 범위는 민법에서 규정하는 8촌 이내의 혈족에 해당된다. 전문가정위탁보호는 2세 이하의 아동, 학대피해아동, 장애아동 및 시 · 군 · 구청장이 전문적이고 특별한 보살핌이 필요하다고 인정하는 보호대상 아동을 전문가정위탁부모교육 과정을 이수한 자격을 갖춘 가정에 위탁하는 형태이며, 일시가정위탁보호는 보호대상 아동에 대한 긴급보호조치로서 관계법률에 의한 요건을 충족하는 가정에 일시적으로 보호하는 형태이다. 전문가정위탁과 일시가정위탁은 지방자치단체에서 별도로 예산을 편성하여 운영할 수 있다.

(2) 위탁가정의 선정기준

위탁가정 선정기준은 아동복지법 시행규칙 제2조에서 규정하고 있으며, 보건복지부의 '2022년 아동분야 사업안내'에서 구체적으로 명시하고 있다.

먼저 일반가정위탁의 선정 기준에는 첫째, 위탁아동을 양육하기에 적합한 수준의 소득이 있어야 한다. 적합한 수준의 정도란 위탁아동을 건강하게 부양하기에 어려움이 없을 정도의 재산을 말하며, 따라서 기초생활보장수급자(생계급여 · 의료급여수급자)는 적합한 수준의 소득이 있다고 볼 수 없으므로 선정에서 제외된다. 둘째, 위탁아동의 종교의 자유를 인정하고 건전한 사회구성원으로 자랄 수 있도록 양육과 교육을 할 수 있어야 한다. 이에 따라 종교시설(교회, 사찰 등의 본당과 부속 건물을 말함)을 주거지로 삼아 생활하는 종교인은 가정위탁보호의 취지와 맞지 않으므로 위탁부모가 될 수 없다. 셋째, 위탁부모의 나이가 각각 25세 이상으로서 위탁아동과의 나이 차이가 60세 미만이어야 한다. 단, 시·도지사, 시장·군수·구청장이 위탁아동을 건전하게 양육하기에 위탁가정의 환경이 적합하다고 인정하는 경우에는 가능할 수 있다. 넷째, 자녀가 없거나 18세 미만의 자녀가 위탁아동을 포함하여 4명 이내이어야 한다. 다섯째, 위탁부모 및 위탁가정에 거주하는 사람 중 성범죄, 가정폭력, 아동학대, 마약, 알코올, 약물중독, 정신질환 등의 전력이 있는 사람이 없어야 한다. 이를 위해 시·군·구청장은 건강보험요양급여내역(최근 3년, 특수상병기록 포함) 등 증빙자료를 요청 및 검토하여 위탁가정의 마약, 알코올, 약물중독, 정신질환 등의 전력을 확인한다.

아울러 추가적으로 검토할 사항으로는 위탁아동을 친자녀처럼 양육하기에 필요한 성품·경험·지식을 갖추었는지 고려해야 하고, 가정이 화목하고 정신적·신체적으로 위탁아동을 양육함에 현저한 장애가 없어야 한다. 또한 위탁부모의 주소지에서 위탁아동과 동거해야 하고 위탁가정으로 적합한지 여부를 가정조사 시 이웃 등을 통해 확인한다.

전문가정위탁의 선정 기준은 이보다 더 까다롭다. 전문가정위탁을 희망하는 경우에는 앞서 설명한 일반가정위탁 선정기준을 모두 충족하고, 위탁부모 중 1인 이상이 전문가정위탁 부모교육을 이수해야 하며, 다음 요건 중 어느 하나의 기준을 충족해야 한다.

- 위탁부모 경험이 3년 이상일 것
- 사회복지사업법 시행령 제2조 제1항에 따른 사회복지사
- 영유아보육법 제21조 제2항에 따른 보육교사
- 유아교육법 제22조 제2항에 따른 교사
- 초·중등교육법 제21조 제2항에 따른 교사
- 의료법 제2조 제1항에 따른 의료인
- 청소년 기본법 제22조 제1항에 따른 청소년상담사

- 고등교육법 제2조에 따른 학교 또는 평생교육법 제32조 제1항 · 제33조 제3항에 따라 교육부장관의 인가를 받아 전문대학 및 대학졸업자와 동등한 학력 · 학위가 인정되는 평생교육 시설에서 심리 관련 학과를 졸업한 사람으로서 해당 분야의 경력이 3년 이상인 사람

전문위탁가정 내 위탁아동은 1명을 보호함을 원칙으로 하지만, 형제 · 자매가 함께 전문위탁가정에 배치되어야 할 경우에는 위탁부모의 역량, 헌신, 위탁가정의 제반 환경을 고려하여 판단할 수 있으며, 현재 다른 위탁아동을 양육하고 있는 경우 위탁아동 및 친자녀(18세 이상 자녀 제외)를 포함하여 위탁가정 내 아동이 3명을 초과하지 않아야 한다.

한편 가정위탁을 희망하는 사람은 위탁부모 중 1명 이상이 반드시 기본 5시간 이상의 위탁부모 양성교육을 이수해야 한다. 특히 전문가정위탁을 희망하는 사람(위탁부모 중 1명 이상)은 20시간 이상 전문위탁부모 양성교육을 이수해야 한다. 이때 배우자가 있는 경우 배우자는 최소 5시간 이상 교육을 이수해야 한다. 가정위탁을 하고 있는 위탁부모(1명 이상)는 반드시 매년 5시간 이상의 보수교육을 받아야 한다(보건복지부, 2021a).

(3) 가정위탁 절차

가정위탁보호의 절차는 '신청, 아동 및 위탁 가정환경 조사, 가정위탁보호 결정 및 통보, 사례관리, 가정위탁보호 종결'의 순서를 따른다(보건복지부, 2022a).

대리양육 및 친인척가정위탁의 절차는 아동의 가정위탁보호를 희망하는 조부모 또는 친인척 관계인 자가 아동의 거주지를 관할하는 시 · 군 · 구 또는 읍 · 면 · 동에 '가정위탁보호신청서' 및 '건강보험요양급여내역서' 등을 제출한다. 신청을 받은 시 · 군 · 구 또는 읍 · 면 · 동은 신청인의 가정과 대상 아동에 관하여 조사하고 가정조사서, 접수상담지, 욕구조사표 등의 필요 구비서류를 시 · 군 · 구에 제출한다. 시 · 군 · 구는 위탁 부모에 대한 범죄경력 및 국가아동학대정보시스템의

아동학대 판단 정보 조회를 실시하고, 읍 · 면 · 동, 가정위탁지원센터, 경찰관서, 보건복지부에서 제출받은 서류를 검토하여 아동복지심의위원회(사례결정위원회) 심의를 통해 가정위탁보호를 결정한다. 가정위탁보호 결정 후 그 결과를 위탁가정(신청인)과 해당 가정위탁지원센터에 통보하고 아동카드, 욕구조사표 등의 관계 서류를 7일 이내에 센터로 발송한다.

일반가정위탁의 경우 1, 2단계에 해당하는 '신청, 아동 및 위탁 가정환경 조사' 단계에서 대리양육 및 친인척가정위탁의 절차와 일부 차이가 있다. 일반가정위탁의 절차에서는 시 · 군 · 구에서 각종 검사 및 아동복지심의위원회 등을 통하여 보호조치를 결정한 후 가정위탁지원센터에 위탁가정 발굴을 의뢰한다. 가정위탁지원센터에서는 시 · 군 · 구에서 의뢰된 아동에 맞는 위탁부모를 찾아 추천 · 연계하는 적극적인 역할을 수행한다.

위탁가정 사례관리에서는 가정위탁보호 결정 통보를 받은 가정위탁지원센터가 아동을 위탁가정으로 배치하고 관할 행정기관과 상호 협조하여 위탁아동 및 위탁가정을 사례관리한다. 가정위탁보호 종결은 크게 원가정 복귀와 보호종료로 구분되며, 원가정 복귀 시에는 시 · 군 · 구청장에게 '아동 가정복귀 신청서'를 제출해야 하며, 시 · 도지사 또는 시 · 군 · 구청장은 해당 가정위탁지원센터장의 의견을 들은 후 의뢰받은 날로부터 7일 이내에 친부모 문제가 해결되었는지를 확인 · 점검한 후 아동복지심의위원회의 심의를 거쳐 아동의 귀가조치 여부를 결정할 수 있다. 단, 아동학대로 인해 위탁보호 중인 아동을 귀가 조치할 경우에는 아동보호전문기관으로부터 '가정환경조사서'를 제출받아 보호조치 종결 여부를 판단하도록 한다.

또한 보호대상 아동이 18세 이상이 되면 시 · 군 · 구청장은 사례결정위원회 심의를 통해 해당 아동의 보호조치를 종료할 수 있다(아동복지법 제16조 제1항). 시 · 군 · 구청장은 보호대상 아동의 가정위탁이 종결된 경우 그 사실을 가정위탁보호자, 가정위탁지원센터의 장에게 7일 이내에 통보하여야 한다. 한편 보호조치 중인 보호대상 아동이 18세 이상이 되면 보호조치를 종료하여야 하나, 아동복지법 제16조의3에 따라 보호기간 연장이 가능하다.

구분	읍 · 면 · 동	시 · 군 · 구 (아동보호전담요원)	가정위탁지원센터
가정위탁 보호신청	• 보호대상 아동의 발생 시 접수 상담 • 가정위탁보호의 신청 · 접수 · 상담 • 기초생활수급 신청 • 디딤씨앗통장 가입 신청	• 보호대상 아동의 발생 시 접수 상담 • 가정위탁보호의 신청 · 접수 · 상담 • 위탁가정 범죄경력조회 • 아동학대정보시스템 정보 조회 • 가정위탁지원센터에 위탁가정 연계 의뢰	• 가정위탁 아동 상담 • 위탁부모 발굴 및 양성교육 실시 및 이수여부 시 · 군 · 구 통보
가정위탁 보호결정	〈일반(친인척 외)/전문위탁〉 • 접수상담지, 욕구조사표, 친부모 · 아동 상황 점검표, 가정위탁보호동의서, 아동카드를 작성하여 시 · 군 · 구에 제출 〈일반위탁(친인척)〉 • 접수상담지, 욕구조사표, 친부모 · 아동 상황 점검표, 가정위탁보호 신청서, 아동카드, 가정위탁보호 신청인 가정조사서, 가정위탁보호동의서, 가정위탁가족동의서, 범죄경력조회동의서, 국가아동학대정보시스템 정보조치 동의서 등을 작성하여 시 · 군 · 구에 제출	• 가정위탁 보호 결정(사례결정위원회) • 가정위탁지원센터에 책정 통보, 관련서류 발송 • 기초생활수급 책정	〈일반(친인척 외)/전문위탁〉 • 위탁가정을 상담하여 적합한 가정 연계 후 가정위탁보호 신청서, 가정위탁보호 신청인 가정조사서, 가정위탁가족동의서, 범죄경력조회동의서, 국가아동학대정보시스템 정보 조회 동의서, 위탁부모 추천서 등을 작성하여 시 · 군 · 구에 제출
사례관리	• 사례관리 및 복지 서비스 제공 등 업무 지원 - 위탁보호 연장 및 위탁가정 변경 신청 - 부모교육 이수 안내 - 연장보호 일시중지 시 재정지원 중단 요청 등	• 사례관리 및 복지서비스 제공 - 위탁아동, 위탁가정, 원가정 상담, 방문, 적응 · 양육상황 점검 등 - 후속 보호조치 마련 - 심리치료 지원 등	• 사례관리 등 업무지원 - 위탁아동, 위탁가정, 원가정 사례관리 - 위탁부모 보수교육 - 위탁가정 지원서비스 연계, 원가정 지원 프로그램 제공, 홍보물 배포 등 복지서비스 관련 정보 안내
가정위탁 보호종결	• 보호연장 승인 신청	• 위탁종결 - 귀가조치(원가정 복귀 등) - 가정위탁 종결(해지), 가정위탁지원센터 통보 • 보호연장 승인	• 재배치 사정 • 아동 보호조치의 종결(퇴소) 신청서 제출(원가정 복귀 시에는 아동 가정 복귀 신청서 제출) • 사후 관리

| 그림 12-1 | 가정위탁보호 절차

출처 : 보건복지부(2022a). 2022년 아동분야 사업안내.

3) 가정위탁보호서비스의 실천원칙

가정위탁보호서비스는 다음과 같은 원칙을 토대로 제공해야 한다(Downs, Moore, McFadden, & Costin, 2007).

첫째, 위탁부모가 적절한 부모 역할을 하는 것과 아동과 위탁부모 간 애착 관계를 형성하는 것이 아동발달에 매우 중요하다. 위탁부모의 역량은 위탁보호서비스의 질에 큰 영향을 줄 수 있으므로 위탁부모의 선정과 훈련, 관리에 관심을 기울여야 한다.

둘째, 위탁부모를 아동에게 직접 서비스를 전달하는 인력으로 인식하고, 위탁아동을 위한 서비스 계획을 수립할 때부터 사회복지사와 함께 참여하게 해야 한다.

셋째, 가정위탁은 궁극적으로 아동이 원가정으로 복귀하는 것을 목표로 하므로, 부모가 아동을 양육할 여건을 마련하도록 가족지원을 함께 해야 한다. 또한 아동이 위탁가정에 있는 동안 부모와 관계를 유지하고 아동과 부모 간 정기적 만남을 통해 쌍방의 정서적 안정을 도모해야 한다.

가정위탁보호의 구체적인 실천원칙을 살펴보면, 〈표 12-4〉와 같다.

〈표 12-4〉 가정위탁보호의 여섯 가지 실천원칙

아동중심의 원칙	아동의 건전한 인격 형성을 최우선으로 고려한다.
가족보존의 원칙	친가정의 가족기능을 회복시켜 아동이 친가정으로 복귀하는 것을 돕고, 친가정 유지가 어려운 경우에는 대리가정을 발굴하여 건강한 위탁가정을 유지한다.
친인척 가정 우선 배치의 원칙	친인척 가정에 특별할 결격사유가 없는 한 아동의 문화적·정서적 충격을 최소화하고자 아동 본인의 의사를 고려하여 친인척 가정에 우선 배치한다.
연계성의 원칙	아동의 건강한 성장과 친가정의 가족기능 회복을 위해 지역사회 협력기관과 네트워크 체계를 구축하여 맞춤 서비스를 제공한다.
적절성의 원칙	아동 및 위탁가정의 특성이 고려된 적합한 위탁가정에 아동을 배치하고 사례개입에 요구되는 적절한 서비스를 제공한다.
전문성의 원칙	위탁보호 과정에서 발생되는 다양한 문제에 효과적으로 대처하기 위해 각 분야별 전문적인 서비스를 제공하고 지속적인 교육을 통한 전문성을 향상한다.

출처 : 이용주 · 조숙영 · 김정희(2020). 아동권리와 복지. 공동체.

4) 가정위탁 관련 기관

가정위탁서비스를 책임지고 있는 기관은 아동권리보장원과 각 시·도의 가정위탁업무를 위임받은 지역의 가정위탁지원센터이다. 2020년 중앙가정위탁지원센터의 업무가 아동권리보장원으로 이관되었으며, 시·도별 가정위탁지원센터는 전국에 18개소가 설치되어 있다.

아동권리보장원은 아동복지법 제10조의2, 제48조 제6항, 아동복지법 시행령 제50조에 근거하여 가정위탁지원센터에 대한 지원, 효과적인 가정위탁사업을 위한 연계체계 구축, 가정위탁사업과 관련된 연구 및 자료발간, 가정위탁사업을 위한 프로그램의 개발 및 평가, 상담원에 대한 교육 등 가정위탁에 관한 교육 및 홍보, 가정위탁사업을 위한 정보기반 구축 및 정보제공, 가정위탁지원센터에 대한 평가, 가정위탁아동에 대한 기업·단체 등의 후원 장려 및 연계, 가정위탁통합전산시스템의 운영 등의 업무를 수행한다.

가정위탁지원센터는 2016년 아동복지법의 개정으로 아동복지시설에 포함되었으며, 가정위탁보호사업의 활성화를 위하여 시·도 및 시·군·구의 가정위탁보호업무를 지원하기 위한 목적으로 설립되었다. 가정위탁지원센터는 아동복지법 제49조, 아동복지법 시행령 제50조에 근거하여 가정위탁사업의 홍보 및 가정위탁을 하고자 하는 가정의 발굴, 가정위탁을 하고자 하는 가정에 대한 조사 및 가정위탁 대상 아동에 대한 상담, 가정위탁을 하고자 하는 사람과 위탁가정 부모에 대한 교육, 위탁가정의 사례관리, 친부모 가정으로의 복귀 지원, 가정위탁 아동의 자립계획 및 사례관리, 관할 구역 내 가정위탁 관련 정보 제공, 관할 구역의 가정위탁 아동에 대한 지역사회의 후원 장려 및 연계 등의 업무를 수행한다(보건복지부, 2021a).

5) 가정위탁보호 현황

(1) 연도별 위탁아동 수

연도별 위탁유형에 따른 위탁아동 수는 〈표 12-5〉와 같다. 2019년 전체 위탁아동 수는 10,334명으로 2018년 11,111명에 비해 777명(7.0%) 감소했다. 인구 감소에 따른 보호필요아동 수 감소로 가정위탁보호아동도 줄어들고 있으나, 일반위탁아동의 경우 전체 위탁아동에서 차지하는 비율이 소폭씩 상승하고 있다.

〈표 12-5〉 연도별 위탁아동 수

(단위 : 명, %)

구분 / 년도	계	대리양육	친인척	일반
2019년	10,334	6,865	2,566	903
	100.0	66.4	24.8	8.8
2018년	11,111	7,412	2,786	913
	100.0	66.7	25.1	8.2
2017년	11,975	7,942	3,096	937
	100.0	66.3	25.9	7.8

출처 : 보건복지부(2020). 2019년 가정위탁보호 현황보고서.

(2) 연도별 위탁가정 수

연도별 위탁가정 현황은 〈표 12-6〉과 같다. 2019년 위탁가정은 총 8,354세대로 2018년 8,965세대와 비교하면 611세대(6.8%) 감소했다. 위탁유형별로 살펴보면, 대리양육위탁 65.0%, 친인척위탁 26.0%, 일반위탁 9.0% 순으로 나타났다. 2018년과 비교했을 때 대리양육위탁은 0.2%, 친인척위탁은 0.3%로 감소했으며 일반위탁은 0.5%로 증가했다.

〈표 12-6〉 연도별 위탁가정 수

(단위 : 명, %)

구분 년도	계	대리양육	친인척	일 반
2019년	8,354	5,434	2,171	749
	100.0	65.0	26.0	9.0
2018년	8,965	5,847	2,354	764
	100.0	65.2	26.3	8.5
2017년	9,570	6,211	2,591	768
	100.0	64.9	27.1	8.0

출처 : 보건복지부(2020b). 2019년 가정위탁보호 현황보고서.

(3) 가정위탁보호사유

위탁유형별 위탁보호 발생 원인은 〈표 12-7〉과 같다. 주된 가정위탁보호의 주된 원인은 이혼(30.4%), 별거/가출(24.5%), 부나 모의 사망(24.2%) 순으로 나타났다. 위탁유형별 원인을 살펴보면, 대리양육위탁의 경우 이혼(35.2%), 친인척위탁은 부나 모의 사망(33.2%), 일반위탁은 별거/가출(20.6%)이 가장 높은 비중을 차지했으며, 일반위탁은 미혼모(부)/혼외출생(13.1%)과 시설의뢰(11.7%), 학대/방임(10.0)이 다른 유형에 비해 상대적으로 높게 나타났다.

〈표 12-7〉 가정위탁보호사유

(단위 : 명, %)

구분	계	부모 모두 사망	부나 모의 사망	별거 /가출	이혼	부모 수감	실직 /빈곤	부모 질병	학대 /방임	미혼 모(부) /혼외 출생	시설 의뢰	부모 장애	기타
계	10,334	576	2,502	2,536	3,143	389	102	172	272	322	108	71	141
	100.0	5.6	24.2	24.5	30.4	3.8	1.0	1.7	2.6	3.1	1.0	0.7	1.4
대리 양육	6,865	314	1,566	1,840	2,417	239	50	74	123	159	-	21	62
	100.0	4.6	22.8	26.8	35.2	3.5	0.7	1.1	1.8	2.3	-	0.3	0.9

친인척	2,566	250	853	510	574	118	15	60	59	45	2	35	45
	100.0	9.7	33.2	19.9	22.4	4.6	0.6	2.3	2.3	1.8	0.1	1.3	1.8
일반	903	12	82	186	152	32	37	38	90	118	106	15	34
	100.0	1.3	9.2	20.6	16.8	3.5	4.1	4.2	10.0	13.1	11.7	1.7	3.8

출처 : 보건복지부(2020b). 2019년 가정위탁보호 현황보고서.

(4) 가정위탁종결 후 배치 현황

가정위탁보호 종결아동의 위탁유형별 종결 후 배치 현황은 〈표 12-8〉과 같다. 전체 종결아동의 종결 후 배치 현황은 자립준비(46.4%), 취업(18.6%), 친가정복귀(15.9%) 순으로 비중이 높았다. 위탁유형별로 살펴보면, 친인척위탁 47.4%, 대리양육위탁 47.2%, 일반위탁 32.8%로 자립준비가 가장 높은 비중을 차지했다.

〈표 12-8〉 가정위탁종결 후 배치 현황

(단위 : 명, %)

구분	계	친가정 복귀	양육 시설 입소	일시보호 사설업소	그룹홈 입소	소년소녀 가정세대 책정	입양	진학	취업	군입대	자립준비		기타
											보호 종료	연장 종료	
계	1,809	287	15	7	17	1	12	13	337	27	231	608	254
	100.0	15.9	0.8	0.4	0.9	0.1	0.7	0.7	18.6	1.5	12.8	33.6	14.0
대리양육	1,174	201	6	3	1	1	1	9	219	17	156	398	162
	100.0	17.1	0.5	0.3	0.1	0.1	0.1	0.8	18.6	1.4	13.3	33.9	13.8
친인척	525	62	6	1	10	-	2	4	105	9	66	183	77
	100.0	11.8	1.1	0.2	1.9	-	0.4	0.8	20.0	1.7	12.6	34.8	14.7
일반	110	24	3	3	6	-	9	-	13	1	9	27	15
	100.0	21.8	2.7	2.7	5.5	-	8.2	-	11.8	0.9	8.2	24.6	13.6

출처 : 보건복지부(2020b). 2019년 가정위탁보호 현황보고서.

2. 입양서비스

1) 입양의 개념 및 유형

(1) 입양의 개념

아동은 태어나면서부터 부모의 안전한 보호 안에서 건강하게 성장할 수 있는 권리를 가지고 있지만, 부모의 사망, 이혼, 실직, 학대, 유기, 혼외 임신, 경제적 빈곤 등으로 인해 친부모가 더 이상 아동을 보호할 수 없는 경우가 발생할 수 있다. 입양은 이러한 보호대상 아동에 대해 영구적 가정과 가족관계를 제공하여 가정이라는 틀에서 안전하게 성장할 수 있도록 돕는 사회적 장치이자 제도이다(임은주 · 이근매, 2021). 입양은 혈연관계가 아닌 법률적으로 친자관계를 맺는 것으로 출생에 의하지 않고 법적 · 사회적 과정을 통해 친부모-친자와 동등한 관계를 형성하게 된다. 여기서 법적 과정이란 입양과 관련된 법률(입양특례법, 아동복지법, 민법 등)에 의해 소정의 절차를 마치는 것을 말하며, 사회적 과정은 다른 구성원들로부터 가족으로 인정받는 과정을 의미한다(성정현 외, 2020).

입양서비스는 우선 입양아동의 건강한 성장과 발달 및 건전한 양육환경을 조성하고, 입양아동과 가족의 안정적 정착을 위해 지원한다. 아울러 입양아동의 정체성 확립을 위해 친가족 찾기를 지원하고 입양아동의 건강한 성장과 건전한 입양문화 확산을 지원한다. 또한 입양체계 개편을 위한 조사연구 및 정책 지원과 입양인식 전환점 제공을 통해 입양에 대한 올바른 시선을 확립함을 목적으로 한다(아동권리보장원, 2022).

이러한 입양서비스는 다음과 같은 기본 원리를 바탕으로 제공되어야 한다(Kadushin, 1980, 윤매자 외, 2016 재인용).

첫째, 아동은 자신의 가족, 지역사회, 국가에서 양육되는 것이 최우선이고 가장 바람직하다. 따라서 입양은 가족을 지키고자 하는 노력을 기울이고 난 후에 고려해야 한다. 다시 말하면 아동의 친가족을 유지하려는 노력에도 불구하고 친가족이 아동이 건전하게 성장, 발달할 권리를 보장하지 못할 때 입양이 고려되어야 한다. 이에 따라 정부에서는 보호대상 아동이 발생할 경우에 원가정 보호, 가정위탁, 아동복지시설, 입양 순으로 보호조치를 실시하도록 한다(정익중 · 오정수, 2021).

둘째, 대리 보호가 필요한 경우에는 아동이 속해있는 인종 집단, 국가, 문화, 종교 집단에서 가정을 찾는 노력이 우선되어야 한다. 이러한 노력에도 불구하고 이것이 불가능하다는 것이 명백해졌을 때, 비로소 아동이 속한 지역사회 밖에서 입양가정을 찾는 노력이 시도되어야 한다.

셋째, 입양의 일차적 목적은 친부모에 의해 양육될 수 없는 아동에게 영구적 가족을 제공하는 것이다. 따라서 입양사업은 아동의 복지, 욕구, 관심을 기초로 해야 효과적으로 이루어질 수 있다. 또한 아동을 위해 입양부모와 입양가정을 선택해야지, 입양부모나 입양가정을 위해 입양아동을 선택해서는 안 된다. 다시 말해, 입양은 철저히 입양아동의 관점에서 이루어져야 하며, 아동의 권리보장과 이익이 최우선되도록 해야 한다.

넷째, 입양은 가족을 대신할 영구적 보호가 필요한 아동에게 가장 바람직한 보호의 방법이다. 즉, 입양은 가정위탁 보호나 시설 보호보다 동일한 부모가 아동에게 필요한 장기적 안정과 애정을 가지고 친밀한 보호를 제공해 줄 수 있는 가능성이 높기 때문에 가정위탁 보호나 시설 보호보다 안정된 대리 보호의 형태이다.

(2) 입양의 유형

입양의 유형은 각각의 구분기준에 따라 다양하게 분류할 수 있다.

① 친족입양과 비친족입양

친족입양은 아동이 혈연관계의 친척이나 친지 또는 아버지나 어머니의 재혼으로 인해 가족관계를 이루는 사람에 의해 입양되는 경우이며, 비친족입양은 아동이 전혀 친족관계나 혈연관계를 갖지 않은 사람에 의해 입양되는 경우를 말한다(윤매자 외, 2016).

② 독립입양과 기관입양

입양이 개인적으로 이루어지는지 아니면 입양기관을 통해 이루어지는지에 따라 독립입양과 기관입양으로 구분된다. 독립입양은 입양기관을 거치지 않고 독자적으로 입양하는 것으로 친부모가 친척이나 친구, 이웃에 직접 아동을 입양시키는 경우, 아는 사람 또는 의사나 변호사 등 제삼자를 통한 입양(회색시장을 통한 입양)이거나, 심지어는 불법적으로 아동을 매매하여 입양하는 경우(암시장을 통한 입양)까지도 포함하는 개념으로 이해할 수 있다(정익중 · 오정수, 2021). 기관입양은 아동복지기관에서 전문가에 의해 친부모로 하여금 친권을 포기하게 하고 기관이 모든 법적 대리인이 되어서 입양 절차를 밟는 경우를 말한다.

③ 공개입양과 비밀입양

공개입양은 입양 사실을 입양아동은 물론 주변의 사람들에게 공개하며 친부모와도 접촉할 수 있는 반면 비밀입양은 아동의 입양부모 외에는 아무도 입양 사실을 알 수 없게 비밀을 유지하는 경우를 말한다(윤매자 외, 2016). 공개입양의 경우 친인척에게만 알리거나 이웃과 교육기관에 모두 알리는 경우 등 가정마다 공개의 범위는 다양하게 나타난다.

비밀입양의 경우 입양된 아동에게 부정적인 영향을 줄 뿐 아니라 입양을 사회적으로 확산하는 데도 장애가 되는데, 그 이유는 다음과 같다(정익중 · 오정수, 2021).

첫째, 입양부모가 입양 사실을 비밀로 하여 아동은 입양이 수치스럽고 부끄러운 것으로 생각하게 된다.

둘째, 아동이 성장하면서 갑자기 입양 사실을 알게 됐을 때 아동은 혼란에 빠지게 되고 심한 충격을 받거나 방황하게 된다.

셋째, 비밀입양은 입양의 좋은 점이나 입양의 성공 경험이 공개되지 않는다는 점에서 입양을 사회적으로 확산하는 데 장애가 되고 있다.

넷째, 비밀입양은 사후관리나 정보 공유를 불가능하도록 하고 외부 도움을 받기가 불가능하다.

2) 입양의 요건과 구성요소[1)]

(1) 입양아동

양자가 될 자격 요건은 입양특례법 제9조 및 동법 시행규칙 제7조에 근거하여 요보호아동으로서 다음 어느 하나에 해당하는 아동으로 규정하고 있다.

① 보호자로부터 이탈된 자로서 특별시장·광역시장·도지사 및 특별자치도지사·특별자치시장(이하 시·도지사) 또는 시장·군수·구청장이 부양의무자를 확인할 수 없어 국민기초 생활보장법에 따른 보장시설에 보호의뢰한 사람

② 부모(부모가 사망이나 그 밖의 사유로 입양동의를 할 수 없는 경우 다른 직계존속) 또는 후견인이 입양에 동의하여 보장시설 또는 입양기관에 보호의뢰한 사람

③ 법원에 의하여 친권상실의 선고를 받은 사람의 자녀로서 시·도지사 또는 시장·군수·구청장이 보장시설에 보호의뢰한 사람

④ 그 밖에 부양의무자를 알 수 없는 경우로서 시·도지사 또는 시·군·구청장이 보장 시설에 보호의뢰한 사람

양자가 될 아동이 위의 자격을 갖추었다는 근거는 보장시설 또는 입양 기관의 장이 '입양대상 아동 확인서'를 작성하여 양자가 될 아동의 거주지를 관할하는 특별자치도지사·특별자치시장·시장·군수·구청장의 확인을 받아야 한다.

(2) 입양부모

양친이 될 자격은 입양특례법 제10조 및 동법 시행규칙 제4조에 근거하여 다음과 같이 규정하고 있다.

---

1) 입양의 요건과 구성요소는 2020년 발간된 보건복지부의 「2020년 입양실무 매뉴얼」을 바탕으로 작성함.

① 양자를 부양하기에 충분한 재산이 있어야 한다. 충분한 재산이란 꼭 부유해야 한다기보다 아동을 안전하게 보호하고 건강하게 양육할 수 있을 정도의 경제적 능력을 확인하는 것이다.
② 양자의 종교의 자유를 인정하고 사회의 구성원으로서 그에 상응하는 양육과 교육을 할 수 있어야 한다.
③ 아동학대, 가정폭력, 성폭력, 마약 등의 범죄나 알코올 등 약물중독의 경력이 없어야 한다. 또한 가정법원에서는 필요하다고 판단하는 경우 양부모의 정신건강에 대한 판단을 위해 정신병력 여부 등에 관한 심리 검사 결과 등의 추가 자료를 요청할 수 있다.
④ 양자가 될 아동의 복리에 반하는 직업이나 그 밖에 인권침해의 우려가 있는 직업에 종사해서는 안 된다.
⑤ 대한민국 국민인 경우, 양친이 될 사람의 나이 범위는 25세 이상으로서 양자가 될 사람과의 나이 차이가 60세 이내여야 한다. 대한민국 국민이 아닌 경우에는 25세 이상 45세 미만인 자이어야 하며, 다만 보건복지부장관이 양친이 될 사람의 가정환경이 양자를 양육하기에 적합하다고 인정하는 경우 상기 양친 나이의 범위가 달리 적용될 수 있다.
⑥ 양친이 되려는 사람은 입양의 성립 전에 입양기관 등으로부터 보건복지부령으로 정하는 소정의 교육을 마쳐야 한다.

(3) 친부모

입양대상 아동의 친생부모는 아동에 대한 친권포기를 자발적 또는 비자발적으로 할 수 있다. 친생부모가 친자녀의 입양을 위해 자발적으로 친권을 포기하는 원인은 경제적 빈곤, 이혼·별거로 야기된 가족해체 및 가정결손, 미혼모, 부모사망 등이며, 친권을 박탈당하는 경우는 아동을 심각하게 학대하거나 유기하는 경우이다(도미향 외, 2019).

입양특례법에서는 입양이 성립되기 위해 반드시 친생부모의 동의를 받게 하고 있으며, 아동이 13세 이상인 경우는 양자될 자의 동의도 필요하다.

친생부모의 입양 동의는 '입양숙려제'에 따라 아동의 출생일로부터 1주일간의 숙려기간이 지난 후에 이루어져야 하며, 숙려기간 동안에는 친생부모가 아동을 보호하는 것을 원칙으로 한다. 이는 친생부모의 입양결정이 출산 전 또는 출산 직후에 이루어지는 것에 대한 문제를 예방하고, 친생부모가 출산 후 아동과 일정 시간을 보내면서 아동과 부모 자신의 미래에 대해 숙고하고 입양 또는 양육의 결정이 옳은지에 대해 다시 한번 생각할 수 있는 시간을 확보하기 위함이다.

3) 입양 절차

국내 · 외 입양과정은 ❙그림 12－2❙와 같으며, 주요 내용을 살펴보면, 다음과 같다.

먼저 친생부모가 입양을 결정하기 전, 입양에 관한 충분한 상담으로 양육 및 정부 지원 등에 관한 정보를 친생부모에게 제공함으로써, 입양 외 다른 양육 대안을 충분히 고려한 후 자발적인 입양결정이 이루어지도록 해야 한다. 구체적인 상담 내용에는 아동을 직접 양육할 경우 지원받을 수 있는 사항 및 양육에 관한 정보, 입양의 법률적 효력 및 파양, 입양동의의 요건 및 입양동의의 철회, 입양절차, 입양정보 공개 청구 등이다. 또한 13세 이상인 아동을 입양하고자 하는 경우 친생부모 또는 후견인 동의 외에 입양될 아동의 동의를 받아야 하며, 입양동의 전에 입양될 아동에게도 친생부모와 같이 상담을 제공해야 한다.

입양동의서는 가정법원에 입양허가 신청 시 제출해야 하며, 입양동의의 대가로 금전 또는 재산상의 이익, 그 밖의 반대급부를 주고받거나 주고받을 것을 약속해서는 안 된다. 입양동의는 가족관계등록부에 기재된 친생부와 친생모 모두의 동의를 받아야 하며, 유기아동으로서 친권자가 없는 경우나 친생부모의 친권 상실이나 소재불명 등으로 인해 친생부모의 직접적인 입양동의가 어려운 경우에는 후견인의 동의를 받아야 한다.

입양대상 아동 확인서는 양자가 될 자격을 갖추었음을 증명하는 서류로 보장시설 또는 입양기관의 장이 작성하여 아동 거주지 관할 특별자치도지사 · 시장 · 군수 · 구청장에게 제출하여 확인 · 발급받는다.

입양기관의 장은 보장시설의 장 또는 부모 등으로부터 양자될 아동을 인도받은 날부터 입양이 완료될 때까지 그 아동의 후견인이 되며, 입양대상 아동을 인도한 친권자의 친권행사는 정지된다. 단, 친권자가 입양의 동의를 철회할 경우 다시 친권을 행사할 수 있다. 입양기관은 아동보호일(인수일)로부터 2주 이내에 입양정보통합관리시스템(ACMS)에 입양대상 아동정보를 등록해야 한다.

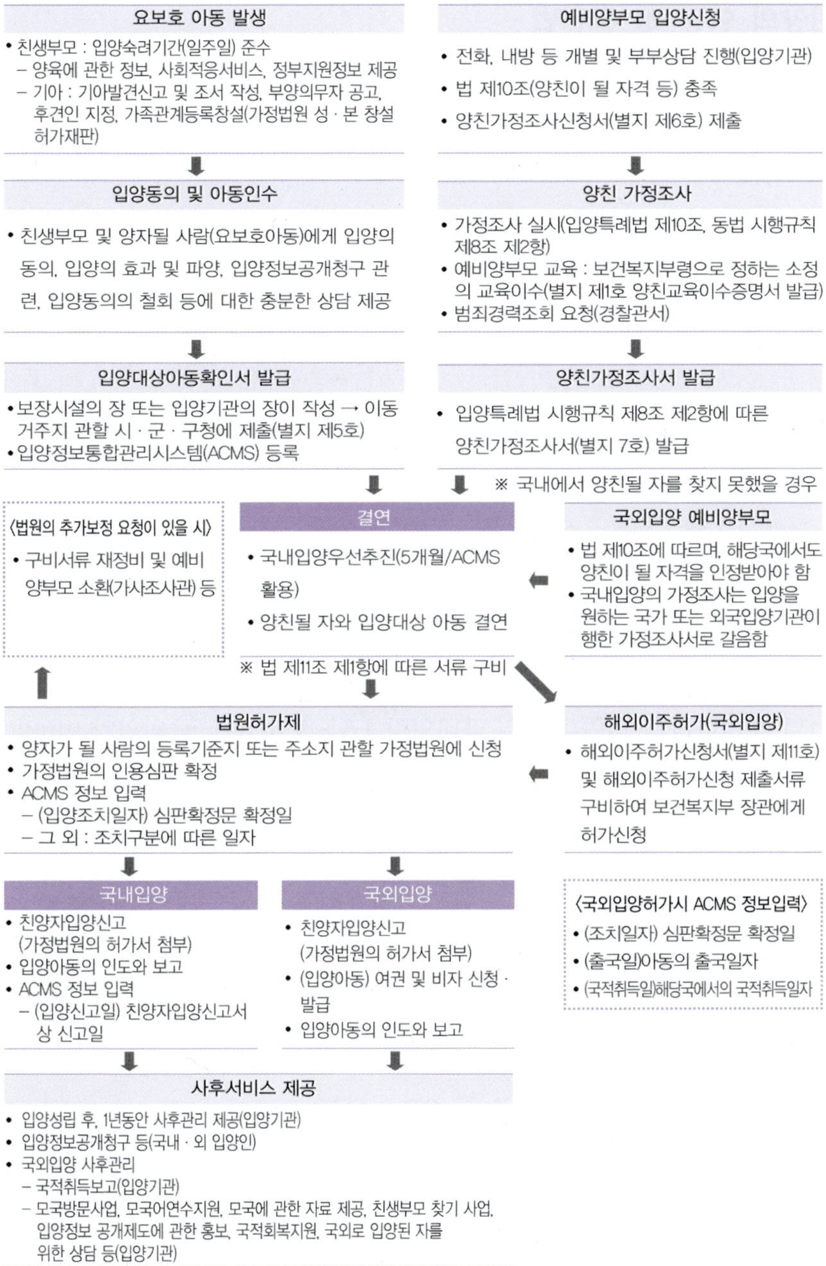

| 그림 12-2 | 국내 · 외 입양 절차

출처 : 보건복지부(2020a). 2020년 입양실무 매뉴얼.

4) 입양의 현황 및 관련법

(1) 입양의 현황

우리나라의 연도별 국내 · 외 입양아동 수는 매년 감소하고 있으며, 특히 코로나19와 저출생 등의 영향으로 최근 감소폭이 더욱 커지고 있다. 보건복지부 입양 통계의 국내외 입양 현황은 〈표 12-9〉와 같다.

〈표 12-9〉 국내 · 외 입양 현황

(단위 : 명)

구분	2010년 이전	2011	2012	2013	2014	2015	2016	2017	2018	2019	2020	2021
계	238,105	**2,464**	1,880	922	1,172	**1,057**	880	863	681	704	492	**415**
국내	74,409 (31.0%)	**1,548 (62.8%)**	1,125 (59.8%)	686 (74.4%)	637 (54.4%)	**683 (64.6%)**	546 (62.0%)	465 (53.9%)	378 (55.5%)	387 (55.0%)	260 (52.9%)	**226 (54.5%)**
국외	163,696 (69.0%)	**916 (37.2%)**	755 (40.2%)	236 (25.6%)	535 (45.6%)	**374 (35.4%)**	334 (38.0%)	398 (46.1%)	303 (44.5%)	317 (45.0%)	232 (47.1%)	**189 (45.5%)**

출처 : 통계청(2022a). 2021년 입양 통계.

2011년 우리나라의 입양아동은 국내입양 1,548명(62.8%), 국외입양 916명(37.2%)으로 총 2,464명에서, 2015년 국내입양 683명(64.6%), 국외입양 374명(35.4%)으로 총 1,057명, 2021년에는 국내입양이 226명(54.5%), 국외입양이 189명(45.5%), 총 415명으로 크게 감소한 것을 알 수 있다.

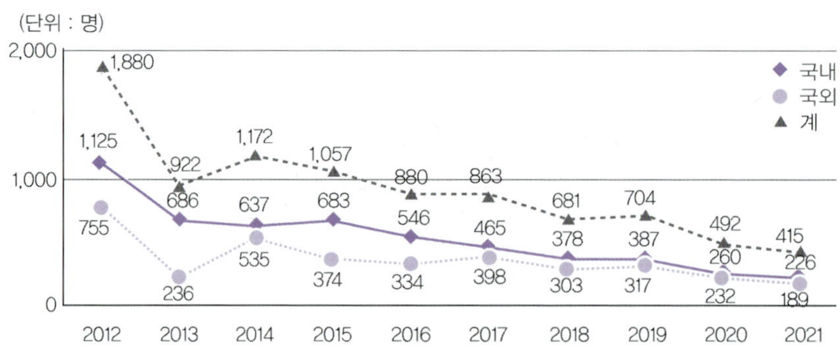

❙그림 12-3❙ 입양 아동 수

출처 : 통계청(2022a). 2021년 입양 통계.

입양아동의 성별은 국내입양의 경우 남아를 선호했던 과거와 달리 최근에는 여아의 입양이 많아지고 있으며, 이러한 영향으로 국외입양의 경우는 남아의 입양이 많아지고 있다. 최근의 입양아동 성별과 연령을 살펴보면, 〈표 12-10〉과 같다.

〈표 12-10〉 입양아동의 성별과 연령

(단위 : 명)

연도	국내입양						국외입양				
	성별		연령				성별		연령		
	남	여	3월 미만	3월~1세 미만	1~3세 미만	3세 이상	남	여	1세 미만	1~3세 미만	3세 이상
2019	125 (32.3%)	262 (67.7%)	6 (1.6%)	270 (69.8%)	83 (21.4%)	28 (7.2%)	233 (73.5%)	84 (26.5%)	-	303 (95.6%)	14 (4.4%)
2020	90 (34.6%)	170 (65.4%)	-	157 (60.4%)	80 (30.8%)	23 (8.8%)	192 (82.8%)	40 (17.2%)	-	225 (97.0%)	7 (3.0%)
2021	78 (34.5%)	148 (65.5%)	12 (5.3%)	121 (53.6%)	69 (30.5%)	24 (10.6%)	133 (70.4%)	56 (29.6%)	-	185 (97.9%)	4 (2.1%)

출처 : 통계청(2022a). 2021년 입양 통계.

2021년 국내입양의 경우 여아의 비중이 65.5%로 남아보다 2배가량 많은 것으로 나타났고, 연령별로는 3개월~1세 미만 아동이 121명(53.6%)으로 가장 많이 나타났다. 국외입양은 남아의 비중이 70.4%로 높게 나타났고, 연령별로는 1~3세 미만 아동이 97.9%로 대부분임을 알 수 있다.

입양아동의 발생 유형은 〈표 12-11〉과 같다. 국내·외 입양 모두 미혼모(부) 및 혼외아동 비율이 가장 높았고 유기아동, 가족해체 등의 순으로 나타났다. 연도별로 살펴보면, 미혼모(부) 및 혼외아동의 비율이 가장 높게 나타나고 있으나 점점 줄어드는 반면, 유기아동의 비율은 꾸준히 증가하고 있음을 알 수 있다.

〈표 12-11〉 입양아동의 발생 유형

(단위 : 명)

연도	국내입양			국외입양		
	미혼모(부)·혼외아동	유기아동	가족해체 등	미혼모(부)·혼외아동	유기아동	가족해체 등
2019	329 (85.0%)	51 (13.2%)	7 (1.8%)	317 (100%)	-	-
2020	216 (83.1%)	38 (14.6%)	6 (2.3%)	231 (99.6%)	-	1 (0.4%)
2021	167 (73.9%)	48 (21.2%)	11 (4.9%)	188 (99.5%)	1 (0.5%)	-

출처 : 통계청(2022a). 2021년 입양 통계.

(2) 입양특례법

입양을 위한 법령은 1961년 외국인이 대한민국 국민인 고아를 양자로 함에 있어서 필요한 요건 등에 관한 고아입양특례법을 제정하였고, 1976년 고아입양특례법을 입양특례법으로 명칭을 변경하면서 '고아'가 아닌 아동도 입양될 수 있도록 하였다. 이 법은 1990년 일부를 개정하였으며, 1995년 법률 제4913호로 입양촉진 및 절차에 관한 특례법으로 다시 명칭을 변경하고 전면 개정하였다.

개정된 법에서는 국내입양 활성화를 목적으로 양부모의 자격조건 강화, 사전교육 및 사후관리, 장애아동 양육보조금 지급을 시행하고, 입양될 아동이 미아 등인 경우에는 해외이주허가를 제한하여 국외입양에 신중을 기하도록 하였다.

2011년에는 입양촉진 및 절차에 관한 특례법을 입양특례법으로 다시 제명을 변경하고, 아동입양 절차가 아동의 복리를 중심으로 이루어질 수 있도록 국가의 관리·감독을 강화하였다. 이에 따라 국내외 입양 모두 법원의 허가를 받도록 하고, 친생부모에게 양육에 관한 충분한 상담 및 양육정보를 제공하는 등 부모의 직접 양육을 지원하며, 아동이 출생일부터 1주일이 지나고 나서 입양동의가 이루어지도록 하는 한편, 양자가 된 사람에게 자신에 대한 입양정보 접근권을 부여하고, 국내입양의 우선 추진 의무화 등을 규정함으로써 아동의 권익과 복지를 증진하기 위한 입양정책을 수립하였다.

5) 입양아동서비스의 지원

입양특례법 제32조 등에 따라 입양기관은 양친될 사람으로부터 입양 알선에 드는 비용의 일부를 받을 수 있으며, 국가와 지방자치단체는 입양 알선에 실제 드는 비용의 전부 또는 일부를 보조할 수 있다. 또한 입양특례법상 허가를 받은 입양기관에 의해 입양된 장애아동 등 입양아동이 건전하게 성장할 수 있도록 국가와 지방자치단체가 양육수당, 의료비 및 기타 필요한 양육보조금을 지급하고 있다. 구체적인 지원서비스는 다음과 같다(보건복지부, 2022a).

(1) 입양축하금 지급

입양특례법상 허가를 받은 입양기관에 의해 아동을 국내입양한 가정 중에서 가정법원 입양확정일이 2022년 1월 1일 이후인 모든 입양가정에 입양축하금을 지급한다. '입양 = 출산'이라는 인식 확산 및 아동 양육 초기 부담 완화를 위해 입양 시 1회에 한하여 200만 원이 지급된다. 지급절차는 입양부모가 신청서류를 첨부하여 특별자치도지사 · 특별자치시장 · 시장 · 군수 · 구청장에게 신청하면 신청자의 계좌로 지급된다.

(2) 입양아동 양육수당 지원

양육수당은 입양특례법상 허가를 받은 입양기관에 의해 아동을 국내입양한 가정을 대상으로, 입양아동이 만 18세가 될 때까지 정기적으로 지급하는 수당이다. 입양아동을 입양한 양친은 입양아동 양육보조금 등 신청서에 관련서류를 첨부하여 특별자치시장 · 특별자치도지사 · 시장 · 군수 · 구청장에게 신청하며, 매달 신청자의 계좌로 20만 원이 지급된다. 지방자치단체는 입양아동 양육수당 지원내용을 지방자치단체 홈페이지, 반상회보, 게시판 등을 통해 적극 홍보해야 하며, 관계공무원은 입양부모의 양육수당 신청에 따라 입양 사실이 공개되지 않도록 비밀보장에 각별히 유의해야 한다.

(3) 장애입양아동 양육보조금 및 의료비 지원

입양특례법상 허가를 받은 입양기관에 의해 입양된 장애아동을 국내입양한 가정을 대상으로 양육보조금과 의료비를 지원한다. 장애아동 유형에는 입양 당시 장애인복지법 제32조 제1항에 따라 장애인 등록을 한 아동, 분만 시 조산 · 체중미달 · 분만장애 · 유전 등으로 인한 질환을 앓고 있는 아동, 입양 당시에는 장애 또는 의료적 문제가 없었으나 선천적 요인 등으로 인해 장애 또는 질환이 발생한 아동이 해당된다(입양특례법 시행령 제7조).

양육보조금은 장애의 정도가 심한 중증 장애인에게 627,000원, 장애의 정도가 심하지 않은 경증 장애인 등 그 외 지원대상에게 551,000원이 지급된다. 의료비는 연간 260만 원 한도 내에서 본인이 부담한 진료 · 상담 · 재활 및 치료에 소요되는 비용을 지원한다. 지급기간은 만 18세까지 지원되며 입양아동 양육수당과 동시 지급이 가능하다.

(4) 입양비용 지원

입양특례법상 허가를 받은 입양기관에 의해 같은 법의 요건과 절차를 갖춰 국내 입양한 가정을 대상으로 입양알선비용 및 입양철회비용을 지원하고 있다. 입양알선비용 지원은 입양알선에 소요되는 인건비, 아동양육비(위탁모비용 포함), 입양알선 절차에 소요되는 비용, 입양기관의 운영비 및 홍보비, 사후관리비 등 입양알선에 실제로 드는 비용(복지부 허가기관 270만 원, 시 · 도 허가기관 100만 원 정액 지원)을 말한다. 입양철회비용은 입양대상 아동 인수부터 철회 시까지 아동을 보호하는 동안 소요된 비용이며, 산정 기준에 따라 15만~73만 원까지 지원된다.

(5) 입양숙려기간 모자지원

입양특례법 제13조 및 제33조에 따라 출산(예정) 후 미혼 · 이혼 한부모를 대상으로 가정 내 보호지원, 미혼모자가족복지시설 내 입소자 지원, 산후조리원 보호지원 등이 제공된다. 가정 내 보호 지원에는 '산후지원인력 가정방문 서비스 이용료 지원'과 미혼 · 이혼 한부모 자택에서 가족 또는 친구 등 지인의 도움을 원할 경우, 아동 생필품비를 포함한 보조금을 지원하는 '재가 입양숙려 지원'이 있다. 미혼모자가족복지시설 내 입소자 지원은 미혼모자가족복지시설에 입소한 미혼모 1인당 산후지원인력 인건비를 지원하며, 산후조리원 보호 지원은 지방자치단체에 산후조리업 신고를 한 산후조리원 중 미혼 · 이혼 한부모 선택에 따라 1주일간 이용이 가능하다.

(6) 입양아동 의료급여 실시

입양특례법에 의하여 국내에 입양된 만 18세 미만의 아동은 1종 의료급여에 해당하여 지원받는다. 입양아동 의료급여의 적용방식은 사전 · 사후지원방식으로 나뉘는데, 사전지원방식은 입양아동을 건강보험증에 기재하되, 수급권자임을 표시하여 의료서비스 이용 시 본인부담금을 면제하는 방식이며, 사후지원방식은 입양아동을 건강보험과 함께 통합관리하고, 의료서비스 이용 시 납부한 본인부담금을 사후 환급하는 방식이다. 입양아동의 부모는 의료급여 적용방식을 선택하여 시 · 군 · 구청에 신청하며, 입양아동 본인에 한해 의료급여가 실시된다.

13 CHAPTER

시설보호

과거 우리나라의 아동복지는 전쟁과 같은 혼란스러운 역사적 상황 가운데 요보호 아동에 대한 긴급 구호 방안으로 시설보호 위주의 아동복지가 이루어졌다. 그러나 시대적 변화로 인해 대규모의 시설 수용보다 원가정과 유사한 소규모 시설보호 형태로 전환의 필요성이 제기되었고 이에 따라 공동생활가정의 비율이 점차적으로 증가하고 있다. 현재 시설보호서비스는 아동이 안전하고 건강하게 성장할 수 있도록 보호하며 건전한 인격으로 성장하기 위한 다양한 서비스를 제공하고 퇴소 후의 자립준비에 대한 지원을 강화하고 있다. 13장에서는 시설보호의 다양한 유형과 제공되는 서비스, 그리고 퇴소 후 자립지원을 위한 방안에 대해 살펴보고자 한다.

1. 아동양육시설

1) 아동양육시설의 개념

모든 아동은 출생 이후 주변 환경의 보호와 관리를 받으며 자랄 수 있도록 복지를 보장받아야 하며 그러한 보호가 불가능한 상황에서는 정부에서 그 역할을 담당해야 한다. 시설보호란 부모가 자녀의 양육을 회피하거나 양육하고 보호할 수 있는 충분한 능력이 없을 때 혈연적으로 무관한 타인이 부모의 역할을 대신하여 일시적 혹은 장기적으로 일정 시설에서 대리보호하는 아동복지사업이다. 시설보호는 아동을 단순히 수용·보호하는 차원이 아닌 보호가 필요한 아동들에게 집단 보호와 치료를 제공하여 아동들이 건강하게 성장하고 발달하기 위해 보호하고 교육하는 역할을 한다.

아동복지시설은 운영 목적에 따라 다양한 형태로 구분되는데 서비스 형태에 따라 일시보호시설과 장기보호시설로 구분할 수 있고, 서비스 기능에 따라 양육, 보호, 교정, 치료로 구분할 수 있다. 아동복지법에 규정된 아동복지시설의 종류는 〈표 13-1〉과 같으며, 가장 대표적인 아동복지시설은 과거에 고아원으로 불렸던 아동양육시설로 아동복지법에 따라 18세 미만의 보호자가 없거나 보호자로부터 이탈된 아동, 학대가 있는 아동, 보호자가 양육하기에 부적당하거나 양육할 능력이 없는 아동을 보호하는 시설이다. 아동은 시설에 입소하면 혈연관계가 없는 성인 집단의 보호 아래에서 다른 아동들과 함께 24시간 동안 생활하며 거주하게 된다.

〈표 13-1〉 아동복지시설 종류

종 류	서비스 내용
아동양육시설	보호대상 아동을 입소시켜 보호, 양육 및 취업훈련, 자립지원 서비스 등을 제공하는 것을 목적으로 하는 시설
아동일시보호시설	보호대상 아동을 일시보호하고 아동에 대한 향후의 양육대책수립 및 보호조치를 행하는 것을 목적으로 하는 시설
아동보호치료시설	• 불량행위를 하거나 불량행위를 할 우려가 있는 아동으로서 보호자가 없거나 친권자나 후견인이 입소를 신청한 아동 또는 가정법원, 지방법원소년부지원에서 보호위탁된 19세 미만인 사람을 입소시켜 치료와 선도를 통하여 건전한 사회인으로 육성하는 것을 목적으로 하는 시설 • 정서적·행동적 장애로 인하여 어려움을 겪고 있는 아동 또는 학대로 인하여 부모로부터 일시 격리되어 치료받을 필요가 있는 아동을 보호·치료하는 시설
공동생활가정	보호대상 아동에게 가정과 같은 주거여건과 보호, 양육, 자립지원서비스를 제공하는 것을 목적으로 하는 시설
자립지원시설	아동복지시설에서 퇴소한 사람에게 취업준비기간 또는 취업 후 일정 기간 동안 보호함으로써 자립을 지원하는 것을 목적으로 하는 시설
아동상담소	아동과 그 가족의 문제에 관한 상담, 치료, 예방 및 연구 등을 목적으로 하는 시설

출처 : 보건복지부(2022a). 2022년 아동분야 사업안내.

2) 아동보호서비스절차

아동복지법 제15조 제1항에 따르면 시 · 도지사 또는 시장 · 군수 · 구청장은 그 관할 구역에서 보호대상 아동을 발견하거나 보호자의 의뢰를 받게 되면 아동 최상의 이익을 위하여 필요한 보호조치를 해야 한다.

원칙적으로 보호대상 아동의 보호조치는 각 지역 지방자치단체의 아동복지심의위원회의 심의를 통해 결정하게 된다(보건복지부, 2022a). 아동보호서비스 절차는 다음과 같다. 먼저 보호대상 아동 발견 후 상담, 조사, 사정의 과정을 거쳐 아동을 원가정에서 분리할지에 대한 개별보호 · 관리계획을 수립하고 아동복지심의위원회의 보호조치 결정에 따라 아동에게 적절한 보호조치를 수행한다. 또한 더 이상 보호가 필요하지 않게 되면 아동복지심의위원회를 통해 보호조치를 종결하게 되고 종결 후에도 아동의 가정 방문 및 서비스 기관 연계 등을 통해 사후관리가 이루어지게 된다.

보호조치는 원가정 복귀 또는 연고자가정의 대리양육 조치, 아동복지시설입소, 가정위탁, 전문치료기관 또는 요양소 입원 및 입소, 입양의 다섯 가지 차원에서 이루어지며 세부 내용과 절차는 다음과 같다.

첫째, 보호가 필요한 아동을 발견하거나 보호자의 아동보호 의뢰가 접수되면 아동과 보호자에 대해 개별 상담 및 지도가 이루어진다. 둘째, 보호자와 아동의 가정복귀가 가능하면 원가정으로 복귀하거나 상황이 여의치 않을 시 대리인으로서 아동을 양육하고 보호할 수 있는 연고자가정에 아동을 연계한다. 셋째, 아동보호 희망가정에 위탁을 지원하게 된다. 넷째, 아동의 개별상황을 고려하여 아동복지시설 또는 전문치료기관, 요양소에 입원 · 입소하게 된다. 우리나라에서는 아동의 건강한 성장을 위해 우선적으로 '원가정 보호'가 최선의 원칙으로 고려되지만 아동과 보호자 상담 · 지도, 보호자 가정복귀, 연고자가정 대리양육, 가정위탁 등의 가정보호가 어렵거나 적절하지 않은 경우에는 시설에서 보호하게 된다.

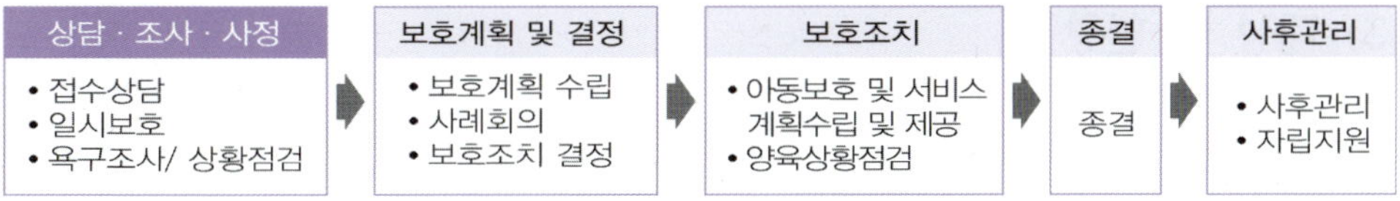

┃그림 13-1┃ 보호아동 발생 시 업무처리 흐름도

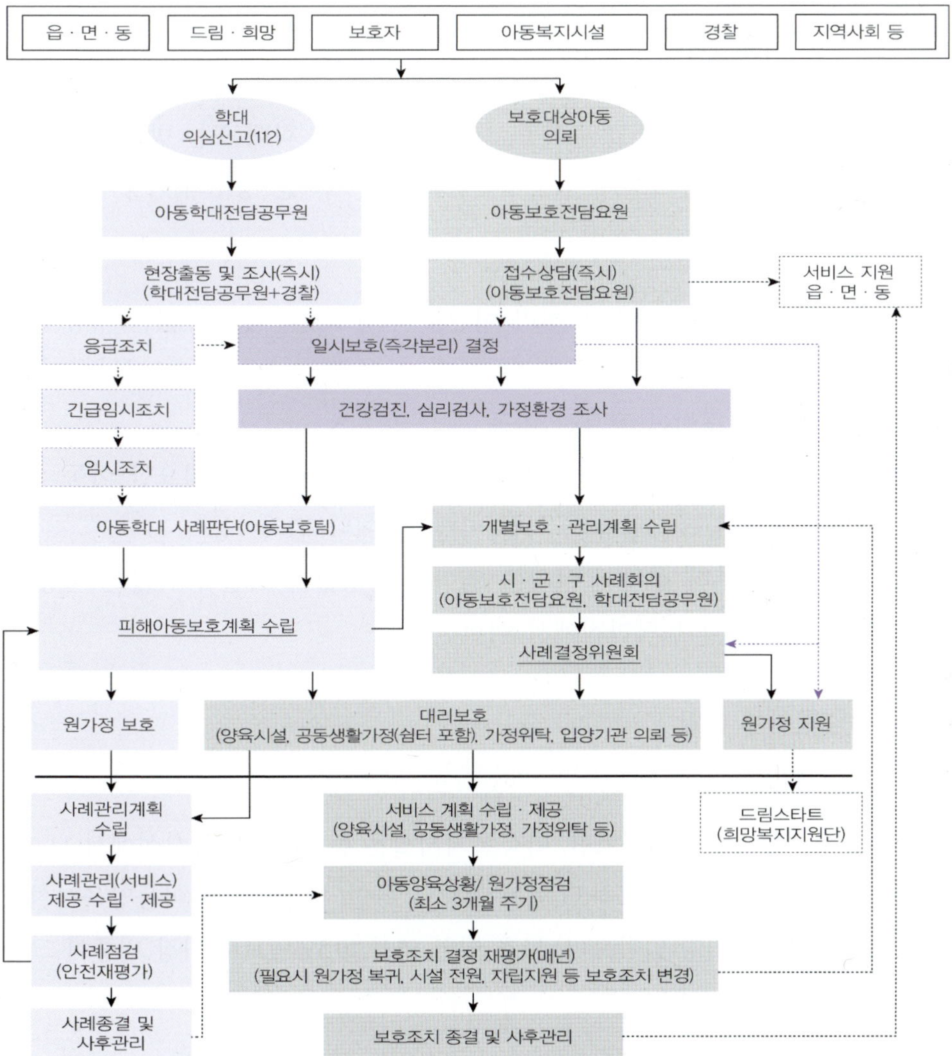

┃그림 13-2┃ 보호아동 발생 시 업무처리 흐름도

출처 : 보건복지부(2022a). 2022년 아동분야 사업안내.

3) 대상 및 현황

(1) 아동양육시설 대상 아동

아동복지는 아동이 출생 이후 행복한 삶과 주변 환경의 보호와 관리를 받으며 자랄 수 있도록 복지를 보장하는 것을 목적으로 한다. 보호자가 아동을 보호하고 관리할 수 없을 때 아동은 국가의 보호를 받게 된다. 보호대상 아동은 보호자가 없는 아동, 보호자로부터 이탈된 아동, 보호자가 아동을 학대 또는 방임하는 경우, 보호자가 아동을 양육 · 보호하기에 부적합하거나, 어려운 경우의 아동이며 자세한 내용은 아래와 같다.

- 부모와 격리되어야 하지만 여러 이유로 위탁보호를 할 수 없는 아동
- 심한 장애아동
- 집단적인 생활경험이 필요한 아동
- 특수학교 교육도 불가능하여 시설에서의 보호와 수용이 필요한 아동
- 사회 전체에 나쁘게 영향을 끼칠 비행아동이나 범죄아동
- 위탁가정으로부터 심하게 상처를 입어 가족생활이 적절하지 않은 아동
- 본래의 가족이나 위탁가정에서 이탈한 아동

(2) 아동양육시설 현황

① 아동복지시설 현황

보건복지부(2021f)에 따르면, 아동복지시설은 총 274개소의 시설에서 11,356명의 아동을 수용, 보호하고 있는 것으로 확인되었다. 그중 아동양육시설이 총 237개소로 가장 많았으며, 보호 인원 역시 10,355명으로 가장 비중이 크다는 것을 알 수 있다.

〈표 13-2〉 아동복지시설 유형별 보호아동현황

(단위 : 개소, 명)

구분	계(현원)		양육시설		보호치료시설		자립지원시설		아동일시보호시설		아동상담소	아동전용시설	개인양육시설	
	시설	인원	시설	인원	시설	인원	시설	인원	시설	인원			시설	인원
계	274	11,356	237	10,355	12	436	15	253	10	315	10	8	12	54

출처 : 보건복지부(2021f). 아동복지시설 현황.

② 아동복지시설 보호아동 성별, 취학 현황

아동복지시설의 입소인원 11,356명 중 남자가 6,386명, 여자가 4,970명으로 남자의 비율이 높게 나타났으며 보호아동의 취학 현황을 살펴본 결과 초등학교 재학 중인 아동이 3,600명으로 가장 많은 것으로 확인되었다. 그다음으로 고등학교 재학(2,194명), 중학교 재학(1,921명), 3~6세 미만(1,822명) 등의 순으로 나타났다.

〈표 13-3〉 아동복지시설 보호아동 성별 · 취학

(단위 : 개소, 명)

구분	시설수	종사자수	정 원	입소인원			취학아동							
				계	남	여	계	미 취 학		초등재	중재	고재	대재	기타
								0~3세 미만	3~6세 미만					
계	274	6,565	16,540	11,356	6,386	4,970	11,356	929	1,822	3,600	1,921	2,194	568	322

출처 : 보건복지부(2021f). 아동복지시설 현황.

③ 아동보호조치 발생 원인

보호대상 아동 발생수는 2018년 이후 증가하던 추세에서 2021년도에 감소하는 것으로 나타났다. 이는 코로나19로 인한 사회적 변화로 인해 보호대상 아동의 노출 및 발견이 어려운 측면이 반영된 결과로 추측할 수 있다. 2021년도 기준으로 보호 대상 아동은 4,521명으로 확인되었고 이 중 귀가 및 연고자 인도 조치가 취해진 아동은 1,084명으로 나타났으며 보호조치가 취해진 아동은 3,437명으로 확인되었다. 보호대상 아동의 발생 원인은 유기, 비혼부모, 미아, 비행, 가출, 부랑, 학대, 부모빈곤, 실직, 부모사망, 부모질병, 부모교정시설입소, 부모 이혼 등으로 확인되었다. 이 중 학대가 1,660명으로 가장 주요한 원인이었으며 그다음으로 미혼부모, 부모 이혼 등과 같은 가족의 구조적 문제로 인해 보호대상 아동이 발생한다는 것을 알 수 있다.

〈표 13-4〉 보호조치 발생원인

(단위 : 명)

연도	보호대상아동 발생수	귀가 및 연고자 인도	보호조치 아동 발생원인										
			계	유기	미혼 부모 혼외자	미아	비행 가출 부랑	학대	부모 빈곤 실직	부모 사망	부모 질병	부모 교정 시설 입소	부모 이혼 등
2018	4,538	620	3,918	320	623	18	231	1,415	198	284	92	-	737
2019	4,612	565	4,047	237	464	8	473	1,484	265	297	83	-	736
2020	5,053	933	4,120	172	463	11	468	1,767	181	279	74	166	539
2021	4,521	1,084	3,437	117	366	0	293	1,660	170	275	101	99	356

출처 : 보건복지부(2021). 연도별 보호대상아동 발생 및 보호조치 현황.

4) 보호서비스

아동양육시설에서는 주로 기초생활지원, 학습지원, 놀이 · 여가지원, 아동의 심리 · 정서 치료 서비스, 자립 또는 원가정 복귀지원 등의 돌봄과 관련된 서비스를 제공한다. 2016년도 개정된 아동복지법에서는 아동의 원가정 복귀를 우선적으로 지원하는 부분을 중요시하고 있으며 아동의 보호종료 후 성공적인 사회복귀를 위한 자립지원서비스를 강화하고 있다. 아동복지시설에서의 보호서비스는 다음과 같다.

- 기초생활보장 생계비 등 지원
- 아동발달지원계좌 지원

- 후원자 연계 및 후원금 관리
- 아동의 건강한 심신 보존 및 치료
- 대학진학 자금 등 지원
- 자립준비 프로그램
- 보호종료 예정 아동 자립정착금 지원

5) 시설종사자 자격요건

아동복지시설에서의 시설종사자는 부모와 같은 역할을 하게 되며 아동의 안전하고 건강한 성장과 발달을 결정하는 데 중요한 존재이다. 정부에서는 아동의 인권과 복지 증진을 위한 아동복지법 시행령 및 시행규칙 개정을 통해 시설종사자의 자격 및 배치에 대한 보다 엄격한 기준을 요구하고 있다. 개정 후 보다 엄격해진 종사자 자격기준과 배치기준은 다음 〈표 13-5〉, 〈표 13-6〉의 내용과 같다.

〈표 13-5〉 개정 전·후 종사자자격 기준

직종	현 행	개 정	적용시기	
			기존 종사자	신규 종사자
시설장	사회복지사 3급 이상 자격을 가진 사람	사회복지사 2급 이상 자격 취득 후 아동과 관련된 사회복지사업에 3년 이상 또는 사회복지사업에 5년 이상 종사한 경력이 있는 사람	2018. 9. 1.	2012. 8. 5.
보육사	고등학교 또는 이와 동등 이상의 학력이 있다고 인정되는 사람	사회복지사 3급 이상 자격이 있는 사람	2018. 9. 1.	2012. 8. 5.
임상심리상담원	고등교육법에 따른 대학 또는 이와 같은 수준 이상의 학력이 있다고 교육부장관이 인정하는 학교에서 심리학을 전공하여 졸업한 사람	• 고등교육법에 따른 대학 또는 이와 같은 수준 이상의 학력이 있다고 교육부장관이 인정하는 학교의 심리 관련 학과를 졸업한 사람 • 국가기술자격법 시행령 제12조의2 제1항 및 별표 1에 따른 임상심리사 2급 이상의 자격이 있는 사람		2016. 7. 1.

출처 : 보건복지부(2022a). 2022년 아동분야 사업안내.

〈표 13-6〉 종사자 배치기준

직종별	법정기준(아동복지법 시행령 제52조 별표 14 참조)
시설장	시설당 1명
사무국장	• 아동 30명 이상 시설당 1명(자립지원시설은 10명 이상 1명) * 공동생활가정, 아동전용시설 해당 없음
상담지도원	• 양육시설, 일시보호시설, 상담소는 필요 인원 • 자립지원시설은 아동 10명 미만-1명, 아동 10명 이상 30명 미만-2명, 아동 30명 이상-3명
임상심리상담원	• 양육시설, 일시보호시설, 상담소는 30명 이상 1명 • 보호치료시설은 시설당 1명
보육사	• 0~2세까지 아동 2명당 1명 • 3~6세까지 아동 5명당 1명 • 7세 이상 아동 7명당 1명 * 자립지원시설, 아동상담소, 아동전용시설 해당 없음
생활복지사	• 양육시설, 일시보호시설, 보호치료시설은 30명 이상 1명 * 양육시설 일시보호시설은 30명 초과 시 1명 추가 예 아동 31명부터 생활복지사 2명 배치 • 10명 이상 전용시설은 필요 인원
간호사(간호조무사)	양육시설, 일시보호시설, 보호치료시설, 상담소 30명 이상 1명
직업훈련교사	양육시설, 보호치료시설은 필요 인원
조리원	양육시설, 일시보호시설, 보호치료시설은 10명 이상 1명(30명 초과 시 1명 추가) 예 아동 31명부터 조리원 2명 배치
위생원	양육시설, 일시보호시설은 30명 이상 1명
안전관리원	보호치료시설은 30명 이상 2명(40명 이상 4명), 전용시설은 30명 이상 1명
영양사	양육시설, 일시보호시설, 보호치료시설은 30명 이상 1명
사무원	• 양육시설, 일시보호시설, 보호치료시설은 10명 이상 1명 • 자립지원시설, 상담소, 전용시설은 30명 이상 1명
자립지원전담요원	• 양육시설, 보호치료시설은 10명 이상 1명, 자립지원시설은 30명 이상 1명 * 양육시설은 100명 초과 시 1명 추가 • 공동생활가정은 필요 인원

출처 : 보건복지부(2022a). 2022년 아동분야 사업안내.

2. 공동생활가정

1) 공동생활가정의 개념

아동복지법 제52조에 따르면 공동생활가정은 가정과 같은 환경에서 아동을 보호하고 양육과 자립지원서비스를 제공하는 기관으로 2004년도 제도화되었으며, 아동복지법 개정으로 그룹홈에서 공동생활가정으로 명칭의 개정이 이루어졌다. 공동생활가정은 아동양육시설과 같이 가정해체, 방임, 학대, 빈곤, 유기 등의 이유로 보호가 필요한 아동들에게 가정과 유사한 주거환경에서 아동의 개별적인 특성에 맞추어 보호양육서비스를 제공하는 소규모 아동보호시설이다. 일반가정 환경과 비슷한 가옥이나 아파트에서 공동으로 거주하고 생활하는 형태로 기존 시설보호의 단점을 보완하고 시설아동으로서 낙인찍히는 부분을 예방할 수 있다. 생활 속에서 자연스러운 인간관계 형성을 통해 사회적응에 도움을 주고 아동이 건강하고 적응적인 사회구성원으로 성장할 수 있도록 양육하는 선진국형 아동복지시설이라 할 수 있다.

공동생활가정은 성별에 따라 남녀분리형, 혼합형으로, 보호 유형에 따라 단기, 장기, 그리고 치료보호로 분류된다(엄명용 외, 2017). 또한 운영방식과 규모에 따라 집단·단독 공동생활가정으로 분류할 수 있다. 집단 공동생활가정은 여러 개의 공동생활가정이 모여 1개의 시설을 이루거나 한 단체에 소속되어 운영되는 형태이고 단독 공동생활가정은 하나의 공동생활가정이 별도로 조직되어 운영되는 형태이다. 또한 공동생활가정의 아동을 보호하고 양육하는 보육사의 유형에 따라 분류하면 단독제, 부부제, 병립제, 교대제로 구분할 수 있다. 단독제는 개인 혼자 공동생활가정을 운영하고 부부제는 부부가 함께 운영하는 형태이다. 병립제는 부부는 아닌 남녀 보육사가 부모역할을 분담하는 형태이고 교대제는 보육사가 교대하며 지도하는 형태이다(노혜련 외, 2016).

2) 대상 및 현황

공동생활가정은 법 제정 당시인 2004년도 104개에서 2012년도 기준 489개소로 증가하였고 2021년 기준 595개소로 증가하였다. 보호아동수(학대피해쉼터아동 포함)는 2012년 기준 2,438명에서 2017년 2,811명으로, 2021년에는 4,058명으로 확인되어 계속해서 증가하는 추세로 확인되었다.

우리나라의 아동복지 정책은 요보호아동에 대해 시설보호보다 입양이나 가정위탁 등을 통한 가정내 보호를 우선시하고 있으며, 시설보호의 경우에도 가정과 유사한 형태에서 아동이 보살핌을 받도록 지원하는 방향으로 나아가고 있다. 따라서 저출산으로 인해 아동인구가 지속적으로 감소하고 있음에도 시설보호보다 가정보호가 우선시되는 원칙에 따라 공동생활가정 아동의 입소율이 계속해서 증가하고 있는 것으로 이해할 수 있다.

〈표 13-7〉 공동생활가정 현황

구 분	시설수	종사자수	정 원	수용인원		
				계	남	여
계	595	1,880	4,058	3,126	1,686	1,440

출처 : 보건복지부(2021). 2021년도 공동생활가정(그룹홈) 현황.

3) 공동생활가정 지원 서비스

공동생활가정에서는 보호아동들을 지원하기 위해 각 기관마다 다양한 프로그램을 운영하고 있다. 따라서 일관적인 지원 서비스를 도출하기는 어려운 측면이 있으나 공동생활가정에서 공통적으로 중요하게 여기는 지원의 방향성은 다음과 같다. 공동생활가정에서는 보호아동을 인격적으로 존중하고 가정적인 분위기에서 정서적인 안정을 갖도록 하며 보호아동의 개별적인 잠재능력과 특성을 최대한 고려하여 개별적인 자립지원 대책을 수립하여 보호·양육하고자 한다. 따라서 아동이 정서적으로 안정되게 생활할 수 있도록 양육하고 또한 퇴소 후에도 성공적으로 자립할 수 있도록 지원한다.

이를 위해 아동, 청소년의 자립능력 향상 영역에서 개별 아동의 발달적 특성을 이해하고 각 아동에게 필요한 서비스를 제공하고자 하며 원가족과의 지속적인 교류를 통해 관계를 회복하고 원가족 복귀가 자연스럽게 이루어질 수 있도록 돕는다. 또한 아동의 생활 전반에서 가정만큼 중요한 역할을 하는 학교와의 교류를 통해 아동의 생활 상황을 파악하고 필요한 부분이 있다면 지역내 자원을 활용하여 교육, 상담, 치료 등의 서비스를 제공하게 된다.

〈표 13-8〉 공동생활가정 운영 프로그램

영 역	프로그램	비고
아동 · 청소년의 자립 능력 향상	• 아동 · 청소년의 발달론적 관점에서의 특성 이해 • 아동의 특성과 능력에 맞는 개별화된 서비스 제공 - 아동의 강점을 이해하고 과제 해결 중심 접근 • 아동의 연령에 맞는 개별적인 연차적 자립 계획 수립 - 매년 아동의 욕구를 점검하여 수정	
원가족과의 관계 회복	• 가족 방문 또는 전화, 문자, 편지, 카드 등 지속적인 관계 유지 노력 연 1회 이상 • 가족참여 프로그램(예 가족캠프 등) 연 1회 이상 실시 • 관련 기관 및 단체 등과 연계하여 부모 교육 등 연 1회 이상 실시	
학교와 관계 형성	• 학교 교사와 정기적이고 지속적인 상담, 정보 공유, 학교 행사에 참여 - 분기 1회 이상 아동 생활 상황에 대해 교류한 기록 보유	
지역 내 자원 활용	• 지역 내 관공서, 민간 자원 등 자원 연계 • 자원봉사 및 후원 기관과 관계 형성	

출처 : 보건복지부(2022a). 2022년 아동분야 사업안내.

4) 시설종사자 자격요건

아동복지법 시행령에 따르면 공동생활가정의 시설종사자는 시설장 1인 보육사 1인을 배치하게 되며 시설장 및 보육사의 자격기준은 앞서 아동양육시설 시설종사자 부분에 기재한 내용과 동일하다. 시설장은 사회복지사 2급 이상 자격 취득 후 아동과 관련된 사회복지사업에 3년 이상 또는 사회복지사업에 5년 이상 종사한 경력이 있어야 하며, 보육사는 사회복지사 3급 자격이 있어야 한다. 보육사 배치 기준은 다음 〈표 13-9〉와 같다.

〈표 13-9〉 보육사 배치기준

연령별	보육사 배치기준
0~2세	아동 2명당 1인
3~6세	아동 5명당 1인
7세 이상	아동 7명당 1인

※ 보육사 배치 예시

3~6세 아동의 경우 5명당 1명의 보육사를 배치하도록 되어있으므로 6명의 아동을 담당하는 경우 1명으로 담당하도록 한다면 법정 기준 미충족

연령	아동 수	보육사 수	2교대 시	3교대 시	4조 3교대 시
0~2세	3명	2명	4명	6명	8명
3~6세	6~10명	2명	4명	6명	8명
7세 이상	8~14명	2명	4명	6명	8명

출처 : 보건복지부(2022a). 2022년 아동분야 사업안내.

3. 청소년 쉼터

1) 청소년 쉼터의 개념

청소년 쉼터는 가족해체 또는 그 밖의 사유로 불가피하게 가정의 보호를 받지 못하는 9세에서 24세 청소년을 대상으로 가출 청소년의 일시 보호, 숙식 제공, 상담 · 선도 · 수련활동 · 학업 및 직업훈련, 가출 예방을 위한 거리상담 등을 지원하는 기관이다. 청소년 쉼터는 청소년의 일시적인 생활지원과 함께 가정 및 사회

로 복귀할 수 있도록 선도하고 교육하는 역할을 하게 된다.

청소년 쉼터에서는 의 · 식 · 주 등의 생활보호와 건강검진, 의료비 지원, 생활법률 자문, 개인 심리상담, 부모 · 가족과의 집단상담을 받을 수 있으며, 검정고시, 개인 및 집단학습지도, 학업 상담 등에 도움은 물론 개인 자산 관리교육, 진로탐색, 적성검사, 직업 · 자격취득 훈련지원, 취업상담 등 경제적 자립과 다양한 문화 여가활동을 맞춤형으로 지원받을 수 있다(강병연 외, 2016).

1991년 청소년 기본법 제정 이후 1992년 최초로 청소년 쉼터가 설치되었으며, 2005년 청소년복지지원법 제정으로 다양한 청소년 쉼터 설치근거가 법적으로 마련되었다. 설립 초기에는 한 가지 유형의 쉼터가 운영되었으나 청소년의 다양한 상황과 욕구 수준을 고려하여 차별화된 지원서비스의 필요성이 제기되었고 2004년 일시 쉼터(드롭인센터) 설치 이후 2005년부터 중 · 장기 쉼터를 설치 및 운영하게 되었다(여성가족부, 2019).

2) 대상 및 현황

(1) 청소년 쉼터 이용 대상

청소년 쉼터는 가정 밖 청소년의 일시적인 생활지원과 선도, 가정과 사회 복귀지원을 위해 가정 밖 청소년의 일시보호 및 숙식제공, 가정 밖 청소년의 상담 · 선도 · 수련활동, 가정 밖 청소년의 학업 및 직업훈련 지원활동, 청소년의 가출 예방을 위한 거리상담 지원활동, 그 밖에 청소년복지지원에 관한 활동 등의 역할을 담당하고 있다. 이러한 청소년 쉼터는 가정에서 생활하기 어려워 가정 밖에서 생활해야 하는 9~24세 아동, 청소년을 대상으로 보호서비스를 제공한다.

(2) 청소년 쉼터 현황

청소년 쉼터는 목적 및 기능에 따라 일시쉼터, 단기쉼터, 중장기쉼터로 구분할 수 있으며 일시쉼터, 단기쉼터, 중장기쉼터의 총계를 살펴보면 꾸준히 증가하고 있는 것으로 보인다. 그러나 청소년 쉼터를 필요로 하는 청소년들의 증가추세에 비해 쉼터는 턱없이 부족한 상황이고 설립의 어려움과 예산부족으로 인한 운영 어려움을 호소하는 센터들이 많아 쉼터의 확충을 위한 예산 확보가 절실한 상황이다.

〈표 13-10〉 전국 청소년 쉼터 현황

구 분	일 시	단 기	중장기	총 계
2017년	30	53	40	123
2018년	30	62	38	130
2019년	31	63	40	134
2020년	32	61	40	133
2021년	32	63	39	134

출처 : 여성가족부(2021). 청소년백서.

3) 청소년 쉼터 지원 서비스

청소년 쉼터에서 제공하는 서비스를 유형별로 살펴보면 다음과 같다. 첫째, 일시적 쉼터는 노숙청소년 및 배회 청소년을 대상으로 거리생활의 위험 보호 및 예방, 자원 연결을 목적으로 개입한다. 일시쉼터는 고정형과 이동형으로 설치 및 운영되는데 초기에 가출 청소년을 발견하고 개입하여 현장 초기지원 및 연계활동에 대한 서비스를 제공하고자 한다. 둘째, 단기쉼터는 3개월 이내의 단기보호를 원칙으로 하며 최장 9개월 가운데 가정복귀 및 사회복귀를 목적으로 보호, 가정복귀지원, 학업지원 등의 사회적응을 위해 지원한다. 중장기쉼터 서비스는 최장 3년간 청소년을 보호하며 학업과 자립 지원을 중점으로 서비스를 제공한다. 다음

〈표 13-11〉, ❙그림 13-3❙과 같이 청소년 쉼터는 가출 청소년에 대한 보호 및 상담, 교육 등 다양한 역할을 하고 있다.

〈표 13-11〉 청소년 쉼터의 종류 및 기능

구 분	일시쉼터(32개소)	단기쉼터(63개소)	중장기쉼터(39개소)
기 간	24시간~7일 이내 일시보호	3개월 이내 단기보호(최장 9개월까지 연장 가능)	3년 이내 중장기보호(필요시 1년 연장 가능)
이용대상	가정 밖·거리배회·노숙 청소년	가정 밖 청소년	가정 밖 청소년
주요 기능	• 가정 밖 청소년 조기구조·발견, 단기·중장기 청소년 쉼터와 연결 • 위기개입상담, 진로지도, 적성검사 등 상담서비스 제공 • 먹거리, 음료수 등 기본적인 서비스 제공 등	• 가정 밖 청소년 문제해결을 위한 상담·치료 서비스 및 예방활동 • 의식주 및 의료 등 보호서비스 제공 • 가정 및 사회복귀 대상 청소년 분류, 전문기관 연계·의뢰 서비스 제공 등	• 가정복귀가 어렵거나 특별히 보호가 필요한 위기청소년을 대상으로 장기간 안정적인 보호서비스 제공
위 치	이동형(차량), 고정형(청소년 유동지역)	주요 도심별	주택가
지향점	가출예방, 조기발견, 초기개입	보호, 가정 및 사회복귀	자립지원

출처 : 여성가족부(2021). 청소년백서.

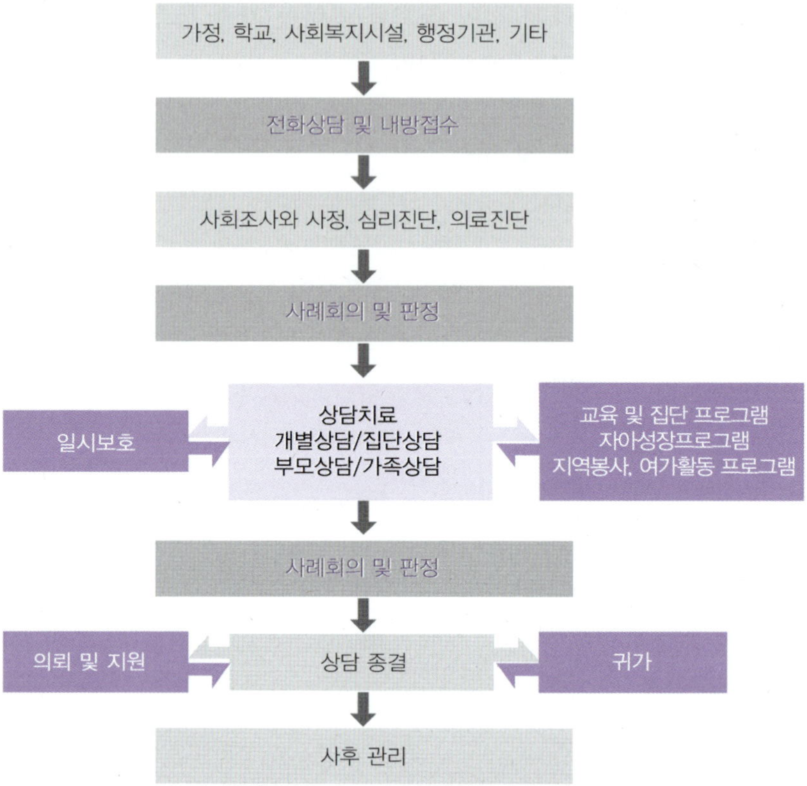

❙그림 13-3❙ 가출청소년을 위한 서비스 흐름도

출처 : 한국청소년쉼터협의회(http://www.jikimi.or.kr/guide/guide.php).

4. 미혼모자 가족복지시설

1) 미혼모자 가족복지시설의 개념

미혼모는 결혼하지 않은 상태에서 자녀를 임신하고 출산한 여성이다. 미혼모의 발생원인은 가출, 어린 시절의 성학대, 성폭행 경험, 친척에 의한 성폭행, 또래집단의 개방적 성 태도 등이 높은 관련성이 있는 것으로 나타났으며 결손가정, 사회 · 경제적 지위가 낮을수록, 부모의 성에 대한 태도가 폐쇄적일수록 미혼모 발생에 영향을 주는 것으로 확인되었다. 안정된 가정을 이루지 않은 상황에서의 임신과 출산은 생활 전반에 영향을 미치게 되며 특히 아직 자립하지 못한 청소년의 준비되지 않은 임신과 출산은 건강 및 학업, 가족관계, 지역사회 내에서의 낙인효과 등 여러 어려움을 야기하게 된다. 대부분의 미혼모는 임신 중 경제적 어려움, 주거불안, 병원 이용의 어려움을 겪었고 아이의 양육을 결정한 이후 공동생활가정의 부족으로 인한 주거에 대한 불안을 크게 경험하는 것으로 나타났다. 정부에서는 미혼모 기본생활지원 시설을 통해 미혼임산부의 산전 · 후 보호를 중심적으로 지원하였으나, 자녀 양육을 선택하는 미혼모 증가로 산전 · 후 위기상황에서의 집중 보호에서 탈피하여 자녀양육을 지원하는 시설을 운영하기 시작하였으며, 2세(36개월 미만)의 영유아를 양육하는 미혼모를 지원하는 시설을 통해 미혼모의 양육과 자립을 지원하게 되었다.

한부모가족지원법에 의해 제공되는 미혼모 주거지원서비스는 기본생활지원형과 공동생활지원형이 있다. 기본생활지원형은 일정 기간 동안의 주거와 생계를 지원하는 미혼모자가족복시시설로 미혼모의 임신 · 출산 시 안전분만, 심신의 건강회복, 출산후 아동양육지원 등을 담당하는 기관이다. 공동생활지원형은 2세 미만의 영유아를 양육하는 미혼모 또는 출산 후 해당 아동을 양육하지 않는 미혼모가 일정 기간 동안 공동생활을 통해 자립을 준비할 수 있도록 주거 등의 지원을 하는 시설이다. 시설에서 생활하며 미혼모들은 사회복귀를 위한 사회적, 정서적 경제적인 자립을 준비하며, 자녀의 양육을 스스로 선택하고 자립하기 위해 준비한다.

2) 대상 및 현황

미혼모자 가족복지시설의 입소 대상 및 보호 기간은 아래 표와 같다. 먼저, 기본생활지원시설은 이혼 · 사별 또는 미혼의 임신여성과 출산 후(6개월 미만)의 지원이 필요한 여성을 대상으로 1년 이내 보호를 원칙으로 한다. 공동생활지원은 3세 미만의 영유아를 양육하는 미혼모나 출산 후 해당아동을 양육하는 미혼모가 2년 이내 거주할 수 있다. 각 기관마다 정해진 기간 내에서 연장이 가능하며, 세대주가 알코올, 마약 등으로 공동체 생활에 불편을 초래할 수 있는 경우에는 입소가 제한될 수 있다.

〈표 13-12〉 미혼모자 가족복지시설 입소대상

시설유형		시설수	업소대상 및 기능	보호기간 (연장가능 기간)	업소정원
미혼모자 가족복지시설	기본생활 지원	22	이혼·사별 또는 미혼의 임신여성 및 출산 후(6개월 미만) 지원을 요하는 여성	1년(6개월)	546명
	공동생활 지원	40	3세 미만의 영유아를 양육하는 미혼모	2년(1년)	321세대
		2	출산 후 해당아동을 양육하지 아니하는 미혼모	2년(6개월)	15명

출처 : 여성가족부(http://www.mogef.go.kr/cs/opf/cs_opf_f071.do).

3) 미혼모자 가족복지시설

시설에 거주하는 미혼모들은 원가족과 분리를 경험하며 가족과 함께 거주하는 미혼모보다 심리, 정서적으로 취약한 상황에 놓이게 된다. 따라서 국가에서는 가정과 유사한 환경으로 공동생활가정을 이루어 미혼모 및 출산 후의 자녀를 보호하고자 하며 미혼모의 회복과 자립을 돕기 위한 다양한 서비스를 제공하고 있다. 미혼모자 가족복지시설인 기본생활지원 시설과 공동생활지원 시설에서 제공하는 지원 내용은 다음과 같다. 기본생활지원 시설에서는 출산 전후의 심신의 안정을 위한 보호적인 측면의 지원이 주를 이루고 있으며, 공동생활지원에서는 심신의 회복과 함께 퇴소 후의 삶을 준비할 수 있도록 자립지원을 중심으로 서비스를 제공한다.

〈표 13-13〉 미혼모자가족복지시설 지원내용

기본생활지원	공동생활지원
① 숙식무료 제공 ② 분만의료 혜택 • 의료급여 대상자로 관리 • 지역 내 병원, 보건소 등을 지정하여 산전, 분만, 산후에 필요한 검진 실시 • 이상분만 등 의료급여를 적용할 수 없는 부분에 한하여 미혼모 특수치료비 지원 • 미숙아를 분만했을 경우 의료지원을 받을 수 있도록 지원 (※ 모자보건법 제10조(임신부, 영유아, 미숙아 등의 건강관리 등)) • 보장시설 수급자로 지정되었을 경우 해산급여, 장제 급여 등 지급 가능 • 기타 관련법상 급여가 지급되지 않는 의료비 (※ 한부모가족지원법 제17조의6(미혼모 등의 건강관리 등 지원))	① 직업교육 프로그램 실시 • 컴퓨터, 기계자수, 홈패션, 양재, 미용 등 • 인성교육, 상담지도 등 ② 기타 국가 또는 지방자치단체가 정하는 경비 지원(연계 또는 정보 제공)

출처 : 여성가족부(http://www.mogef.go.kr/cs/opf/cs_opf_f071.do).

5. 보호대상 아동의 보호종료 후 자립지원

1) 자립지원의 개념

시설을 퇴소하는 아동들은 보호종료아동으로 명칭하였으나 2022년도부터는 자립준비청년(보호종료아동)으로 변경하여 명칭하게 되었다. 정부에서는 보호가 종료된 자립지원청년을 돕기 위해 경제적인 준비, 주거 안정, 학업지속, 취업 등을 위한 준비를 지원하고 있다. 아동복지시설에서 아동을 보호해 줄 수 있는 기간은 한정되어 있으며, 아동복지법 제16조 제1항에 따르면 보호조치 대상 아동의 연령이 18세에 달하였거나 보호목적이 달성되었다고 인정되면 퇴소해야 한다. 2022년부터는 보호종료 연령을 아동이 희망하는 경우 24세까지 가능하도록 개정하였고 시설에서 계속적인 보호가 필요하다고 판단될 시 아동복지법 제16조의3에 따라 보호기간을 25세까지 연장할 수 있으나 그 이후로 보호 연장이 종료되면 마찬가지로 퇴소가 불가피하다.

아동복지법 제38조에서는 국가와 지방자치단체가 보호 대상 아동의 보호종료 또는 시설 퇴소 이후의 자립을 지원하기 위해 자립에 필요한 주거, 생활, 교육, 취업 등의 지원, 자립에 필요한 자산의 형성 및 관리 지원, 자립에 대한 실태조사 및 연구, 사후관리체계 구축 및 운영, 그 밖에 자립에 필요하다고 대통령령으로 정하는 사항을 시행해야 한다고 명시하고 있다. 따라서 시설에서는 보호하고 있는 15세 이상의 아동을 대상으로 매년 개별 아동에 대한 자립지원계획을 수립하고, 그 계획을 수행하는 종사자 대상 자립지원 교육을 실시해야 한다. 자립지원계획의 수립은 아동의 적성 및 욕구 파악, 사회성 발달 정도 및 자립 능력 · 수준 등 아동의 상태 평가, 정기적 진로상담, 체험 및 교육 프로그램 실시, 자립에 필요한 주거, 취업, 자산형성, 정서적 지원 등 공적 서비스 및 지역 내 후원 자원 연계 등의 내용을 포함하고 있다.

〈표 13-14〉 자립기술 8대 영역

일상생활기술	일상생활에 필요한 세탁, 청소, 예의범절, 요리하기 등 기술 습득
자기보호기술	개인위생관리, 응급처치방법, 성교육, 스트레스 다스리기 등
지역사회 자원활용 기술	지역 내 활용 가능한 서비스, 사회자원 방문조사 및 활용
돈 관리 기술	교육을 통한 올바른 경제관념을 형성, 효율적인 용돈 관리기술 습득
사회적 기술	긍정적인 대인관계 기술 습득, 효과적인 의사소통 기술 등
진로탐색 및 취업기술	적정검사를 통한 상급학교 진학 및 직업탐색
직장생활기술	이력서 작성법, 면접방법, 대처방법 등 직장생활기술 습득
다시 집 떠나기	집 구하기, 계약, 이사 등의 거주지 마련방법 습득

출처 : 보건복지부(2022a). 2022년 아동분야 사업안내.

2) 자립지원 서비스 요구조사 현황

매년 약 2,600여 명의 아동이 아동복지시설과 위탁가정을 떠나 자립생활을 시작한다. 보호종료 아동의 성공적인 자립을 위해서는 보호종료 전부터 체계적으로 준비하는 과정이 필요하며 보호종료 이후에도 여러 방면의 지원이 필요하다. 준비되지 않은 보호종료는 보호종료 아동을 학업중단, 실업, 사회부적응, 노숙, 조기 임신, 성병, 범죄 등의 각종 사회적 위험에 노출시키게 된다. 보호종료 혹은 퇴소 이후 1~5년차 보호종료 아동을 대상으로 한 요구조사에 따르면, 보호종료 아동의 87.9%가 자립지원의 필요를 느끼는 것으로 확인되었으며, 자립지원 기간 동안 가장 필요한 서비스로는 생활비와 주거 지원이 가장 높은 욕구로 확인되었다(보건복지부 · 아동자립지원단, 2016).

〈표 13-15〉 보호종료 아동의 자립지원욕구

(단위 : 명, %)

구분	보호종료 후 자립지원 필요성		자립 지원 기간 5년 동안 가장 필요한 서비스(중복 선택)								
	필요	불필요	생활비	주거	건강	학업	자립	상담	법률	활동	기타
아동 양육시설	912 (87.1)	135 (12.9)	406 (39.3)	391 (37.9)	46 (4.5)	48 (4.7)	61 (5.9)	27 (2.6)	12 (1.2)	23 (2.2)	18 (1.7)
공동 생활가정	79 (90.8)	8 (9.2)	39 (44.8)	27 (31.0)	4 (4.6)	1 (1.2)	6 (6.9)	3 (3.5)	0 (0)	3 (3.5)	4 (4.6)
가정위탁	81 (94.2)	5 (5.8)	49 (58.3)	19 (22.6)	0 (0.0)	5 (6.0)	5 (6.0)	1 (1.2)	0 (0)	3 (3.6)	2 (2.4)
전체	1,072 (87.9)	148 (12.1)	494 (41.1)	437 (36.3)	50 (4.2)	54 (4.5)	72 (6.0)	31 (2.6)	12 (1.0)	29 (2.4)	24 (2.0)

출처 : 보건복지부 · 아동자립지원단(2016). 보호종결아동 자립실태 및 욕구조사.

3) 자립지원 서비스

(1) 자립지원 단계

보호가 종료된 후 5년 동안 안정적인 자립생활의 정착이 이루어질 수 있도록 아동복지시설, 가정위탁지원센터, 시 · 도 자립지원전담기관 등에서 사후관리, 상담, 자립에 필요한 지원발굴 연계 등을 지원하며 취업, 직업훈련, 주거, 진학, 경제, 생활, 의료 등과 관련하여 자립 준비 수준을 점검하고 맞춤형 자립 지원을 실시한다.

〈표 13-16〉 자립지원단계

단계별		서비스 내용
1단계	입소(위탁) 상담	원가정이 있는 경우, 원가정 복귀계획 수립
2단계	입소(위탁) 결정 후	• 건강, 지능, 사회성, 심리, 학습 관련 통합사정 실시 • 통합사정 결과를 토대로 아동복지시설(위탁가정) 배치
3단계	시설(위탁가정) 적응 기간	아동복지시설(위탁가정) 적응을 위한 프로그램 운영
4단계	적응기간 경과 후	• 아동복지시설(가정위탁센터) 내 사례관리회의 - 자립 · 건강 · 심리 · 학습 등 관계자 참석
5단계	사례관리 회의 후	• 아동별 자립지원서비스 계획 수립 - 1 · 4단계의 내용을 반영 - 원가정 유대강화 서비스 포함 - 경계선지능 등 자립취약아동에 대한 별도의 서비스 개입 계획 수립 • 아동별 자립지원서비스 계획수립에 기반한 자립지원 프로그램 운영
6단계	자립지원계획 수립 및 운영 (아동복지법 제39조)	• 만 15세부터 보호종료 이후를 대비하여 매년 개인별 자립지원계획을 수립하여 운영 - 진로, 학습, 취업 계획 등 포함 • 아동 자립지원서비스 계획을 사회복지시설정보시스템 [자립지원] 메뉴에 입력 * http://www.w4c.go.kr
7단계	자립체험 프로그램 운영	보호아동에 별도(1인실) 공간 제공을 통해 자립체험 프로그램 운영

8단계	보호종료 전 점검	• 보호종료가 예정된 아동에 대한 자립준비 점검 - 대학진학, 취업(예정)유무, 등록금 조달, 주거 마련, 원가정 관계, 자립정착금 사용계획, 자립수당 신청 여부 등 • 경계선지능 등 자립취약아동의 자립준비기간이 필요할 시 아동복지법 시행령 제22조 제3호에 근거하여 연장보호 검토
9단계	보호종료	종별심사서 작성 및 사후관리 동의서 확보
10단계	사후관리 및 상담	• 만 18세 이상 보호종료 후 5년까지 안정적 자립정착을 위한 사후관리 및 자립수준평가 실시 〈서식 2호〉 • 사후관리 및 자립수준평가 실시를 위한 기관 내 업무지원 체계 구축 필요 * 향후 자립지원전담기관 설치 시 전담기관에서 사후관리 및 자립수준 평가 실시

출처 : 보건복지부(2022a). 2022년 아동분야 사업안내.

(2) 자립지원 표준화 프로그램

자립지원계획과 종사자의 자립지원 교육은 아동복지법 제39조에 근거한 자립지원 표준화 프로그램을 기반으로 구성되어 있다. 자립지원 표준화 프로그램은 보호중인 아동을 대상으로 하는 'Ready?' 프로그램, 보호종료 아동을 대상으로 하는 'Action!' 프로그램이 있으며, 미취학 아동부터 보호종료 전의 자립준비와 보호종료 후의 안정적인 자립생활 정착까지 자립에 필요한 내용들을 포함하고 있다.

- Ready? : 보호 중인 아동, 미취학~보호종료 전까지 아동의 단계 · 학년 · 수준별로 적정한 교육을 실행
- Action! : 보호종료아동, 보호종료 후 자립생활 정착까지 사례관리 · 필요 서비스 지원

〈표 13-17〉 Ready? 프로그램

단계별 구분	Level 1	Level 2	Level 3	Level 4
대상자	미취학~초2	초3~6	중1~3	고1~보호종료 전
해당 영역[1]	1, 2, 3, 5	1, 2, 4, 5, 6	1, 2, 3, 4, 5, 6	8개 전 영역
중점 프로그램	기초학습 · 독서지도, 원가족유대강화 집단 프로그램	심리 · 정서지지체계, 학습지도, 경제교육	진로적성검사, 자립예비사정 및 계획, 체크리스트	자립사정, 취업 및 진학상담, 체크리스트

1) 보호아동 자립준비 프로그램 매뉴얼의 자립기술 8대 영역을 말함(표 13-14).
출처 : 보건복지부(2022a). 2022년 아동분야 사업안내.

〈표 13-18〉 Action! 프로그램

대상자	보호종료 후~자립생활 정착까지	
서비스 지원	• 취업형과 진학형으로 구분 • 상담 및 사후관리 • 긴급생활자금 지원 및 의료지원	• 사회초기적응 및 자립기반구축 • 진로지도 및 인턴십 프로그램 • 심리정서지원

출처 : 보건복지부(2022a). 2022년 아동분야 사업안내.

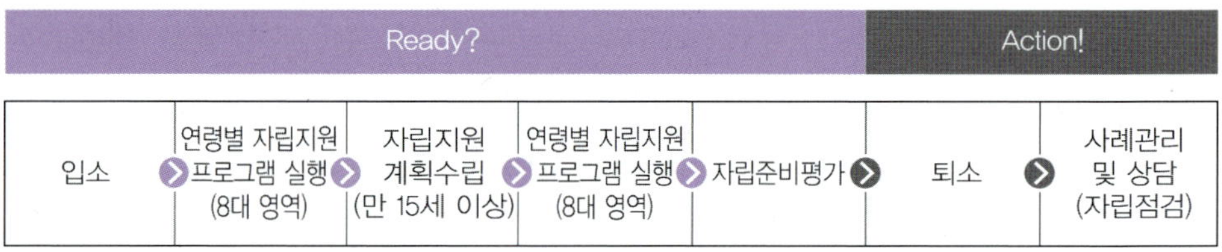

▎그림 13-4 ▎ Ready? Action! 프로그램 흐름도

출처 : 아동권리보장원(2022c). https://www.ncrc.or.kr

(3) 주요 자립지원서비스

보건복지부에서 실시한 보호종결아동 자립실태 및 욕구조사에 따르면 보호종료 아동이 자립지원 기간 동안 가장 필요한 서비스로 생활비, 주거지원을 보고하였고 자립수당과 주거통합지원서비스를 이용중인 보호종료 아동을 대상으로 한 연구에서도 생활비 등 경제적 지원과 주거지원이 가장 필요한 욕구로 확인되었다(이상정 외, 2019). 따라서 자립지원을 위한 다양한 서비스 중 경제적 지원과 주거

지원에 해당하는 자립수당, 아동자산형성, 주거지원과 관련된 내용을 중심으로 자립지원서비스에 대해 살펴보고자 한다.

① 자립정착금

- **대상** : 만 18세 이후 아동복지시설 및 가정위탁 보호가 종료된 자립준비청년
- **내용** : 지급대상 모두에게 자립정착금 1인당 최소 800만 원 이상 되도록 지급 권고(2022년 기준) ※ 2023년 1,000만 원 이상 지급 권고

② 자립수당

- **대상** : 만 18세가 되어 아동복지시설 또는 가정위탁 보호가 종료된 지 5년 이내인 아동
- **내용** : 최대 60개월 한도 내에서 매월 30만 원씩 청년 본인 명의 계좌로 지급

③ LH건설 청년 전세임대주택

- **대상** : 가정위탁이 종료되거나 아동복지시설(아동양육시설, 공동생활가정, 가정위탁지원센터)에서 종료 예정이거나 종료한 지 5년이 지나지 아니한 사람
- **내용** : 청년층(대학생 · 취업준비생 · 만 19~39세)의 주거비부담 완화를 위하여 기존 주택을 전세계약 체결하여 저렴하게 재임대하는 공공임대주택

④ 청년 매입임대주택

- **대상** : 신청일 현재 무주택자이며, 아동복지법 제16조에 따라 아동복지시설(아동양육시설, 공동생활가정, 가정위탁)에서 종료 예정이거나 종료한 지 5년이 지나지 아니한 사람
- **내용** : 공급물량의 5% 범위에서 우선입주자로 선정

⑤ 희망디딤돌센터

- **대상** : 만 18세 이상 자립준비청년(보호종료아동)
- **내용** : 1인실 원룸 형태의 개별 주거공간을 지원하고, 개인별 역량에 맞춘 1:1 맞춤형 통합사례관리 서비스를 제공

⑥ **자립지원시설**(자립생활관)

- **대상** : 자립준비청년(보호종료아동) 중 취업중인 아동(우선), 자립준비청년(보호종료아동) 중 취업준비 중인 18세 이상 24세 이하인 사람(해당사유 이용자 확대 독려), 자립준비청년으로 24세 이하인 기초생활보장수급자
- **내용** : 아동복지시설(아동양육시설, 공동생활가정, 가정위탁) 등 자립준비청년에게 일정 기간 숙소를 제공하여 안정된 자립기반 조성지원(상담지원, 자립지원, 정서지원, 생활지원 등)

⑦ **아동자산형성**(디딤씨앗통장)

디딤씨앗통장은 취약계층 아동이 사회에 진출할 때 필요한 학자금 · 취업 · 창업 · 주거 마련 등에 소요되는 초기비용 마련을 지원하고자, 정부에서 운영하는 유일한 아동자산형성 지원사업이다.

2007년 4월부터 미래 성장 동력인 아동에 대한 사회투자로 빈곤의 대물림을 방지하고 사회인으로 육성하기 위해 아동발달지원계좌(CDA : Child Development Account)를 추진하였다. 대상자로는 보호대상 아동, 기초생활수급가구 아동, 기가입 아동 중 가정복귀 및 탈수급 아동이 있으며 보호대상 아동을 중심으로 살펴보면, 만 18세 미만의 아동복지시설(아동양육시설, 공동생활가정) 보호아동, 가정위탁 보호아동, 장애인생활시설 아동, 소년소녀가정 아동으로 일시보호시설 아동은 3개월 이상 장기 보호되는 경우에 대상이 될 수 있다. 아동이 후원자 또는 보호자의 도움 등으로 적립하면 국가(지방자치단체)가 월 10만 원 내에서 1:2의 매칭을 통해 지원을 하고 기본 5만 원을 적립한 아동(보호자, 후원자 등)은 월 45만 원(연간 540만 원) 내에서 추가적립 가능하다(추가 적립액에 대한 국가 매칭 불가). 아동적립금은 월 최대 50만 원, 정부 매칭지원금은 월 최대 10만 원까지 가능하며 적립금은 18세(만기) 이후 학자금, 기술자격 및 취업훈련비용, 창업지원금, 주거 마련 지원 등에 사용할 수 있고 만 24세 도달 시 사용 용도에 제한 없이 아동 적립금과 정부의 매칭지원금 지급이 가능하다. 디딤씨앗통장의 업무는 다음과 같은 절차에 의해 이루어진다.

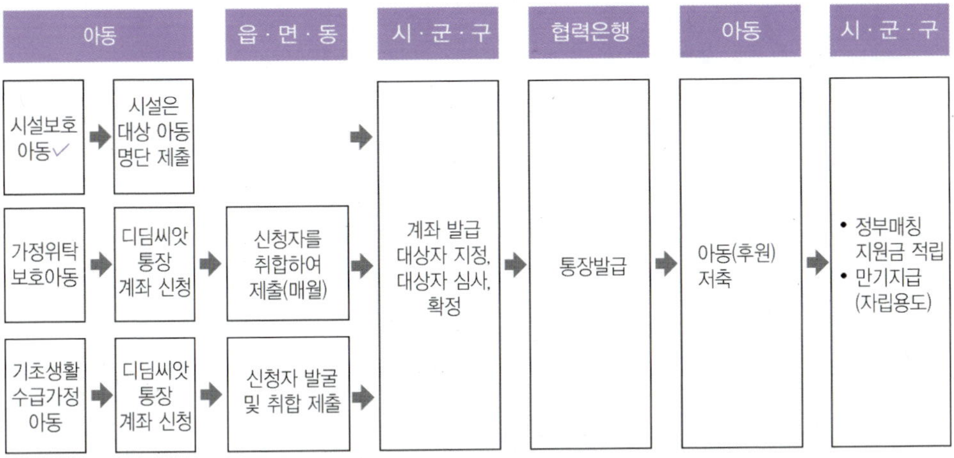

✓ 아동양육시설, 공동생활가정, 장애인생활시설아동 등

| 그림 13-5 | 디딤씨앗통장 업무절차

출처 : 아동권리보장원(2022c). https://www.ncrc.or.kr

14 CHAPTER 소년사법과 아동복지

최근 아동 · 청소년의 비행은 대표적인 사회적 문제 중 하나로 주목받고 있으며, 연일 보도되는 심각한 소년범죄는 사회적 공분을 사고 있다. 소년범죄는 그 양상이 점차 흉포화, 저연령화되고 있으며 이로 인해 '촉법소년 연령 하향화', '처벌 강도 강화' 등에 관한 내용이 쟁점화되고 있다. 아동, 청소년기 비행은 개인의 건강한 성장과 발달에 부정적인 영향을 미칠 수 있으며, 향후 성인 범죄자로 성장하는 데 영향을 미치는 중요한 요인이다. 따라서 14장에서는 소년범죄에 대한 이해를 바탕으로 사회적으로 필요한 대책을 수립하고자 하며, 이를 위해 비행의 개념, 유형, 원인, 성인범죄와 다른 소년범죄의 특성을 알아보고 소년사법제도 절차, 처우, 관련 기관 등에 대해 살펴보고자 한다.

1. 아동 · 청소년의 비행

1) 비행의 개념

비행은 매우 광범위하게 적용될 수 있는 개념이기에 정의가 쉽지 않지만 일반적으로 바람직하지 않은 행동을 의미하며, 범죄보다 폭넓은 개념이라 할 수 있다. 형법을 위반하는 행위를 범죄라고 한다면 비행은 형법위반행위뿐만 아니라 다양한 반사회적 행위를 포함한다. 특히 아동·청소년에게 해당되는 비행은 성인과 기준이 다르게 적용되는데, 예를 들어 음주, 흡연, 가출, 결석, 음란물 시청 등을 성인이 행하는 경우 비행이라 할 수 없으나 아동·청소년이 이러한 행위를 하는 경우 비행으로 간주할 수 있으며 이를 지위비행이라고 정의한다. 따라서 비행은 협의적 개념으로는 형법을 위반하는 행위로 정의할 수 있으며, 광의적 개념으로는 바람직하게 기대되는 규범에서 벗어나 일탈하는 행위들을 의미하는 것으로 도덕적; 법률적, 교육적, 사회적 기준을 위반하는 행위라고 개념화할 수 있다.

우리나라는 법치국가로 법에 의해 범죄 행위를 규정하고 행위에 대한 합당한 처벌이 주어지게 된다. 형법 제9조에서는 "14세 되지 아니한 자의 행위는 처벌하지 아니한다"라고 형법상 미성년자에 대해 규정하고 있다. 소년법 제2조에서는 소년을 "19세 미만인 자"로 규정하고 있다. 따라서 14세 미만의 촉법소년은 중범죄를 저질러도 형사처벌을 받지 않지만, 19세 미만의 경우 형사처벌을 받게 된다. 또한 소년법 제4조에서는 소년범죄에 대해 범죄소년, 촉법소년, 우범소년으로 구분하여 적용하고 있다. 범죄소년은 형사법령에 저촉되는 죄를 범한 14세 이상 19세 미만의 소년을 의미하고, 촉법소년은 형사법령에 저촉되는 행위를 한 10세 이상 14세 미만의 소년을 말한다. 우범소년은 집단적으로 몰려다니며 주위 사람들에게 불안감을 조성할 가능성이 있거나 정당한 이유 없이 가출하거나 술을 마시고 소란을 피우거나 유해환경에 접할 가능성이 있는 소년을 의미한다. 우범소년의 경우에는 현재적 행위보다 범죄를 저지를 우려가 있는 잠재적 행위에 초점을 맞추고 있으며(김창윤, 2019), 소년법에서 규제하는 우범소년에 대한 내용은 지속적인 논의가 이루어져 왔다.

2) 비행의 유형

비행의 개념 자체가 명확히 정의하기 어려운 측면이 있기에 비행의 유형에 대해서는 소년범죄 유형에 기준하여 살펴보고자 한다. 소년범죄의 유형은 폭력범죄, 재산범죄, 강력범죄, 교통사범 등으로 구분할 수 있다. 폭력범죄에 대한 대표적인 유형으로는 상해, 폭행, 공갈 등이 있으며, 이 중에서 상해와 폭행은 발생건수가 전체 폭력범죄의 반 이상에 해당되는 가장 문제가 되는 폭력범죄 유형이라 할 수 있다. 재산범죄는 횡령, 절도, 배임, 사기, 장물 등을 포함하고 있는데 가장 많이 발생하는 재산범죄 유형은 절도이며, 인터넷, SNS를 이용한 사기범죄도 증가하는 추세이다. 강력범죄는 살인, 강도, 방화 등의 범죄를 포함한다. 최근에는 소년들이 오토바이 또는 자동차, 킥보드를 운행함으로써 소년으로부터 발생하는 교통사범의 발생건수는 증가하는 추세를 보이고 있다.

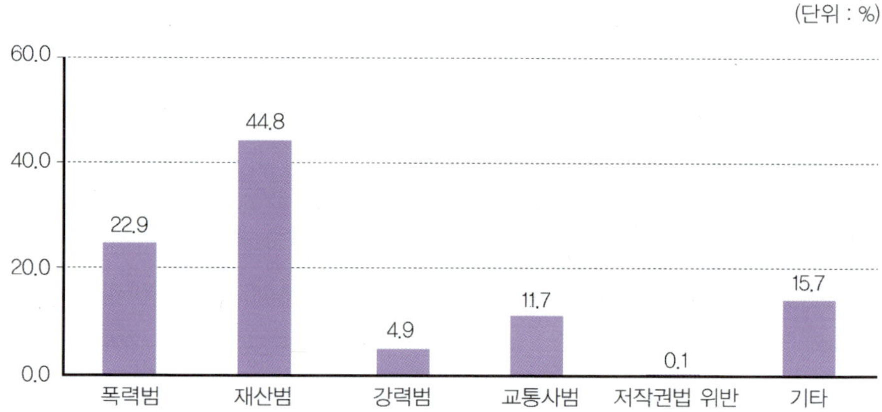

| 그림 14-1 | 소년범죄자 유형별 현황

출처 : 대검찰청(2021). 범죄분석.

3) 비행의 특성

최근 심각하게 논의되고 있는 청소년 범죄의 특성들에는 청소년 범죄자의 저연령화, 흉포화, 집단화, 성인화 및 지능화, 성범죄의 증가, 범죄동기의 놀이화, 학생범죄 및 여학생 범죄율의 증가, 비행청소년의 사회계층의 다양화 등이 있다(장수한, 2020). 청소년 범죄 통계현황을 통해 도출된 청소년 비행의 특성에 대한 구체적인 내용은 다음과 같다.

첫째, 범죄의 저연령화 현상이다. 급속한 산업화가 이룩한 풍요로운 생활로 인해 청소년들의 신체적 발육은 예전보다 빨라졌으나 아직 주체성과 비판능력이 미성숙한 청소년들은 여과되지 않은 무분별한 미디어에 노출되며 도덕적 가치관에 혼란을 느끼고 범죄행위를 학습하는 모습들이 나타나게 되었다.

둘째, 범죄의 집단화 현상이다. 청소년들은 범죄행위 시 무리지어 집단으로 행동하는 경향이 높게 나타나는데 집단으로 행동함으로써 죄책감이 줄어들고 집단 내에서 범죄행위에 대한 성취적 쾌감을 느끼는 경향이 있기 때문이다. 집단 군중심리로 인해 도덕적 감각이 저하되고 판단력이 둔화되며 범죄행위 자체에 무감각해지는 모습이 나타나게 된다(이은영, 2012).

셋째, 범죄의 흉악화이다. 형법범죄 유형에는 살인, 강도, 성폭력과 같은 흉악범죄와 폭행, 상해, 협박, 공갈과 같은 폭력범죄, 절도, 사기, 횡령, 배임과 같은 재산 범죄 등이 있다. 청소년 흉악범죄는 최근 10년간 계속해서 증가하는 추세이며, 특히 성폭력 범죄, 여성 청소년 집단 폭력범죄가 매년 증가하고 있다(김문기, 2020).

넷째, 재범률의 증가이다. 청소년 범죄의 누범화는 세계적으로 나타나고 있는 현상이며 특히 4범 이상의 다수 전과를 가질수록 재범률이 높게 나타난다(장수한, 2020). 청소년 재범률의 상승은 범죄가 경력화되며 성인 범죄자로 성장할 가능성이 높다는 점에서 이에 대한 시급한 대책이 요구되는 사회 문제이다.

다섯째, 청소년 범죄의 지능화이다. 30년간 청소년 범죄의 유형별 실태를 살펴본 결과, 재산범죄가 증가세를 보이고 있으며 진보되고 성인화된 양상으로 청소년 범죄가 진화하는 모습이 나타난다(이훈재, 2014).

이외에도 청소년 범죄의 동기에 재미, 쾌락을 위한 놀이화 경향이 나타나며, 성범죄, 학생범죄가 증가하고, 하위층, 결손가정보다 중산층 이상의 범죄가 증가하는 양상이 보인다.

2. 비행의 원인

비행을 유발하는 요인이 무엇인가에 대하여 사회적으로 다양한 논의가 이루어져 왔으며, 비행의 원인은 일원론적으로 해석할 수 없는 다차원적 문제로 정의되고 있다. 하나의 요인으로 결정되기보다 다양한 요인들이 복합적으로 상호작용하며 비행에 영향을 미치는 것으로 볼 수 있기에 비행의 원인을 개인적 요인, 가정환경 요인, 학교환경 요인, 또래 요인, 사회 · 문화적 요인으로 나누어 살펴보고자 한다.

1) 개인적 요인

비행과 같은 반사회적 행동을 하는 데 영향을 미치는 것으로 규명된 대표적인 개인적 요인으로는 자아존중감과 자기통제성이 있다.

자아존중감은 자기 자신에 대한 가치와 능력에 대한 스스로의 평가와 신념이다(백혜정 · 황혜정, 2004). 긍정적 자아존중감 형성은 또래와의 안정적 관계, 높은 학업성취도, 낮은 문제행동에 영향을 미치는 것으로 나타났으며, 부정적인 자아존중감 형성은 비행의 원인으로 작용하며 비행에 영향을 미치는 주요 요인으로 나타나고 있다. 자아존중감과 비행의 인과관계를 규명하는 데는 여러 이견이 존재하지만 자아존중감과 비행은 서로 관련이 있는 요인으로 볼 수 있다(정익중, 2006).

자기통제력의 부족으로 나타나는 충동성 역시 비행에 대한 개인적 특성을 설명하는 대표적인 요인이라 할 수 있다. 충동성은 즉각적인 행동을 통해 만족을 충족하도록 행동하게 한다. 비행청소년은 일반청소년보다 자기중심성이 강하고 개인의 행동을 통제하는 자기통제력이 부족하며 충동성이 높고 욕구좌절에 대한 내구력이 약하며 소외감과 공격성 및 반사회적 행동을 정당화시키려는 경향이 나타난다.

2) 가정환경 요인

많은 연구에서 가정환경을 소년범죄의 가장 중요한 환경적 요인 중 하나로 다루고 있다. 비행에 영향을 미치는 가정환경적 문제로는 가정의 빈곤, 부모의 불화, 이혼으로 인한 결손 등의 구조적 환경 요인과 부모자녀 갈등, 유대관계 약화, 부모의 자녀에 대한 감독 부족, 잘못된 훈육방법과 같은 기능적인 요인 등이 언급되어 왔다. 예전에는 가정의 구조적인 결손이 자녀의 비행에 영향을 미칠 가능성이 높은 것으로 나타났으나 최근에는 가정의 구조적인 문제보다 가정이 갖고 있는 기능적인 측면, 즉 부모자녀 관계, 정서적 친밀감의 교류, 의사소통 방식 등이 더욱 큰 영향력을 나타내는 것으로 밝혀졌다. 부모와 갈등관계에 놓인 소년은 부모에 대한 불만을 느끼고 불안과 긴장을 경험하며 가출을 하고 범죄에 쉽게 노출되는 경향이 나타난다. 또한 부모의 감독이 제대로 이루어지지 않거나 훈육이 비일관적일 때에도 자녀의 행동이 적절히 통제되지 못하며 혼란을 느끼게 되고 이는 건강한 심리, 정서적 발달을 저해하고 자녀의 비행에 부정적인 영향을 미칠 가능성이 있다. 부모의 훈육이 지나치게 강압적이고 엄격하거나 가혹한 체벌에 노출된 자녀들은 폭력성과 공격성이 증대되고 공감능력이 결여될 수 있다.

3) 학교환경 요인

연령이 증가함에 따라 아동은 부모 및 가족보다 외부 환경적 영향을 많이 받게 된다. 학교는 가정 다음으로 타인과 관계를 형성하고 지속하는 법을 배우는 중요한 기관으로 아동 · 청소년들은 학교에서 보내는 시간이 절대적으로 많아지며 많은 영향을 받게 된다. 학교는 지식 전달만을 위해 존재하는 기관이 아닌 정서발달, 도덕교육, 인성교육 등을 수행하는 기관이다. 비행과 학교환경과의 관계에 대한 입장은 크게 두 가지로 나누어 살펴볼 수 있는데 어렸을 때부터 비행 성향을 지닌 소년이 학교에 다니는 동안, 또 졸업한 이후에도 비행을 저지른다는 입장과 또 다른 입장은 학교 경험에 의해 비행이 학습되고 강화된다는 관점이다(최선영, 2013). 학생들은 학교에서 비행을 학습하기도 하고 또한 교정되고 변화할 수도 있게 된다. 이러한 학생들의 변화에 주요한 역할을 하는 존재가 바로 교사이다. 교사와의 신뢰로운 관계 형성은 학생들의 적응에 도움을 주고 비행을 감소시킬 수 있지만, 비일관적이고 억압적인 교사의 태도는 학생들의 반감을 일으키거나 부적응적 행동을 하는 데 영향을 미치게 된다. 또한 폭력적인 체벌을 하는 교사를 통해 학생들 역시 폭력성과 공격성을 학습하는 경우도 있다.

또한 입시 위주의 교육제도 역시 학생들의 문제 행동 및 비행에 부정적인 영향을 미치는 중요한 요인 중 하나로 여겨진다. 대학입시가 절대적 우선이 되고 성적이 성공적인 학교생활의 기준이 되는 가운데 성적이 저조한 학생이나 학업에 뜻이 없는 학생들은 학교생활 적응에 어려움을 경험하게 되고 학교 체계 밖에서 범죄에 노출될 가능성이 높아지게 된다.

4) 또래 요인

비행친구와의 교제는 비행을 결정하는 매우 중요한 요인 중 하나이며(이상문, 2018), 전통적으로 비행친구와의 접촉은 비행에 대한 강력한 설명력을 보이는 요인으로 밝혀졌다(박현수 · 김준호, 2008). 비행친구와의 잦은 교제는 규범을 위반하는 데 우호적인 태도를 강화시킴으로써 비행을 잘못된 것으로 인지하지 못하게 만들며, 이러한 태도의 형성은 청소년으로 하여금 문제의식 없이 비행을 저지르게 하는 요인으로 작용하게 된다(Siegel, 2010/2012).

5) 사회 · 문화적 요인

청소년에게 영향을 미치는 대표적 사회 · 문화적 환경 요인은 대중매체라 할 수 있다. 대중매체는 신문, 잡지, 서적, 라디오, TV, 영화, 연극, 인터넷 등 대중들의 생활 속에 많은 영향력을 행사하는 요인으로 최근 청소년은 대중문화의 주요 소비자이자 수용자라고 할 수 있다. 특히 스마트폰의 보급이 확대되며 많은 청소년들이 스마트폰을 활용하여 정보를 수집하고 여가 활동을 즐기고 있으며 그러한 활동의 일환으로 다양한 대중문화를 접하고 있다. 그러나 각종 대중매체에서 생산되는 콘텐츠들은 흥미를 자극하기 위해 선정적이고 폭력적인 내용들을 방송하고 있으며, 이러한 문화에 대한 규제는 갈수록 약화되고 있어 많은 청소년들이 부정적인 영향을 받게 된다. 뉴스나 신문에서 노골적으로 묘사되고 표현된 범죄사건을 보고 범행 수법을 배우거나 모방하여 범죄를 저지르기도 한다. 또한 폭력을 미화하는 대중매체를 접하며 폭력에 대한 가치관을 형성하는 데 영향을 받게 되고 여과 없이 방영되는 선정적인 내용들을 접하며 성관계에 호기심을 갖고 실행하는 경우도 발생하게 된다.

3. 소년범죄의 현황과 보호처분

1) 소년범죄 현황

(1) 소년형법범죄 연령별 현황

소년형법범죄의 5년간 연령별 현황을 살펴보면, 2016년도 14~15세가 31.0%에서 2020년도 35.8%로 나타나 형법 위반 범죄 발생이 저연령층으로 확대되고 있음을 알 수 있다. 2016년도 16~17세 45.0%, 18세 23.9%로, 2020년도 16~17세 40.6%, 18세 23.6%로 나타나 연령에 따른 범죄율은 하락하는 경향을 보이고 있다. 연령별 전체 현황을 살펴보면, 각 년도마다 16~17세의 범죄율이 가장 높게 나타나는 것으로 확인되었다.

〈표 14-1〉 소년형법범죄 연령별 현황

(단위 : 명(%))

연령 연도	계	10~13세		14~15세		16~17세		18세	
		인원	범죄 발생비	인원	범죄 발생비	인원	범죄 발생비	인원	범죄 발생비
2016	61,162 (100)	65 (0.1)	3.5	18,955 (31.0)	1,684.8	27,543 (45.0)	2,191.2	14,599 (23.9)	2,232.4
2017	58,255 (100)	38 (0.1)	2.0	17,695 (30.4)	1,788.9	26,112 (44.8)	2,177.4	14,410 (24.7)	2,325.2
2018	54,205 (100)			17,946 (33.1)	1,854.2	22,860 (42.2)	2,168.7	13,399 (24.7)	2,098.2
2019	54,497 (100)			18,721 (34.4)	2,056.0	22,195 (40.7)	2,246.7	13,581 (24.9)	2,430.8
2020	50,969 (100)			18,251 (35.8)	2,059.3	20,703 (40.6)	2,141.0	12,015 (23.6)	2,432.0

주 : 1. 대검찰청(각 년도). 범죄분석.
2. 범죄발생비는 소년인구 10만 명당 범죄자수
3. 2018년부터 소년범죄 집계 시 14세 미만 소년을 제외함

(2) 소년형법범죄 유형별 · 연령별 현황

2020년도 한 해 동안 형법범죄 유형에 대한 연령별 분포를 확인한 결과 약간의 차이가 나타나지만 대부분의 범죄 유형에서 16~17세의 비율이 가장 높다는 것을 알 수 있다. 범죄 유형별로 살펴보면 재산범죄, 과실범죄에서는 14~15세가 가장 높게 나타났고 폭력, 흉악, 풍속범죄, 위조범죄, 기타에서는 16~17세가 가장 높은 범죄율을 보였다.

〈표 14-2〉 소년범죄 유형별 · 연령별 현황

(단위 : 명(%))

연령 / 유형	계	14~15세	16~17세	18세
계	50,969(100)	18,251(35.8)	20,703(40.6)	12,015(23.6)
재산범죄	28,855(100)	11,762(40.8)	11,704(40.6)	5,389(18.7)
강력범죄(폭력)	14,744(100)	4,395(29.8)	5,787(39.2)	4,562(30.9)
강력범죄(흉악)	3,134(100)	1,013(32.3)	1,316(42.0)	805(25.7)
풍속범죄	178(100)	36(20.2)	82(46.1)	60(33.7)
위조범죄	1,277(100)	145(11.4)	675(52.9)	457(35.8)
과실범죄	129(100)	51(39.5)	44(34.1)	34(26.4)
기타범죄	2,652(100)	849(32.0)	1,095(41.3)	708(26.7)

출처 : 대검찰청(2021). 범죄분석.

(3) 소년범죄자의 성별 현황

소년범죄자의 성별 현황을 살펴본 결과 남자의 비율이 뚜렷하게 높게 나타났다. 여자 성별을 기준으로 5년간 변화의 추이를 살펴보면, 2016년도 16.1%에서 계속 증가의 추세를 보이다가 2020년도에는 16.7%로 5년 전과 비슷한 비율로 나타났다.

〈표 14-3〉 소년범죄 성별 현황

(단위 : 명(%))

구분 / 연도	계	남 자	여 자
2016	76,000(100)	63,777(83.9)	12,223(16.1)
2017	68,233(100)	56,881(83.4)	11,352(16.6)
2018	62,120(100)	51,241(82.5)	10,879(17.5)
2019	66,243(100)	54,437(82.2)	11,806(17.8)
2020	64,478(100)	53,720(83.3)	10,758(16.7)

출처 : 대검찰청(2021). 범죄분석.

(4) 소년범죄자 생활정도별 현황

소년범죄자 생활정도별 현황을 살펴보면, 2016년에는 하류가 56.8%로 다수를 차지하였고, 중류가 42.3%, 상류가 0.9%를 차지하였다. 지난 5년간 변화추세를 살펴본 결과, 전체 소년범죄자 중 하류층 비율은 감소하였고, 중류층, 상류층의 비율은 증가하는 경향이 나타났다. 2020년에는 중류층 51.8%, 하류층 46.9%, 상류층 1.2%의 순으로 보고되었다.

〈표 14-4〉 소년범죄 생활정도별 현황

(단위 : 명(%))

구분 연도	계	하 류	중 류	상 류
2016	67,237(100)	38,219(56.8)	28,417(42.3)	601(0.9)
2017	64,032(100)	35,086(54.8)	28,342(44.3)	604(0.9)
2018	59,260(100)	30,298(51.1)	28,342(47.8)	620(1.0)
2019	59,664(100)	29,085(48.7)	29,917(50.1)	662(1.1)
2020	58,308(100)	27,366(46.9)	30,229(51.8)	713(1.2)

출처 : 대검찰청(2021). 범죄분석.

2) 보호처분

(1) 보호처분 개념

소년법 제1조에서는 "이 법은 반사회성이 있는 소년의 환경 조정과 품행 교정을 위한 보호처분 등의 필요한 조치를 하고, 형사처분에 관한 특별조치를 함으로써 소년이 건전하게 성장하도록 돕는 것을 목적으로 한다"고 규정한다.

소년법상의 보호처분은 범죄와 비행을 저지른 소년범을 처벌하기보다 이들의 환경을 조정하고 품행을 교정하는 데 그 목적이 있다. 법원 소년부 판사가 소년보호사건을 심리하고 소년의 성정(性情), 행동, 환경을 개선하기 위해 국가가 적극적으로 보호할 필요가 있다고 인정될 때 보호처분을 내리게 되며, 형사처분과 달리 전과기록에 남지 않고 소년의 장래에 부정적인 영향을 미칠 가능성을 최소화한다. 소년보호처분은 2007년 12월 21일 소년법의 대폭적인 개정을 통해 처분 내용이 7개에서 10개로 다양화되었으며, 1호 처분에 병합되어 있었던 수강명령, 사회봉사명령이 독립된 보호처분(2, 3호)으로 확대되었으며, 1개월 이내의 소년원 송치(8호) 처분이 신설되었고 단기 보호관찰기간이 6개월에서 1년으로 연장되었다. 현재 시행되고 있는 보호처분의 내용을 살펴보면, 1호 처분은 보호자나 보호자를 대신하여 보호할 수 있는 사람에게 소년의 감호를 위탁하는 것이다. 2호 처분은 수강명령으로 보호관찰소 및 청소년상담복지센터, 학교 밖 청소년 지원센터, 성비행 관련 센터 등에서 수강할 수 있으며 12세 이상의 소년이 100시간 이내의 범위에서 법원이 정한 시간 및 기한에 따라 수강명령을 수행하게 된다. 3호 처분은 사회봉사명령으로 일정 기간 동안 무보수로 공익적 봉사활동을 하는 것으로 14세 이상의 소년이 200시간 이내의 범위에서 법원이 정한 시간 및 기간에 따라 수행한다. 4호 처분은 보호관찰관의 단기보호관찰, 5호 처분은 보호관찰관의 장기보호관찰을 수행한다. 6호 처분은 아동복지법에 따른 아동복지시설 또는 소년보호시설에 감호위탁하는 처분이다. 7호 처분은 의료적 처우가 필요한 소년을 소년의료보호시설, 병원 또는 요양원 등에 위탁하는 처분이다. 주로 정신질환, 약물남용같이 의학적 치료와 요양이 필요한 경우가 해당된다. 8호 처분은 1개월 이내의 소년원 송치, 9호 처분은 단기 소년원 송치(6개월 이내), 10호 처분은 장기 소년원 송치(2년 이내)에 해당된다. 소년원은 사법적 기능보다 복지, 교육적 기능을 중시하는 기관으로 형사처분을 집행하는 소년교도소와 다른 기관이다. 소년의 보호처분은 장래의 신상에 어떠한 영향도 미치지 않음으로써(소년법 제32조 제6항) 소년이 새로운 생활을 잘할 수 있도록 도우려는 제도이다. 보호처분 결정이 내려지면 곧바로 집행하게 되며 만약 결정에 대하여 승복하지 못하여 항고를 하더라도 그 집행이 정지되지 않는다. 보호처분을 받은 소년에 대하여는 같은 사건으로 다시 공소를 제기하거나 소년부에 송치할 수 없다.

〈표 14-5〉 보호처분 내용

구분	보호처분의 종류	기간	대상연령	위탁자/위탁기관
1호	보호자[3] 또는 보호자를 대신하여 소년을 보호할 수 있는 사람에게 감호 위탁	6개월[1]	10세 이상	보호자, 민간시설, 개인(자원보호자)[4]
2호	수강명령	100시간 이내	12세 이상	민간단체, 시설범죄예방위원회
3호	사회봉사명령	200시간 이내	14세 이상	
4호	보호관찰관의 단기보호관찰	1년	10세 이상	보호관찰소 범죄예방위원[4]
5호	보호관찰관의 장기보호관찰	2년[2]	10세 이상	보호관찰소 범죄예방위원
6호	아동복지법에 따른 복지시설이나 그 밖의 소년보호시설에 감호위탁	6개월[1]	10세 이상	아동복지시설
7호	병원, 요양소 또는 보호소년 등의 처우에 관한 법률에 따른 소년의료보호시설에 위탁	6개월[1]	10세 이상	의료보호시설
8호	1개월 이내의 소년원 송치	1개월 이내	10세 이상	소년원
9호	단기 소년원 송치	6개월 이내	10세 이상	소년원
10호	장기 소년원 송치	2년 이내	12세 이상	소년원

주 : 1) 6개월 연장 가능, 2) 1년 연장 가능, 3) 보호자란 법률상 감호교육을 할 의무가 있는 자 또는 현재 감호하는 자(소년법 제2조), 4) 자원보호자는 1호 처분에 따른 단독활동이며 범죄예방위원은 보호관찰관의 업무를 보호하는 것임.

출처 : 하태선(2021). 청소년 문제와 보호. 동문사.

(2) 보호처분 절차

① 접수 ← 송치 또는 통고

소년보호재판은 송치나 통고에 의해서 시작되는데 송치는 경찰서장, 검사, 법원 등이 사건, 기록 등을 다른 관공서 등에 보내는 것을 말한다. 통고는 보호자 등이 경찰서, 검찰청 등의 수사기관을 거치지 않고 직접 사건을 법원에 접수시키는 절차를 말하며, 범죄소년, 촉법소년, 우범소년을 발견한 보호자 또는 학교 · 사회복리시설 · 보호관찰소의 장은 이를 관할 법원 소년부에 통고할 수 있다(소년법 제4조 제3항). 통고제도는 소년 문제의 초기 단계에서 간편하게 법원에 소년 문제의 해결을 의뢰할 수 있는 제도로 초기에 보호자의 감독과 교육, 학교 또는 지역사회의 관심과 지원, 법원의 적절한 개입 등으로 경미한 단계의 문제를 해결하고, 수사에 대한 절차적 · 심리적 불안을 줄일 수 있다.

② 조사

소년보호사건이 접수된 후에는 조사단계로 넘어가는데 소년보호사건의 심판절차는 조사단계와 심리단계로 나누어진다. 조사란, 주로 소년에 대한 보호의 필요성에 관한 자료를 수집 · 분석하는 것으로서 생활환경조사의 기능을 가지고 있고 심리란, 조사된 자료를 기초로 하여 비행 및 보호의 필요성이 있는지 여부를 판단하고 적절한 보호처분을 결정하는 것으로서 사법적 기능을 가진다. 조사활동은 소년부 판사가 관장하는 것이지만 조사의 특성을 살리기 위하여 조사는 전문가인 조사관이 판사의 지시를 받게 된다. 소년부 판사는 조사관으로 하여금 송치 또는 통고된 소년, 소년의 보호자 또는 참고인을 심문하게 할 수 있고, 그 밖에 필요한 사항을 조사하게 할 수 있다. 또한 소년부 판사는 조사 또는 심리를 할 때에 정신과의사 · 심리학자 · 사회사업가 · 교육자나 그 밖의 전문가에게 진단을 의뢰하여 그 의견을 참고할 수 있으며 필요한 경우 소년분류심사원의 분류결과와 의견, 보호관찰소의 조사결과와 의견 등을 참고할 수 있다.

③ 임시조치

소년부 판사는 사건을 조사 또는 심리하는 데에 필요하다고 인정하면 소년의 감호에 관하여 결정으로써 보호자, 소년을 보호할 수 있는 적당한 자 또는 시설에 위탁, 병원이나 그 밖의 요양소에 위탁, 소년분류심사원에 위탁 중의 하나를 결정할 수 있다. 소년분류심사원에 위탁하는 조치를 제외한 나머지 경우 위탁기간은 3개월을, 소년분류심사원에 위탁하는 조치의 경우 그 위탁기간은 1개월을 각 초과하지 못한다. 다만, 특별히 계속 조치할 필요가 있을 때에는 한 번에 한하여 결정으로써 연장할 수 있다.

④ 심리 개시 여부의 결정

소년부 판사는 송치서 또는 통고서와 조사관의 조사보고 등에 따라 사건의 심리를 개시할 수 없거나 개시할 필요가 없다고 인정하면 심리를 개시하지 않는다는 심리 불개시의 결정을 하게 된다. 사안이 가볍다는 이유로 심리를 개시하지 않는다는 결정을 할 때에는 소년을 훈계할 수 있고, 보호자에게 소년을 엄격히 보살피고 교육하도록 이야기할 수 있다. 송치서 또는 통고서와 조사관의 조사보고 등에 따라 사건을 심리할 필요가 있다고 인정하면 심리 개시 결정을 한다.

⑤ 심리 기일

소년부 판사는 심리 개시 결정을 할 때 심리 기일을 지정한 후 소년과 보호자를 소환하고, 보조인이 선정된 경우에는 보조인에게 심리 기일을 알린다. 소년보호재판은 소년을 보호하고 교육하는 것을 목적으로 하기에 심리는 비공개를 원칙으로 한다. 소년부 판사는 조사와 심리를 한 결과 보호의 필요성이 있는지, 그 정도는 어떠한지 등을 판단하여 다음과 같은 결정 중에서 하나를 하게 된다.

- **불처분 결정** : 보호처분을 할 수 없거나 할 필요가 없다고 인정하는 경우 아무런 처분을 하지 않는 불처분 결정으로 사건은 종결됨
- **검사에게 송치** : 조사 또는 심리한 결과 금고 이상의 형에 해당하는 범죄 사실이 발견되고 그 동기와 죄질에 비추어 형사처벌을 할 필요가 있다고 인정하는 경우 검사에게 송치하는 결정
- **소년보호처분 결정** : 보호처분을 할 필요가 있다고 인정하는 경우 열 가지 보호처분 중에서 선택을 하는데, 그중에서 몇 가지 보호처분을 함께 묶어서 할 수도 있음

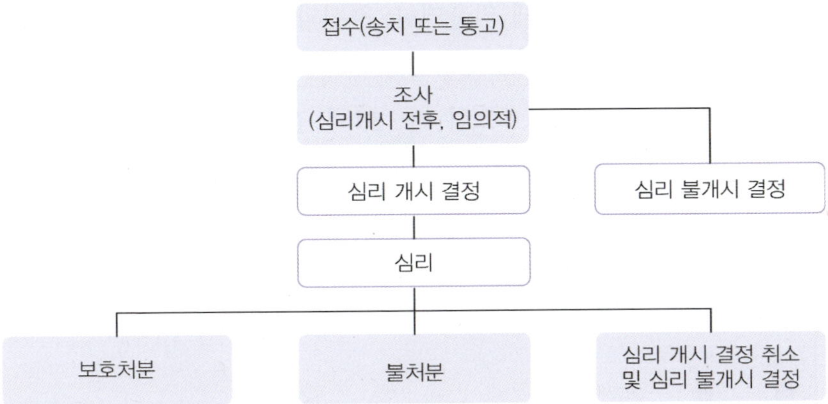

┃그림 14-2┃ 소년보호재판 절차

출처 : 대한민국전자민원센터(https://www.scourt.go.kr).

4. 보호관찰 및 교정시설

1) 보호관찰소

보호관찰소는 법무부장관 소속기관으로 보호관찰, 수강, 사회봉사, 갱생보호에 관한 업무를 담당하는 기관이다. 보호관찰제도는 대안적 보안처분으로 비행을 저지른 소년을 교도소, 소년원 등 수용시설에 구금하기보다 가정, 학교, 직장 등에서 정상적인 생활을 하며 보호관찰관의 지도와 감독을 통해 준수사항을 지키고 사회봉사명령, 수강명령 등을 수행하도록 관리하는 정책이다.

소년 보호관찰 대상자는 소년법 4호 또는 5호 처분을 받은 소년, 검사가 보호관찰을 조건으로 기소유예 처분을 한 선도조건부 기소유예를 받은 소년, 소년원에서 가석방된 소년 등이 해당된다. 보호관찰 대상자들은 준수사항을 수행해야 하는데 일반적 준수사항으로는 범죄로 이어지는 나쁜 습성을 버리고 선행 유지, 보호관찰관의 지도감독에 순응, 주거지 이전 또는 1개월 이상의 국내외 여행 시 사전신고 의무가 있다. 또한 보호관찰 대상자의 특성을 고려하여 개별적으로 부과되는 특별 준수사항이 있는데 외출제한, 정신과 진료, 성실한 학업 유지 등이 해당된다.

소년 보호관찰 실시 인원은 ❙그림 14-3❙과 같이 2012년도부터 지속적으로 감소하고 있는데 이는 소년인구 감소 등의 사회적 요인에 따른 결과로 보인다(범죄백서, 2021).

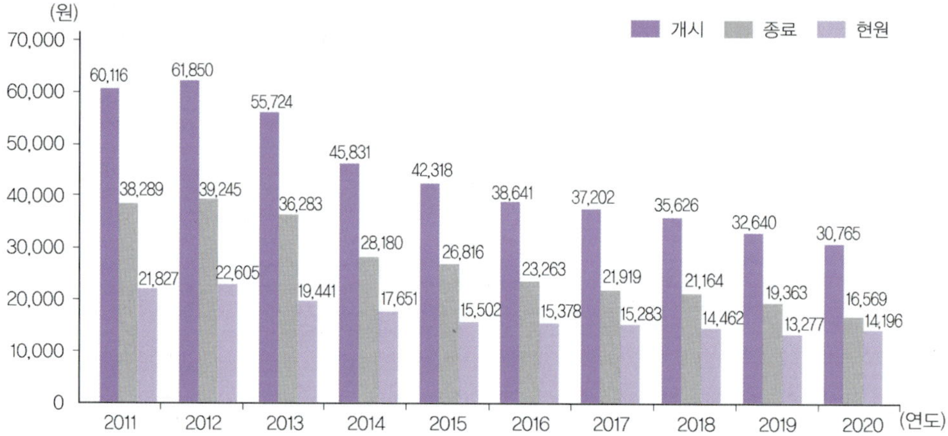

❙그림 14-3❙ 소년보호관찰 실시인원

출처 : 법무부(2021). 범죄백서.

2) 소년분류심사원

소년분류심사원은 비행의 원인을 규명하고 재비행을 예측하는 진단 기능, 위탁 및 유치된 소년에 대한 인성 교육 및 보호자에 대한 교육과 상담 프로그램을 운영하는 교육기능, 위탁 및 유치된 소년의 신병을 보호하는 수용 및 보호 기능을 담당하는 기관이다. 소년분류심사원의 수용기간은 1개월을 초과하지 못하며 특별한 계속 조치가 필요할 경우 한 번에 한하여 연장이 가능하다.

분류심사는 면접, 심리검사, 정신의학적 진단, 행동관찰, 생활사 및 환경자료 분석 등의 조사방법에 의하여 이루어지고 있으며 분류심사방법에 따라 일반분류심사와 특수분류심사로 구분된다. 일반분류심사는 문제 또는 비행원인이 비교적 단순한 소년을 대상으로 면접조사와 의학적 진단, 표준화검사, 자기기록, 행동관찰 등을 실시하는 분류심사를 말하며, 특수분류심사는 상습비행자, 성격 · 행동 이상자, 사회적 관심이 높은 사건의 가해자 등을 대상으로 보다 전문적인 심리검사와 정신의학적 진단, 현지조사를 실시하는 분류심사 방법이다. 이와 같은 조사 결과를 토대로 문제점의 소재 및 특징, 처우 지침, 판정 등을 기재한 분류심사 결과통지서를 작성하고 송부하여 법원 소년부에서 심리 자료로 사용할 수 있도록 한다.

상담조사란 보호처분 대상자 위탁되지 않는 소년에 대해 소년부 판사가 조사와 교육을 의뢰할 경우 3~5일간 소년보호기관(소년원, 청소년비행예방센터)에 출석하여 각종 검사, 상담, 교육을 받도록 하는 제도이다. 소년의 자질, 성장환경, 재비행 가능성 등을 상담 · 조사한 후 의견서(상담조사서)를 작성하여 법원 심리 자료로 제출하게 된다.

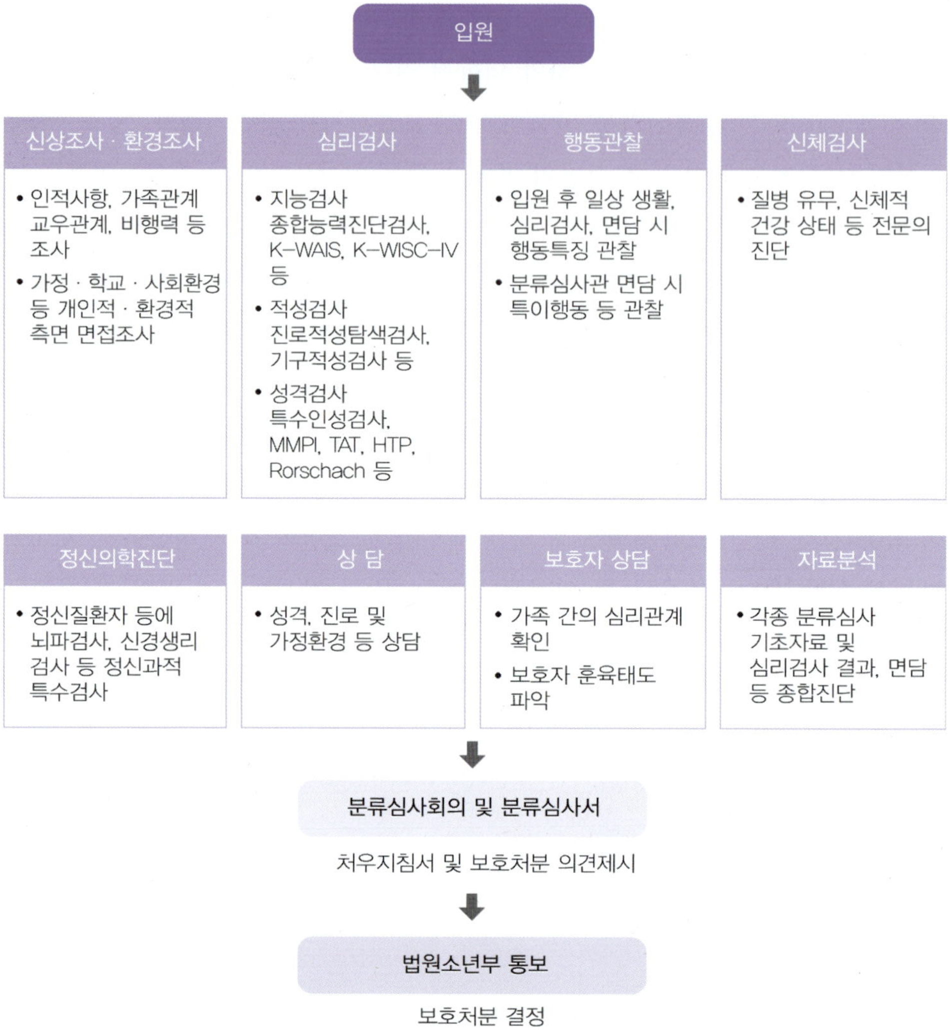

그림 14-4 **분류심사 과정 및 내용**

출처 : 법무부(2021). 범죄백서.

3) 소년원

소년원은 법원 소년부에서 보호처분으로 송치된 14세 이상 19세 미만의 범죄소년, 형벌법령에 저촉되는 행위를 한 10세 이상 14세 미만의 촉법소년과 성격 또는 환경에 비추어 장래 형벌법령에 저촉되는 행위를 할 우려가 있는 10세 이상 19세 미만의 우범소년을 수용, 교정교육을 행하는 국가기관이다. 소년원은 1942년 개원 당시에는 수용관리에 중점을 두었으나 두 차례에 걸친 관계법령 개정으로 교육의 비중을 꾸준히 높혀 사법적 기능보다 교육적 측면의 기능을 강화하게 되었다. 현재는 교관교육, 직업능력개발훈련, 약물남용 · 발달장애 · 신체질환 등으로 집중치료나 특수교육이 필요한 소년에 대한 의료 및 재활교육, 심리치료 · 사회봉사활동 등 인성교육 병행을 통해 건전한 청소년으로 교육하고 육성하는 것을 목표로 하고 있다.

소년법 개정 이전에는 처우가 단기(6호), 일단(7호)으로 구분되었으나 소년법 개정 이후 소년원 처우는 소년의료보호시설 위탁(7호), 1개월 이내 과정(8호), 단기과정(9호), 장기과정(10호)으로 구분하게 되었다. 7호 처분의 위탁기간은 6개월로 6개월의 범위 내에서 한 번에 한하여 기간 연장이 가능하고 8호 처분은 1개월 이내 소년원 송치, 9호 처분은 6개월을 초과할 수 없으며, 10호 처분은 2년을 초과할 수 없다. 보호소년은 교육과정을 마친 후 퇴원 또는 가퇴원을 하게 되며, 퇴원은 법무부장관의 허가를 받아야 하고 가퇴원은 관할 보호관찰심사위원회에서 심사, 결정하고 6개월~2년의 범위 내에서 보호관찰 기관을 정하여 법무부장관의 허가를 받아 실시하게 된다. 소년원생의 사회복귀 지원을 위해 전국 소년원에 16평 규모의 가정관을 신축하여 소년과 가족이 함께 2~3일간 생활하며 단절된 관계를 회복할 수 있도록 하고 있다. 전국 소년원에서는 출원 후 직업훈련, 취업을 희망하는 소년에게 상담, 취업알선, 구인업체방문, 취업후견인 지정 지원, 산업체 현장 실습, 취업 준비를 지원하고 있다. 또한 안정적인 사회정착을 위해 기숙사 형태의 청소년자립생활관을 운영하고 있으며 취업알선, 학업연계, 심리치료, 가족찾기, 결연 등의 다양한 프로그램을 운영하고 있다.

〈표 14-6〉 소년원 학교 명칭 및 교육과정

구분	기관(학교명)	대상	교육과정
서울경기권	서울소년원 (고봉중·고등학교)	9호, 10호	• 중·고등학교 교과교육 • 직업능력개발훈련(제과제빵, 한식조리, 헤어디자인) • 인성교육, 컴퓨터, 검정고시, 보호자교육
	안양소년원 (정심여자중고등학교)	9호, 10호	• 중·고등학교 교과교육(女) • 직업능력개발훈련(피부미용, 제과제빵) • 인성교육, 컴퓨터, 검정고시, 보호자교육
중부권	대전소년원 (대산학교)	7호, 9호, 10호	• 의료·재활교육 • 인성교육, 컴퓨터, 검정고시, 보호자교육 • 분류심사
	청주소년원 (미평여자학교)	8호, 9호, 10호	• 8호(女)교육 • 직업능력개발훈련(예술분장, 커피바리스타, 헤어디자인, 제과제빵) • 인성교육, 컴퓨터, 검정고시, 보호자교육
호남권	전주소년원 (송천중고등학교)	8호, 9호, 10호	• 8호(男)교육 • 중·고등학교 교과교육 • 인성교육, 컴퓨터, 검정고시, 보호자교육
	광주소년원 (고룡정보산업학교)	9호, 10호	• 직업능력개발훈련(자동차정비, 에너지설비, 소형건설기계조종사면허) • 인성교육, 컴퓨터, 검정고시, 보호자교육 • 분류심사
영남권	대구소년원 (읍내정보통신학교)	9호, 10호	• 직업능력개발훈련(제과제빵, 커피바리스타, 케이크디자인) • 인성교육, 컴퓨터, 검정고시, 보호자교육 • 분류심사
	부산소년원 (오륜정보산업학교)	10호	• 직업능력개발훈련(용접, 제과제빵, 헤어디자인) • 인성교육, 컴퓨터, 검정고시, 보호자교육 • 분류심사
강원권	춘천소년원 (신촌정보통신학교)	9호, 10호	• 직업능력개발훈련(헤어디자인, 그래픽디자인, 디저트) • 인성교육, 컴퓨터, 검정고시, 보호자교육 • 분류심사
제주권	제주소년원 (한길정보통신학교)	8호, 9호, 10호	• 8호(제주지역男) 교육 • 직업능력개발훈련(제과제빵, 골프매니지먼트) • 인성교육, 컴퓨터, 검정고시, 보호자교육 • 분류심사

출처 : 법무부(2021). 법무연감.

4) 소년교도소

소년교도소는 형사재판에서 형법에 저촉되는 범죄행위를 했다는 판결을 선고받은 만 14세 이상 19세 미만의 소년들을 대상으로 형을 집행하고 교정 처우를 하는 시설이며, 소년원과 다르게 전과기록이 남게 되고 수용 기간의 제한이 없다. 징역 또는 금고형의 선고를 받은 소년수형자는 성인수형자와 분리하여 수감되고, 소년교도소에 수감되거나 일반교도소 수감 시에도 특별히 분리된 장소에 수용되며 형 집행 중 만 23세가 되면 성인교도소로 이감된다. 우리나라의 소년교도소는 전국에 김천소년교도소 한 곳이 있으며 2009년 12월 31일부로 김천교도소가 김천소년교도소로 직제규정이 변경되어 운영되고 있다.

소년교도소에서는 소년수형자를 위한 교육, 직업훈련, 생활지도, 교화활동, 심리치료 등을 지원하고 있다. 검정고시반을 편성, 운영하여 각급 검정고시에 응시할 기회를 주고 있으며 2020년 기준으로 한식조리, 자동차정비, 제과제빵, 바리스타 등의 4개 직종 직업훈련을 통해 기능사 자격취득이 가능하도록 하며, 사회복귀를 촉진하기 위한 생활지도 교육을 실시하고 있다. 또한 종교지도, 상담, 사회참관, 불우이웃돕기, 체육대회, 음악회, 한자교육, 외국어교육 등의 교정활동을 실시하고 인터넷(게임) 중독에 대한 다양한 심리치료 프로그램을 운영함으로써 소년수형자의 심신의 건강과 성장을 위한 지원을 수행해 오고 있다.

5) 청소년 비행예방센터(청소년꿈키움센터)

청소년 비행예방센터는 청소년 비행의 증가에 따라 위기청소년, 비행 초기 단계에 있는 청소년들의 재범방지를 위해 설립된 기관으로 2013년 11월부터 그 명칭을 '청소년꿈키움센터'로 명칭을 변경하여 사용하고 있다. 청소년 비행예방센터는 학교, 검찰, 법원 등에서 의뢰한 위기 청소년에 대해 대안교육, 부모 및 보호자에 대한 특별 교육 등을 실시하고 있으며, 소년부 판사가 의뢰한 비행 청소년에 대한 상담조사, 지역사회 청소년에 대한 각종 심리검사 및 상담, 일반 학교 학생,

교사 등에 대한 법교육, 법체험 실시, 청소년 비행 관련 연구 및 교육 프로그램 개발 등을 수행하는 기관이다. 2007년 7월에 부산, 창원, 광주, 대전, 청주, 안산 등 6개 지역에 청소년비행예방 센터가 설립된 이후 2020년도 천안, 의정부 센터 설립까지 전국에 총 18개의 기관이 추가 신설되어 현재까지 운영되고 있다.

특히 범정부 차원의 학교 안팎 청소년 폭력 예방대책이 수립되고 비행청소년 및 학교폭력 가해학생과 부모에 대한 교육이 강화되며, 대표적으로 학교폭력 가해학생 및 보호자 대상 특별교육 및 가족캠프, 찾아가는 학교폭력 예방 교육, 주말 학교폭력 예방 캠프, 학교폭력 예방 교직원직무 연수 등의 학교폭력 예방 프로그램이 활성화되어 있다.

〈표 14-7〉 청소년꿈키움센터의 주요 업무

<table>
<tr><th>구분</th><th>기관명</th><th>설립일</th><th>교육과정</th></tr>
<tr><td rowspan="9">청소년
꿈키움
센터</td><td>부산 · 대전</td><td>2007. 7.</td><td>• 청소년꿈키움센터 ※ 설립일 : 부산('07.7.), 대전('17.4.)
- 상담조사
- 결정 전 조사
- 대안교육
- 보호자교육
- 청소년 심리상담
• 솔로몬로파크 ※ 설립일 : 대전('07.7.), 부산('17.4.)
- 법교육 및 법 · 문화 직무연수
- 자원봉사자 전문교육</td></tr>
<tr><td>안산</td><td>2007. 7.</td><td rowspan="8">- 상담조사
- 결정 전 조사
- 대안교육
- 보호자교육
- 청소년 심리상담</td></tr>
<tr><td>창원 · 청주 · 광주</td><td>2007. 7.</td></tr>
<tr><td>대구 · 서울남부 · 서울북부 · 인천</td><td>2012. 6.</td></tr>
<tr><td>순천 · 전주 · 춘천</td><td>2013. 11.</td></tr>
<tr><td>부산동부 · 울산 · 수원</td><td>2014. 12.</td></tr>
<tr><td>제주</td><td>2016. 5.</td></tr>
<tr><td>천안 · 의정부</td><td>2020. 9.</td></tr>
</table>

출처 : 대검찰청(2021). 범죄분석.

CHAPTER 15 아동복지의 과제와 발전 방향

아동복지법 제1조에 의하면, 아동이 건강하게 출생하여 행복하고 안전하게 자랄 수 있도록 아동의 복지를 보장하는 것을 목적으로 한다고 명시되어 있다. 이것은 아동의 권리를 강조하고 올바른 사회구성원의 역할을 독려하는 것으로 아동보호와 아동학대 예방, 피해 아동에 대한 보호 조치, 그리고 아동의 안전에 관한 제도적 지원을 마련한 것이다. 그러나 저출산 · 고령화 사회와 출산율 저하는 국가 소멸이라는 큰 우려로 드러나고 있다.이러한 심각성에도 불구하고 아동학대는 줄어들지 않고 있으며, 아동권리보장에 대한 인식도 다른 복지대상과는 달리 더디게 발전하고 있다. 15장에서는 각 장에서 살펴본 아동복지의 문제점을 개선하기 위하여 다양한 측면에서 아동복지의 과제가 무엇인지 살펴보고, 구체적으로 개선되어야 할 과제를 제시하고자 한다. 더불어 우리 아이들이 행복한 세상을 만들기 위해 앞으로의 아동복지에 대한 미래를 전망하고, 어떠한 방향으로 나가야 할지 정책적 측면과 실천적 측면에서 발전 방향을 살펴보고자 한다.

1. 아동복지의 과제

1) 아동인구 감소

유소년 인구(0~14세)가 2022년 처음으로 500만 명대로 감소되었다. 2002년부터 출생아가 급격히 감소하면서 사회적 현상으로 떠오른 저출산이 근본 원인으로 지목된다. 통계청이 발표한 '장래인구추계'에 따르면 유소년 인구(0~14세)는 2010년 전체 인구 대비 16.1%인 797만 명에서 2016년 789만 명으로 매년 큰 폭으로 감소하는 것으로 조사됐다(한국대학신문, 2022). 2022년 처음으로 전체 인구 대비 11.5%인 593만 명으로 감소하였고, 2027년에는 481만 명대로 감소할 것으로 추정되며, 2030년에는 전체 인구 대비 8.5%인 432만 명으로 감소하는 등 약 20년에 거쳐 절반 가까이 감소하는 것으로 예상된다(통계청, 2022b).

해방 이후 우리나라의 아동복지는 요보호아동 중심의 선별적 복지 정책에서 보편적 복지로 전환하는 노력을 해왔음에도 불구하고, 우리나라는 세계에 유례없는 저출산·고령화 사회를 맞이하였다. 저출산으로 인한 사회경제적 위험은 생산가능인구 감소에 따른 생산인구의 고령화, 이에 따른 경제성장의 침체와 사회적 부담의 가중 등이다. 이제부터 마음 놓고 출산하고, 안심하고 양육할 수 있는 사회적·경제적 환경을 조성해야 한다.

따라서 아동복지 정책에 있어 우선 과제는 모든 국민이 아동에 대한 사회적 보호의 필요성을 인식하도록 하는 것이다. 이를 위해 아동복지 정책의 새로운 패러다임에 대한 고민이 필요하다.

2) 가족기능의 약화

'가족(家族)'의 사전적 의미는 주로 혼인으로 맺어진 부부를 중심으로 한, 친족 관계에 있는 사람들의 집단 또는 그 구성원을 뜻하며, 혼인, 혈연, 입양 등으로 이루어진다. 전통사회의 가족 형태는 부모와 부계 친족 중심의 형태이다. 하지만 오늘날 가족의 형태는 1인 가족을 비롯하여, 맞벌이가족, 한부모가족, 다문화가족, 조손가족, 재혼가족, 분거가족 등 매우 다양하다. 또한 가족기능 역시 전통사회와는 달리 가족 본래의 기능이라고 생각하던 기능도 가족 이외의 사회적 기능으로 이전되었거나 원래의 모습보다 약화하고 있다. 특히 여성의 경제활동은 가정의 육아 기능을 약화하고, 아동양육에 부담을 느껴 자녀출산을 꺼리는 현상으로 확산하고 있는 실정이다.

가족기능은 가족이 수행하는 역할과 행위로서의 가족구성원의 행동을 의미한다. 그 행동의 결과가 사회의 유지, 존속이나 가족구성원의 욕구 충족에 어떤 영향을 주는지의 문제와 관련이 있다. 가족은 개인이나 사회에 기본적이고도 매우 중요한 기능을 담당하고 있다. 하지만 사회구성원을 충원하기 위해 가족이 재생산의 기능을 수행하지 못하거나 그 자녀를 사회화하지 못한다면 사회는 존속할 수 없고 사회의 질서는 무너지고 말 것이다. 따라서 사회의 변화에 따라 가족의 형태가 다양해지고 그 기능의 범위가 축소되어 가고 있어, 가계와 전통문화의 전승을 위해서 가족기능의 범위를 강화해야 할 것이다.

3) 현대사회의 아동문제

저출산 현상은 현대사회의 특성과 맞물려 확대되었다. 산업화는 과학기술의 발달을 촉진해 사람들에게 물질을 윤택하게 하고 편리한 생활을 영위하는 데 이바지하는 바가 컸다. 그러나 한편으로는 아동복지에 미친 현대산업화의 영향은 핵가족화, 도시화, 가치관의 변화, 결손 및 해체가정의 증가, 취업 모의 증가 등이 아동발달과 성장에 부정적인 영향을 미쳤고, 현대사회에서 보여주는 다양한 가치관의 변화는 저출산 현상을 양산하는 데 적지 않은 영향을 미쳤다고 볼 수 있다.

우선 아동에게 심각한 영향을 주고 있는 문제로는 이혼, 별거, 학대, 알코올·약물중독, 스트레스, 정신장애 등 가족 안에서 나타나는 문제가 사회적으로 증가함으로써 아동이 나쁜 영향을 받게 된다. 흔히 "문제아동의 이면에는 문제의 가족이나 문제의 부모가 있다"라는 말이 있듯이 부모의 실업이나 빈곤에 의한 경제적 불안정이 가족구조상의 결함, 부모 양육의 결함 등 아동문제를 유발하게 된다. 그 외에도 빈곤으로 인한 아동의 영양결핍, 열악한 주거 환경, 부모의 무관심, 학습지도와 상호작용의 부재 등은 아동발달과 성장에 장애요인이 된다. 이러한 장애요인은 교육의 기회 박탈과 비행으로까지 연결될 수 있다. 매년 10만 명에 가까운 아동이 부모이혼에 노출되어 있고, 부모의 이혼을 수동적으로 받아들일 수밖에 없는 아동은 성장 과정에 있어 심리 · 정신적으로 심각한 갈등을 겪게 된다(김현식, 2013).

두 번째, 현대사회는 환경, 교통, 공해, 재해, 슬럼 지역 등 아동의 성장에 있어 부적합한 주변 환경을 제공하고 있다. 특히 매스컴의 영향, 비도덕적이고 무절제한 성인들의 행태는 아동학대나 성폭행 등 심각한 사회문제로 대두되고 있다. 이에 아동의 건전한 성장과 발달을 위한 개입이 절실히 요구된다.

세 번째, 특수한 욕구를 지닌 장애아동의 경우 이에 적절한 맞춤형 아동복지 서비스가 제공되어야 한다. 예를 들면, 지적장애 아동의 경우 심리적으로 자기학대, 자살, 학업 포기 등의 문제 행동을 일으킬 소지가 있어서 특별한 보호가 요구된다. 이러한 욕구를 지닌 아동문제는 자신의 문제 이외에 가족이나 사회 환경의 무관심과 방치에 기인할 수 있으므로 이에 적합한 아동복지서비스의 개입이 필요하다.

오늘날 핵가족, 맞벌이가족, 한부모가족, 다문화가족, 조손가족, 분거가족 등으로 인한 아동문제가 하나의 사회적인 문제로 대두된 건 오래전 일이다. 저소득층의 가정일수록 아동이 가정에 홀로 방치되므로 또 다른 문제를 발생시키고 있다. 이와 같은 아동문제를 해결하기 위해서는 체계적인 사회적 지원체계가 마련되어야 한다.

4) 한국 아동복지 정책의 문제

아동복지 정책의 궁극적 목표는 아동 최우선의 이익을 바탕으로 “아동의 행복감 증진”에 있다. 행복은 태어나면서부터 누구나 기대하는 인생의 보편적 궁극적인 목표로 추구하는 심리적 상태로 보았다(최혜영 외, 2014). 과거의 복지정책은 빈곤이나 결핍 등을 해소함으로써, 삶의 질을 높이는 데 주력하였으나, 복지사회의 새로운 패러다임은 국민행복지수(GNH)를 높이는 것으로 전환되었다. 특히 아동기의 경험은 이후 성인기까지 영향을 미치므로 우리 사회구성원 전체의 행복추구를 위해 아동기의 행복권을 보장하기 위한 정책은 국민으로서 권리이자 국가로서의 책무라고 할 수 있다.

아동을 위한 정책 실행을 위해서는 지역사회구성원의 인식 변화와 아동의 관점에서 바라보는 노력이 필요하며, 아동이 행복한 삶을 영위할 수 있도록 장기적이고 종합적인 아동복지 계획이 수립되어야 한다. 이를 위해 중앙정부와 지방자치단체 간의 연계성 있는 아동정책에 기반하여 효과적이고 효율적인 공공의 중심 역할 확립이 필요하고, 아동 친화적 환경의 다각적인 요소를 고려해야 한다.

무엇보다 저출산 · 고령사회가 도래한 지금 아동복지 정책은 아동 보육서비스 개선, 모든 아동의 보편적 복지 대상 확대, 구체적 관련법률 제정, 여성복지와의 연동화, 빈곤가정 아동의 복지정책 개발, 역기능적 사회 환경 개선, 가정과 지역사회 중심의 재가복지서비스, 한국적 문화에 맞는 복지서비스 공급체계 개발, 기존 서비스와 지역사회 연계 등의 기본 틀에서 이루어져야 할 것이다.

2. 아동복지의 발전 방향

현재, 우리 사회는 저출산의 문제가 인구 고령화와 맞물리면서 이에 대한 하나의 대책으로 보편주의적 아동복지 정책으로의 패러다임의 전환이 요구되고 있다. 서구의 복지국가들이 아동과 가족에 대한 사회적 보호를 사회적 투자로서 이해하고 있는 점을 주목해야 한다(이재완 · 최영선, 2006). 미래사회의 주인공인 아동복지 정책의 경우 다른 대상에 비해 아동 스스로 자기주장을 할 수 없다는 이유로 사회적, 정치적 관심에서 소홀히 취급되는 경향이 있다. 이제는 아동이 행복하고 건강하게 양육받을 수 있는 권리가 있음을 인식해야 한다. 또한 아동의 행복권과 건강권에 대한 국가 및 사회적 책임을 명확히 해야 한다. 이에 아동복지 정책적 측면과 실천적 측면으로 구분하여 발전과제를 모색해 보고자 한다.

1) 아동복지 정책의 발전 방향

아동복지 정책은 정책활동의 특정 분야, 즉 아동과 관련된 복지 분야에 관한 정책, 프로그램, 법령 등을 말한다. 과거 아동복지제도의 핵심은 빈곤이나 어떤 위기로 인해 양육의 어려움을 해소하기 위한 대리적 서비스에서 발전했음은 아동복지 정책에 중요한 의미가 있다. 최근 아동학대 및 방임과 관련된 여러 이슈로 이에 관한 관심이 높아지고 있고, 여성의 사회참여에 따른 보육서비스의 필요성과 중요성이 강조되면서 정책적 시야 역시 넓어지고 있다. 그렇다면 아동복지정책의 개선을 위한 방향은 무엇일까 생각해 보자.

(1) 아동복지에 대한 새로운 패러다임 '아동중심적 사회투자전략' 적용

저출산·고령화의 사회 양극화 현상은 우리 사회의 복지에 대한 욕구를 증대시켰고, 이에 따라 복지예산 역시 늘어나고 있다. 하지만 아동복지에 대한 투자는 다른 복지 영역과 비교해 볼 때, 아직도 열악한 수준에 머물러 있다.

예컨대 보육서비스의 경우 2000년 초반 국가의 결단에 따라 단순히 아동복지 서비스라기보다 아동복지 정책과 더불어 저고용시대에 일자리 창출의 정책이었고, 여성정책이었으며, 인구정책이자 가족정책으로 다목적인 정책적 논의를 바탕으로 빠르게 시행되었다(강혜규 외, 2021). 그 대상의 보편주의는 아주 신속하게 추진될 뿐만 아니라 공공재정의 투입도 확대되었다. 그리고 2020년 10월 발생한 '정인이 사건'이 사회적 이목을 집중시키면서 아동학대에 대한 제도가 정비되었고, 이에 따라 관련 예산도 늘어나고 있다. 보건복지부(2022)에 따르면, 아동학대 대응 재원이 2021년 예산 대비 약 45%를 증액한 615억 원을 편성했다. 참여정부 이후 아동에 대한 사회적 투자를 확대하는 실마리를 마련하였지만 이를 체계적으로 추진하기 위한 정책 인프라는 아직도 부족한 실정이다.

아동의 삶의 질을 향상하기 위한 정책은 그 효과가 인생 전반에 걸쳐 지속되고, 개선의 여지가 높다. 이에 따라 사회학자 에스핑-앤더슨(Esping-Andersen) 등 많은 학자가 아동에 대한 사회적 투자의 중요성을 강조하고 있다. 에스핑-앤더슨은 다소의 연구를 통해 '아동 중심적 사회투자전략'을 통하여 아동의 삶의 질을 향상하기 위한 사회정책의 새로운 패러다임을 제안했다. '기회의 평등'과 '투자 대비 수익'이라는 원칙에 따라, 아동의 인적자본 강화를 위한 사회적 개입은 향후 세대 간 빈곤이 전승되는 것을 막을 수 있다고 주장했다(김선숙, 2021). 특히 우리나라와 같이 합계출산율이 매우 낮은 국가에서 아동에 대한 사회적 투자는 그 사회의 미래를 위해 무엇보다 우선으로 시행되어야 한다. 우리 사회에서 아동은 자신이 태어난 부모와 가족의 사회경제적 지위에 따라 성장하는 과정은 물론 미래에 대한 기대 역시 달라진다. 급속도로 변화하는 사회경제 속에서 취약한 가정의 경제적 어려움은 더욱 커지고, 이에 따라 빈곤가정 아동의 삶의 질은 일반가정 아동에 비해 더 열악해질 수밖에 없다.

지금까지의 아동복지가 학대와 방임으로부터 아동을 보호하는 소극적인 정책이었다면, 포용국가 아동정책은 거기서 더 나아가 아동의 권리보장에 중점을 둔 '권리'와 인적자본에 대한 '사회적 투자' 패러다임에 입각하는 것이라고 할 수 있다(이재원, 2017). 이제는 미래의 우수한 노동력 확보를 위한 인적자원 개발과 괜찮은 일자리 창출과 양육하기 좋은 환경을 조성하여 저출산·고령화 사회에 적극적으로 대응하는 것이 필요하다. 따라서 아동복지에 대한 새로운 패러다임을 적용하여 아동에 대한 경제적 지원, 기본돌봄서비스, 기본건강서비스까지 계층 간 차등 없이 평등한 돌봄이 사회 안에서 실현되도록 아동복지 정책의 방향이 논의되어야 한다.

(2) 행정 및 전달체계의 정비와 강화

2015년 보건복지부, 교육부, 여성가족부, 문화체육관광부 등 아동과 관련된 정책을 시행하는 총 19개 중앙행정기관이 참여하여 수립한 제1차 아동정책기본계획(2015~2019)에 이어 2020년 제2차 아동정책기본계획(2020~2024)을 수립하였다. 이는 아동의 행복한 삶을 위한 정책 이념, 목표 등을 규정한 아동기본법을 제정하고, 정부 부처 아동 관련 계획(30여 개)을 대상으로 아동정책영향평가를 실시해 각종 정책에 아동 중심 관점이 반영될 수 있도록 하였다. 그리고 아동권리 실현을 위해 각종 정책에서 아동을 중점으로 고려해 아동권리가 실현되도록 행정 및 정책 시스템을 마련하고 정비한다. 왜냐하면 복지 관련 기관이나 시설은 물론, 중앙에서부터 지방에 이르기까지 모든 공적 · 사적 조직을 비롯해 이들 조직 간의 연계와 변화, 조직과 수혜자 간의 상호관계는 서비스 전달체계와 밀접한 관련이 있기 때문이다. 그리고 서비스 전달체계가 잘 마련되어 있을 때 서비스의 효율성과 효과성을 높일 수 있고 아동의 복지욕구에 부응하는 '맞춤형 아동복지서비스'가 제공될 수 있다(서문희, 1998).

하지만 우리나라 아동복지 정책의 경우 지역아동센터, 아동보호전문기관, 가정위탁, 아동복지시설, 자립지원 등 아동복지를 위한 부처별 고유 기능에 따른 아동복지 관련 서비스가 양적으로 확대 · 증가하였으나, 아동복지 서비스 전달체계는 개별법에 따라 다중적이고 부처별로 산재하여 복합적인 문제점이 발생한다. 이에 따라 공공과 민관의 부처별 연계와 협력을 넘어 통합적인 아동복지 서비스의 재접근이 요구된다. 여러 부처에서 산발적으로 추진되고 있는 아동복지 정책 관련 행정서비스를 통합하여 아동 생애주기에 따른 복지서비스체계 구축과 지역별 편차를 해소하고 아동의 권리가 보장되는 효율적 행정체계의 기틀 마련이 필요하다.

현대사회는 복합적인 사회문제와 다양한 복지 욕구를 지니고 있어, 사회의 비형평성과 역동성, 자기 조직성 등이 강조되고 있다. 단순하고 기계론적 패러다임에서 벗어나, 복잡성 이론(Edgar Morin, 2007)을 적용하여 아동복지 행정을 이질적인 요소에서 분리될 수 없도록 복합적인 관점에서 재해석하여, 아동복지 행정서비스의 효과성과 효율성을 높이도록 해야 한다.

무엇보다도 중요한 것은 아동을 위한 아동복지 정책은 아동 권리와 복지, 아동 정책에 관한 정보제공, 정책 수혜자인 아동과 이해관계자인 부모나 아동 전문가의 참여 활성화 증대, 그리고 민-관의 협력과 공조를 넘어 유기적인 생태계 거버넌스 체계를 구축하여 아동의 건강한 삶, 포용적이고 공평한 양질의 교육과 복지 증진이 요구된다(이병렬, 2019).

2) 아동복지실천의 발전 방향

"아동복지는 사회복지의 한 분야로서 사회복지사의 적극적 활동 분야이다"라는 확신을 가지고 전문적인 훈련과 다양한 경험을 쌓은 아동복지 전문가들에 의해 실천되어야 한다. 사회복지실천의 발달과정을 살펴볼 때, 개별사회사업 이론과 실천의 발달은 사회복지 전문직을 정립하는 계기가 되었으나, 지나치게 개인의 심리문제에 집착함으로써 모든 아동이 아닌 특정 아동의 보호에 집중하였다. 하지만 오늘날 아동복지는 장애아동과 비장애아동을 포함한 모든 아동을 대상으로 하고 있다. 이에 아동복지를 미시적 차원에서 거시적 차원까지 개인과 가족, 사회와 집단, 지역사회 등과 융합하고 협력하여 통합적으로 아동복지정책을 실천해야 한다.

(1) 아동권리에 입각한 실천

사람은 누구나 배가 고프면 밥을 먹고, 목이 마르면 물을 마시고, 가고 싶은 곳에 마음대로 갈 수 있다. 즉, 자기 행복을 위해 모든 환경을 자유롭게 누리며 활동하는 것을 '권리' 또는 '인권'이라고 부른다.

일반적으로 아동은 성인과 비교했을 때, 신체적 · 사회적 · 심리적으로 미성숙하므로 성인과 같은 권리를 주어야 한다는 생각에 동의하기 어려울 수 있다. 이를 주장하는 관점은 권리란 의무를 수반하는 것인데, 아동은 성인과 같은 권리주체로 인정하기 어렵다는 것이다(O'meill, 1992). 그러나 권리는 그 형태나 의미, 종류와는 관계없이 인간의 존엄성을 바탕으로 하며, 아동의 권리 역시 출생과 동시에 누리는 권리의 천부성 및 보편성을 근거로 한다.

아동의 기본 욕구는 잘 먹고, 잘 노는 것이다. 맛있는 음식을 먹고 또래와 즐겁게 뛰어노는 데 있어 어른들의 특별하고 지나친 개입은 필요 없다. 어른들은 아동이 잘 먹고, 잘 놀 수 있도록 잘 도와주면 된다. 하지만, 오늘날 아동권리 문제가 심각하게 대두되고 있는 것은 어른들의 이기심에 의한 '특별한 개입' 때문이다. 어른들의 개입을 강제하지 않으면 아동은 기본적인 욕구를 충족할 수가 없다. 이러한 문제점을 해결하기 위한 하나로 유엔 아동권리위원회는 '아동권리협약'을 발효했다. 유엔총회에서 만장일치로 채택된 아동권리협약은 전 세계 196개 국가가 비준하며 그 위상을 공고히 했고, 한국도 1991년에 아동권리협약을 비준한 이후 아동권리 존중, 보호, 실현을 위한 책무를 부담해 왔다. 1996년 이스탄불에서 개최된 제2차 유엔인간정주회의(HABITAT II)에서 각 도시가 모두에게 살기 적합한 곳으로 거듭나야 한다는 데에 결의하였으며, 특히 아동의 안녕은 건강한 도시, 민주적 도시, 나아가 굿 거버넌스의 궁극적 지표임을 선언하였다(유니세프 한국위원회, 2022). 각 지역 및 국가적인 차원에서 적용될 수 있도록 지방자치단체의 거버넌스, 법적 체계, 예산을 재정비할 뿐만 아니라 아동권리를 널리 알리고 나아가 그 지방자치단체의 정책과 시스템이 아동권리보장을 위해 제대로 작동하고 있는지 확인하는 아동권리영향평가를 시행하는 것도 고려하고 있다. 아동정책에 관한 쟁점을 결과 중심에서 과정 중심으로 재정비하는 것이다(송상현, 2018).

아동의 안녕과 성장을 위한 사회적 노력을 기울인다는 것은 내 권리뿐 아니라 다른 사람의 권리를 보호하는 데도 이바지하는 것이며, 각각의 아동의 개인적·공동체적 발전을 공고히 하고, 다양성을 중요시 한다. 더불어 배움을 실천하고 교육과 정서적 발달을 공유하며 쾌적하고 안전한 생활환경, 보호자의 역할, 아동이 참여할 수 있는 사회 활동과 건강, 문화, 스포츠, 그리고 시민권 등의 다양한 가치들이 반영될 수 있도록 아동과 관련한 모든 측면을 총체적으로 고려해야 한다. 단 한 명의 아동도 소외시키지 않겠다는 국제사회의 슬로건처럼, 우리의 공공서비스도 단 한 명의 아동도 포기하지 않고 모든 아동이 권리가 충분히 보장되는 환경 속에서 성장할 수 있도록 그 책임을 다해야 할 것이다(송상현, 2018).

(2) 보편적 서비스 실천

복지제도 개편의 논의 중에 주목할 점은 복지제도의 주요 수혜 대상이 과거에는 저소득층에 국한되어 논의됐지만, 최근에는 복지제도의 주요 수혜 범위가 중산층 이상의 소득계층에도 확대되고 있다는 점이다. 이러한 측면에서 아동복지 역시 기존의 선별주의적이고 잔여주의적이었던 방식에서 벗어나 보편적 복지 성격의 서비스가 제공되어야 한다는 주장이 강조되고 있다(최선경, 2019).

하지만 국내 초등학교에 다니는 아동에 대한 돌봄은 서비스 유형에 따라 자격요건을 두어 이용을 제한하고 있다. 하지만 요건을 충족함에도 불구하고 공급부족으로 돌봄서비스를 이용하지 못하는 수요자(아동)가 발생하는 구조이다. 현 아동돌봄서비스 이용 실태와 요구도, 돌봄 공백 현황을 조사한 결과를 보면, 학교돌봄서비스 미이용자와 지역사회돌봄서비스 미이용자의 각 47.7%, 63.0%가 잠재적인 미충족 수요자인 것으로 나타났다(김은정 · 장수정, 2021). 또한 맞벌이 가구는 평일 오후 돌봄 공백을 해소하는 데 어려움이 있고, 방과 후에 돌봄 공백(혼자 있음)을 경험하는 아동은 21.7%이며, 저학년, 맞벌이 가구뿐만 아니라 고학년, 홑벌이의 경우에도 돌봄 공백 해소에 어려움이 있는 것으로 나타났다(김은정 · 장수정, 2021).

따라서 중 · 장기적으로 서비스 제공 대상을 공급할 수 있는 제한된 수요자 중심에서 잠재적 수요자를 포괄하는 보편적 서비스로 전환할 필요가 있다. 이용자격에 대한 제한을 최소화하고 보편적 공급구조 내에서 이용자 특성에 따라 차별화된 지원이 이루어질 필요가 있다.

(3) 지역사회 중심의 아동복지 강화

최근 국가의 책임을 강조하는 방향으로 등장한 제도 중 하나가 지역사회 통합돌봄(community care)이다. 이는 지역사회의 다양한 주체들이 역할을 분담하고 돌봄이 필요한 주민이 살던 지역에서 개개인의 욕구에 맞는 복지서비스를 누리고,

함께 살던 이웃들과 어울려 사회적 유대를 강화할 수 있도록 한다는 개념을 가지고 있다. 즉, 주거와 보건의료, 돌봄과 요양, 그리고 일상생활까지 지역사회 안에서 최대한 누릴 수 있도록 돕는 것이다.

이 개념은 1960년대 이후부터 영국, 미국 등 선진국에서 발전되어 왔는데, 이는 지역사회를 기반으로 공공기관, 민간기관, 그리고 가족이 함께 참여하는 다원주의 복지서비스를 강화한 것이다. 이러한 지역사회 통합돌봄은 지역사회의 기초 단위인 가족 중심적 접근이나 서비스로서 우리나라에서도 재가복지라는 새로운 개념의 서비스가 중요한 정책과제로 등장한 후 시행 확대하여 운영되고 있다(김용득, 2018).

최근 공동체(community)의 개념이 새로워지고 있다. 개인의 자율성을 보장하고 삶의 질의 향상이 이루어지는 것은 지역사회 공동체가 결합할 때만 가능하다. 그래서 작은 공동체, 작은 네트워크 안에서 개개인의 효능감 등이 중요하다는 것이 강조되어야 한다.

그리고 사회서비스의 가장 기본적인 돌봄이 필요한 사람들을 제외하고 대부분 지역사회 공동체 안에서 삶의 의미를 찾을 수 있도록 도와주는 돌봄서비스가 앞으로 많이 도입되어야 할 것이다. 이에 따라 아동복지현장의 인력양성에 관해서도 재조명이 필요할 것이기에 현재의 인력양성 시스템의 적절성에 관한 성찰을 해야 한다. 그리고 지역 사회적으로 접근하기 위해서 무엇보다 제3섹터, 즉 지역사회 주민의 역할을 강화하고 성장시키는 것이 필요하다. 한국 사회서비스의 혁신은 실제로 이들 섹터에서 많이 나왔다. 예를 들면, 한국의 자활사업도 지역에서 시작되었던 활동들이 자활사업으로 제도화되었다. 민간의 혁신을 기대하려면 지역사회 주민의 제3섹터 역할을 격려하고 북돋는 정책이 필요하다.

사회서비스의 앞으로의 방향은 무엇보다도 개개인 각자가 의미 있는 삶을 누릴 수 있고, 스스로 의미 있는 삶을 찾을 수 있도록 도와주는 것이며, 이러한 과정이 지역사회 공동체와 결합하여야 할 것이다.

(4) 질적인 아동복지 실현을 위한 재원분담체계

저출산·고령화로 인해 인구구조가 변화하고 있으며, 비수도권 지역의 인구는 지속해서 감소하는 추세[1]이다. 이러한 저출산·고령화 및 인구 감소에 대응하기 위해 중앙정부 및 지방자치단체는 다양한 정책을 추진하고 있으며, 특히 사회복지 분야의 사업들이 급격하게 증가하고 있다. 최근 추진되고 있는 사회복지사업들은 기존에 관심을 가졌던 소득과 건강 관련 위험에 대응하기 위한 잔여적 복지사업뿐만 아니라 모든 국민을 대상으로 한 생애주기별 맞춤형 서비스가 다양한 형태로 확대되고 있다(이재원 외, 2017). 이러한 사회복지사업은 유형 및 정책 대상에 따라 다양한 특성이 있으므로, 사회복지사업의 효율적이고 안정적인 운영을 위해서는 사업의 양적·질적 변화에 상응하는 운영체계 및 공급방식에서의 변화도 필요하다. 특히 대부분 사회복지사업이 국고보조사업 형태로 수행된다는 점을 고려할 때, 중앙－지방(광역, 기초) 간 합리적 재원 부담 기준을 설정하고 비효율적인 서비스 전달체계를 개선하기 위한 노력이 무엇보다 중요할 것으로 판단된다.

최근에는 사회복지 국고보조사업의 다양한 정책 영역 중에서 특히 보육을 포함한 아동복지 분야의 중요성이 증가하고 있다. 저출산·고령화의 급속한 진행으로 인해 인구 감소 문제가 중요하게 대두되고 있으며, 인구 감소 문제[2]를 해결하기 위해 보육 및 아동 관련 사업들이 확대되고 있다(홍근석·임정빈, 2021). 현재는 보육서비스를 포함하여 돌봄지원사업 분야에 가장 많은 예산이 지원되고 있으며,

---

1) 강원, 전북, 전남, 경북, 경남 등 비수도권 지역의 2017년 인구는 1990년 대비 약 3만 명 감소하였다. 그리고 우리나라의 지역소멸위험지수는 보통 단계에서 2017년 이후 주의 단계로 악화하여, 일부 지방자치단체는 존립 자체를 걱정해야 하는 상황에 이르렀다. 또한 대부분의 소멸 위험지역은 재정력이 열악하므로, 인구와 재정 측면에서 모두 어려움을 겪고 있다(홍근석, 2019).

2) 통계청의 장래인구추계에 따르면 우리나라 인구는 2031년 5,296만 명으로 정점을 찍은 후 2032년부터는 인구가 감소하는 마이너스 인구성장을 시작할 것으로 전망되고 있다. 인구구조 측면에서도 우리나라의 경우 2017년부터 생산가능인구 감소가 시작되었으며, 노인인구 비율이 유소년 인구 비율을 초과하는 '인구지진(age quake)' 현상이 나타나기 시작하였다. 우리나라의 생산가능인구비율은 2015년 73.4%에서 2045년 54.3%까지 감소할 것으로 전망되고 있지만, 노인인구 비율은 2015년 12.8%에서 2045년 35.6%에 이를 것으로 전망된다.

향후 아동수당 등 현금지원으로 인한 지방자치단체의 재정부담도 매우 증가하였다(홍근석 · 임정빈, 2021). 따라서 재원 마련의 고민과 함께 과연 이러한 현금지원제도가 가장 적합한 것인가에 대한 타당성 진단이 필요하다. 일각에서는 현금지원보다는 현물지원, 예컨대 아동을 위한 서비스 지원 등이 더 효과적이고 실효성 있다는 주장을 염두에 두고 신중한 판단을 해야 할 것이다. 현금지원이든 현물지원이든 정부는 아동을 위해서 뚜렷하고 확실한 예산지원을 대폭 확충해야 한다. 아울러 지방정부의 아동정책예산 확충과 아동 관련 사업역량이 강화되어야 한다. 지방자치단체에서 아동복지 예산은 다른 예산에 우선순위가 밀려서 미미한 수준에 불과하다. 예산 확충 시 연령 간 과도한 불균형을 시정하도록 하고 아동정책이 연속성 있게 수행될 수 있도록 해야 한다. 현재 제공되고 있지 못한 정책의 사각지대를 발굴하여 (특히 중학생을 위한 복지) 아동의 건강한 성장발달에 투자가 되어야 한다.

또한 아동복지 분야 국고보조사업은 모두 중앙과 지방이 공동으로 사업을 수행하고 비용을 분담하는 방식으로 규정되어 있다. 그러나 국고보조사업의 성격에 따라 중앙정부와 지방자치단체가 사업수행에 필요한 비용을 전담하는 방식으로 전환하기 위한 노력이 필요하다. 즉, 현재와 같은 공동사무 성격의 국고보조사업 방식은 중앙정부와 지방자치단체 모두 해당 사업에 대한 자율성과 책임성을 갖기 어려운 구조이다. 따라서 영유아보육료, 아동수당과 같은 현금성 복지사업의 경우에는 단계적으로 기준보조율을 상향 조정하여 궁극적으로는 중앙정부가 전담하도록 하고, 돌봄서비스와 같은 사회서비스 사업의 경우에는 지역의 특수성을 반영하여 자율적으로 운영할 수 있도록 지방이양을 추진할 필요성이 있다.

(5) 실천을 위한 아동복지사의 전문성

복지서비스의 품질에 영향을 미치는 요인은 제공기관의 비전, 조직, 재정, 지역지역사회와의 관계 등 다양하지만, 결국, 사전에 서비스를 기획하고 대상자와 직접 만나 소통하고 서비스를 제공하는 아동복지사의 전문성이 가장 중요하다고 할 수 있다. 그런데도, 아동복지실천은 매우 다양한 대상자와 세팅, 제공자, 방법, 재원 등이 존재하기 때문에, '아동복지의 업무와 전문성은 이것이다'라고 하는 것은 각 영역의 전문성을 간과하고 단순화하는 위험성을 가지고 있다고 할 수 있다. 이러한 이유로 인해 현행 아동복지현장에 대한 평가체계는 각 기관의 산출물 중심의 평가와 기관 인증으로 수행될 수밖에 없는 것으로 판단된다. 하지만 아동복지 서비스 질 향상을 위해 서비스 공급체계에서 매우 중요한 위치를 차지하고 있는 '아동복지사'에 대한 관심은 이제는 미루어져서는 안 되며, 따라서 거친 수준에서나마 아동복지사의 업무 및 전문성에 관하여 정리하는 것이 요구된다.

지역사회에서 아동복지 정책의 전달을 담당하는 인력 중 특히 공공기관의 인력은 주로 지방자치단체 내 일반 행정직 공무원이라고 볼 수 있다. 이는 지역단위일 경우 조직규모의 한계로 인하여 대상별 담당 부서나 담당자가 확립되기 어려운 측면이 있기 때문으로 보인다. 그러나 아동정책의 전문성이 부족한 인력은 중앙에서 전달되어 오는 지침과 사업 내용만 사업대상자에게 업무 내용을 전달하는 단순한 기능만 담당하기 쉽다. 즉, 이들의 역량은 지역사회 아동서비스정책을 조사하고 제안하며, 사업기관별 협력과 연계를 도모하거나 사업 결과의 피드백을 제공하는 등 적극적인 아동정책 조정자의 역할을 하기에는 미흡하다(이병렬, 2019). 이런 경우, 민간기관의 자율성과 창의성으로 형성된 아이디어들은 자칫 사장될 수 있으며, Top-down 식의 전달 구조가 지속될 수 있다. 또한 지역의 아동 특성에 부합하는 아동정책을 고찰하고 기획하며 평가하기 어려운 수동적 역할자로서 해야 할 역할로만 그치므로 관련 사업이 전체적으로 정체되거나 발전되지 못하는 단점이 있을 수 있다. 따라서 지역 내 아동복지 인력의 전문성을 강화하도록 하고, 더불어 아동복지 분야에 전문성 있는 인력이 확대되어야 할 것이다.

참고문헌

가계금융 · 복지조사(2021). 한부모가족의 평균소득.

강성률 · 박병성 · 이정미 · 최귀숙(2015). 한부모가정 아동 · 청소년의 우울과 스트레스가 생활만족도에 미치는 영향 -가족관계와 지역사회지지의 다중매개효과. **한국학교사회복지학회, 32**, 137-157.

강순희 · 손수민 · 윤매자 · 한서연 · 황현숙(2020). **영유아발달**(제2판). 창지사.

강예원(2017). 『샬롯의 거미줄』에 나타난 윌버의 생애주기.-에릭슨의 심리사회발달 8단계의 관점에서-. 대진대학교 교육대학원 석사학위논문.

강혜규 외(2021). 한국보건 · 복지의 역사적 성찰과 정책패러다임 전환기의 과제. 한국보건사회연구원 연구보고서.

경기도 보육교사연합회(2021). **보육교사 장기미종사자 교재**. 양성원.

경기복지재단(2019). 2019년 경기도 빈곤실태 분석연구.

경찰청(2020). 통계자료. 실종아동 · 장애인 발생 및 가족 복귀(2020. 12. 31. 기준).

고윤수(2021). 한국 아동학대 예방정책의 개선방안 : 아동보호체계 공공화를 중심으로. 교정복지연구.

공계순 · 박현선 · 오승환 · 이상균 · 이현주(2010). **아동복지론**. 학지사.

______________________________(2019). **아동복지론**(제5판). 학지사.

곽노의 · 김경철 · 김창복(2004). **유아교육개론**. 학지사.

곽형식 · 백경숙 · 김민정 · 김혜금 · 김혜영 · 박희현(2013). **아동복지론**. 공동체.

교육부(2018). 온종일 돌봄체계 구축 · 운영 계획.

______(2020). 2020년 탈북학생 통계현황(2020. 4. 30. 기준).

______(2021). 탈북청소년교육지원센터 운영사업 12차년도 결과보고서. 한국교육개발원.

______(2022a). 다문화교육 지원계획. 교육부.

______(2022b). 특수교육통계.

구자헌(1969). **아동복지**. 한국사회복지연구소.

구현아 · 백혜정 · 안효금(2010). 요보호아동 가정위탁 서비스 개선방안에 관한 연구. 경기도가족여성연구원.

구효진(2009). 농어촌 다문화가정 유아의 언어, 인지, 사회-정서발달 수준과 공격성의 구조모형분석. **유아특수교육연구, 9**(3), 1-21.

국가인권위원회(2016). 인권의 첫걸음. 인권강사 양성과정 자료집, 25-26.

권진숙 · 박지영(2011). **사례관리의 이론과 실제**(제2판). 학지사.

권회연 · 이미숙 · 전병운(2010). 다문화가정 아동의 언어발달에 관한 연구 문헌 분석. **한국지체 · 중복 · 건강장애교육학회, 53**(4), 283-306.

김고연주(역)(2022). **너의 권리를 주장해 : 어린이 청소년을 위한 인권 가이드**. Amnesty International, Jolie, Angelina 외 1명(저). 창비.

김문기(2020). 소년범죄와 소년법 개정논의에 대한 고찰, 영산대학교 법무경영 대학원 연구보고서.

김명희(2008). **아동복지론(개정)**. 교문사.

김미숙(2007). 정부내 바람직한 아동정책 수행체계 개발. 보건복지부 · 한국보건사회연구원 정책보고서 2007-14.

______(2016). 아동안전 현황과 손상 예방전략. 한국보건사회연구원. **보건복지포럼, 통권 제233호**, 44-41.

김미정(2006). 아동상담에서의 저항 관련 변인. 가톨릭대학교 대학원 박사학위논문.

김석준 · 김현호 · 박주현 · 시옥진 · 오선영 · 이범석 · 이화명 · 정미현(2018). **아동권리와 복지**. 양서원.

김선숙(2021). 아동이 행복한 사회, 계층 간 차등 없는 돌봄이 보장되는 사회. 『KDI』 경제정보센터 나라경제 특집. MAY 2021 VOL. 366.

김성경 · 김혜영 · 최현미(2009). **아동복지론**. 양서원.

김승권 · 고은주(2009). UN 아동권리협약 이행 모니터링 사업 결과보고서. 한국보건사회연구원 · 보건복지부.

김영종(2008). 사회복지 전문직의 원인론(etiology) 분석과 정체성에 관한 연구. **사회과학연구, 24**(3), 83-102.

김용득(2018). 탈시설과 지역사회중심 복지서비스 구축, 어떻게 할 것인가? : 자립과 상호의존을 융합하는 커뮤니티 케어. **보건사회연구, 38**(3), 492-520.

김은정 · 장수정(2021). 초등대상의 공적 돌봄서비스 이용분석; 보편적 서비스 관점에서. **한국가족사회복지학, 67**(2), 31-59.

김인경(2021). 양부모가족에서 한부모가족으로의 가족 유형변화와 아동의 발달. KDI정책포럼 282호.

김일옥 · 김경애 · 김영애 · 김종석 · 김호년 · 손현숙(2012). **아동건강교육**. 양서원.

김일옥 · 이정은(2012). **아동안전관리**. 양서원.

김정래(2002). **아동권리향연**. 교육과학사.

김종옥 · 권중돈(1993). **집단사회사업방법론**. 홍익재.

김창윤(2019). **범죄학과 형사사법체계론**. 박영사.

김채운 · 소애영 · 김은주(2020). 빈곤가정 아동의 위기 영향요인. **가정간호학회지, 27**(1), 42-52.

김평화 · 윤혜미(2013). 아동학대가 아동의 정서결핍과 공격성에 미치는 영향. **한국아동복지학, 41**, 217-239.

______(2020). 다문화청소년의 문화적응스트레스가 자아존중감을 매개로 삶의 만족도에 미치는 영향 : 다변량 잠재성장모형을 활용한 종단매개효과 검증. **청소년학연구, 27**(1), 25-53.

김현식(2013). 부모이혼이 자녀성장에 미치는 영향. 보건 · 복지 Issue&Focus. 제175호 (2013-05). 한국보건사회연구원.

남세진 · 조흥식(1997). **집단지도방법론**. 서울대학교출판부.

노충래 · 정익중 · 강현아 · 오승환(2015). 아동보호서비스 매뉴얼 개발 연구. 보건복지부, 이화여자대학교 산학협력단.

노충래 · 정익중 · 전종설(2012). 아동학대 조기발견체계 구축을 통한 아동학대 발생방지 방안. 법무부.

노혜련 · 김미원 · 조소연(2015). **아동복지론**. 학지사.

______(2021). **아동복지론**. 학지사.

노혜련 · 조소연(2016). 원가정 지원 원칙 : 우리나라 대안양육 서비스에서의 실현 현황과 개선방안. **아동과 권리, 20**(2), 223-255.

대검찰청(2021). 범죄분석.

대한민국정부(2017). 제5 · 6차 유엔아동권리협약국가보고서.

도미향(2011). **보육학개론**. 신정.

도미향 · 남연희 · 이무영 · 변미희(2011). **아동복지론**. 공동체.

______(2013). **아동복지론**. 공동체.

______(2019). **아동권리와 복지**. 공동체.

라인숙(2014). 입양모가 자녀 양육과정에서 경험하는 심리적 현상 연구. 백석대학교 기독교전문대학원 박사학위논문.

문선화 · 구차순 · 박미정 · 김현옥(2009). **한국사회와 아동청소년복지**. 양서원.

민수홍(2018). 청소년 범죄 추이와 형사사법기관의 대응. 한국의 사회동향 2019. 통계청 통계개발원, 313-322.

박경숙 · 양 수 · 현혜진 · 김지수(2008). 경기도 위스타트 사업을 위한 미취학 빈곤아동 건강 및 양육 실태. **한국모자보건학회지, 12**(1), 104-115.

박근주 · 서혜선 · 노성향 · 강경민 · 이상혁 · 오현주(2019). **4차 산업혁명 시대 조직 증진을 위한 보육교사론**. 어가.

박미경 · 조민효(2018). 보육정책과 서비스 품질, 서비스 성과 간의 관계 : 한국정책학회, 동계학술대회 자료집.

박석돈 · 김만호 · 성희자 · 이애재 · 신원식 · 배성우 · 남영옥 · 명선영 · 임성옥 · 이옥희 · 김수정 · 손지아 · 권신영 · 박순미(2012). **사회복지개론(개정)**. 양서원.

박순길 · 권순황 · 김현진 · 선애순 · 한재금(2017). **아동상담**. 양서원.

박정란 · 서홍란 · 장수한(2016). **청소년복지(개정)**. 양서원.

박정윤 · 박현지(2021). 다문화 청소년의 이중언어능력이 자아존중감에 미치는 영향 : 부모 지지의 매개효과를 중심으로. **성결대학교 다문화평화연구소, 15**(2), 157-181.

박현수 · 김준호(2008). 비행청소년집단의 특성이 비행에 미치는 영향. **한국청소년연구, 19**(1), 327-356.

배태순(1996). 현대사회에서의 성공적인 입양의 요건은 무엇인가?. **연세사회복지연구, 3.**

백선재(2011). 음악치료 기법을 적용한 음악감상 수업 지도 방안 연구. 조선대학교 교육대학원 석사학위논문.

백수정 · 정익중(2018). 아동학대가 청소년 온라인/오프라인 비행에 미치는 영향 : 누적위험요인의 매개효과를 중심으로. **청소년복지연구, 20**(1), 235-253.

백해정 · 황혜정(2005). 초등학생의 문제행동에 영향을 미치는 부모관련 변인 및 자아관련 변인에 관한 연구. **한국심리학회지, 19**(3), 1-27.

법무연수원(2021). 범죄백서.

보건복지가족부(2010). 2010년 사례관리사업 안내.

보건복지부(2012). 희망복지지원단 업무안내.

__________(2016). 제1차 아동정책기본계획.

__________(2017). 2018년 드림스타트 사업안내.

__________(2019). 2019년 장애등록심사 규정집(보건복지부 고시 제2019-117호).

__________(2020). 지역사회 통합돌봄 자체 추진 가이드북. 보건복지부 커뮤니티케어추진단.

__________(2020a). 2020년 입양실무 매뉴얼.

__________(2020b). 2019년 가정위탁보호 현황보고서.

__________(2020c). 2020년 장애인실태조사.

__________(2020d). 보육통계(2020. 12. 31. 기준).

__________(2020e). 전국지역아동센터 통계조사보고서(2020. 12. 31. 기준).

__________(2021a). 2021년 아동분야 사업안내.

__________(2021b). 2021년 아동보호서비스 업무 매뉴얼.

__________(2021c). 2020년 아동학대 주요통계.

__________(2021d). 2021년 보육통계(2021. 12. 31. 기준).

__________(2021e). 보건복지부 보도자료, 2022년 기준 중위소득 및 생계 · 의료급여 선정기준과 최저보장수준. 보건복지부고시 제2021-211호.

_________(2021f). 아동복지시설현황(2021. 12. 31. 기준).

_________(2022a). 2022년 아동분야 사업안내.

_________(2022b). 드림스타트 사업안내, 필수 · 맞춤 서비스 제공에 활용 가능한 공공서비스.

_________(2022c). 보육사업기획(가정양육수당).

_________(2022d). 첫 만남은 달라도, 함께 걸어갈 우리 가족. 보건복지부 보도자료(2022. 5. 11).

_________(2022e). 4월부터, 만 7세 아동도 아동수당 받아요!. 보건복지부 보도자료(2022. 4. 22).

보건복지부 · 아동권리보장원(2022). 2022년도 드림스타트 사업안내.

보건복지부 · 아동자립지원단(2016). 보호종결아동 자립실태 및 욕구조사.

서강훈(2013). **사회복지 용어사전**(사회복지사를 위한, 개정판). 아담북스.

서보준 · 김우호 · 박선태 · 이정미(2013). **아동복지론**. 공동체.

서지연(2020). 목표달성척도 활용의 효과에 대한 평가 : 통합사례관리 이용자를 대상으로. 가톨릭대학교 사회복지대학원 석사학위논문.

서울시교육청(2021). 2021 서울 초등돌봄교실 운영 길라잡이.

성영혜 · 김연진(2001). **아동복지**(제4판). 동문사.

___________(2003). **아동복지의 이론과 실제**. 동문사.

성정현 · 우국희 · 최승희 · 임세희 · 김희주(2020). **가족복지론**. 양서원.

송근원 · 김태성(1995). **사회복지정책론**. 나남출판.

송민영 · 박현선(2017). 부모의 학대 및 방임이 아동의 비행행동에 미치는 영향. **사회과학연구, 28**(4), 195-215

송상현(2018). 행복한 아동을 만드는 사회; 유엔아동권리협약을 중심으로. 한국보건사회연구원. **보건복지포럼**, 259, 2-5.

송영혜 · 정은희(1998). 형제 놀이를 이용한 ADHD아동들의 놀이치료 사례. **놀이치료연구, 2**(1), 99-120.

송주미(1998). 한국 아동복지관의 변천과정 연구 : 정책분석을 중심으로. 숙명여자대학교 대학원 박사학위논문.

_____(2006). **아동복지론**. 창지사.

신갑숙(2015). 한국 보육정책 분석 및 발전 방안 연구. 서울기독교대학교 대학원 석사학위논문.

신숙재(2017). **영유아 놀이의 이론과 실제**. 창지사.

신숙재 · 이영미 · 한정원(2000). **아동중심 놀이치료**. 동서문화원.

안병수 · 박유빈(2022). "교내 차별 너무 힘들어요"… 학업중단 30%가 '부적응' [학교 밖 떠도는 다문화 청소년들]. 세계일보(2022. 2. 22).

양돈규(2013). **심리학사전**. 박학사.

양유진 · 강은영 · 강지원 · 고은지 · 김미진 · 김민희 · 김준희 · 김현진 · 김혜심 · 오인정 · 윤성경 · 윤정숙 · 이시종 · 이혜정 · 정애련 · 한승의 · 하현정(2021). 보육교사 일반직무교육(기본과정). 공동체.

양은별 · 김지혜 · 정익중 · 이정희(2017). 진학이 아닌 취업을 선택한 시설퇴소청소년의 경험. 청소년복지연구, 19(4), 133-158.

엄명용 · 노충래 · 김용석(2007). 사회복지 실천기술의 이해. 학지사.

여성가족부(2020). 청소년백서.

__________(2021). 청소년백서.

__________(2022a). 2021년 한부모가족 실태조사.

__________(2022b). 한부모가족지원사업 안내.

__________(2022c). 국무조정실 보도자료(2022. 2. 24).

여성가족부 · 복권위원회(2022). 2022년 한부모 · 조손가족 복지서비스 안내.

여성가족부 청소년 가족정책실 가족지원과(2022). 저소득 한부모가족 및 조손가족 복지급여.

여유진(2018. 5). 아동빈곤의 현황과 정책과제, 보건복지포럼.

오승환(2016). 다문화가족 청소년의 우울에 영향을 미치는 요인분석. 한국지역사회복지학, 56, 1-27.

오정수(2006). 세계의 아동복지서비스. 나눔의집.

오정수 · 류진석(2022). 지역사회복지론(제5판). 학지사.

우성훈(2021). 21년 청소년범죄 · 학교폭력 분석 및 대응강화 계획. 부산경찰청 여성청소년과 내부자료.

유니세프한국위원회(2021). 유엔아동권리협약.

유미숙 · 이영미 · 장미경(1999). 놀이치료 : 아동중심적 접근. 상조사.

유승희(2020). 한국인 부와 외국인 모로 구성된 다문화가정 청소년의 자아존중감, 자아탄력성, 문화정체성이 문화적응 스트레스에 미치는 영향에 관한 연구. 다문화와 평화, 14(1), 134-158.

유지민(2003). 아동의 권리 인식 및 공감과 권리 옹호와의 관계. 숙명여자대학교 대학원 석사학위논문.

윤매자(2010). 영유아권리존중 보육에 관한 자율장학의 효과와 의미. 숙명여자대학교 대학원 박사학위논문.

______(2019). 보육교사(인성)론. 양성원.

______(2020). 아동권리와 복지. 양성원.

윤매자 · 백은영 · 신혜경 · 이찬숙 · 이희정 · 주현경(2012). 보육학개론. 양서원.

윤매자 · 신혜경 · 주정현(2016). 아동복지론(개정). 양서원.

______________________(2017). 아동복지론(제3판). 양서원.

윤매자 · 하수연 · 정연옥 · 안창희 · 김정희(2022). **보육교사 장기미종사자 직무교육**. 공동체.

윤형덕 · 임 준 · 김태균(2020). 다문화 청소년의 가족지지, 학교생활적응, 삶의 만족도가 성취동기에 미치는 영향, **효학연구, 32**, 51-75.

은주희 · 임고운(2019). 2019 청소년부모 생활실태 조사 및 개선방안 연구. 아름다운재단 · (사)미혼모지원네트워크.

이 강(2013). 지역사회에서 위기 가족을 위한 통합사례관리 실천모델 디자인과 개발. 한림대학교 대학원 박사학위논문.

이경숙 · 신의진 · 박영숙 · 장은진 · 정은정 · 정석진(2014). **영유아 정신건강 및 발달장애**. 양서원.

이배근(2006). **세계의 아동복지**. 유니세프 보고서.

이병렬(2019). 아동복지를 위한 행정의 효율적 통합관리 방안. 국회보건복지위원회.

이상문(2018). 비행 친구가 비행에 미치는 영향 : 성과 이성 친구의 차이. **한국범죄학, 12**(2), 47-71.

이상정 · 류정희 · 김지연 · 김무현 · 김지민(2019). 가정 외 보호 아동의 자립 준비 실태와 자립지원 체계 개선 방안 연구. 한국보건사회연구원.

이선경 · 허정문(2021). **스마트 치료의 이론과 실제**. 위즈덤랩.

이선우 · 박현선 · 이채원 · 이경숙(2013). 다문화가정 유아의 심리사회적변인 특성 : 언어발달, 인지발달, 사회성, 모-아 상호작용. **영유아아동정신건강연구, 6**(1), 27-56.

이영환 · 고선옥 · 김경신 · 김정희 · 이수재(2016). **아동안전관리**. 창지사.

이용주 · 조숙영 · 김정희(2020). **아동권리와 복지**. 공동체.

이은영(2009). 소년강력범죄의 원인과 대책에 관한 연구. 동국대학교 대학원 석사학위논문.

______(2012). 소년강력범죄의 원인 및 현상에 관한 고찰. **범죄와 비행, 2**(0), 65-82.

이은주(2015). 아동학대 보호체계의 변화와 개선방안. **한국가족복지학, 20**, 79.

이장호(1992). **상담심리학 입문**(제2판). 박영사.

이재연 · 박은미 · 황옥경 · 김형모 · 이은주 · 강현아(2008). **아동복지론**. 학지사.

이재연 · 황옥경 · 강현아 · 서영숙 · 이완정 · 구은미 · 정선아(2018). **아동권리와 복지**. 창지사.

이재완 · 최영선(2006). **세계의 아동수당제도**. 양서원.

이재원(2017). [지방재정분권 정책토론회] 지방재정 자율성 확대를 위한 국고보조금제도 개편과제 中 정책과제 : "중앙-지방 간 재정 협치 체계 구축해야 한다". **월간 주민자치, 74**, 101-107.

이정림 · 구자연 · 최윤경 · 정정호(2020). 사회적 격차 해소를 위한 빈곤가정 영유아 양육지원 방안연구(Ⅱ). 육아정책연구소.

이한우 · 정정란(2013). **아동복지론**. 양서원.

이향숙 · 김경우 · 오영림 · 윤매자 · 이희정 · 정선화 · 조수정(2017). **정신건강론**. 양서원.

이훈재(2014). 소년범죄의 실태 및 동향, **소년보호연구, 27**(0), 199-228.

임선아(2015). 아동학대 피해가 심리사회적 적응을 매개하여 비행행동에 미치는 영향 : 가족소득의 조절효과. **한국아동복지학**, (50), 85-108.

임은주(2021). 입양부모의 미술치료 사례연구. 평택대학교 대학원 박사학위논문.

임은주 · 이근매(2021). 입양가족에 대한 국내 연구동향. **정서 · 행동장애연구, 37**(3), 49-66.

장수한(2020). **청소년문화론**. 공동체.

장인협 · 오정수(1993/2001). **아동 · 청소년복지**. 서울대학교출판부.

__________(1999). **아동 · 청소년복지론**. 서울대학교출판부.

장혜림 · 정익중(2012). 부모의 양육태도가 자아존중감을 매개로 청소년의 친사회적 행동과 공격성에 미치는 영향. **한국가족사회복지학회, 40**, 33-61.

장혜영(2022). 아동학대의 법적 규율 : 캐나다의 법제에 관한 비교법적 고찰. 서울대학교 대학원 박사학위논문.

장호진(2015). 영유아 보육정책의 개선방안에 관한 연구. 대진대학교 법무행정대학원. 석사학위논문.

전남련 · 김재환 · 이효수 · 박혜경 · 전대성 · 양경희 · 유수정 · 정아란 · 정연희 · 현영렬(2011). **아동복지**. 정민사.

전남련 · 권인양 · 한혜선 · 송영선 · 황연옥 · 김경신 · 홍은미 · 김선애 · 엄영숙(2014). **아동건강교육**. 정민사.

정순둘(2005). 노인의 공식 비공식 사회지지 체계와 사례관리 전략. 서울신학대학 기독교사회복지연구소, **기독교사회복지, 제6호**.

정영숙 · 김영희 · 박범혁(2001). **아동발달과 부모교육**. 시그마프레스.

정옥분(2013). **아동발달의 이해**(개정). 학지사.

정옥분 · 정순화 · 손화희 · 김경은(2016). **아동권리와 복지**. 학지사.

정용부 · 고영인 · 신경일(2003). **아동생활지도와 상담**. 학지사.

정은희 · 최새은 · 이상균 · 하태정(2013). 우리나라 아동빈곤의 특성. 한국보건사회연구원.

정익중(2006). 자아존중감과 청소년비행 간의 상호적 영향. **사회복지연구, 31**, 133-159.

정익중 · 박현선 · 구인회(2006). 피학대아동이 비행에 이르는 발달경로. **한국사회복지학, 58**(3), 223-244.

정익중 · 오정수(2021). **아동복지론**. 학지사.

주정일 · 이소희(2003). **아동복지실천론**. 교문사.

질병관리청 · 국가건강정보포털(2022a). 불안장애.

________________(2022b). 조현병.

최경란 · 홍지영(2018). 다문화가정 청소년의 부모애착과 학교적응의 관계에서 문화적응 스트레스의 매개효과. **한국청소년연구, 29**(1), 347-374.

최 선(2013). 노인의 미술교육에 대한 요구조사-생애주기별 미술교육의 관점을 중심으로-.국민대학교 교육대학원 석사학위논문.

최선경(2019). 지방정부의 아동친화 도시 조성을 위한 아동권리 강화 방안; 보편적 복지로서의 아동복지패러다임의 변환. **문화기술의 융합(JCCT), 5**(2), 313-319.

최선영(2013). 심리적 특성과 학교적응도가 비행 청소년의 재범에 미치는 영향. 경기대학교 대학원 석사학위논문.

최순옥 · 윤난호 · 이주연 · 윤매자(2014). **방과후아동지도**. 태영출판사.

최순옥 · 윤난호 · 장수정 · 이주연 · 김은숙(2011). **아동복지의 이해**. 태영출판사.

최옥채 · 박미은 · 서미경 · 전석균(2010). **인간행동과 사회환경**. 양서원.

최용길(2019). 우리나라 입양제도의 개선방안에 대한 연구.

최정규 · 강정은 · 김수정 · 박보희 · 전미아 · 정병수 · 현소혜 · 김희진 · 이 샘(2018). 아동 · 청소년 인권보장을 위한 소년사법제도 개선 연구. 국가인권위원회 연구용역보고서.

최희진(2022). 다문화 청소년의 한국어 능력이 성취동기에 미치는 영향 : 학업 적응을 매개로. **다문화교육연구, 15**(1), 1-20.

통계청(2021). 인구동향조사. 통계청 보도자료(2021. 11. 8).

______(2022a). 입양 통계.

______(2022b). 2021년 장래인구추계를 반영한 내외국인 인구 전망 : 2020~2040년.

표갑수(2000). **아동청소년복지**. 나남출판.

하태선(2021). **청소년 문제와 보호**. 동문사.

하태정 · 강현아(2012). 가족 빈곤이 청소년의 심리사회적 적응에 미치는 영향-지역사회 환경과 부모 우울의 매개효과를 중심으로-. **한국아동복지학, 40**, 139-166.

한국대학신문(2022). 유소년 인구 500만 명대로 내려앉았다…학령인구 감소 충격(UNN : 2022. 3. 29. 기사)

한국보건사회연구원(2020). 2020년 빈곤통계연보.

________________(2021). 2021년 빈곤통계연보 정책자료. 2021-03.

한국보육진흥원(2022). 어린이집 평가과정 운영.

한국사례관리학회(2012). **사례관리론**. 학지사.

한국산업안전공단(1995). **안전보건교육지도안**. 정문사.

한국소비자보호원(2013). 어린이 안전사고와 예방대책.

한국직업능력개발원(2006). 저출산 · 고령화 대책.

한국청소년정책연구소(2010). 지역아동센터 보호서비스 기본 프로그램 표준안.

한미현(2006). **아동보호서비스의 실제 : 아동학대의 사정 및 사례판정**. 집문당.

한미현 · 강희경 · 공인숙 · 김상희 · 문혁준 · 안선희 · 안효진 · 양성은 · 이경옥 · 이경열 · 이진숙 · 천희영(2008). **아동복지**. 창지사.

한성심 · 송주미(2014). **아동복지론**(제5판). 창지사.

허남순(2000). 가정위탁보호제도의 활성화 방안에 관한 연구. **한국아동복지학**, (9), 263-287.

허민숙(2020). 우리시대 사각지대 청소년 : 자녀양육 청소년부모(부부), 현황과 과제, 자녀양육 청소년 부모지원을 위한 국회정책세미나.

홍근석(2019). 복수주소제 도입 방안. 2019 정책이슈리포트. 한국지방행정연구원.

_____(2020). 사회복지 국고보조사업의 재원분담체계 개선방안 : 아동복지 분야를 중심으로. 한국지방행정연구원.

홍근석 · 임정빈(2021). 사회복지 국고보조사업의 차등보조율제도 개선방안 연구 : 영유아보육료와 아동수당을 중심으로. **지방정부연구, 24**(4), 389-415.

황성현(2009). 청소년 음주 · 흡연행위에 관한 사회유대, 자아통제, 사회학습 이론적 고찰. **한국청소년연구, 20**(1), 113-139.

황은영(2014). **음악치료의 이론과 실제**. 학지사.

황해익 · 남미경 · 서보순 · 김병만(2022). **아동권리와 복지**. 정민사.

吉澤英子・小館靜枝(2006). 兒童福祉. 東京 : ミネルヴァ書房.

若井翊一(1992). こどもの人権:その內容と保障の課題. 東京 : 至文堂.

Briere, J.(1992). *Child Abuse Trauma*. Newbury Park, CA : Sage Publications.

Briere, J., & Runtz, M.(1990). Differential adult symptomatology associated with three types of child abuse histories. *Child Abuse & Neglect, 14*(3), 357-364.

Costin, L. B., Bell, C. J., & Downs, S. W.(1991). *Child Welfare : Policies and practice*(4th ed.). NY : Longmam.

Daly, M. J., & Burton, R. L.(1983). Self-esteem and irrational beliefs : An exploratory investigation with implications for counseling. *Journal of Counseling Psychology*, 30(3), 361-366.

Downs, Moore, McFadden, & Costin(2007). *Child Welfare and Family Services : Policies and practice*(8th ed.). London : Preason.

Dunn, J., & McGuire, S.(1992). Sibling and peer relationships in children. *Journal of Child Psychology and Psychiatry*, 33, 67-105.

Freud, A.(1965). *The Psychoanalytic Treatment of Children*. London : Imago.

Gil, D.(1971). Violence against children. *Journal of Marriage and the Family, 33*.

Gilbert, N., & Terrel, P.(1998). *Dimensions of Social Welfare Policy*(4th ed.), Boston : Allyn and Bacon.

Johnson, & Yvonne(1999). Indirect Work : Social Work's Uncelebrated Strength. *Social Work, 44*(4), 323-334.

Kadushin, A.(1980). *Child Welfare Service.* NY : Macmillan Publishing Co. Inc.

Kadushin, A., & Martin, J. A.(1998). *Child Welfare Services(4th ed.).* NY : Macmillan Publishing Co.

Levinson, D, J.(1986). A conception of adult development. *American Psychologist, 41*(1), 3-13.

Piaget, J.(1954). *The Construction of Reality in the Child.* New York : Basic Books.

Pecora, P. J., Whittaker, J. K., Maluccio, A. N., Barth, R. P., & Plotnick, R. D.(1992). *The Child Welfare Challenge : Policy, practice, and research.* Aldinede Gruyter.

Siegel, L. J.(2012). **범죄학 이론과 유형.** (이민식 · 김상원 · 박미랑 · 박정선 · 신동준 · 윤옥경 · 이성식 · 황성현 역). CENGAGE. (원저 2010년 출판)

Toseland, R. W., & Rivas, R. F.(1995). *An Introduction to Group Work Practice(2nd ed.).* NY : Macmillan.

UN(1995). The Copenhagen Declaration and Programme of Action. New York : UNICEF.

〈인터넷 자료〉

e-나라지표(국정모니터지표). 북한이탈주민입국현황.

경찰청 실종아동찾기센터(2022). 안전 Dream. http://www.safe182.go.kr/index.do (2022. 7. 6. 인출)

국가법령정보센터(2022). https://www.law.go.kr (2022. 6. 10. 인출)

국가인권위원회 인권교육센터(2022). '유엔아동권리협약'의 이해. http://edu.humanrights.go.kr (2022. 6. 29. 인출)

국가정신건강정보포털. http://www.mentalhealth.go.kr/portal/disease/diseaseDetail.do?dissId=26 (2022. 7. 7. 인출)

국민재난안전포털(2022). 재난안전교육. https://www.safekorea.go.kr/idsiSFK/neo/main/main.html (2022. 7. 11. 인출)

국어사전. https://ko.dict.naver.com/#/main (2022. 6. 29. 인출)

김희진(2022). 아동 인권의 실현은 인권의 역사와 함께한다. 유스 인권교육 블로그. https://amnesty.or.kr/45417 (2022. 7. 10. 인출)

나무위키(2022). 북한이탈주민. https://namu.wiki (2022. 8. 20. 인출)

대한민국전자민원센터. https://www.scourt.go.kr

드림스타트(2022). 드림스타트 사업. https://www.dreamstart.go.kr (2022. 7. 4. 인출)

방과후학교포털시스템(2022). 초등돌봄교실. https://www.afterschool.go.kr (2022. 7. 11. 인출)

법제처(2022). https://www.moleg.go.kr (2022. 7. 2. 인출)

보건복지부(2020). 보육업무수행. http://www.mohw.go.kr/react/search/search.jsp (2022. 7. 10. 인출)

_________(2021). 통계로 보는 사회보장 2020.
https://www.korea.kr/news/pressReleaseView.do?newsId=156458699

_________(2022). 보육정책. www.mohw.go.kr (2022. 7. 10. 인출)

사회보장위원회. https://www.ssc.go.kr/main.do

세계보건기구(WHO). http://www.who.int/classifications/apps/icd/icd10online (2022. 7. 6. 인출)

아동권리보장원(2022a). http://korea1391.go.kr/new/page/cause.php

____________(2022b). 유엔아동권리협약. https://www.ncrc.or.kr/ncrc/main.do (2022. 7. 30. 인출)

____________(2022c). https://www.ncrc.or.kr

아동권리보장원 · 실종아동전문센터(2022). https://www.missingchild.or.kr (2022. 7. 4. 인출)

여성가족부(2022). 한부모가족. http://www.mogef.go.kr/cs/opf/cs_opf_f071.do

연수구복지포털. https://www.yeonsu.go.kr/welfare/life/child/family.asp

위스타트(2022). 위스타트 사업. https://westart.or.kr (2022. 7. 4. 인출)

위키백과(2022). 유엔 헌장. https://ohsselknk.tistory.com/8755784 (2022. 7. 11. 인출).

유니세프한국위원회(2021). 유엔아동권리협약. https://www.unicef.or.kr (2022. 7. 12. 인출).

________________(2022). 아동친화도시. http://childfriendlycities.kr (2022. 7. 10. 인출).

장문규(2022). 부모상담 기법. (한국부모아동연구소). www.parents-child.com (2022. 7. 5. 인출).

정부 24(2020). 온종일돌봄 원스톱 서비스 구축. https://www.gov.kr/portal/main (2022. 7. 10. 인출)

______(2022). 다함께 돌봄사업. https://www.gov.kr/portal/service/serviceInfo/135200000140 (2022. 7. 11. 인출)

질병관리청(2022). 감염성 질병. https://www.kdca.go.kr/index.es?sid=a2 (2022. 7. 6. 인출)

태화기독교사회복지관(2022). https://www.taiwha.or.kr/2012 (2022. 7. 5. 인출)

통계청(2020). 사회조사보고서. http://www.index.go.kr/unify/idx-info.do?idxCd=8031 (2022. 6. 27. 인출)

_____(각 연도). 인구총조사. http://kosis.kr

한국방정환재단(2022). 어린이 권리공약 3장. https://www.children365.or.kr (2022. 7. 4. 인출)

한국청소년쉼터협의회. http://www.jikimi.or.kr/guide/guide.php

후생노동성(2022). 아동 · 양육. https://www.mhlw.go.jp/index.html (2022. 7. 10. 인출)

저/자/소/개

■ **윤매자**
숙명여자대학교 대학원 문학박사(아동보육과 교육전공)
장안대학교 사회복지과 교수

■ **권정미**
대구대학교 대학원 철학박사(사회복지정책전공)
제주관광대학교 사회복지과 교수

■ **김동욱**
신라대학교 대학원 사회복지학박사(사회복지전공)
동의과학대학교 사회복지과 교수

■ **박민지**
숙명여자대학교 대학원 문학박사(아동심리치료전공)
장안대학교 사회복지과 교수

■ **정정란**
대구대학교 대학원 교육학박사(유아교육전공)
진주보건대학교 사회복지과 교수

■ **이화명**
신라대학교 대학원 사회복지학박사(사회복지전공)
경남정보대학교 사회복지과 교수

아동복지론

|공저자| 윤매자 · 권정미 · 김동욱 · 박민지 · 정정란 · 이화명

|1판 1쇄| 발행 2023년 2월 20일
|1판 2쇄| 발행 2024년 3월 15일
|1판 3쇄| 발행 2025년 7월 30일

|발행인| 김동훈
|발행처| 공동체

|주소| 경기도 고양시 일산동구 호수로 358-39, 동문타워 1차 905호(백석동)
|전화| 031)814-3000(대표)
|팩스| 031)814-3100
|홈페이지| http://www.compub.co.kr
|전자우편| compub@naver.com
|출판등록| 2005년 10월 6일
|등록번호| 제396-2005-36호

|ISBN| 979-11-6725-282-1
정가 22,000원